HTML5 + CSS3 + JavaScript로 배우는

웹프로그래밍 기초

기초부터 모바일웹까지 빠르고
쉽게 배우는 웹개발 지침서

| 천인국 지음 |

INFINITY
BOOKS

책의 구성

이 책은 입문자들을 위하여 기술되었다. 입문자들이 쉽게 개념을 이해하고 실력을 기를 수 있도록 다양한 학습 장치를 배치하였다.

이번 장에서 무엇을 배워야 하는지 제시하였다.

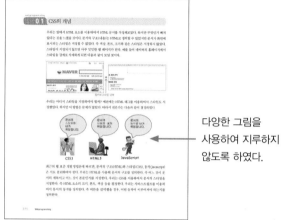

다양한 그림을 사용하여 지루하지 않도록 하였다.

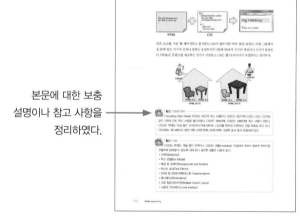

본문에 대한 보충 설명이나 참고 사항을 정리하였다.

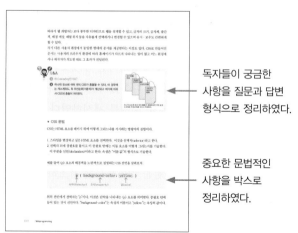

독자들이 궁금한 사항을 질문과 답변 형식으로 정리하였다.

중요한 문법적인 사항을 박스로 정리하였다.

소스에는 직접
설명글을 화살표로
붙였다.

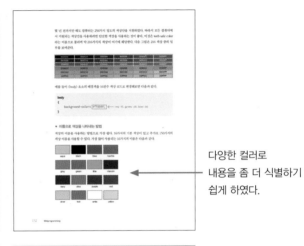

다양한 컬러로
내용을 좀 더 식별하기
쉽게 하였다.

본문의 내용을
복습할 수 있는
연습 문제를
엄선하였다.

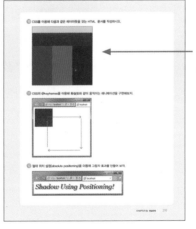

어렵지 않으면서도
흥미로운 문제를
수록하였다.

강의 계획

본서는 1학기 동안 강의할 경우, 1학기를 16주로 가정하여 다음과 같은 진행을 생각할 수 있다. 상황에 따라서 학기 중에는 3개 정도의 실습 또는 과제를 부여할 수 있다.

주	해당 chapter	주제	
1	1장	웹 프로그래밍 소개	HTML5 기초
2	2장	HTML5 기초	
3	3장	HTML5 멀티미디어와 입력 양식	
4	3장	*(실습 또는 과제) HTML5로 웹 사이트 제작하기*	
5	4장	CSS3 스타일 시트	CSS3
6	5장	CSS3 박스 모델	
6	6장	CSS3 레이아웃과 애니메이션	
7	7장	*(실습 또는 과제) HTML5와 CSS3로 웹 사이트 제작하기*	
8	중간 고사	중간 평가 및 기말 프로젝트 제안서 발표	자바스크립트
9	8장	자바스크립트 기초	
9	9장	자바스크립트 객체	
10	10장	DOM, 이벤트 처리, 입력 검증	
11	11장	*(실습 또는 과제) 자바스크립트로 게임 만들기*	
12	12장	jQuery	고급 기술 (JSP, jQuery 등)
13	13장, 14장	HTML5 위치 정보, 드래그와 드롭, 웹 스토리지, 파일 API	
14	15장	JSP	
15	16장	모바일 웹과 jQuery Mobile	
16	기말 고사	기말 평가 및 기말 프로젝트 결과 발표	

목차

기초 사항

학·습·목·표
- WWW와 HTML에 대한 기본 지식을 학습한다.
- HTML을 작성하고 테스트할 수 있는 환경을 구축한다.
- 메모장으로 HTML 프로그램을 작성하고 실행하여 본다.
- VS for web으로 HTML 프로그램을 작성하고 실행하여 본다.
- HTML 문서를 구성하고 있는 태그(tag)와 요소(element)에 대하여 이해한다.

■ 인터넷

미국의 경제 전문지 포브스가 2009년에 지난 30년 동안 가장 혁신적이었던 발명품을 조사해서 소개한 적이 있다. 1위는 무엇이었을까?

> 1. Internet, broadband, www (browser and html)
> 2. PC/laptop computers
> 3. Mobile phones
> ...

여러 전문가의 예상대로 '인터넷'이 꼽혔다. 평가 위원은 "인터넷은 이전에 존재하지 않았던 새로운 산업 분야를 창출한 혁신적인 기술이다."고 평가했다.

최근에 우리는 인터넷 없이는 하루도 살 수 없다고 느낄 것이다. 인터넷은 우리의 생활을 완전히 변화시켰다. 우리는 인터넷을 통하여 각종 정보도 얻으며 상품도 사고 인터넷 뱅킹도 한다. 인터넷은 사용자도 참여할 수 있는 공간이다. 우리는 블로그나 SNS를 이용해 나의 의견이나 기사를 다른 사람에게 알릴 수도 있다.

■ WWW

WWW(World Wide Web)은 흔히 웹이라고 불린다. 웹은 거미줄로서 WWW은 세계를 뒤덮는 거미줄이라는 의미이다. 초기 인터넷에서는 텔넷, FTP, 전자 메일, 유즈넷 등을 이용하여 파일 전송, 원격 접속, 전자 우편, 뉴스를 볼 수 있었으나, 이는 모두 문자로만 서비스되었다. 문자 기반의 이들 서비스는 인터넷에 익숙하지 않은 일반인에게는 큰 부담이 되었다. WWW은 인터넷을 사용하기 쉽도록 하이퍼 텍스트와

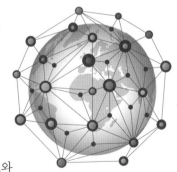

그림을 통하여 모든 서비스를 이용할 수 있도록 만든 것이다. WWW은 인터넷에 한 겹의 포장을 해서 보다 쉽고 직관적인 방법으로 접근할 수 있도록 한 것이다. WWW이 개발된 후에 누구나 쉽게 인터넷을 통하여 정보를 교환할 수 있게 되었다.

■ WWW의 동작 원리

간단하게 WWW의 구조를 그린다면 아래와 같이 그릴 수 있다. 우리는 HTML로 웹 페이지를 작성해서 웹 서버에 놓는다. 인터넷에 연결된 수많은 클라이언트 컴퓨터는 웹 서버에서 HTML 문서를 받아서 웹 브라우저를 통하여 화면에 웹 페이지를 표시한다.

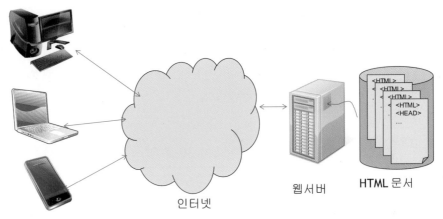

■ 웹 서버가 하는 일

그렇다면 웹 서버가 하는 역할은 무엇일까? 웹 서버는 단순히 인터넷에 연결되어 있으면서 클라이언트 컴퓨터로부터 요청을 기다린다. 문서를 달라는 요청도 있고 이미지, 사운드, 비디오에 대한 요청도 있다. 웹 서버가 요청을 받으면 이들 자원을 찾아서 클라이언트 컴퓨터로 보낸다. 웹 서버와 클라이언트는 서로 표준 언어를 통하여 통신하는데 바로 HTTP라는 프로토콜을 사용한다. HTTP 프로토콜에서 가장 중요한 것은 2가지인데 특정한 파일을 요청하는 HTTP Request와 찾은 파일을 돌려주는 HTTP Response가 그것이다.

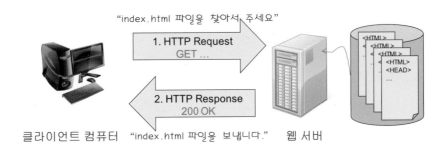

■ HTML은 무엇인가?

인터넷의 무수한 웹 페이지는 무엇으로 만들어졌을까? 웹 페이지는 기본적으로 HTML로 작성된다. 물론 최근에 자바스크립트 등의 많은 신기술이 추가되었지만 아직도 기본은 HTML이다. 최근에 HTML의 최신 버전인 HTML5가 등장하면서 HTML만 가지고도 상당히 복잡한 웹페이지를 작성할 수 있는 수준이 되었다.

HTML(Hyper Text Markup Language)은 웹 페이지를 기술하기 위한 언어이다. HTML은 마크업(markup) 언어의 일종이다. 마크업 언어는 텍스트에 태그를 붙여서 텍스트가 문서의 어디에 해당하는지를 기술한 것이다.

HTML은 태그들로 이루어진 HTML 요소(element)의 형태로 작성된다. 태그란 〈title〉과 같이 꺾쇠괄호 〈...〉 안에 위치한 단어이다. 태그는 요소 기술자(또는 편집용 코드)로서, 태그로 둘러싸인 부분이 문서의 어떤 부분에 해당하는지를 나타낸다. 예를 들어 〈title〉 태그는 어디가 문서의 제목인지를 나타낸다. HTML 태그는 〈title〉과 〈/title〉처럼 일반적으로 쌍으로 존재한다. 쌍에서 첫 번째 태그는 시작 태그이고, 두 번째 태그는 종료 태그이다.

■ 웹 브라우저가 하는 일

웹 브라우저는 HTML 문서를 읽어서 눈에 보이는 웹 페이지를 만든다. 웹 브라우저는 HTML 문서에서 태그는 화면에 표시하지 않는다. 단지 페이지의 내용을 해석하는 용도로 사용한다.

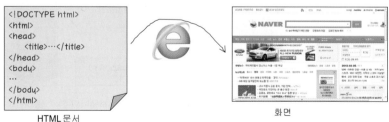

■ HTML의 역사

HTML은 팀 버너스리(Tim Berners-Lee)에 의하여 개발되었다. 팀
버너스리는 물리학자로서 CERN에서 일하고 있었다. 팀 버너스리는
CERN의 연구자들이 문서를 공유할 수 있는 ENQUIRE라는 시스템을
제안하고 프로토타입을 개발하였다. 이것은 최초의 인터넷 기반의
하이퍼텍스트 시스템이었다. 팀 버너스리는 1990년에 HTML을 정의
하였고 브라우저를 작성하였으며 서버 소프트웨어까지 개발하였다.
최초의 HTML 요소는 18개였으며 SGML의 영향을 받았다고 한다.

■ W3C

그렇다면 HTML에 대한 표준은 어디서 관장할까? 웹에 대한 표준은 W3C라는 컨소시엄에서
만든다. W3C란 World Wide Web Consortium의 약자이다. W3C는 1994년에 창립된 국제 컨소
시엄으로 미국의 MIT 컴퓨터과학연구소, 프랑스 INRIA 등이 주도적으로 참여해 결성되었다.
W3C는 팀 버너스리의 주도 아래 움직이고 있다. 본부는 미국 매사추세츠주 캠브리지에 있으
며 현재 500여개 회원 기관들로 구성돼 있다. 홈페이지는 http://www.w3.org이다.

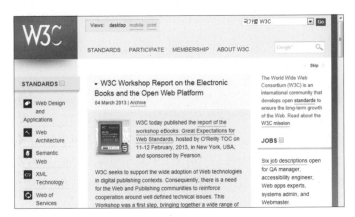

■ HTML 버전

1989년~1995년 시기에 개발된 HTML의 첫 번째 버전은 버전 번호가 없었다. 단순히 HTML
로 불리었다. 1995년에 IETF(Internet Engineering Task Force)는 HTML의 표준안을 작성하고
HTML 2.0으로 명명하였다.
1997년에 W3C는 HTML 3.2를 공개하였다. 이어서 1998년에 버전 4.0이, 1999년에 HTML
4.01이 발표되었다.

이후로 W3C는 새로운 버전의 HTML을 발표하지 않고, 확장 가능한 HTML인 XHTML에 집중하겠다고 선언한다. W3C는 2000년에 XHTML 1.0을 발표한다. 그러나 웹 디자이너는 XHTML으로 이동하려 하지 않았고 결국 2012년에 WHATWG (Web Hypertext Application Technology Working Group)이 조직되었으며 XHTML만큼 엄격하지 않은 새로운 버전의 HTML5를 발표하였다. HTML5는 아직 완성되지 않았지만 당장 사용할 수 있다.

Version	Year
HTML	1991
HTML+	1993
HTML 2.0	1995
HTML 3.2	1997
HTML 4.01	1999
XHTML 1.0	2000
HTML5	2012
XHTML5	2013

Q&A

Q 마크업 언어라는 것이 옛날 방식이 아닌지...

A 얼핏보면 What-you-see-is-what-you-get 시대에 HTML과 같은 마크업 언어는 구태의연해 보인다. 차라리 마이크로소프트 워드나 한글 규격이 낫지 않을까? 하지만 마크업 언어는 장점도 많은데 예를 들면 단순한 텍스트로 되어 있기 때문에 메모장으로도 편집이 가능하다. 또 크기가 작아서 서버와 클라이언트 사이에서 빠르게 주고받을 수 있다. 또 컴퓨터의 기종이나 운영체제에 독립적이다. 만약 인터넷의 표준 문서 규격이 HTML이 아니고 마이크로소프트 워드 형식이라고 상상해 보자. 많은 문제점이 발생하게 될 것이다.

webprogramming
1-02 HTML5

HTML5는 HTML의 새로운 표준이다. 이전 버전은 HTML4.01으로 1999년에 만들어졌다. 그 이후로 웹은 많이 발전되어서 새로운 규격이 필요하게 되었다. HTML5는 아직도 논의가 진행 중이지만 주요한 웹 브라우저는 HTML5의 많은 요소와 API를 이미 지원하고 있다.

- 완전한 CSS3 지원
- 비디오와 오디오 지원
- 2D/3D 그래픽 지원
- 로컬 저장소 지원
- 로컬 SQL 데이터베이스 지원
- 웹 애플리케이션 지원

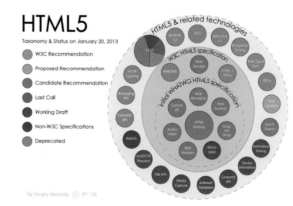

(그림 출처: 위키피디아)

■ HTML5의 역사

HTML5는 W3C(World Wide Web Consortium)와 WHATWG (Web Hypertext Application Technology Working Group)의 합작품이라 할 수 있다. WHATWG는 애플, 구글, 모질라 재단, 오페라 소프트웨어 등이 2004년에 만든 단체로서 웹폼과 애플리케이션에 대하여 작업 중이었고 W3C는 XHTML 2.0을 만들고 있었다. 2006년에 두 단체는 서로 만나서 협동하기로 하고 새로운 HTML 규격을 제안하게 된다. 이것이 HTML5이다. 2009년에 W3C가 개발하고 있던 XHTML 2.0을 공식적으로 포기하면서 HTML5는 차세대 규격으로 입지가 강화되었다.

W3C와 WHATWG가 HTML5에 대하여 협동 작업을 하면서 다음과 같은 개발 원칙을 만들었다.

• 새로운 규격은 HTML, CSS, DOM, JavaScript 기술에 기반을 둔다.
• 플래시와 같은 외부 플러그인을 최소화한다.
• 오류 처리를 향상시킨다.
• 스크립팅을 대치할 만한 마크업을 증가시킨다.
• 장치 독립적으로 설계한다.
• 개발 과정이 대중들에게 투명하게 공개되어야 한다.

■ HTML5를 지원하는 브라우저

HTML5는 아직도 공식적인 표준이 아니기 때문에 완벽하게 HTML5를 지원하는 브라우저는 아직도 없다. 하지만 모든 주요한 브라우저(Safari, Chrome, Firefox, Opera, Internet Explorer)는 최신판에 새로운 HTML5 특징을 추가하고 있다.
HTML5의 개발 일정은 다음과 같다.(위키피디아 웹 페이지 참조)

	2012	2013	2014	2015	2016
HTML 5.0	Candidate Rec	Call for Review	Recommendation		
HTML 5.1	1st Working Draft		Last Call	Candidate Rec	Recommendation
HTML 5.2				1st Working Draft	

■ 웹 애플리케이션 개발 가능

모바일 플랫폼은 여러 가지이다. 즉 아이폰, 안드로이드, 윈도폰, 블랙베리 등 여러 가지가 있다. 각 플랫폼에 맞는 프로그램을 작성하려면 특정 언어를 사용해야 하고 플랫폼의 프로그래밍 기술을 학습해야 한다. 구체적으로 안드로이드에서 실행되는 프로그램을 개발하려

면 자바 언어를 학습해야 하고 안드로이드 프로그래밍 기술을 알아야 한다. 또 아이폰에서는 Objective-C언어를 사용해야 하고 iOS 운영체제를 학습해야 한다. 회사에서 어떤 애플리케이션을 개발하려면 각 플랫폼별로 별도의 프로그램을 개발해야 한다.

그런데 만약 웹으로 애플리케이션을 만들면 어떨까? HTML5를 사용한다면 애플리케이션을 작성할 만한 충분한 도구가 주어진다. 작성된 웹 애플리케이션은 모든 플랫폼에서 변경없이 실행될 수 있다. 또 주기적으로 업데이트를 할 필요도 없다.

	Native App.	Web App.
실행 속도	빠름	일반적으로 느림
플랫폼	플랫폼마다 제작해야 함	하나의 버전으로 모든 플랫폼에서 실행 가능
배포	앱 마켓을 통한 배포	배포할 필요가 없음
버전 업데이트	상당한 시간이 걸림	즉시 반영됨
오프라인 시	사용 가능	약간의 기능 사용 가능

물론 장점만 있는 것은 아니고 스마트폰 내부의 하드웨어 장치를 이용하는 게임과 같은 분야에서는 네이티브 앱이 단연 유리하다. 하지만 일반적인 앱의 경우, 큰 차이가 없는 경우도 많다. 예를 들어 다음 그림은 거의 동일한 기능을 네이티브 앱과 웹 앱으로 비교하여 본 것이다.

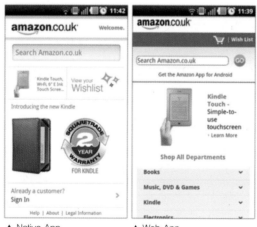

(출처: amazon.co.uk)

▲ Native App   ▲ Web App

■ HTML5+CSS3+JavaScript

HTML5는 웹 프로그래밍에 사용되는 웹 표준 기술을 확립하였다. 즉 웹 페이지의 내용은 HTML5로 작성하고, 웹 페이지의 스타일은 CSS3로 지정하며, 웹 페이지의 상호작용은 자바스크립트로 작성한다는 원칙을 확립하였다. 따라서 HTML5를 학습한다는 것은 단순히 HTML5에서 제공하는 마크업 태그만 학습하는 것이 아니다. CSS3와 자바스 크립트를 함께 마스터해야만이 HTML5를 학습했다고 말할 수 있다.

■ 비디오, 오디오, 그래픽 지원

과거에는 웹 브라우저에서 비디오나 오디오를 재생하기 위해서는 어도비의 플래시나 마이크로소프트의 실버라이트를 사용해야 했다. HTML5에서는 오디오, 비디오를 〈audio〉, 〈video〉 태그를 이용해서 지원하는 것은 물론이고 〈canvas〉 요소를 지원해서 개발자가 자유롭게 그림을 그리는 것을 지원하고 있다. 이러한 기능을 이용하면 웹 브라우저 위에서 실행되는 상당한 수준의 게임을 작성할 수 있고 현재도 많은 게임이 HTML5 위에서 실행된다. 또한 벡터 그래픽스를 지원하는 SVG(Scalable Vector Graphics)와 수식을 그려 주는 MathML도 완벽하게 지원한다. WebGL 3D를 사용하면 3차원 그래픽까지 가능하다. 많은 게임 엔진이 HTML5 플랫폼으로 이식되고 있다.

■ 새로운 API 도입

HTML5에 도입된 새로운 API를 개략적으로 살펴보면 다음과 같다.

- 2차원 그래픽을 위한 〈canvas〉 요소
- 미디어 재생 기능
- 오프라인 웹 애플리케이션 - 네트워크가 연결되지 않은 상태에서도 실행 가능

- 드래그 앤 드롭(Drag-and-drop) - 요소를 마우스로 끌어서 넣을 수 있음
- 웹 스토리지(Web Storage) - 쿠키를 대체할 수 있는 웹 저장소 기능 제공
- 위치 정보(Geolocation) 제공 - 지도 기능
- 웹 SQL 데이터베이스(Web SQL Database)
- 파일 API 지원 - 파일 업로드와 파일 관리 기능 제공
- 웹 소켓(WebSocket) API 제공 - 서버와 브라우저 간의 양방향 통신 기능 제공

1-03 웹 브라우저

웹 브라우저(예 : Google 크롬, Internet Explorer, 파이어폭스, 사파리 등)의 목적은 HTML 문서를 읽고 웹 페이지로 표시하는 것이다. 다음 도표는 최근까지의 시장 점유율을 보여준다. 구글의 크롬이 점차 많이 사용되고 있는 것을 알 수 있다.

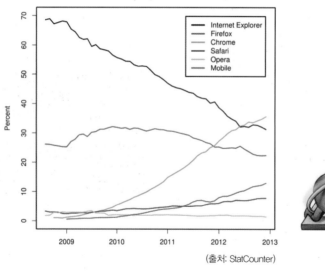

Usage share of web browsers

- Internet Explorer
- Firefox
- Chrome
- Safari
- Opera
- Mobile

(출처: StatCounter)

최근의 많은 웹 페이지가 HTML5와 자바스크립트(JavaScript)를 사용하고 있어서 이러한 웹 페이지를 빠르고 효율적으로 렌더링하는 웹 브라우저가 바람직하다. 최근 테스트에 따르면 구글의 크롬이 그래픽 카드의 성능이 비슷한 경우에 파이어폭스나 IE에 비하여 더 좋은 벤치마크 점수를 얻는다고 한다. 자바스크립트 성능 테스트에서는 모두 비슷한 성능을 보였다.

또 현재 많이 사용하는 HTML5에 대한 지원도 중요한 판단 기준이다. 최근의 테스트에 따르면 주요한 웹 브라우저는 다음과 같은 테스트 포인트를 기록하고 있다. 물론 점수가 높을수록 더 좋다.

앞에서 언급된 웹 브라우저를 자신의 PC에 모두 설치하여 보자. 각 회사나 단체에서 심혈을 기울여서 만든 만큼 브라우저마다 독특한 특징이 있다.

브라우저	HTML5 테스트 점수
Apple Safari 6.0	378/500 (+8)
Google Chrome 24	448/500 (+13)
Internet Explorer 10	320/500 (+6)
Maxthon 4.0	464/500 (+15)
Mozilla Firefox 18	393/500 (+10)
Opera 12.10	419/500 (+9)

■ 인터넷 익스플로러

인터넷 익스플로러는 마이크로소프트가 만든 웹 브라우저로 예전만큼 시장 지배적이지는 못하다. 하지만 최근의 반독점 소송에도 불구하고, 익스플로러는 여전히 거대한 이용자층을 확보하고 있다. 특히 Active-X 기술을 많이 사용하는 우리나라에서는 아직도 절대적이다.

마이크로소프트는 예전에 비하여 훨씬 신

속하게 익스플로러를 업데이트하고 있다. 현재 최신 버전은 익스플로러 10이며 상당한 성능 향상이 이루어졌고 HTML5 같은 새로운 표준에 대한 지원도 추가되었다.

■ 구글 크롬

구글이 만든 웹 브라우저인 크롬은 2008년에 발표된 후부터 점유율이 급상승해왔다. 인터넷 검색으로 유명한 구글이 만든 크롬은 빠른 실행 속도와 확장 프로그램으로 유명하다. 특히 안드로이드 운영체제에 기본으로 내장되면서 그 영향력은 더욱 증대되었다. 크롬은 빠른 성능, 단순성, 자동 업데이트 등의 특징으로 유명하다.

■ 파이어폭스

모질라 재단(Mozilla Foundation)이 관장하고 관리하는 오픈소스 프로젝트인 파이어폭스는 탭 브라우징을 가장 먼저 도입하였고, 플러그인 개념을 도입해서, 사용자가 브라우저를 자신이 원하는 방식으로 수정할 수 있도록 했다. 파이어폭스는 특히 유럽과 아프리카 등지에서 인기가 많다.

■ 오페라

오페라는 오페라 소프트웨어(Opera Software)에서 개발하고 있다. 오페라는 많은 혁신적인 기능들로 유명한데, 오페라의 자체 서버를 압축 프록시로 사용해 사용자를 느린 접속 상황에서 돕는 '터보 모드', 메일 클라이언트와 비트 토렌트(BitTorrent) 지원 등의 강력한 통합 기능 등이 대표적이다.

Q&A

Q 도대체 어떤 웹 브라우저를 사용해야 하는가?

A 가장 단순하게 답한다면 개인적으로 좋아하는 브라우저를 사용하면 된다. 다만 HTML과 CSS가 업계 표준이기는 하지만 브라우저마다 지원하는 정도가 약간씩 다르다. 이 책에서도 어떤 예제는 크롬이나 오페라에서만 실행된다. 일반적으로 구글의 크롬과 오페라가 HTML5를 가장 많이 지원한다. 사용자에게 배포되는 HTML 문서를 작성할 때는 여러 브라우저를 사용해 다양한 환경에서 테스트해야 한다.

1-04 HTML 편집기

우리는 지금부터 수없이 많은 HTML 파일을 작성하여 테스트해야 한다. HTML은 기본적으로 텍스트 파일이기 때문에 특수한 편집기를 사용할 필요는 없다. 윈도우에 기본적으로 설치되어 있는 메모장이나 워드패드만 가지고도 편집이 가능하다. 메모장으로 작업한 결과를 확인하기 위해서는 문서를 저장하고 나와서 웹 브라우저를 실행하여 확인해야 한다.

HTML 문서의 편집을 도와주는 기능을 가지고 있는 몇 가지의 편리한 에디터가 있다. 물론 여기서는 메모장을 사용하겠지만 이러한 간단한 에디터를 사용하는 것도 좋다.

■ UltraEdit

UltraEdit는 과거부터 사용해오던 유명한 텍스트 편집 프로그램이다. 45일간은 무료로 사용할 수 있는 쉐어웨어이다. UltraEdit는 윈도우에 기본적으로 내장되어 있는 노트패드를 대치할 수 있는 프로그램으로 파일 크기 무제한, 10만 단어 맞춤법 검사, 16진수 편집 능력, 프로그래머를 위한 구문 강조 설정, 열 편집 등 많은 기능을 제공

한다. 특히 UltraEdit는 크기가 큰 파일을 적은 메모리 용량으로 처리하는 데 강점을 보인다.

■ EditPlus

EditPlus도 텍스트 문서 편집 유틸리티이다. 특히 HTML 편집 시 태그를 다른 색으로 표시하는 기능이 있고 자바, C/C++, Perl 등 여러 가지 언어를 지원한다. 특히 브라우저를 따로 실행시키지 않고도 HTML 문서를 내장 브라우저로 간편하게 확인해 볼 수도 있다. 또 HTML 도구 모음을 사용하여 자주 쓰이는 HTML 태그를 마우스로 빠르게 입력할 수 있다.

■ Visual Studio 2012 Express for Web

C언어나 Java와 같은 언어는 모두 통합 개발 도구가 지원된다. HTML도 언어라고 할 수 있으니 통합 개발 도구는 없을까? 있다. 여러 가지 중에서 마이크로소프트가 무료로 제공하는 Visual Studio 2012 Express for Web을 사용하여 보자. http://www.microsoft.com/visualstudio/eng/downloads#d-express-web으로 접속하면 다음과 같은 화면을 볼 수 있으며 "Download" 버튼을 누르면 설치가 시작된다.

설치 과정은 어렵지 않으므로 누구나 쉽게 설치할 수 있다. 언어를 선택할 때 반드시 "한국어"를 선택하도록 하자. Visual Studio 2012 Express for Web을 사용하면 HTML의 입력을 도와주고, 웹 브라우저를 선택하여 자동으로 실행할 수 있다.

1 - 05 메모장으로 첫 번째 HTML 문서 만들기

우리는 앞에서 웹 페이지를 작성할 만반의 준비를 갖추었다. 다양한 웹 브라우저를 설치하였고 HTML 편집기도 설치하였다. 여기서 HTML 문서를 작성하고 웹 브라우저로 실행하는 절차를 자세히 살펴보자.

01 메모장을 실행해서 다음과 같이 입력한다.

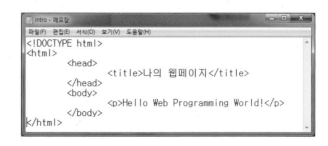

02 입력된 HTML 코드를 [파일]→[다른 이름으로 저장] 메뉴를 사용해 파일에 저장한다. HTML 파일을 저장할 때, .htm 또는 .html 파일 확장명 중 하나를 사용할 수 있다. 차이는 없다. 단순히 어떤 확장자를 선호하느냐의 문제이다. 파일을 c:/docs와 같이 기억하기 쉬운 폴더에 저장한다.

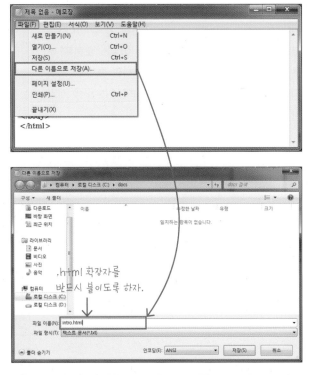

만약 파일 이름에 intro만을 입력하면 파일이 intro.txt로 저장된다. 따라서 반드시 파일 이름을 intro.html로 입력하도록 하자. 파일을 저장하였던 폴더에 가 보면 웹 브라우저 아이콘으로 파일이 보일 것이다.

03 저장된 HTML 파일을 실행하는 가장 간단한 방법은 저장했던 폴더로 가서, 작성된 HTML 파일을 더블 클릭하면 된다. 아니면 웹 브라우저를 시작하고 [파일]→[열기] 메뉴를 이용해 앞에서 작성된 HTML 파일을 열면 된다.
오른쪽과 같이 우리가 작성하였던 HTML 문서가 화면에 표시된다.

04 마우스 오른쪽 버튼을 누르고 [소스보기] 메뉴를 선택하면 현재 페이지의 HTML 소스를 볼 수 있다. 구글의 크롬 웹 브라우저의 경우에는 마우스 오른쪽 버튼을 누르고 [요소검사] 메뉴를 선택하면 현재 웹 페이지의 소스, 스타일, 크기정보 등을 보여주는 구글 개발자 도구 창이 나타난다.

1 - 06 VS for web으로 첫 번째 HTML 문서 작성하기

01 VS for web을 사용하는 것도 아주 쉽다. 먼저 VS for web을 실행한 후에 [파일]→[새 파일]을 선택한다.

02 대화 상자에서 HTML Page를 선택해서 HTML 페이지를 작성하는 화면으로 간다.

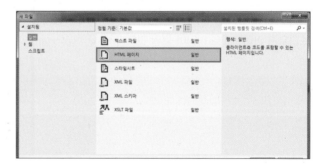

03 기본적인 HTML 태그가 이미 입력되어 있다. 우리는 HTML5를 사용할 예정이므로 doctype을 변경해야 한다.

04 자동으로 입력된 내용들을 오른쪽과 같이 수정한다.

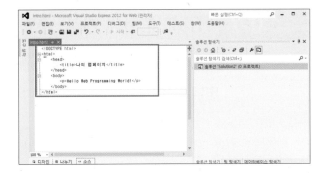

05 실행하기 전에 먼저 [파일]→[다른 이름으로 저장]을 선택해서 작성된 파일을 intro.html로 저장한다. VS for web에서 HTML 문서를 실행하여 보는 것도 아주 쉽다. [파일]→[브라우저에서 보기]를 선택한다.

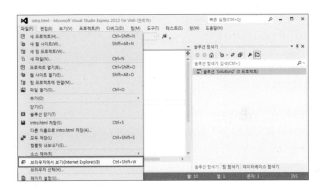

06 별도의 창에 실행 결과가 나타난다.

07 만약 다른 브라우저로 보고 싶으면 [파일]→[브라우저 선택] 메뉴를 실행한다. 브라우저는 미리 설치되어 있어야 한다.

1-07 HTML 문서의 기본 구조

HTML 문서의 기본 구조를 살펴보자. 간단한 HTML 문서를 예로 들어 설명해 보자. 모든 HTML 문서는 〈html〉로 시작하여 〈/html〉로 끝난다.

HTML 문서는 〈html〉 과 〈/html〉로 둘러싸인 다. 브라우저에게 이 파 일의 내용이 HTML이라 고 선언한다.

헤드는 〈head〉와 〈/ head〉 태그로 구성된다. 웹 페이지에 대한 정보를 저장하고 있는 곳이다.

웹 페이지의 모든 내용이 여기에 표시된다. 브라 우저 안에 표시되는 부분 이다.

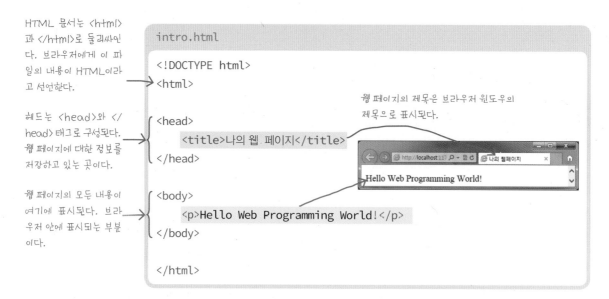

```
intro.html

<!DOCTYPE html>
<html>

  <head>
    <title>나의 웹 페이지</title>
  </head>

  <body>
    <p>Hello Web Programming World!</p>
  </body>

</html>
```

웹 페이지의 제목은 브라우저 윈도우의 제목으로 표시된다.

▪ 요소(element)

HTML 문서를 보면 〈title〉과 같이 꺾쇠괄호로 둘러싸인 단어를 많이 볼 수 있다. 이것을 태그 (tag)라고 한다. 태그는 문서의 구조와 스타일을 나타내는 단어이다. 태그에는 시작 태그와 종료 태그가 있다. 시작 태그는 〈title〉이고 대응되는 종료 태그는 〈/title〉이다.

요소(element)는 시작 태그와 종료 태그로 이루어진 문서의 구성 요소이다. 예를 들어 〈title〉 나의 웹 페이지〈/title〉가 하나의 요소가 된다. 요소 = (시작 태그 + 콘텐츠 + 종료 태그)라고 할 수 있다. 요소가 모이면 하나의 문서가 된다.

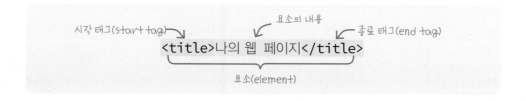

시작 태그(start tag)   요소의 내용   종료 태그(end tag)

〈title〉나의 웹 페이지〈/title〉

요소(element)

앞의 HTML 문서에서 각 요소를 분리하여 색칠하면 다음과 같다. 요소 안에 다른 요소가 포함된 것에 유의하라.

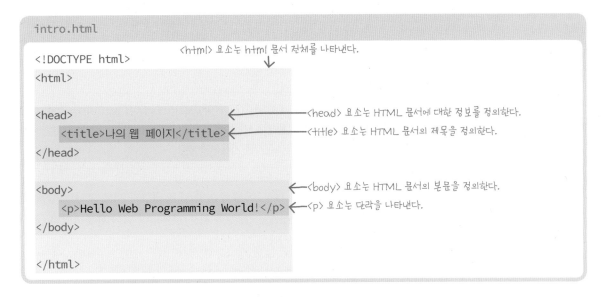

HTML 문서를 작성할 때, 다음과 같은 사항을 주의해야 한다.

- 태그 이름은 대소문자를 구별하지 않는다. 즉 〈head〉와 〈HEAD〉는 같은 의미이다.
- 하나의 요소 안에 다른 요소가 포함될 수 있다. 앞의 예제에서도 〈html〉 요소 안에 〈head〉 요소가 포함된 것을 볼 수 있다.
- 시작 태그와 종료 태그 사이의 연속된 공백은 하나의 공백으로 취급한다.

> **[참고]**
>
> 일부 요소는 종료 태그를 생략하더라도 올바르게 표시된다. 〈p〉 태그는 하나의 단락(paragraph)을 나타낸다.
>
> ```
> <p>This is a paragraph
> <p>This is a paragraph
> ```
>
> 위의 문서는 대부분의 브라우저에서 올바르게 표시된다. 〈p〉 요소의 경우, 종료 태그는 선택 사항으로 간주되기 때문이다. 하지만 많은 경우, 종료 태그를 생략하면 잘못된 결과를 생성한다.

[참고]
내용이 없는 HTML 요소는 공백 요소(empty element)라고 불린다. 예를 들어 〈br〉은 종료 태그가 없어서 공백 요소이다. 〈br〉은 줄 바꿈(break)을 의미한다. XHTML에서는 모든 요소는 반드시 닫아야 한다. 〈br /〉과 같이 시작 태그에 슬래시를 추가하면 XHTML이나 XML에서 공백 요소를 종료하는 올바른 방법이 된다.

[참고]
태그는 대소문자를 구분하지 않는다. 즉 〈P〉는 〈p〉와 동일하다. 대부분의 웹 사이트는 대문자 HTML 태그를 사용한다. 하지만 월드 와이드 웹 컨소시엄(W3C)은 HTML4에서 태그를 소문자로 표기하는 것을 권고하고 있고 XHTML에서는 반드시 소문자를 사용해야 한다.

하나의 태그는 다른 태그 안에 포함될 수 있다. 이때 주의할 점은 태그가 서로 교차하면 안 된다는 점이다. 아래 문장은 〈em〉 태그와 〈strong〉 태그가 서로 교차되어 있어 잘못되었다.

〈strong〉 태그

```
<p>이것은 <em>아주 <strong>잘못된</em>태그</strong>사용입니다.</p>
```

〈em〉 태그

■ **속성**

HTML 요소는 속성(attribute)을 가질 수 있다. 속성은 요소에 대한 추가적인 정보를 제공한다. 속성은 항상 시작 태그에 기술된다. 속성은 이름="값" 형태로 기술된다. 예를 들어, HTML 문서에서 하이퍼 링크는 〈a〉 태그로 정의된다. 〈a〉 태그에서 링크 주소는 href라는 속성에 기술된다. 아래 문장은 사용자가 "W3C컨소시엄"을 클릭하면 "http://www.w3.org" 사이트로 연결된다는 의미이다.

속성의 이름   속성의 값

```
<a href="http://www.w3.org">W3C컨소시엄</a>
```

속성(attribute)

속성값은 항상 인용 부호로 묶어야 한다. 큰따옴표가 가장 일반적이지만, 작은따옴표도 사용할 수 있다.

각 HTML 요소에서 사용할 수 있는 속성의 목록은 www.w3.org 사이트의 HTML 레퍼런스 문
서를 참조해야 한다. 레퍼런스 문서는 HTML4.01까지 완성되어 있다. HTML 5 레퍼런스 문서
는 아직 완성되지 않았다.

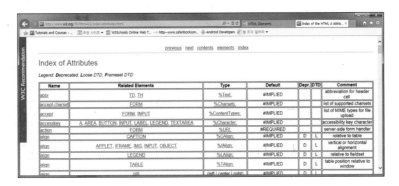

어떤 HTML 요소에서도 지원되는 속성은 다음과 같다.

속성	설명
class	요소의 클래스 이름(차후에 CSS에서 설명된다.)
id	요소의 아이디(차후에 CSS에서 설명된다.)
style	요소에 대한 인라인 CSS 스타일(차후에 CSS에서 설명된다.)
title	요소에 대한 추가 정보, 툴팁으로 표시된다.

■ HTML 주석

주석(comment)은 HTML 코드를 설명하는 글이다. 주석은 브라우저에 의하여 무시되고 표시
되지 않는다. 주석은 다음과 같이 작성된다.

```
<!--여기에 주석을 표시합니다.  -->  ← 주석: 코드를 설명하는 글이다.
<!DOCTYPE html>
<html>
...
```

■ 〈!DOCTYPE〉 선언

많은 HTML 문서가 〈!DOCTYPE〉 태그를 가지고 있다. 〈!DOCTYPE〉은 브라우저가 올바르게 웹 페이지를 표시할 수 있도록 돕는다. 웹 페이지에 사용된 HTML의 종류와 버전을 알고 있어야 브라우저는 올바르게 HTML 페이지를 표시할 수 있다. 각 버전에 따라서 다음과 같은 〈!DOCTYPE〉 태그를 가진다.

● HTML 5

```
<!DOCTYPE html>
```

● HTML 4.01

```
<!DOCTYPE HTML PUBLIC "-//W3C//DTD HTML 4.01 Transitional//EN"
"http://www.w3.org/TR/html4/loose.dtd">
```

● XHTML 1.0

```
<!DOCTYPE html PUBLIC "-//W3C//DTD XHTML 1.0 Transitional//EN"
"http://www.w3.org/TR/xhtml1/DTD/xhtml1-transitional.dtd">
```

webprogramming

1-08 HTML 맛보기

앞으로 HTML에 대하여 차근차근 학습하겠지만, 성격이 급한 독자를 위해 간단한 HTML 문서를 살펴보자. 어떤 내용이 들어가 있고 어떤 태그가 사용되는지 관찰하여 보자.

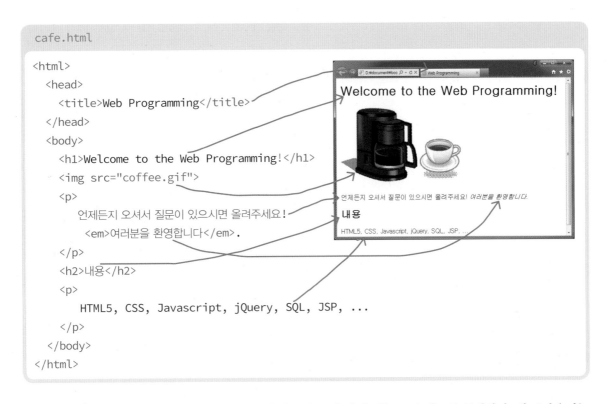

cafe.html

```html
<html>
  <head>
    <title>Web Programming</title>
  </head>
  <body>
    <h1>Welcome to the Web Programming!</h1>
    <img src="coffee.gif">
    <p>
        언제든지 오셔서 질문이 있으시면 올려주세요!
        <em>여러분을 환영합니다</em>.
    </p>
    <h2>내용</h2>
    <p>
        HTML5, CSS, Javascript, jQuery, SQL, JSP, ...
    </p>
  </body>
</html>
```

위의 HTML 문서를 브라우저가 받으면 문서 안에 있는 모든 태그를 분석한다. 웹 브라우저는 이 태그를 해석하여 화면에 문서나 그림, 테이블 등을 표시한다.

새롭게 등장한 태그에 대하여 간단히 설명해 보자. 〈h1〉 태그는 헤딩(heading)을 나타낸다. 헤딩이란 신문의 머리기사와 마찬가지로 페이지의 머리기사를 의미한다. 헤딩은 폰트의 크기에 따라 〈h1〉, 〈h2〉, ...,〈h6〉까지 있다. 〈img〉 태그는 페이지에 이미지를 삽입시킬 때 사용한다. 〈img〉 태그의 src 속성에 이미지 파일의 이름을 적어준다. em은 "emphasized"의 약자로 텍스트를 강조할 때 사용하는 태그이다. 이들 태그에 대한 자세한 내용은 2장에서 설명된다.

> **[참고]**
> 웹 페이지를 보면서 어떻게 이 페이지를 작성하였는지 궁금하다면 웹 페이지의 소스를 확인하면 된다. 웹 페이지에서 마우스 오른쪽 버튼을 클릭하고 "소스 보기"(IE)를 선택하면 된다. 현재 페이지의 HTML 코드가 표시된 새로운 창이 열린다.

1 다음 중 HTML5에서 사용되는 웹 표준 기술이 아닌 것은? (　)

　　① HTML5　　　　　　② CSS3　　　　　　③ 비주얼 베이직　　　　④ 자바스크립트

2 HTML이라는 언어를 처음으로 만든 사람은 누구인가? (　)

　　① 데니스 리치　　　　② 팀 버너스리　　　　③ 빌 게이츠　　　　　④ 스티브 잡스

3 HTML5 이전의 HTML의 버전은 얼마였는가? (　)

　　① HTML 4　　　　　　② HTML 4.01　　　　③ HTML 4.5　　　　　④ HTML 4.9

4 HTML5 문서임을 나타내는 〈!DOCTYPE〉 태그로 올바른 것은? (　)

　　① 〈!DOCTYPE "http://www.w3.org/TR/html5/strict.dtd"〉　　② 〈!DOCTYPE html5〉

　　③ 〈!DOCTYPE html〉　　　　　　　　　　　　　　　　　　④ 〈!DOCTYPE xhtml〉

5 HTML은 ＿＿＿＿＿＿＿＿＿＿＿＿＿의 약자이다.

6 HTML의 최신 버전은 무엇이고 어떤 특징이 있는지 살펴보자.

7 HTML5의 기능을 요약해 보자.

8 HTML에 대한 표준을 만드는 단체의 이름은 무엇인가? 홈페이지에 접속하여 어떤 내용이 서비스되는지 살펴
보자.

9 HTML 문서의 시작과 끝을 나타내는 태그는 무엇인가?

10 HTML 주석은 어떻게 생성하는가?

11 〈a href="http://www.w3.org"〉W3C컨소시엄〈/a〉에서 태그, 속성, 요소를 지적하라.

12 자신의 이름을 화면에 출력하는 웹 페이지를 작성해 보자. 웹 페이지의 제목은 "My First Page"라고 설정한다.
주석 기능을 이용해 각 문장을 설명해 보자.

2

HTML5
기본 요소

학·습·목·표
- HTML을 구성하는 기초적인 태그를 살펴본다.
- 하이퍼 링크를 생성하는 방법을 학습한다.
- 이미지를 문서에 포함시키는 방법을 학습한다.
- 테이블을 생성하는 방법을 학습한다.
- 몇 가지 대표적인 웹 페이지를 작성하여 본다.

2-01 이번 장의 목표

이번 장에서는 다음과 같은 웹 페이지를 만드는 데 필요한 내용을 중심으로 학습하여 보자. 주요한 주제는 텍스트 표시, 이미지 표시, 하이퍼 링크, 테이블 등이 될 것이다.

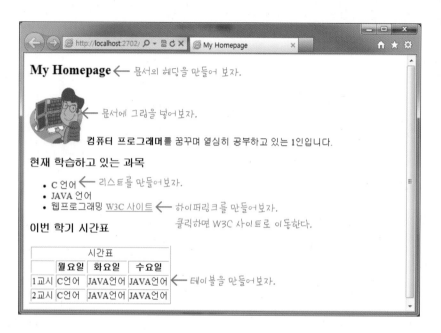

위의 홈페이지는 배경이나 폰트의 변경이 없어서 아주 단순해 보인다. 웹 페이지의 스타일을 변경하는 것은 "4장 CSS3 스타일 시트 기초"에서 학습할 것이다. 이번 장에서 학습할 내용은 다음과 같다.

- 주석
- 링크
- 리스트
- 제목, 단락, ⟨br⟩
- 이미지
- 테이블
- 글자 스타일
- 수평선

예제로는 다음과 같은 웹 페이지를 작성해 볼 것이다.

- 개인 홈페이지
- 썸네일 이미지 갤러리 페이지
- 커피 전문점 웹 페이지
- 강좌 소개 웹 페이지

2-02 텍스트 표시

HTML 문서에서 텍스트는 다음과 같이 특별한 태그 없이도 〈body〉...〈/body〉 안에서 표시할 수 있다. 하지만 여러 줄로 이루어진 텍스트는 단락을 생성한 후에 단락 안에서 표시하는 것이 좋다. 단락을 생성하지 않으면 모든 텍스트가 연결되어서 하나의 긴 줄로 표시된다. HTML 문서를 작성할 때 입력한 줄 바꿈 문자는 완전히 무시된다.

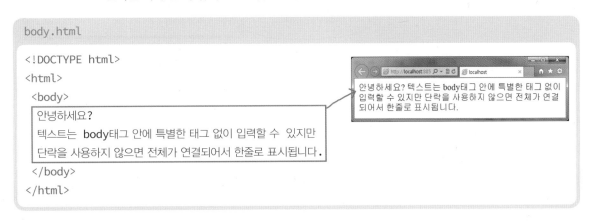

body.html

■ 단락

단락(paragraph)은 〈p〉 태그로 정의된다. 단락이란 전체 글을 내용에 따라 나눌 때, 하나하나의 짧은 이야기 토막을 말한다. 웹 브라우저는 자동적으로 단락의 전후에 빈 줄을 추가한다.

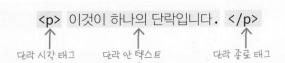

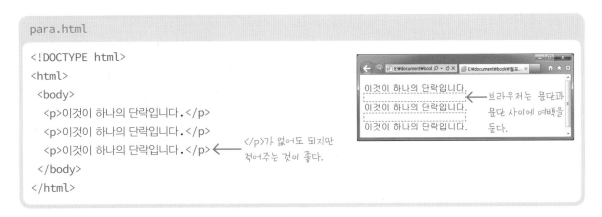

para.html

새로운 단락을 시작하지 않고 줄 바꿈을 원한다면 〈br〉 태그를 사용한다. 〈br〉 태그는 물론 "break"에서 나온 용어이다. 〈br〉 태그는 종료 태그를 가지지 않는 태그이다.

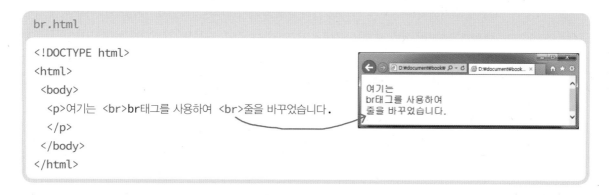

■ 텍스트 입력 시 주의할 점

여기서 한 가지 주의할 점이 있다. HTML 코드에서 엔터키를 눌러서 줄을 바꾸었다고 해서 웹 브라우저에서 줄이 바뀌는 것은 아니다. 또 스페이스를 여러 개 입력했다고 해서 화면에 스페이스가 여러 개 표시되는 것이 아니다. 웹 브라우저는 여분의 스페이스와 여분의 줄을 제거한다. 연속되는 빈 줄은 한 개의 줄로 계산하고, 연속된 스페이스는 하나의 스페이스로 간주한다.

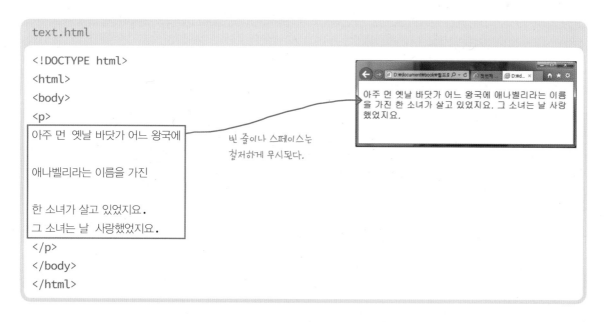

■ 〈pre〉 태그

그렇다면 프로그래머가 입력한 그대로 화면에 나타나게 할 수는 없는 것일까? 프로그래머가 입력한 그대로 화면에 표시하려면 〈pre〉 태그를 사용한다. 〈pre〉 태그는 "previously formatted text"에서 나온 용어이다. 〈pre〉 태그를 사용하면 개발자가 입력한 스페이스나 탭, 줄 바꿈이 그대로 유지된다.

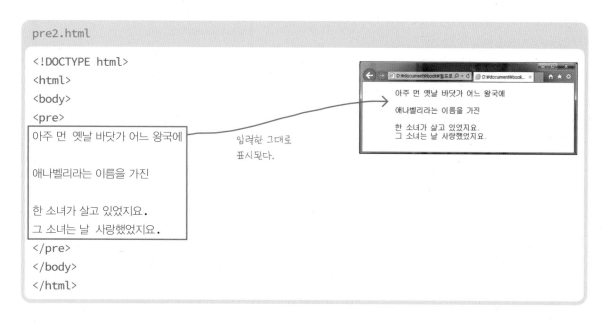

```
pre2.html

<!DOCTYPE html>
<html>
<body>
<pre>
아주 먼  옛날 바닷가 어느 왕국에

애나벨리라는 이름을 가진

한 소녀가 살고 있었지요.
그 소녀는 날  사랑했었지요.
</pre>
</body>
</html>
```

입력한 그대로 표시된다.

■ 헤딩

헤딩(heading)은 웹 페이지의 머리기사(headline)이다. 웹 페이지를 신문이라고 가정한다면 헤딩은 신문의 머리기사와 같다. 머리기사도 여러 가지 크기가 있듯이, 헤딩도 〈h1〉부터 〈h6〉까지의 6개의 태그를 이용해 정의된다. 〈h1〉이 가장 중요한 머리기사이다.

헤딩은 페이지의 머리기사 용도로만 사용해야 한다. 글씨를 크게 하거나 굵게 하기 위해 사용하면 안 된다. 검색 엔진은 헤딩을 사용하여 웹 페이지의 내용을 색인화하여 저장한다. 따라서 사용자가 웹 페이지의 헤딩만 보고 지나갈 수 있기 때문에 헤딩을 사용해 문서의 중요한 키워드를 사용자에게 보여주는 것이 중요하다.

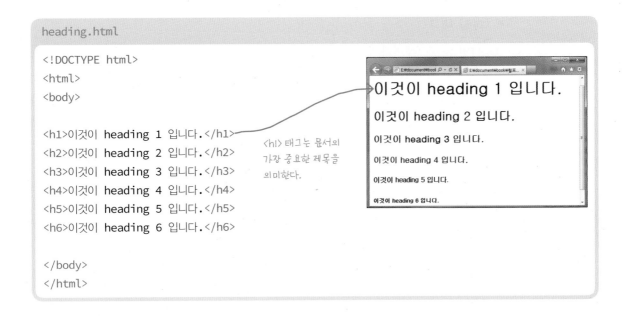

```
<!DOCTYPE html>
<html>
<body>

<h1>이것이 heading 1 입니다.</h1>
<h2>이것이 heading 2 입니다.</h2>
<h3>이것이 heading 3 입니다.</h3>
<h4>이것이 heading 4 입니다.</h4>
<h5>이것이 heading 5 입니다.</h5>
<h6>이것이 heading 6 입니다.</h6>

</body>
</html>
```

<h1> 태그는 문서의 가장 중요한 제목을 의미한다.

■ 주석

주석(comment)은 코드를 설명하는 글이다. 주석은 새로운 개발자가 코드를 이해하는 데 상당한 도움을 준다. 또 주석은 현재 불필요한 코드를 일시적으로 제거할 수 있는 중요한 수단이 된다.

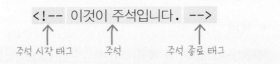

<!-- 이것이 주석입니다. -->

주석 시작 태그   주석   주석 종료 태그

comment.html

```
<!DOCTYPE html>
<html>
                    코드에 대한 설명
<body>
    <!--참고: 아래 링크는 나의 배너임 -->
    <img src="http://www.company.com/pics/f.jpg" height="100" width="400" />
    <!-- <input type="text" size="12" /> -->
</body>
</html>
        필요 없는 코드를 주석 처리하였음
```

■ 텍스트 서식

"한글"과 같은 워드 프로세서에는 글자를 두껍게 한다든지 글자를 이탤릭체로 만드는 메뉴가 있다. HTML에서도 동일한 기능을 하는 태그가 있다. 오른쪽 표를 참조한다.

태그	설명
〈b〉 ... 〈/b〉	볼드체로 만든다.
〈i〉 ... 〈/i〉	이탤릭체로 만든다.
〈strong〉 ... 〈/strong〉	텍스트를 강하게 표시한다.
〈em〉 ... 〈/em〉	텍스트를 강조한다.
〈code〉 ... 〈/code〉	텍스트가 코드임을 표시한다.
〈sup〉 ... 〈/sup〉	위첨자(superscript)
〈sub〉 ... 〈/sub〉	아래첨자(subscript)

〈b〉와 〈strong〉은 모두 글자를 볼드체로 표시한다. 하지만 차이가 있다. 〈b〉는 볼드 텍스트만을 정의한다. 〈strong〉은 브라우저마다 다를 수 있다. 즉 단지 강하게 표시하라는 것만 의미한다. 〈em〉은 텍스트를 강조하라는 것을 의미한다. 〈em〉은 "emphasized"의 약자이다. 현재는 모든 브라우저가 〈strong〉을 볼드체로 표시하고 〈em〉을 이탤릭체로 표시한다.

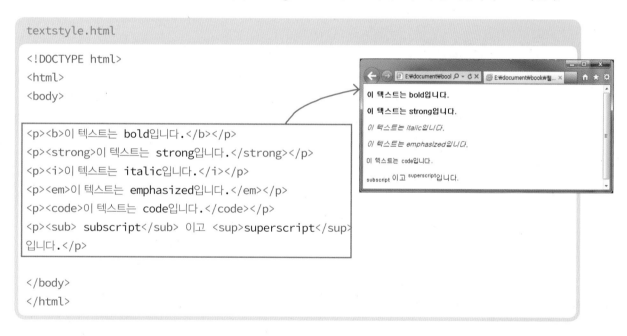

textstyle.html

```
<!DOCTYPE html>
<html>
<body>

<p><b>이 텍스트는 bold입니다.</b></p>
<p><strong>이 텍스트는 strong입니다.</strong></p>
<p><i>이 텍스트는 italic입니다.</i></p>
<p><em>이 텍스트는 emphasized입니다.</em></p>
<p><code>이 텍스트는 code입니다.</code></p>
<p><sub> subscript</sub> 이고 <sup>superscript</sup>
입니다.</p>

</body>
</html>
```

[참고]

HTML5 스펙에 따르면 〈b〉와 〈i〉 태그는 다른 모든 태그가 적절하지 않는 경우에만 사용되어야 한다. 강조해야 하는 텍스트는 〈em〉을 사용하는 편이 좋다. 중요한 텍스트는 〈strong〉 태그를 사용한다. 하이라이트된 텍스트는 〈mark〉 태그를 사용한다. 그리고 모든 텍스트 스타일은 CSS를 이용하는 것이 원칙이다. 볼드 텍스트를 만들려 CSS의 "font-weight" 속성을 사용하면 된다.

▪ 수평선

〈hr〉 태그를 사용하면 브라우저의 너비만큼 수평선을 그릴 수 있다. 물론 hr은 "horizontal line"의 약자이다.

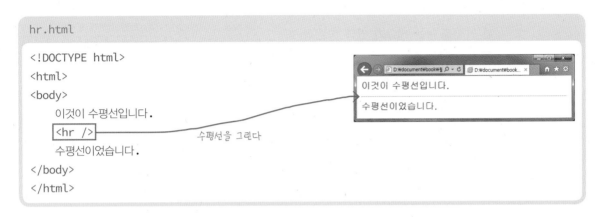

```
hr.html

<!DOCTYPE html>
<html>
<body>
    이것이 수평선입니다.
    <hr />
    수평선이었습니다.
</body>
</html>
```

수평선을 그린다

▪ 특수 문자

'〈'와 '〉' 같은 문자를 화면에 표시하려면 상당히 어렵다. 왜냐하면 태그를 표현하기 위해 이미 사용하고 있기 때문이다. 따라서 '〈'와 '〉' 같은 문자는 오른쪽 표와 같이 특수한 기호를 사용하여 나타낸다.

특수 문자	설명
	non-breaking space의 약자로 공백 문자 한 개
&lt;	〈
&gt;	〉
&quot;	"
&amp;	&

HTML은 여러 개의 공백이 이웃해 있더라도 하나의 공백으로만 간주한다. 따라서 불가피하게 여러 개의 공백을 나타내고자 할 때는 를 여러 개 사용해야 한다.

예제 커피 전문점 웹 페이지 #1

지금까지 학습한 내용만 가지고 다음과 같은 웹 페이지를 작성하여 보자.

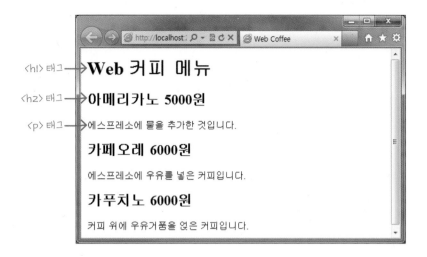

웹 페이지에서 〈h1〉과 〈h2〉 헤딩을 이용해 문서의 제목과 소제목을 작성하였다. 제목에 대한 설명은 〈p〉 요소를 이용해 단락으로 입력하였다.

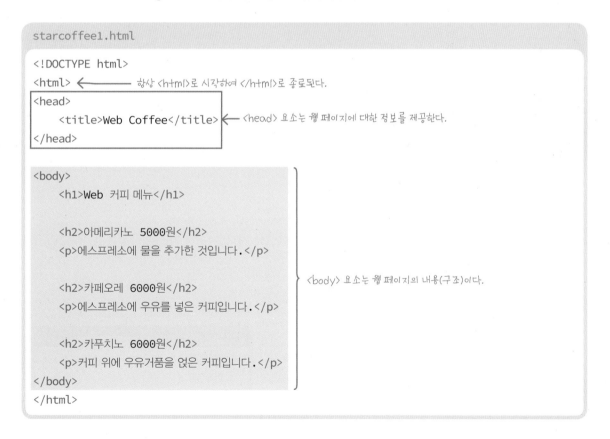

starcoffee1.html

```
<!DOCTYPE html>
<html> ←———— 항상 <html>로 시작하여 </html>로 종료된다.
<head>
    <title>Web Coffee</title> ←— <head> 요소는 웹 페이지에 대한 정보를 제공한다.
</head>

<body>
    <h1>Web 커피 메뉴</h1>

    <h2>아메리카노 5000원</h2>
    <p>에스프레소에 물을 추가한 것입니다.</p>

    <h2>카페오레 6000원</h2>
    <p>에스프레소에 우유를 넣은 커피입니다.</p>

    <h2>카푸치노 6000원</h2>
    <p>커피 위에 우유거품을 얹은 커피입니다.</p>
</body>
</html>
```

〈body〉 요소는 웹 페이지의 내용(구조)이다.

2-03 리스트

리스트는 항목을 나열하는 데 사용된다. 리스트는 번호 있는 리스트와 번호 없는 리스트로 나눌 수 있다. 다음과 같은 구조를 가진다.

```
리스트의 시작 ──→  <ul>
                      <li> ... </li>  ←─ 리스트 항목
                      <li> ... </li>  ←─ 리스트 항목
리스트의 종료 ──→  </ul>
```

■ 번호 없는 리스트

번호 없는 리스트(unordered lists)는 ⟨ul⟩ 태그로 시작한다. 각 리스트 항목은 ⟨li⟩ 태그로 시작한다. ⟨li⟩는 "list item"의 약자이다. 리스트 항목은 앞에 불릿이 붙는다.

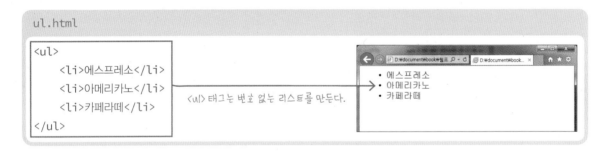

ul.html

```html
<ul>
    <li>에스프레소</li>
    <li>아메리카노</li>
    <li>카페라떼</li>
</ul>
```

⟨ul⟩ 태그는 번호 없는 리스트를 만든다.

- 에스프레소
- 아메리카노
- 카페라떼

■ 번호 있는 리스트

번호 있는 리스트(ordered lists)는 ⟨ol⟩ 태그로 시작한다. 각 리스트 항목은 ⟨li⟩ 태그로 시작한다. 리스트 항목은 앞에 번호가 붙는다.

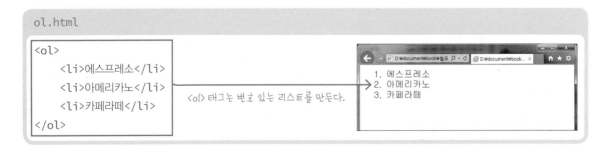

ol.html

```html
<ol>
    <li>에스프레소</li>
    <li>아메리카노</li>
    <li>카페라떼</li>
</ol>
```

⟨ol⟩ 태그는 번호 있는 리스트를 만든다.

1. 에스프레소
2. 아메리카노
3. 카페라떼

■ 정의 리스트

정의 리스트(definition lists)는 항목들과 함께 항목의 정의(설명)가 표시되는 리스트이다. 정의 리스트는 〈dl〉 태그로 생성된다. 〈dt〉 태그는 항목을 나타내며 〈dd〉 태그는 항목에 대한 설명을 나타낸다.

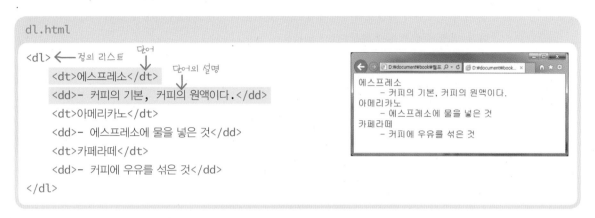

리스트 항목 안에도 텍스트, 이미지, 링크, 다른 리스트를 넣을 수 있다.

> **[참고]** 한글 코드
>
> HTML 문서를 작성하다 보면 의외로 한글 코드 문제에 부딪치기 쉽다. 웹 프로그래밍에 사용되는 한글 코드에는 2가지 방식이 있다. 바로 euc-kr과 utf-8이다.
>
> - euc-kr은 KSC5601에 기반을 둔 대표적인 완성형 코드이다. 즉 영어와 한글을 2바이트로 나타내는 방식으로 초창기부터 사용해 온 방식이다. 한글이 많이 사용되는 경우에 적은 메모리 공간을 차지하고 호환성이 좋다. 한글과 영문만 사용하는 웹 페이지라면 euc-kr이 적당하다. 하지만 다국적 문자를 표현하는 데는 문제가 있다.
> - utf-8은 유니코드의 일종으로 가변길이 문자 인코딩 방법이다. 일반적으로 영어는 1바이트, 한글은 3바이트로 표현한다. 따라서 영어를 많이 사용하는 경우, utf-8이 메모리 공간을 적게 차지한다. 또 모든 한글 문자를 표현할 수 있고, 다른 나라의 운영체제에서도 폰트 없이 한글을 볼 수 있다. 우리나라에서는 아직도 euc-kr을 많이 사용하지만 점차 utf-8로 바뀌는 추세에 있다.

2-04 링크

하이퍼 링크(또는 링크)는 다른 문서로 점프할 수 있는 단어나 이미지이다. 〈a〉 태그가 하이퍼 링크를 정의한다. a는 "anchor"의 약자이다. 사용자가 커서를 웹 페이지의 링크 위에 올리면 커서의 모양이 화살표에서 손모양으로 변화한다. 〈a〉 요소의 가장 중요한 속성은 href 속성이다. 링크 주소는 href 속성으로 정의된다.

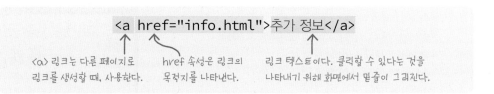

`<a href="info.html">추가 정보</a>`

〈a〉 링크는 다른 페이지로 링크를 생성할 때, 사용한다. href 속성은 링크의 목적지를 나타낸다. 링크 텍스트이다. 클릭할 수 있다는 것을 나타내기 위해 화면에서 밑줄이 그려진다.

화면에서 링크는 기본적으로 다음과 같은 색상으로 표시된다.

• 방문하지 않은 링크는 밑줄이 그어져 있고 청색이다.
• 방문한 링크는 밑줄이 그어져 있고 보라색이다.
• 활성 링크(active link)는 밑줄이 그어져 있고 빨간색이다.

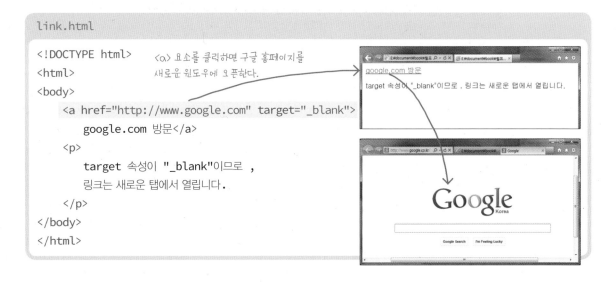

link.html

```
<!DOCTYPE html>
<html>
<body>
    <a href="http://www.google.com" target="_blank">
        google.com 방문</a>
    <p>
        target 속성이 "_blank"이므로 ,
        링크는 새로운 탭에서 열립니다.
    </p>
</body>
</html>
```

〈a〉 요소를 클릭하면 구글 홈페이지를 새로운 윈도우에 오픈한다.

google.com 방문
target 속성이 "_blank"이므로 , 링크는 새로운 탭에서 열립니다.

속성 href의 값은 "http://www.google.com"처럼 절대 경로로 지정할 수도 있고 "doc/info.html"처럼 현재 페이지의 위치에 상대적으로 지정할 수도 있다.

범위	예제	설명
절대 경로	href="http://www.google.com/"	다른 웹 사이트의 페이지
상대 경로	href="../doc/info.html"	웹 사이트 안에서의 다른 페이지
내부 파일	href="#anchor1"	현재 페이지 안의 다른 위치

■ target 속성

target 속성은 각 링크가 클릭되었을 때, 새로운 페이지가 어디에 열리는지를 지정한다. 예를 들어 새로운 윈도우가 열리는지 아니면 현재 윈도우에서 새로운 페이지가 열리는지를 지정한다.

target	설명
_blank	새로운 윈도우에서 새로운 페이지를 연다.
_self	현재 윈도우에 새로운 페이지를 적재한다.
_parent	부모 프레임에 새로운 페이지를 적재한다.
_top	현재 윈도우에 새로운 페이지를 적재하고 모든 프레임을 취소한다.

target 속성의 값 중에서 중요한 것은 "_blank"와 "_self"이다. "_self"가 디폴트 값이다.

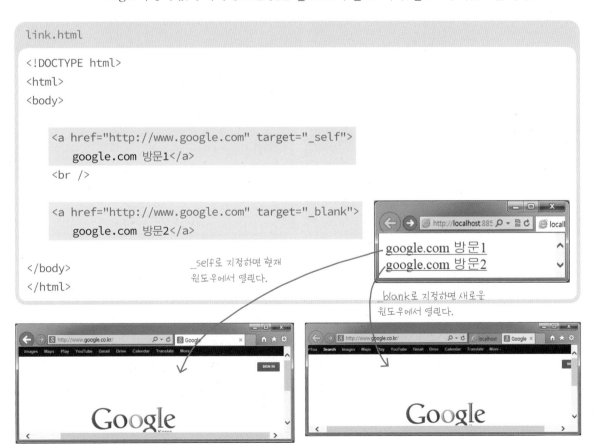

link.html

```
<!DOCTYPE html>
<html>
<body>

    <a href="http://www.google.com" target="_self">
        google.com 방문1</a>
    <br />

    <a href="http://www.google.com" target="_blank">
        google.com 방문2</a>

</body>
</html>
```

_self로 지정하면 현재 윈도우에서 열린다.

_blank로 지정하면 새로운 윈도우에서 열린다.

■ **id 속성**

〈a〉 태그를 사용해 사용자를 현재 페이지의 다른 위치로 이동시킬 수도 있다. 이때는 〈a〉 태그의 id 속성을 이용해 HTML 문서 안에서 북마크를 생성해야 한다. 북마크는 사용자에게는 표시되지 않지만 HTML 문서 중에서 어떤 위치를 가리킬 수 있다. 예를 들면 다음과 같이 북마크를 지정할 수 있다.

link_id.html

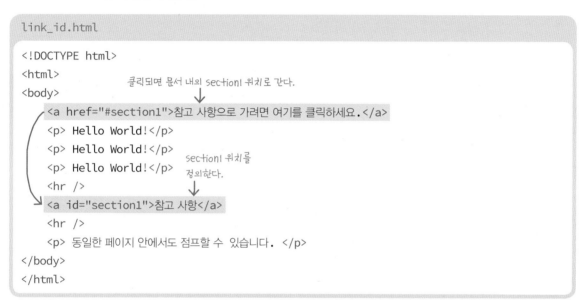

```
<!DOCTYPE html>
<html>
<body>                    클릭되면 문서 내의 section1 위치로 간다.
                                    ↓
    <a href="#section1">참고 사항으로 가려면 여기를 클릭하세요.</a>
    <p> Hello World!</p>
    <p> Hello World!</p>
    <p> Hello World!</p>          section1 위치를
    <hr />                        정의한다.
                                    ↓
    <a id="section1">참고 사항</a>
    <hr />
    <p> 동일한 페이지 안에서도 점프할 수 있습니다. </p>
</body>
</html>
```

■ **이메일 링크**

이메일 링크를 생성하는 것도 간단하다. 만약 다른 사람이 당신의 사이트에 이메일을 보낼 수 있도록 하려면 이메일 링크를 두는 것도 좋은 방법이다.

link_email.html

```
<a href="mailto:hong@google.com?subject=Feedback" >
hong@google.com</a>
```

■ 다운로드 링크

파일을 다운로드할 수 있도록 링크에 연결하는 것도 거의 비슷한 방법으로 할 수 있다. 예를 들어 압축 파일을 다운로드하게 하려면 다음과 같은 링크를 생성한다.

link_download.html

```
<a href="http://www.company.com/data.zip">
파일 다운로드</a>
```

■ ⟨base⟩ 태그

헤드 섹션에서 ⟨base⟩ 태그를 사용하면 모든 링크에 대한 기본 디렉토리를 지정할 수 있다.

link_base.html

```
<head>
  <base href="http://www.company.com/" />
</head>

<a href="info.html" target="_blank">참고사항</a>
```

모든 링크에 대한 기본 디렉토리 정의

http://www.company.com/info.html을 의미한다.

webprogramming

2-05 이미지

웹 페이지에서 이미지는 아주 중요하다. 이미지는 ⟨img⟩ 태그로 정의된다. 예를 들면 다음과 같다.

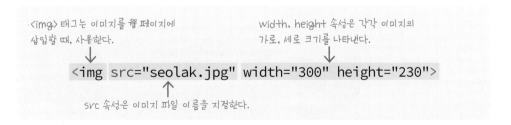

⟨img⟩ 태그는 이미지를 웹 페이지에 삽입할 때, 사용한다.

width, height 속성은 각각 이미지의 가로, 세로 크기를 나타낸다.

```
<img src="seolak.jpg" width="300" height="230">
```

src 속성은 이미지 파일 이름을 지정한다.

간단하게 웹 페이지에 하나의 이미지를 표시하는 예제는 다음과 같다.

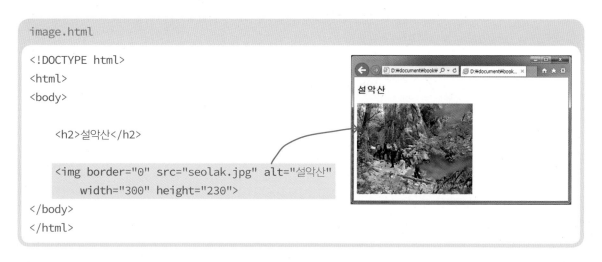

```
image.html

<!DOCTYPE html>
<html>
<body>

    <h2>설악산</h2>

    <img border="0" src="seolak.jpg" alt="설악산"
        width="300" height="230">
</body>
</html>
```

HTML 요소에는 블록 요소(block element)와 인라인 요소(inline element)가 있다. 블록 요소는 요소를 화면에 표시한 후에 항상 줄 바꿈이 일어난다. 즉 블록 요소는 한 줄을 다 차지한다. 인라인 요소는 요소를 표시한 후에도 줄 바꿈이 일어나지 않는다. 인라인 요소는 한 줄에 차례대로 표시된다. ⟨img⟩ 요소는 인라인 요소이다. 즉 이미지의 전후에 줄 바꿈이 일어나지 않는다.

■ 브라우저가 이미지를 처리하는 방법

브라우저는 ⟨img⟩ 태그를 다른 태그들에 비하여 약간 다르게 처리한다. ⟨p⟩와 같은 태그를 브라우저가 발견하면 단순히 화면에 표시하면 된다. 그러나 ⟨img⟩ 태그를 발견하면 화면에 표시하기 전에 서버로부터 다운로드를 받아야 한다.

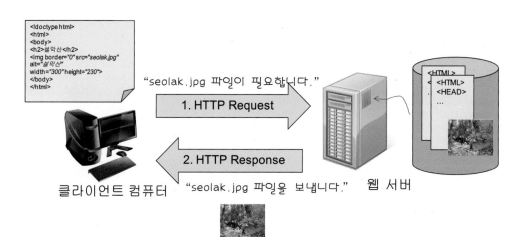

■ width와 height 속성

width와 height 속성은 이미지의 가로와 세로를 지정하는 데 사용된다. 예를 들면 다음과 같다.

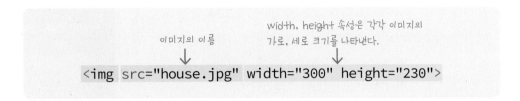

기본적인 단위는 픽셀이다. 하지만 % 단위를 사용하여 브라우저의 크기에 비례하여 상대적으로 이미지의 크기를 지정할 수 있다. 이미지를 표시할 때는 반드시 이미지의 크기를 지정하는 것이 좋다. 크기가 지정되면 브라우저는 페이지를 로드할 때, 화면에 이미지를 표시하는 데 필요한 공간을 미리 확보한다. 만약 이들 정보가 없으면 브라우저는 이미지의 크기를 모르게 되고 따라서 페이지 로드 중에 레이아웃이 변경될 수 있다.

■ alt 속성

alt 속성은 브라우저가 어떤 이유로 이미지를 화면에 표시하지 못했을 경우에, 표시되는 대체 텍스트(alternate text)를 지정한다.

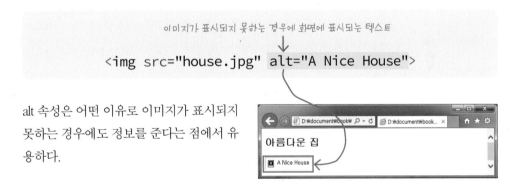

alt 속성은 어떤 이유로 이미지가 표시되지 못하는 경우에도 정보를 준다는 점에서 유용하다.

■ 웹에서 사용하는 이미지의 종류

이미지 파일의 종류에는 여러 가지가 있다. 웹에서 많이 사용되는 이미지 파일의 형식에는 JPEG, PNG, GIF가 있다. 이들 이미지 파일은 각기 장점과 단점을 가지고 있다. 따라서 현명하게 선택해서 사용하는 것이 중요하다.

● JPEG

JPEG는 실사 사진과 같이 복잡하고 많은 색상으로 이루어진 이미지에 적합하다. 1600만 개의 색상을 사용할 수 있으며 손실 압축 방식을 사용한다. 즉 압축 과정에서 약간의 데이터는 영구히 사라진다. 그리고 투명 배경을 지원하지 않는다. 하지만 파일 크기는 작고 애니메이션은 지원하지 않는다.

● PNG

PNG는 클립 아트와 같이 적은 수의 색상을 가진 이미지에 적합하다. PNG-8, PNG-24, PNG-32 등의 세부 종류가 있으며 얼마나 많은 색상을 지원하느냐에 따라서 나누어진다. PNG도 압축을 하지만 손실이 발생하지 않는 무손실 압축 방식을 사용한다. 투명 배경도 지원한다. 하지만 같은 품질의 이미지의 경우에 JPEG보다는 크기가 크다.

● GIF

GIF도 PNG처럼 로고나 클립 아트 형태의 이미지에 적합하다. GIF는 256개의 색상만을 지원한다. GIF도 무손실 압축 기법을 사용한다. 투명 배경도 지원하며 특이한 것은 애니메이션도 지원한다.

■ 이미지의 크기가 큰 경우 처리 방법

최근에는 스마트폰에서도 1200만 화소를 가지는 카메라를 사용할 수 있다. 이러한 카메라로 사진을 찍으면 이미지의 크기가 상당히 커질 수 있다. 예를 들어 3000×3000 정도의 이미지도 가능하다. 물론 〈img〉 태그의 width와 height 태그를 이용해 화면에서 이미지의 크기를 줄일 수 있다. 하지만 이미지의 원본 크기는 그대로 두고, 화면에서 표시할 때만 크기를 작게 지정하는 방법은 문제점이 있다. 우리가 웹 페이지에서 이미지의 크기를 지정하면 이미지의 크기 변경은 클라이언트 컴퓨터의 브라우저에서 이루어진다. 따라서 먼저 크기가 큰 원본 이미지가 서버로부터 다운로드되어야 한다. 이미지의 크기가 크면 페이지 적재 속도가 느려지고 특히 모바일 장치에서는 더욱 더 문제가 된다. 따라서 가장 좋은 방법은 이미지를 서버에 올리기 전에 포토샵과 같은 사진 애플리케이션을 사용해 이미지의 크기를 적절하게 줄여서 올리는 것이다. 포토샵의 "Save for Web" 메뉴를 사용하면 좋다. 일반적으로 웹에서 이미지의 크기는 800×800보다 작아야 한다.

 예제 **커피 전문점 웹 페이지 #2**

화면에 이미지를 표시할 수 있다면 웹 페이지를 보다 흥미롭게 만들 수 있다. 앞에서 간단하게 작성해 보았던 커피 전문점 홈페이지를 이미지를 추가하여 다시 작성하여 보자.

01 먼저 이미지가 있어야 한다. 커피와 관련된 이미지를 구해서 coffee.gif로 저장한 후에, 다음과 같은 HTML 문서를 메모장으로 작성한다.

```
coffee.html

<!DOCTYPE html>
<html>
<head>
    <title>Web Programming</title>  ← 웹 페이지의 제목으로 웹 브라우저에 나타난다.
</head>

<body>
```

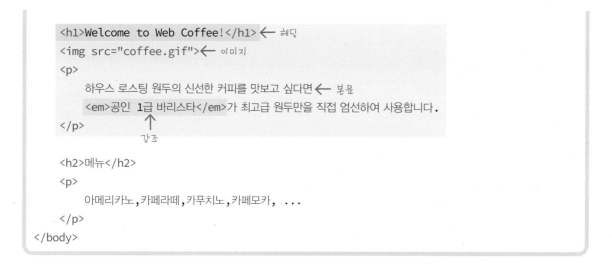

```
<h1>Welcome to Web Coffee!</h1>← 헤딩
<img src="coffee.gif">← 이미지
<p>
    하우스 로스팅 원두의 신선한 커피를 맛보고 싶다면← 본문
    <em>공인 1급 바리스타</em>가 최고급 원두만을 직접 엄선하여 사용합니다.
</p>
          ↑
          강조

<h2>메뉴</h2>
<p>
    아메리카노,카페라떼,카푸치노,카페모카, ...
</p>
</body>
```

[02] coffee.html을 더블클릭해서 실행하여 본다.

예제 **썸네일**

썸네일(thumbnail)은 작은 이미지를 말한다. 웹 상에서는 작은 이미지를 먼저 표시하고 이것을 클릭하면 더 큰 이미지가 나타나도록 하는 것이 일반적이다.

[01] 몇 개의 이미지를 준비하여 images 폴더에 저장한다. 썸네일 이미지를 포토샵과 같은 도구를 이용하여 생성한다. 썸네일 이미지를 thumbnails 폴더에 저장한다. 폴더는 다음과 같이 생성되어 있어야 한다.

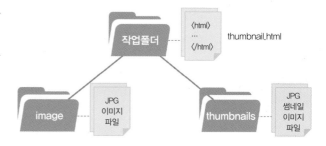

02 다음과 같은 HTML 문서를 작성한다.

thumnail.html

```
<!DOCTYPE html>
<html>
<head>
    <title>NASA 이미지들</title>
</head>
<body>
    <h1>NASA가 제공하는 이미지들</h1>
    <p>
        미국의 NASA는 우주에 대한 고해상도 이미지를 제공하고 있다.
    </p>
    <h2>Hubble Images</h2>
    <p>
        허블 망원경으로 촬영한 이미지로서 우주의 초기의 은하 모습을 보여준다.
    </p>
    <p>
        <img src="thumbnails/PIA12110_hithumb.jpg" alt="">
        <img src="thumbnails/PIA03149_hithumb.jpg" alt="">
    </p>
</body>
</html>
```

03 위의 HTML 문서를 실행하여 보면 다음과 같다.

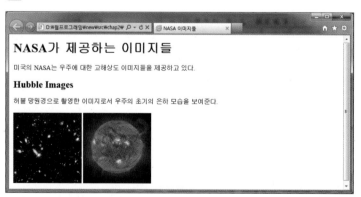

04 추가로 위의 HTML 문서에서 썸네일 이미지를 클릭하면 원래의 이미지를 화면에 보여주도록 만들어 보자. 일단 원래의 이미지를 보여주는 다음과 같은 HTML 문서 파일을 생성한다.

photo1.html

```
<!DOCTYPE html>
<html>
<head>
    <title>Deep Field</title>
</head>
<body>
    <h1>Hubble Image #1</h1>
    <p>
        <img src="images/PIA03542_ip.jpg" alt="Deep Field">
    </p>
</body>
</html>
```

photo2.html

```
<!DOCTYPE html>
<html>
<head>
    <title>Deep Field</title>
</head>
<body>
    <h1>Hubble Image #2</h1>
    <p>
        <img src="images/PIA03149_ip.jpg" alt="Deep Field">
    </p>
</body>
</html>
```

05 thumbnail.html 파일을 다음과 같이 수정한다.

```
thumnail.html

<!DOCTYPE html>
<html>
...
    <p>
        허블 망원경으로 촬영한 이미지로서 우주의 초기의 은하 모습을 보여준다.
    </p>
<p>
    <a href="photo1.html">
        <img src="thumbnails/PIA12110_hithumb.jpg" alt="">
    </a>
    <a href="photo2.html">
        <img src="thumbnails/PIA03149_hithumb.jpg" alt="">
    </a>
</p>
</body>
</html>
```

〈img〉 요소의 속성 중에서 예전에 아주 중요하였지만 HTML5에서 배제된 속성이 align이다. align은 이미지와 이미지를 둘러싼 텍스트의 배치를 지정하는 데 사용되었다. align의 값은 top, bottom, middle, left, right로 지정할 수 있었다. 예를 들어 〈img align="left" src="americano.jpg"〉와 같이 저장하면 오른쪽과 같은 화면을 만들 수 있다.

전체 소스는 다음과 같다.

```
<!DOCTYPE html>
<html>
<head>
<title>Aligning Images Horizontally</title>
</head>
<body>
<p><img src="images/americano.jpg" alt="Bird" width="100" height="100"
align="left" />
                에스프레소에 물을 넣어 연하게 마시는 커피
                에스프레소에 물을 넣어 연하게 마시는 커피
                에스프레소에 물을 넣어 연하게 마시는 커피
</p>
<hr />
<p><img src="images/cafelatte.jpg" alt="Bird" width="100" height="100"
align="right" />
                에스프레소(Caffe)와 우유(Latte)를 넣은 커피
                에스프레소(Caffe)와 우유(Latte)를 넣은 커피
                에스프레소(Caffe)와 우유(Latte)를 넣은 커피
</p>
</body>
</html>
```

하지만 〈img〉 요소의 align 속성은 HTML5에서 더 이상 지원되지 않는다. HTML5에서 스타일은 CSS를 사용하는 것이 좋다. 따라서 이 책에서는 align 속성의 설명을 생략하였으니 많은 양해 부탁드린다.

테이블(table)은 표 형태의 데이터를 표시하는 데 사용된다. 초기의 웹 페이지에서는 전체 페이지 레이아웃에도 테이블을 사용하였다. 테이블은 〈table〉 태그로 정의된다.

행과 열이 모두 2개인 다음과 같은 테이블을 가지고 설명하여 보자.

HTML에서는 테이블의 하나의 행을 〈tr〉 ... 〈/tr〉로 표현한다. tr은 물론 "table row"의 약자이다. 행 안의 데이터는 어떻게 표현할까? 하나의 데이터는 〈td〉 ... 〈/td 〉 요소로 표현한다. td는 "table data"의 약자이다.

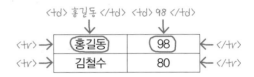

위의 테이블을 HTML 코드로 나타내면 다음과 같다.

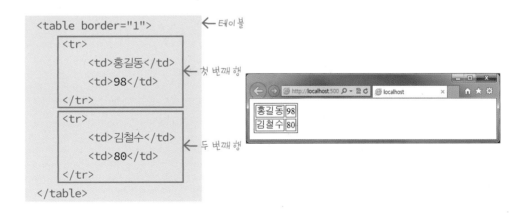

위의 코드를 브라우저가 받으면 오른쪽 위와 같은 화면을 생성한다.

테이블에 따라서는 다음과 같이 각 열에 헤더(열의 제목)가 있는 경우가 있다. 이때는 〈tr〉... 〈/tr〉로 행을 만들고 여기에 〈th〉 ... 〈/th〉를 사용하여 헤더를 생성해주면 된다. th는 "table header"의 약자이다.

위의 테이블을 정의하는 HTML 코드는 다음과 같다.

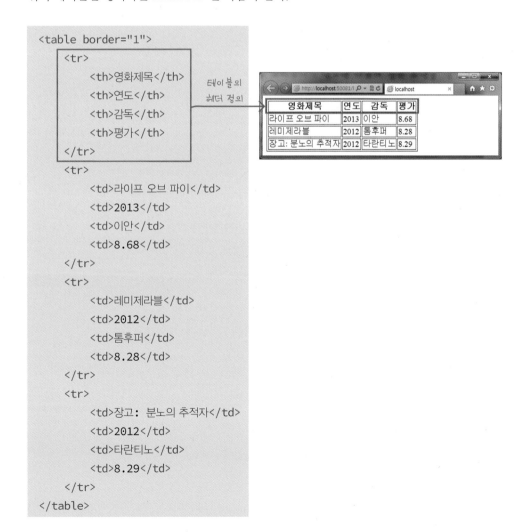

```
<table border="1">
    <tr>
        <th>영화제목</th>
        <th>연도</th>
        <th>감독</th>
        <th>평가</th>
    </tr>
    <tr>
        <td>라이프 오브 파이</td>
        <td>2013</td>
        <td>이안</td>
        <td>8.68</td>
    </tr>
    <tr>
        <td>레미제라블</td>
        <td>2012</td>
        <td>톰후퍼</td>
        <td>8.28</td>
    </tr>
    <tr>
        <td>장고: 분노의 추적자</td>
        <td>2012</td>
        <td>타란티노</td>
        <td>8.29</td>
    </tr>
</table>
```

모든 웹 브라우저는 ⟨th⟩ 요소를 볼드체, 중앙 정렬로 표시한다.

■ **테이블의 행과 열**

테이블에서 행의 수는 제한이 없다. 얼마든지 필요한 만큼의 행을 가질 수 있다. 테이블의 행은 그 자체가 하나의 HTML 요소이다. 행의 시작 태그는 ⟨tr⟩이고 종료 태그는 ⟨/tr⟩이다. 테이블의 행은 원하는 만큼의 셀(cell)을 가질 수 있다. 셀도 ⟨td⟩, ⟨/td⟩를 각각 시작 태그와 종료 태그로 가지는 하나의 요소이다.

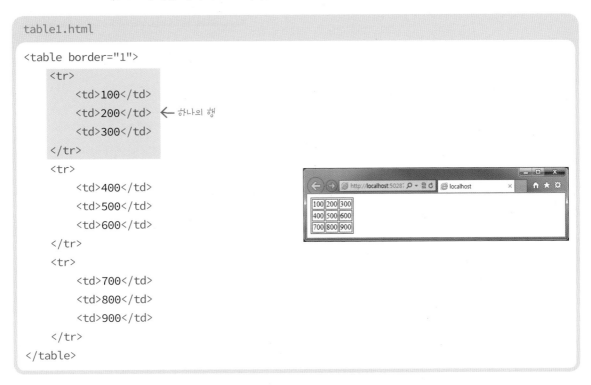

table1.html

```
<table border="1">
    <tr>
        <td>100</td>
        <td>200</td>    ← 하나의 행
        <td>300</td>
    </tr>
    <tr>
        <td>400</td>
        <td>500</td>
        <td>600</td>
    </tr>
    <tr>
        <td>700</td>
        <td>800</td>
        <td>900</td>
    </tr>
</table>
```

■ **경계와 배경색 설정**

테이블의 경계를 지정하지 않으면 테이블은 경계 없이 표시된다. 일반적인 경우에는 테이블의 경계를 표시하는 것이 낫다. 경계는 ⟨table⟩ 태그의 속성 border를 이용해 설정한다. 만약 앞의 영화 테이블에서 border 속성을 설정하지 않으면 다음과 같이 표시된다.

테이블의 경계나 배경색 등은 CSS를 사용해 정의하는 것이 원칙이다. 하지만 table의 속성 border를 사용해 간단하게 경계를 설정하는 예제를 살펴보자.

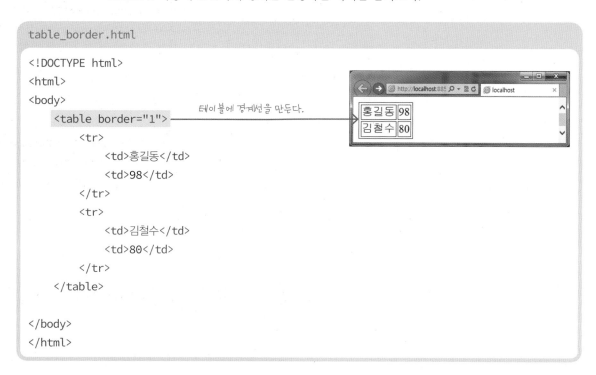

table_border.html

```
<!DOCTYPE html>
<html>
<body>
    <table border="1">          테이블에 경계선을 만든다.
        <tr>
            <td>홍길동</td>
            <td>98</td>
        </tr>
        <tr>
            <td>김철수</td>
            <td>80</td>
        </tr>
    </table>

</body>
</html>
```

[참고]

HTML 4.01의 경우, 테이블의 속성으로 border 이외에도 bgcolor, align, cellspacing, frame, rules 와 같은 많은 속성이 있었다. 하지만 이는 모두 HTML5에서는 사용이 금지되었다. 남아있는 단 하나의 속성은 border이고 border도 값이 "1", 또는 ""만 사용하도록 권장하고 있다. border가 "1"이면 경계선이 있는 것이고 ""이면 경계선이 없다는 것을 의미한다. 테이블의 스타일을 지정하는 작업은 CSS를 사용해야 한다. HTML5에서 요소의 스타일을 지정하려면 반드시 CSS를 사용해야 한다는 것을 잊지 말자.

■ 테이블에서 열과 행의 병합

테이블에서 각 셀은 필요에 따라서 얼마든지 병합될 수 있다. 행이 병합되는 것을 행병합(row span)이라고 하고 열이 병합되는 것을 열병합(column span)이라고 한다. rowspan을 2라고 지정하면 현재 셀 위치에서 2개의 행을 병합하겠다는 의미이다. colspan을 3이라고 지정하면 현재 셀 위치에서 3개의 열을 병합하겠다는 의미이다.

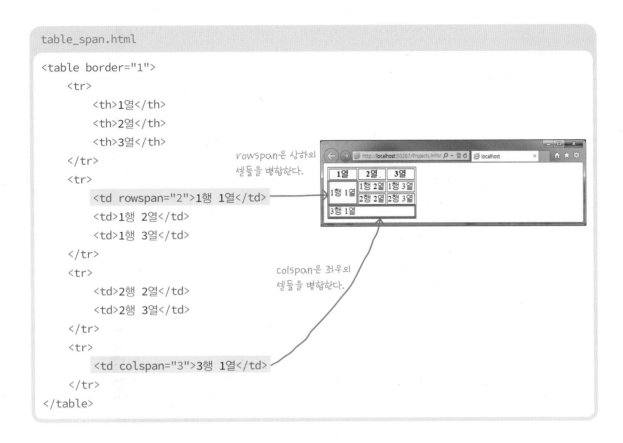

```
table_span.html

<table border="1">
    <tr>
        <th>1열</th>
        <th>2열</th>
        <th>3열</th>
    </tr>
    <tr>
        <td rowspan="2">1행 1열</td>
        <td>1행 2열</td>
        <td>1행 3열</td>
    </tr>
    <tr>
        <td>2행 2열</td>
        <td>2행 3열</td>
    </tr>
    <tr>
        <td colspan="3">3행 1열</td>
    </tr>
</table>
```

rowspan은 상하의
셀들을 병합한다.

colspan은 좌우의
셀들을 병합한다.

■ 테이블의 캡션

테이블의 제목을 삽입하려면 〈caption〉 ... 〈/caption〉을 사용한다. 앞의 영화 테이블에 캡션을 넣어보면 다음과 같다.

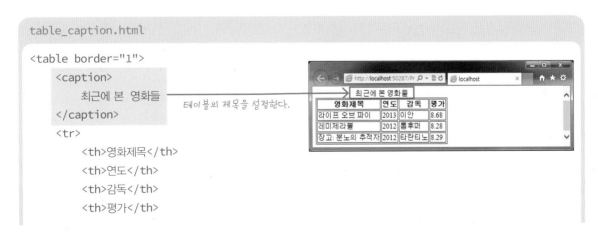

```
table_caption.html

<table border="1">
    <caption>
        최근에 본 영화들
    </caption>
    <tr>
        <th>영화제목</th>
        <th>연도</th>
        <th>감독</th>
        <th>평가</th>
```

테이블의 제목을 설정한다.

```
    </tr>
...
</table>
```

테이블을 이용한 요소의 배치

테이블의 셀 안에는 다른 HTML 요소를 넣을 수 있다. 즉 리스트나 이미지, 심지어 다른 테이블까지 테이블의 셀 안에 넣을 수 있다. 따라서 이러한 특징을 이용하여 HTML 요소를 표 형태로 가지런하게 정렬하는 데 테이블을 이용할 수 있다.

table_ex1.html

```html
<table border="1">
  <tr>
    <td width="50%">
      <ul>
        <li>리스트 항목 1</li>
        <li>리스트 항목 2</li>          ← 셀 안에 리스트가
        <li>리스트 항목 3</li>             들어가 있다.
      </ul>
    </td>
    <td>
      <ul>
        <li>리스트 항목 4</li>
        <li>리스트 항목 5</li>
        <li>리스트 항목 6</li>
      </ul>
    </td>
  </tr>
  <tr>
    <td>
      <p>테이블 셀 안에는 어떠한 요소도 넣을 수 있습니다.</p>
    </td>
    <td>
      <img src="images/hubble.jpg" width="100" height="50"/>   ← 셀 안에 이미지가
    </td>                                                          들어가 있다.
```

```
        </tr>
</table>
```

 **예제** 테이블 만들기

지금까지 학습한 사항을 토대로 다음과 같은 테이블을 작성하여 보자. 평생 교육원 정보를 제공하는 웹 페이지로서 강좌에 대한 정보를 테이블 형태로 보여주고 있다.

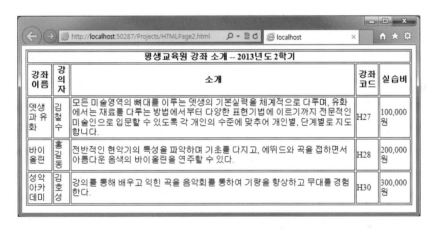

table_ex2.html

```
<table border="1">
    <tr>
        <th colspan="5">평생교육원 강좌 소개 -- 2013년도 2학기</th>    ← 테이블 헤더를 정의한다.
    </tr>
    <tr>
        <th>강좌 이름</th>
        <th>강의자</th>
        <th>소개</th>                    ← 첫 번째 행은 모든 셀을 병합하여
        <th>강좌코드</th>                      테이블의 제목으로 한다.
        <th>실습비</th>
    </tr>
    <tr>
        <td>뎃생과 유화</td>
        <td>김철수</td>
```

```
        <td>모든 미술영역의 뼈대를 이루는 뎃생의 기본실력을 체계적으로 다루며, 유화에서는 재료를 다루는 방법
에서부터 다양한 표현기법에 이르기까지 전문적인 미술인으로 입문할 수 있도록 각 개인의 수준에 맞추어 개인별, 단계
별로 지도합니다.
        </td>
        <td>H27</td>
        <td>100,000원</td>
    </tr>
    <tr>
        <td>바이올린</td>
        <td>홍길동</td>
        <td>전반적인 현악기의 특성을 파악하며 기초를 다지고, 에뛰드와 곡을 접하면서 아름다운 음색의 바이올린
을 연주할 수 있다.
        </td>
        <td>H28</td>
        <td>200,000원</td>
    </tr>
    <tr>
        <td>성악 아카데미</td>
        <td>김호성</td>
        <td>강의를 통해 배우고 익힌 곡을 음악회를 통하여 기량을 향상하고 무대를 경험한다.</EM>
        </td>
        <td>H30</td>
        <td>300,000원</td>
    </tr>
</table>
```

테이블의 각 행을
<tr>로 정의한다.

2-07 추가 예제

예제 **개인 홈페이지 만들기**

HTML을 이용해 자신을 간단히 소개하는 홈페이지를 작성하여 보자. 물론 웹 페이지의 내용
은 각자 다르게 할 수 있다.

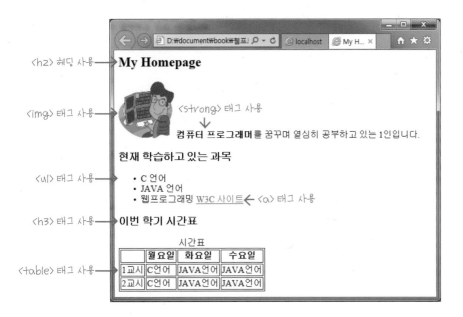

<h2> 헤딩 사용

<img> 태그 사용

<strong> 태그 사용

<ul> 태그 사용

<a> 태그 사용

<h3> 태그 사용

<table> 태그 사용

01 다음과 같은 HTML 문서를 작성한다.

myhomepage.html

```
<!DOCTYPE html>
<html>
<head>
    <title>My Homepage</title>
</head>
<body>
    <h2>My Homepage</h2>
    <p>
        <img src="programmer.png" width="100" height="100" alt="프로그래머 그림" />
        <strong>컴퓨터 프로그래머</strong>를 꿈꾸며 열심히 공부하고 있는 1인입니다.
    </p>
    <h3>현재 학습하고 있는 과목</h3>
    <ul>
        <li>C 언어 </li>
        <li>JAVA 언어 </li>
        <li>웹프로그래밍 <a href="http://www.w3c.org" target="_blank">W3C 사이트</a></li>
    </ul>
    <h3>이번 학기 시간표</h3>
```

```
<table border="1">
    <caption>
        시간표
    </caption>
    <tr>
        <th> </th>
        <th>월요일</th>
        <th>화요일</th>
        <th>수요일</th>
    </tr>
    <tr>
        <td>1교시</td>
        <td>C언어</td>
        <td>JAVA언어</td>
        <td>JAVA언어</td>
    </tr>
    <tr>
        <td>2교시</td>
        <td>C언어</td>
        <td>JAVA언어</td>
        <td>JAVA언어</td>
    </tr>
</table>
</body>
</html>
```

HTML에서 공백을 쓸 경우, 를 많이 쓴다. 줄 바꿈 없는 공백 (non-breaking space)으로서 줄여서 nbsp라고 한다.

02 웹 브라우저로 결과를 확인한다.

 예제 **커피 전문점 웹 페이지 #3**

앞에서 작성한 커피 전문점 홈페이지를 개선하여 보자. 먼저 메뉴를 누르면 커피 전문점의 메뉴에 대한 자세한 설명을 보여주는 웹 페이지로 연결되도록 하자. 리스트를 사용하여 메뉴를 화면에 표시한다.

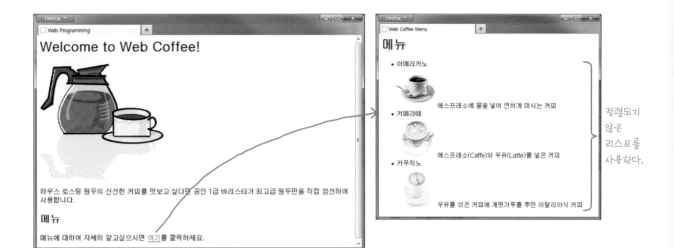

01 images 폴더를 생성하고 이 폴더에 아메리카노, 카페라떼, 카푸치노를 나타내는 이미지를 구하여 americano.jpg, cafelatte.jpg, cappuccinoi.jpg로 저장한다.

02 다음과 같은 HTML 문서를 메모장으로 작성한다.

```
coffee2.html

<!DOCTYPE html>
<html>
  <head>
    <title>Web Programming</title>
  </head>
  <body>
    <h1>Welcome to Web Coffee!</h1>
    <img src="images/coffee.gif">
      <p>
        하우스 로스팅 원두의 신선한 커피를 맛보고 싶다면
        <em>공인 1급 바리스타</em>가 최고급 원두만을 직접 엄선하여 사용합니다.
      </p>
      <h2>메뉴</h2>
      <p>
        메뉴에 대하여 자세히 알고싶으시면 <a href="menu.html">여기</a>를 클릭하세요.
      </p>
    </body>
</html>
```

03 다음과 같은 HTML 문서를 메모장으로 작성한다.

```
menu.html

<!DOCTYPE html>
<html>
<head>
    <title>Web Coffee Menu</title>
</head>
<body>
    <h1>메뉴</h1>
    <ul>
        <li>아메리카노<br />
            <img src="images/americano.jpg" width="100" height="100">
            에스프레소에 물을 넣어 연하게 마시는 커피
        </li>
        <li>카페라떼<br />
            <img src="images/cafelatte.jpg" width="100" height="100">
            에스프레소(Caffe)와 우유(Latte)를 넣은 커피
        </li>
        <li>카푸치노<br />
            <img src="images/cappuccino.jpg" width="100" height="100">
            우유를 섞은 커피에 계핏가루를 뿌린 이탈리아식 커피
        </li>
    </ul>
</body>
</html>
```

리스트 항목에 이미지와 텍스트를 넣었다.

04 coffee2.html을 더블클릭해서 실행하여 본다.

> **[참고] HTML5가 지원하지 않는 태그들**
>
> HTML5에서는 이전에 사용되던 많은 태그가 더 이상 지원되지 않는다. 대표적인 것이 ⟨font⟩,
> ⟨big⟩, ⟨basefont⟩, ⟨center⟩, ⟨frame⟩, ⟨frameset⟩, ⟨noframes⟩, ⟨strike⟩, ⟨tt⟩ 등이 있다. 이들은 물론 HTML
> 4.01을 지원하는 브라우저에서 사용할 수는 있겠으나 가급적이면 사용하지 않는 것이 좋다. HTML5에
> 서는 태그로 요소의 스타일을 지정하면 안 된다. 반드시 CSS로 스타일을 지정해야 한다.

1 다음 중 텍스트를 표시할 때 강제로 줄을 바꾸는 태그는? (   )

① 〈h1〉　　　　　② 〈br〉　　　　　③ 〈tr〉　　　　　④ 〈td〉

2 다음 중 항목의 리스트(목록)를 나타내는 태그가 아닌 것은? (   )

① 〈ul〉　　　　　② 〈ol〉　　　　　③ 〈dl〉　　　　　④ 〈tl〉

3 웹 브라우저에 시를 출력하고자 한다. 시의 공백이나 줄 바꿈을 원문 그대로 나오게 하고 싶다. 어떤 태그를 사용해야 하는가? (   )

① 〈p〉　　　　　② 〈pre〉　　　　　③ 〈hr〉　　　　　④ 〈br〉

4 HTML에서 공백을 나타내는 특수한 기호는? (   )

① 　　　　② "　　　　③ <　　　　④ >

5 〈a〉는 무엇을 나타내는가? (   )

① 테이블　　　　② 문단　　　　③ 하이퍼 링크　　　　④ 제목

6 "images/toy1" 이미지를 HTML 문서 안에 포함시키는 문장을 작성하여 보라. 이미지의 크기는 300×200으로 하라.

---

7 "google 검색"을 누르면 구글의 홈페이지로 이동하도록 하이퍼 링크를 작성해 보자.

---

8 다음과 같은 테이블을 생성하는 HTML 문서를 작성하라.

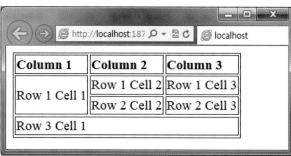

9 다음과 같은 화면을 나타내는 HTML 문서를 작성하라. 리스트를 생성하는 태그를 사용한다.

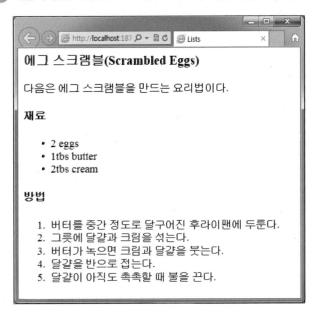

이와 함께 위의 페이지에 요리에 관한 그림도 추가하라.

10 다음과 같은 화면을 나타내는 HTML 문서를 작성하라. 〈table〉 태그를 사용한다.

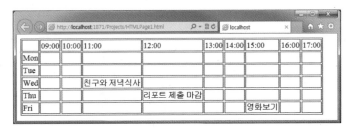

11 다음과 같은 화면을 나타내는 HTML 문서를 작성하라.

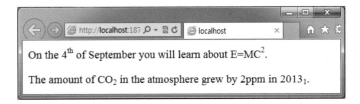

⑫ 다음과 같은 화면을 나타내는 HTML 문서를 작성하라. hong@naver.com을 클릭하면 이메일을 작성하는 화면으로 이동하도록 하라.

⑬ 화면의 이미지를 클릭하면 www.w3c.org로 연결되도록 하이퍼 링크를 만들어 보라.

⑭ 다음과 같은 이력서 형식을 HTML 문서로 작성하여 보자. 〈table〉 태그의 rowspan과 colspan을 이용하도록 하자. 전자 우편 연락처에는 하이퍼 링크를 생성해서 연락처를 누르면 이메일을 송신하는 페이지로 연결되도록 하자.

⑮ 본문의 내용을 참조해서 자신을 소개하는 홈페이지를 작성해 보자.

HTML5
멀티미디어와
입력 양식

학·습·목·표
- 오디오를 웹 페이지에 추가하는 방법을 살펴본다.
- 비디오를 웹 페이지에 추가하는 방법을 살펴본다.
- 〈iframe〉 태그에 대해 학습한다.
- 사용자가 서버로 데이터를 보낼 때 사용하는 입력 양식을 학습한다.
- HTML5에 새롭게 추가된 여러 가지 입력 필드를 살펴본다.

3-01 웹 브라우저와 멀티미디어

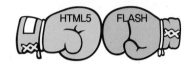

유튜브와 같은 무료 동영상 공유 사이트의 등장으로 사람들은 웹 브라우저로 비디오를 많이 보기 시작하였다. HTML5 이전에 웹 브라우저에서 오디오나 비디오를 재생하기 위해서는 상당한 수고가 필요하였다. 먼저 HTML 안에서는 ⟨embed⟩나 ⟨object⟩ 태그를 사용해야 했고 웹 브라우저에는 플래시나 ActiveX를 설치해야 했다. 하지만 HTML5에서는 ⟨audio⟩와 ⟨video⟩ 태그가 추가되었고 이 태그를 이용해 자연스럽게 HTML 문서의 일부로 오디오와 비디오를 추가할 수 있다. 물론 플러그인의 설치도 필요 없다.

유튜브는 현재 어떻게 동영상을 서비스하고 있을까? 유튜브는 기본적으로는 아직도 플래시를 사용해 동영상 서비스를 제공하고 있다. 이것은 광고 문제와 낮은 버전의 웹 브라우저를 사용하는 사용자를 위해 아직까지도 기본적으로는 플래시-기반의 서비스를 제공하는 것으로 보인다. 유튜브도 http://www.youtube.com/html5에 들어가면 HTML5 동영상 플레이어를 사용하도록 설정할 수 있다.

3-02 오디오

웹 페이지에서는 흔히 자신이 좋아하는 음악을 배경으로 재생하곤 한다. HTML5에서는 오디오를 재생할 수 있는 ⟨audio⟩ 태그를 이용해 웹 페이지에서 음악을 재생할 수 있다.

```
<audio src="old_pop.mp3" autoplay controls>
```
오디오 삽입 태그　오디오 소스 파일 경로(URL)　자동 재생　화면에 제어기를 보일 것

■ 〈audio〉 요소

〈audio〉 요소는 다음과 같은 속성을 지원한다.

속성	설명
autoplay	이 속성이 존재하면 음악을 자동적으로 재생한다.
controls	이 속성이 존재하면 브라우저가 오디오 재생을 제어하는 제어기를 표시한다.
loop	이 속성이 존재하면 브라우저가 오디오를 반복하여 재생한다.
preload	사용자가 사용할 생각이 없더라도 오디오를 미리 다운로드한다.
src	재생할 오디오가 존재하는 URL을 지정한다.
volume	오디오의 재생 볼륨을 설정한다.(0.0부터 1.0까지)

만약 자신의 홈페이지 배경 음악으로 오디오를 삽입하고 자동 재생을 원한다면 〈audio〉의 속성을 autoplay로 해야 할 것이다.

■ 오디오 파일 형식

현재 많이 사용되는 오디오 형식은 MP3, Wav, Ogg 등의 3가지이다.

- MP3 : 'MPEG-1 Audio Layer-3'의 약자로 MPEG 기술의 음성 압축 기술이다.
- Wav : 윈도우에서 사용되는 표준 사운드 포맷으로 마이크로소프트 사와 IBM 사가 만들었다. 파일의 크기가 크다.
- Ogg : MP3 대안으로 개발된 사운드 파일 포맷으로 디지털 오디오 포맷의 특허권을 반대하고 보다 좋은 음질을 위해 오픈소스로 개발되었다.

각 브라우저마다 탑재된 코덱(codec)이 다르기 때문에, 재생할 수 있는 오디오의 종류가 약간씩 차이가 있다.

브라우저	MP3	Wav	Ogg
Internet Explorer 9 이상	YES	NO	NO
Chrome 6 이상	YES	YES	YES
Firefox 3.6 이상	NO	YES	YES
Safari 5 이상	YES	YES	NO
Opera 10 이상	NO	YES	YES

아래 예제에서는 HTML 문서 안에서 old_pop.mp3 파일을 삽입하여 보았다. 〈audio〉 태그의 src 속성을 이용하여 파일을 지정하였다. 물론 old_pop.mp3는 HTML 문서와 같은 디렉토리에 존재해야 한다.

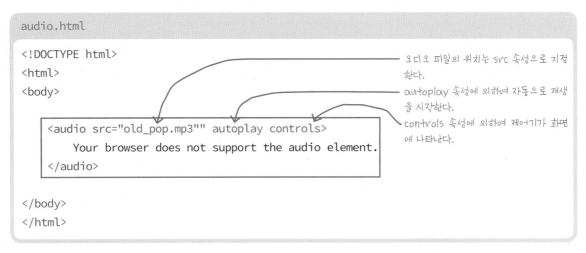

〈audio〉의 controls 속성을 지정하면 재생이나 중지할 수 있는 컨트롤이 표시된다.

■ 〈source〉 태그 사용하기

위의 프로그램을 실행해 보면 상당수의 브라우저에서는 실행되지 않는다. 앞의 표를 참조하면 mp3 형식은 파이어폭스와 오페라가 지원하지 않는다. 반면에 ogg 형식은 인터넷 익스플로러가 지원하지 않는다. 모든 브라우저가 지원하는 오디오 형식은 아직까지 없다! 어떻게 해야 호환성을 높일 수 있을까? 이럴 때는 〈source〉 태그를 이용해 하나의 오디오 소스에 대하여 여러 가지 파일 형식을 동시에 제공하면 된다.

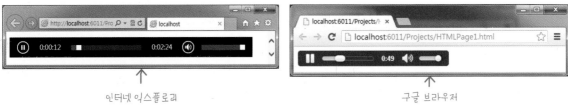

웹 브라우저는 가장 앞에 있는 파일부터 재생이 가능한지 검사하게 되고, 만약 재생이 가능한 파일 형식을 찾으면 더 이상 파일을 검사하지 않는다. 재생이 가능한지는 파일 형식으로 검사한다.

〈source〉 태그에서 type 속성은 오른쪽 표와 같은 MIME 타입으로 표시된다. MIME는 "multipurpose internet mail extensions"의 약자로서 인터넷에서 멀티미디어 전송을 위한 규약을 의미한다. "audio/mp3"의 의미는 audio 데이터이고 그 중에서도 mp3 형식이라는 것을 의미한다.

Format	MINE-type
MP3	audio / mp3
Ogg	audio / ogg
Wav	audio / wav

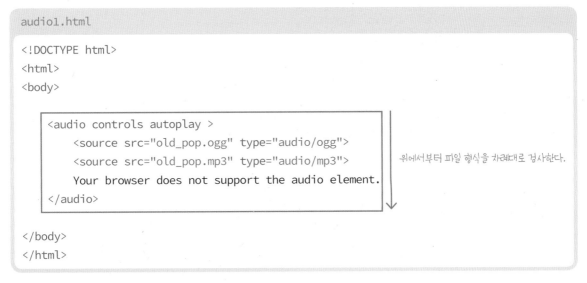

audio1.html

```
<!DOCTYPE html>
<html>
<body>

    <audio controls autoplay >
        <source src="old_pop.ogg" type="audio/ogg">
        <source src="old_pop.mp3" type="audio/mp3">
        Your browser does not support the audio element.
    </audio>

</body>
</html>
```

위에서부터 파일 형식을 차례대로 검사한다.

[참고]

mp3 파일은 어떻게 ogg 파일로 변환할까? 변환 프로그램도 많지만 편리한 것은 온라인으로 변환해 주는 사이트가 많이 있다는 것이다. 예를 들어 audio.online-convert.com 사이트에서도 무료로 mp3를 ogg 타입으로 변환해 주고 있다. 일반적으로 mp3 타입과 ogg 타입만 지정하면 거의 모든 브라우저에서 재생이 가능하다.

[참고]

preload 속성도 있다. preload를 지정하면 페이지가 로드됨과 동시에 오디오 파일을 다운로드한다. 따라서 빠르게 오디오 파일을 재생할 수 있다.

3-03 비디오

비디오를 HTML 문서에 삽입하는 과정도 오디오와 거의 동일하다. 비디오는 〈video〉 태그를 사용한다. 비디오 파일도 src 속성을 이용해 지정한다.

■ 〈video〉 요소의 속성

〈video〉 요소는 다음과 같은 속성을 지원한다.

속성	설명
autoplay	이 속성이 존재하면 비디오를 자동으로 재생한다.
controls	이 속성이 존재하면 브라우저가 비디오 재생을 제어하는 컨트롤을 표시한다.
loop	이 속성이 존재하면 브라우저가 비디오를 반복하여 재생한다.
poster	비디오를 다운로드하는 중일 때 표시하는 이미지이다.
preload	사용자가 사용할 생각이 없더라도 전체 오디오를 다운로드한다.
muted	비디오의 오디오 출력을 중지한다.
src	재생할 오디오가 존재하는 URL을 지정한다.
width, height	비디오 재생기의 너비와 높이를 나타낸다.

여기서 약간 특이한 속성은 poster이다. poster는 비디오를 다운로드할 때 사용자한테 보여주는 그림이다.

간단히 비디오를 재생하는 HTML 문서를 작성해 보면 다음과 같다. 동영상은 어디서 구하는 것이 좋을까? w3c 사이트에는 몇 개의 동영상이 준비되어 있다. 예를 들면 다음과 같다.

- http://media.w3.org/2010/05/bunny/movie.ogv

이것을 다운로드해서 실습해 보자. 물론 원본 주소를 그대로 적어 주어도 된다.

```
<video controls src="movie.ogv">
Your user agent does not support the HTML5 Video element.
</video>
```

■ 비디오 파일 형식

현재 많이 사용되는 비디오 형식은 MP4, WebM, Ogg 등의 3가지이다.

- MP4 : 'MPEG-4' 기술을 사용한다. MPEG-1과 MPEG-2에 비해 적은 용량으로도 고품질의 영상 및 음성을 구현할 수 있다. 코덱은 H.264를 사용한다.
- WebM : 무료로 제공되는 개방형 고화질 영상 압축 형식의 영상 포맷이다. 구글이 지원하고 있다. 코덱은 VP8이라고 불린다.
- Ogg : 역시 무료이고 비디오 압축 형식이다. Theora 비디오 압축 기술이라 불린다.

오디오와 마찬가지로 모든 웹 브라우저에서 재생되는 비디오 형식은 아직까지 없다. 역시 웹 브라우저마다 내장된 코덱에 차이가 있기 때문이다.

브라우저	MP4	WebM	Ogg
Internet Explorer 9 이상	YES	NO	NO
Chrome 6 이상	YES	YES	YES
Firefox 3.6 이상	NO	YES	YES
Safari 5 이상	YES	NO	NO
Opera 10.6 이상	NO	YES	YES

각 비디오 형식을 위한 MIME 타입은 오른쪽과 같다.

비디오 형식	MIME 타입
MP4	video / mp4
WebM	video / webm
Ogg	video / ogg

예를 들어 HTML 문서가 위치하는 디렉토리에 비디오 파일 movie.webm이 존재한다고 가정하면 다음과 같이 HTML 문서를 작성할 수 있다. 웹 브라우저마다 지원하는 비디오 파일 형식이 다르기 때문에 한 가지 형태의 파일로는 모든 브라우저에서 재생할 수 없다. 따라서 오디오의 경우처럼 몇 개의 서로 다른 형식의 비디오 파일을 제공하는 것이 안전하다.

w3c 사이트에는 몇 개의 동영상이 준비되어 있다. 이것을 사용하여 실습해 보자.

- http://media.w3.org/2010/05/sintel/trailer.mp4
- http://media.w3.org/2010/05/sintel/trailer.ogv

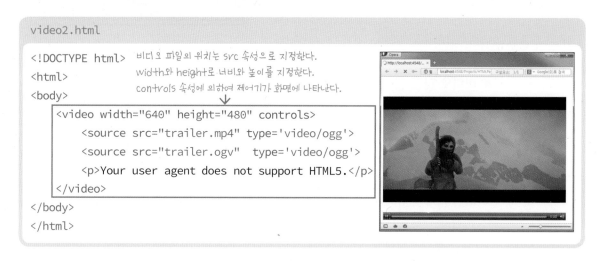

video2.html

```
<!DOCTYPE html>      비디오 파일의 위치는 src 속성으로 지정한다.
<html>               width와 height로 너비와 높이를 지정한다.
<body>               controls 속성에 의하여 제어기가 화면에 나타난다.

    <video width="640" height="480" controls>
        <source src="trailer.mp4" type='video/ogg'>
        <source src="trailer.ogv"  type='video/ogg'>
        <p>Your user agent does not support HTML5.</p>
    </video>

</body>
</html>
```

control 속성을 지정하면 비디오를 재생하고 중지할 수 있는 비디오 제어단을 표시한다. 비디오를 재생할 때는 width와 height 속성을 지정하는 편이 좋다. 높이와 폭이 지정되어 있으면 비디오를 위한 공간을 웹 브라우저가 미리 가늠할 수 있다. 그러나 이들이 지정되어 있지 않으면 브라우저는 비디오의 크기를 모르게 되고 적절한 공간을 확보할 수 없다. 즉 페이지 레이아웃이 비디오가 로딩되면서 변경될 수 있다.

또한 〈video〉 태그를 지원하지 않는 브라우저를 위해 텍스트를 넣어 주는 것도 좋다. 〈video〉 요소는 여러 개의 〈source〉 요소를 허용하며 브라우저는 재생할 수 있는 첫 번째 형식을 사용한다.

3-04 iframe

iframe은 웹 페이지 안에서 다른 웹 페이지를 표시하고자 할 때, 사용한다. iframe은 "inline frame"의 약자이다. 흔히 광고를 위해 이것을 사용한다. 또는 하나의 페이지를 여러 프레임으로 나누어서 각각 다른 문서를 표시하고자 할 때도 사용한다.

iframe은 특이하게도 인터넷 익스플로러가 페이지 안에 프레임을 놓기 위해 사적으로 사용하던 태그였다. 이 기술은 "inline frame"이라고 불리었다. W3C는 이 iframe을 HTML 4.01부터 도입하였고 거의 모든 브라우저가 iframe을 지원한다.

인터넷에 보면 왼쪽은 HTML 소스를 보여주고 오른쪽은 웹 브라우저의 출력을 보여주는 사이트가 상당수 있다(예를 들어 w3schools.com). 사용자는 HTML 소스를 편집한 후에 버튼을 누르면 HTML 소스의 출력이 오른쪽 윈도우에 나타난다. 어떻게 웹 브라우저의 출력을 웹 브라우저 안에서 보여줄까? 바로 〈iframe〉 태그를 사용하였기 때문이다.

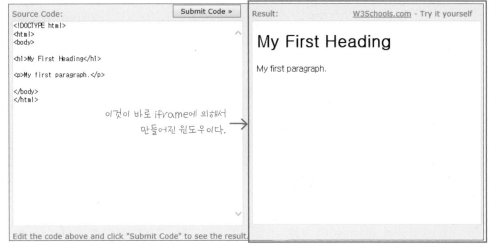

(그림 출처: www.w3schools.com)

예를 들어 inner.html 문서를 내부에서 표시하려면 다음과 같은 문장을 사용한다. iframe의 가로와 세로 길이를 300, 120으로 지정하였다. 단위는 픽셀이지만 퍼센트로도 변경할 수 있다.

```
<iframe src="inner.html" width="300" height="120"></iframe>
```

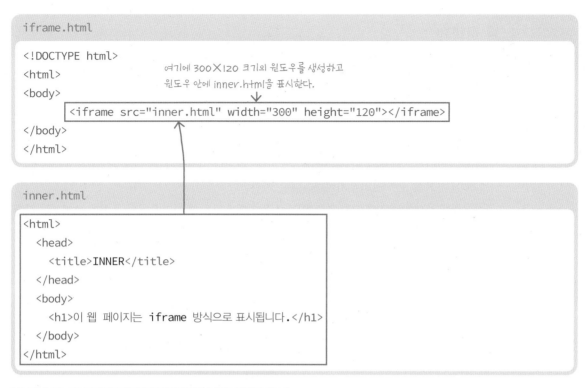

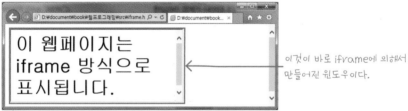

이 웹페이지는 iframe 방식으로 표시됩니다.

이것이 바로 iframe에 의해서 만들어진 윈도우이다.

■ ⟨iframe⟩의 속성

예전에는 많은 속성(frameborder, scrolling, marginwidth, marginheight)을 지원하였으나 HTML5에서는 이러한 속성을 더 이상 지원하지 않는다.

- 새로 추가된 속성으로 seamless가 있다. seamless를 설정하면 경계선이 없이 문서의 일부인 것처럼 화면에 그려진다.

```
<iframe src="inner.html" width="300" height="200" seamless></iframe>
```

 **예제** **iframe 기본 예제**

iframe은 링크의 타켓 프레임으로 사용될 수 있다. 하나의 예제로 사용자가 버튼을 누르면 iframe에 특정한 웹 페이지를 표시하는 HTML 소스를 작성하여 보자. 링크의 타겟 속성은 iframe에서 지정된 이름을 참조해야 한다.

iframe2.html

```
<!DOCTYPE html>
<html>
<body>

<iframe src="" name="iframe1"></iframe>
<p><a href="http://www.w3.org" target="iframe1">월드와이드웹 컨소시엄</a></p>

<p><b>참고:</b> 링크를 클릭하면 iframe 안에서 홈페이지가 열립니다.</p>

</body>
</html>
```

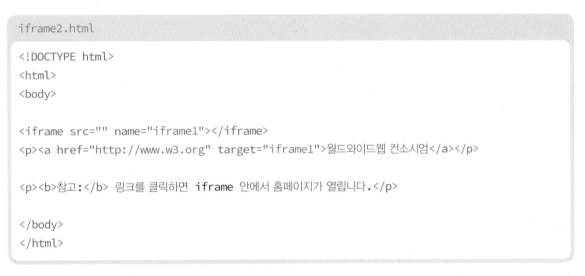

 예제 **온라인 HTML 에디터**

우리도 왼쪽은 HTML 소스를 보여주고 오른쪽은 HTML 소스의 출력을 보여주는 예제를 작성하여 보자. 생각보다 어렵지 않다. HTML 소스를 표시할 때는 〈textarea〉 요소를 사용한다. 출력을 표시할 때는 〈iframe〉 요소를 사용한다. 아직 CSS를 학습하지 않았으므로 왼쪽, 오른쪽으로 배치하지는 못한다. 단순히 위, 아래로 배치하자. 그리고 소스를 변경한다고 해서 출력이 변화하지는 않는다. 이것은 JSP와 같은 서버 스크립트 기술을 적용해야 한다.

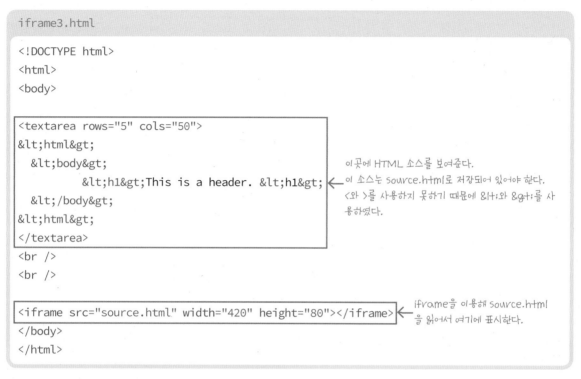

```
iframe3.html

<!DOCTYPE html>
<html>
<body>

<textarea rows="5" cols="50">
&lt;html&gt;
   &lt;body&gt;
           &lt;h1&gt;This is a header. &lt;h1&gt;     ← 이곳에 HTML 소스를 보여준다.
   &lt;/body&gt;                                     이 소스는 source.html로 저장되어 있어야 한다.
&lt;html&gt;                                          &lt;와 &gt;를 사용하지 못하기 때문에 &lt;와 &gt;를 사
</textarea>                                         용하였다.
<br />
<br />

<iframe src="source.html" width="420" height="80"></iframe>   ← iframe을 이용해 source.html
</body>                                                          을 읽어서 여기에 표시한다.
</html>
```

webprogramming

3 - 05 〈div〉와 〈span〉

〈div〉와 〈span〉은 웹 사이트를 구축하는 데 반드시 필요한 도구이다. 〈div〉는 고층 건물을 짓는 철근과 같은 역할을 한다. div는 "divide"의 약자로서 페이지를 논리적인 섹션으로 분리하

는데 사용되는 태그이다. 논리적인 섹션(logical section)은 무엇인가?

간단한 예를 들어보자. 아래 그림 왼쪽을 보면 사자를 설명하는 〈h2〉 요소와 〈p〉 요소가 있다. 이것을 하나의 논리적인 섹션으로 묶고 빨간색 경계선을 그리고자 한다. 어떤 태그로 〈h2〉 요소와 〈p〉 요소를 묶을 수 있을까? 생각해 보면 딱히 떠오르는 태그가 없다. 기존의 〈p〉와 같은 태그도 물론 사용할 수 있겠지만 〈p〉 태그의 목적에는 어울리지 않는다. 이럴 때 사용하는 태그가 〈div〉이다.

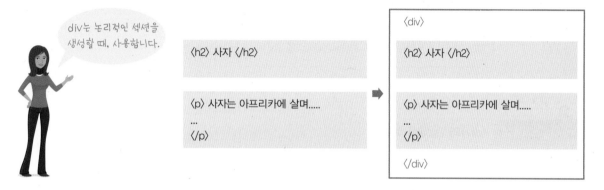

이것을 HTML 소스로 작성하면 다음과 같다.

```
<div style="border: 3px solid red">
    <h2>사자</h2>
    <p>사자는 아프리카에 살며 ...</p>
</div>
```

위의 소스를 보면 〈div〉 요소 안에 〈h2〉 요소와 〈p〉 요소가 들어 있다. 따라서 〈div〉로 〈h2〉와 〈p〉를 묶은 것이 된다. 다른 말로 하면 〈div〉가 컨테이너가 되어서 〈h2〉와 〈p〉를 포함하고 있는 것이다. 〈div〉의 위치를 변경하면 〈h2〉와 〈p〉도 함께 이동한다. 위의 소스 중에서 style="border: 3px solid red" 부분은 너무 신경 쓰지 말자. 이것은 CSS를 이용해 요소의 경계선을 그린 것이다. 즉 〈div〉의 경계선이 빨간색으로 그려지게 된다.

HTML 요소는 〈div〉와 〈span〉을 이용해 묶을 수 있다. 〈div〉 요소는 블록 수준의 요소로서 HTML 요소를 묶는 컨테이너로 사용할 수 있다. 〈div〉는 자체적으로는 특별한 의미가 없다. 〈div〉는 블록 수준 요소이기 때문에 하나의 줄을 전부 차지한다. CSS와 함께 사용하면 〈div〉

요소는 대량의 내용에 대하여 스타일 속성을 설정할 때, 유용하게 사용할 수 있다.

〈span〉 요소는 인라인 요소로서 텍스트를 위한 컨테이너로 사용할 수 있다. 인라인 요소는 자신이 필요한 크기만 차지하는 요소이다. 〈span〉 태그도 자체로는 특별한 의미는 없으며 CSS와 함께 사용되어서 텍스트 일부의 스타일 속성을 설정할 때, 사용된다.

> **[참고]**
>
> 〈div〉는 웹 페이지의 공간을 분할하여 레이아웃을 작성하는 데도 널리 사용된다. 즉 우리가 원하는 레이아웃을 작성하기 위해 논리적인 섹션을 작성하는 데도 사용된다. 이 방법은 예전에 자주 사용하였던 테이블을 이용한 레이아웃을 대치할 수 있다. 사실 테이블을 레이아웃에 사용하는 것은 올바른 방법이 아니다. 테이블은 표 형태의 데이터를 표시하는 데만 사용해야 한다.

예제 〈div〉와 〈span〉 예제

〈div〉와 〈span〉 요소를 사용하는 기본적인 예제를 작성하여 보자. 앞의 설명처럼 〈div〉로 묶어서 경계선을 그려 보고, 〈span〉으로 텍스트를 묶어서 색상을 변경해 본다.

---

div1.html

```
<!DOCTYPE html>
<html>
<body>
```

〈div〉로 하나의 블록 수준의 섹션을 생성하고 여기에 경계선을 설정하였다.

```
    <div style="border: 3px solid red;">
        <h2>사자</h2>
        <p>
            사자는 아프리카에 살며
            강한 다리와 턱,
            <span style="color: red;">긴 송곳니</span>를
            지니고 있다.
        </p>
    </div>
</body>
</html>
```

〈span〉으로 인라인 수준의 섹션을 생성하고 글자의 색상을 변경하였다.

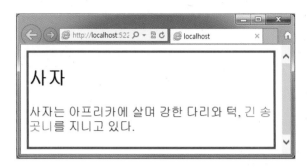

 예제 〈div〉를 이용한 박스 그리기

〈div〉가 많이 사용되는 경우 중의 하나가 화면에 빈 박스를 여러 개 생성하여 어떤 실험을 하고 싶은 경우이다. 이때도 〈div〉 요소를 생성한 후에 CSS로 높이와 너비를 설정해 주면 된다. 아래 예제에서는 3개의 〈div〉 요소를 생성하였다. 각 요소의 배경색을 다르게 하였고 각 요소의 높이를 20픽셀로 설정하였다.

div2.html

```
<!DOCTYPE html>
<html>
<body>
    <div style="height:20px; background-color:yellow"></div>
    <div style="height:20px; background-color:green"></div>
    <div style="height:20px; background-color:purple"></div>
</body>
</html>
```

CSS의 의미는 높이를 20픽셀로 하고 배경색을 노란색으로 하라는 것이다.

자 결론을 내려 보자. 〈div〉와 〈span〉은 요소를 모아서 하나의 묶음으로 만든 후에 특정한 스타일이나 위치, 크기 등을 적용하는 경우에 많이 사용된다. 특히 전체 페이지의 레이아웃을 만들 때는 필수적이다. 우리는 6장에서 자세하게 학습할 예정이다.

3-06 HTML 입력 양식

지금까지는 모든 것이 일방통행이었다. 즉 서버에서 사용자에게로 전달되는 것뿐이었다. 하지만 우리가 알다시피 웹은 쌍방향성이다. 즉 사용자가 서버로 보낼 수도 있는 것이다.

어떻게 보낼 수 있는가? 바로 **입력 양식(form)**을 사용하면 된다. 입력 양식은 사용자로부터 데이터를 받아서 서버로 넘기는 데 사용된다. 입력 양식을 사용하면 온라인 쇼핑몰에서 사용자로부터 주문을 받을 수도 있고, 사용자의 피드백을 받을 수 있다. 입력 양식에 채워진 데이터는 서버로 전달된다. 서버에서는 받은 데이터를 처리해서 실행 결과를 사용자에게 돌려준다, 만약 검색 서버에 사용자로부터 검색어가 전달되었으면 검색 결과를 돌려주는 것이다. 이번 장에서는 입력 양식을 생성하기 위해 필요한 HTML 요소를 학습하여 보자.

■ 입력 양식의 작동 방식

입력 양식(form)은 기본적으로 사용자가 정보를 넣을 수 있는 입력 필드를 가지고 있는 웹 페이지이다. HTML 양식은 텍스트 필드, 라디오 버튼, 버튼 등과 같은 기본적인 입력 요소를 포함할 수 있다. 입력 양식이 제출되면 정보는 포장되어서 서버로 전달된다. 최종적으로 서버에 존재하는 어떤 서버 스크립트에 의하여 처리된다. 처리가 종료되면 처리 결과가 웹 페이지로 만들어져서 사용자로 전달된다.

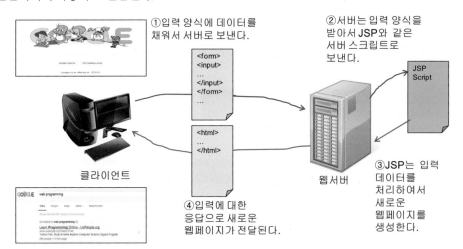

앞의 과정을 조금 더 자세히 살펴보자.

01 브라우저가 입력 요소가 포함된 웹 페이지를 로드한다. 입력 양식은 단순히 입력 요소가 들어 있는 웹 페이지이다. 브라우저는 웹 페이지에 기술된 대로 입력을 받을 수 있는 텍스트 입력 박스나 버튼을 화면에 생성한다.

02 사용자가 데이터를 입력한다.

03 사용자가 "submit" 버튼을 눌러서 입력 양식을 웹 서버로 제출한다.

04 웹 서버는 입력 양식을 받아서 서버 스크립트를 통하여 처리하고 응답 페이지를 생성해서 사용자에게 보낸다.

■ 〈form〉 요소

〈form〉 태그가 HTML 양식을 생성하는 데 사용된다.

입력 양식은 항상 〈form〉 으로 시작한다.　　여기에 입력을 처리하는 서버 스크립트의 주소를 적어준다.　　입력 데이터가 서버로 보내지는 방법을 기술한다. GET과 POST 방식이 있다. 차후에 학습한다.

```
<form action="input.jsp" method="post">
        <input type="text" name="input" />
        <input type="submit">
</form>
```

- action 속성에는 사용자가 입력한 데이터를 받아서 처리하는 스크립트의 주소를 URL 형식으로 적어준다. 예를 들어 action="input.jsp"와 같다.
- method 속성에는 데이터를 보내는 방법을 기술한다. POST와 GET 방식이 있다. 예를 들어 method="post"와 같이 적어준다.

〈form〉은 화면에 나타나지는 않는다. 〈form〉은 입력 요소를 담는 컨테이너의 역할만을 한다. 개발자가 〈form〉 요소 안에 실제로 입력을 받는 요소를 넣어야 한다.

위의 소스를 보면 〈form〉 요소 안에 다시 〈input〉 요소가 포함되어 있다. 위의 페이지를 브라우저가 처리하면 아래와 같은 페이지가 생성된다. 지금부터 입력 양식을 이루고 있는 각종 요소에 대하여 살펴보자.

■ GET 방식과 POST 방식

클라이언트 컴퓨터가 서버 컴퓨터로 데이터를 전달하는 방식에는 다음과 같이 2가지 방식이 있다.

- HTTP GET 요청
- HTTP POST 요청

● GET 방식

GET 방식은 URL 주소 뒤에 파라미터를 붙여서 데이터를 전달하는 방식이다. 간단한 예로 네이버에서 검색을 하면 GET 방식으로 서버에 데이터를 요청한다. 예를 들어 네이버에서 "HTML"을 검색해 보았다.

웹 브라우저는 다음과 같은 주소를 가지고 검색 결과를 가져온다.

http://search.naver.com/search.naver ?where=nexearch&query=HTML&...&fbm=1&ie=utf8

검색을 처리하는 스크립트의 주소 중 URL   사용자가 입력한 단어를 URL에 붙여서 서버로 보낸다.

GET 방식은 URL 주소에 사용자가 입력한 데이터를 붙이는 방법이다. 어디까지가 URL 주소이고 어디가 파라미터일까? 위의 주소를 자세히 보면 "?" 기호 앞이 바로 URL 주소이고 "?" 기호 뒤에 오는 것이 바로 파라미터가 된다. 일반적인 형태는 다음과 같다.

```
www.server.com/input.jsp?name1=value1&name2=value2
```

GET 방식은 간단한 방법으로 장점도 많으나 단점도 상당하다. 먼저 GET 방식으로 보낼 수 있는 글자 수는 제한되어 있다(최대 2048글자). 또 당연히 비밀이 보장되지 않는다. 주소만 보면 누구나 데이터를 알 수 있다. 따라서 패스워드 데이터를 GET 방식으로 보내면 큰일 난다. 하지만 북마크가 가능하고 "뒤로 가기"가 보장된다.

● POST 방식

POST 방식은 사용자가 입력한 데이터를 URL 주소에 붙이지 않고 HTTP Request 헤더에 포함시켜서 전송하는 방식이다. 당연히 길이 제한이 없으며, 보안이 유지된다. 간단하게 HTTP request 헤더를 살펴보면 다음과 같다.

```
POST /test/input.jsp HTTP/1.1
Host: www.naver.com
name1=value1&name2=value2
...
```

POST 요청은 캐시되지 않으며 브라우저 히스토리에도 남아있지 않다. 또 북마크가 불가능하다. POST 요청을 한 후에 "뒤로 가기" 버튼을 누르면 GET 방식은 문제없이 뒤로 가지만 POST 방식은 데이터를 다시 보내야 한다는 브라우저의 경고가 나온다.

3-07 입력 태그 #1

⟨form⟩ 안에서 추가되는 입력 요소들 중에서 가장 중요한 요소는 ⟨input⟩ 요소이다. ⟨input⟩ 요소는 사용자로부터 정보를 받아들이는 용도로 사용된다. ⟨input⟩ 태그는 한 가지 형태만 있는 것이 아니다. type 속성을 변경하면 아주 다양한 형태가 나온다. 아마 하나의 태그가 이렇게 다양한 형태를 가지는 것도 ⟨input⟩을 제외하면 없을 것이다.

⟨input⟩ 요소는 type 속성에 따라서 여러 가지 형태로 변경될 수 있다. ⟨input⟩ 요소는 텍스트 필드, 체크 박스, 패스워드, 라디오 버튼, 제출 버튼 등이 될 수 있다. 많이 사용되는 ⟨input⟩ 요소를 생성한 페이지는 다음과 같다.

input1.html

```
<!DOCTYPE html>
<html>
<body>
    <form action="input.jsp" method="post">
    이메일 :    <input type="email" name="email" /><br />
    URL :       <input type="url" name="url" /><br />
    전화번호 :   <input type="tel" name="tel" /><br />
    색상 :       <input type="color" name="color" /><br />
    월 :         <input type="month" name="month" /><br />
    날짜 :       <input type="date" name="date" /><br />
    주 :         <input type="month" name="week" /><br />
    시간 :       <input type="time" name="time" /><br />

    지역 시간 :  <input type="datetime-local" name="localdatetime" /><br />
    숫자 :       <input type="number" name="number" min="1" max="10" step="2"/><br />
    범위 :       <input type="range" name="range" min="1" max="10" step="2"/><br />
    <input type="submit" value="제출" />
    </form>
</body>
</html>
```

■ 〈input〉 형식

〈input〉 태그의 일반적인 구조는 다음과 같다.

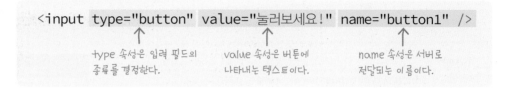

- type 속성 : 입력 요소의 유형(type)이다.
- value 속성 : 입력 요소의 초기값이다. 입력 요소에 따라서 사용자가 변경할 수도 있다.
- name 속성 : 입력 요소의 이름이며 서버로 변수의 이름처럼 전달된다.

많이 사용되는 입력 요소의 type 속성에는 다음과 같은 것이 있다.

type 속성값	설명
text	텍스트를 입력할 수 있는 한 줄짜리 필드 생성
password	비밀번호를 입력할 수 있는 한 줄짜리 필드 생성
radio	라디오 버튼 생성
checkbox	체크 박스 생성
file	파일 이름을 입력하는 필드 생성
reset	초기화 버튼 생성, 버튼을 누르면 모든 입력 필드가 초기화된다.
image	이미지를 전송 버튼으로 만든다.
hidden	사용자에게는 보이지 않지만 서버로 전송된다.
submit	제출 버튼 생성

■ 텍스트 필드

〈input type="text"〉는 사용자가 입력할 수 있는 한 줄짜리 입력 필드를 정의한다. 텍스트 필드의 기본 크기는 20글자이다. size 속성으로 필드의 크기를 변경할 수 있다. 서버에서는 name을 변수 이름처럼 생각해 값을 참조한다.

textf.html

```
<form>
이름: <input type="text" name="name"><br>
학번: <input type="text" name="number" size=10>
</form>
```

■ 패스워드 필드

<input type="password">는 패스워드 필드를 정의한다. 사용자가 입력한 글자는 보이지 않는다. 비밀번호 입력에 주로 사용한다.

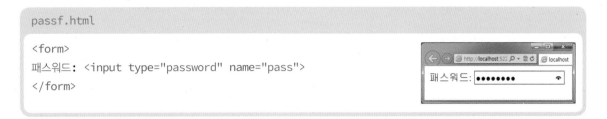

```
passf.html
```
```
<form>
패스워드: <input type="password" name="pass">
</form>
```

■ 라디오 버튼

<input type="radio">는 라디오 버튼을 정의한다. 사용자는 여러 항목 중에서 하나만을 선택할 수 있다. 예를 들어 성별을 입력할 때 라디오 버튼을 사용해 사용자가 남성과 여성 둘 중 하나만을 선택하도록 할 수 있다. 이때 type은 radio로 설정해야 하고 name과 value 속성도 반드시 지정해야 한다. 이때 주의할 점은 name이 같아야 동일한 그룹으로 취급된다는 점이다. 동일한 그룹에서는 하나만 선택할 수 있다. 서버로는 선택된 라디오 버튼의 value 값이 "gender=male"과 같은 형태로 전달된다.

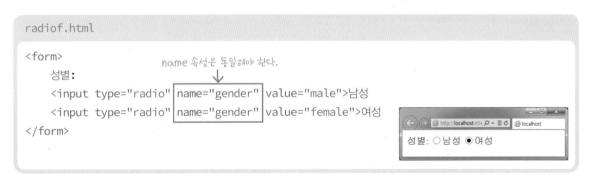

```
radiof.html
```
```
<form>
    성별:
    <input type="radio" name="gender" value="male">남성
    <input type="radio" name="gender" value="female">여성
</form>
```

name 속성은 동일해야 한다.

■ 체크 박스

<input type="checkbox">는 체크 박스를 정의한다. 체크 박스는 사용자가 여러 개의 항목을 동시에 선택할 수 있다. name 속성은 동일해야 한다. 미리 어떤 값을 체크하고 싶다면 checked 속성을 지정하면 된다.

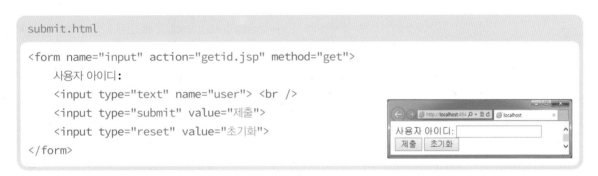

```
checkf.html

<form>
    과일 선택:
    <input type="checkbox" name="fruits" value="apple" checked >Apple
    <input type="checkbox" name="fruits" value="grape">Grape
    <input type="checkbox" name="fruits" value="orange">Orange
</form>
```

■ 제출 버튼과 초기화 버튼

〈input type="submit"〉은 제출 버튼을 정의한다. 제출 버튼은 데이터를 서버로 전송하는 데 사용된다. 데이터는 "name1=value1&name2=value2..."의 형태로 action 속성에 지정된 스크립트로 보내진다. action 속성에 지정된 스크립트는 전송받은 입력에 대하여 어떤 처리를 한다.

```
submit.html

<form name="input" action="getid.jsp" method="get">
    사용자 아이디:
    <input type="text" name="user"> <br />
    <input type="submit" value="제출">
    <input type="reset" value="초기화">
</form>
```

사용자가 아이디를 입력하고 "제출" 버튼을 누르면 브라우저는 사용자가 입력한 값을 GET 방식으로 getid.jsp라는 페이지로 보낸다. value 속성을 지정하지 않으면 디폴트로 버튼은 쿼리 전송 이 된다.

〈input type="reset"〉은 초기화 버튼이다. 이 버튼을 누르면 입력 필드에 입력한 값이 모두 초기화된다. 일반적으로는 입력 양식 안에는 submit 버튼과 reset 버튼이 있어야 한다.

■ 〈input〉 버튼

일반적인 버튼은 〈input type="button"〉으로 생성할 수 있다. 버튼은 다양한 용도로 사용될 수 있다. 일반적으로 우리는 onclick 속성에 버튼이 클릭되면 실행되는 자바스크립트를 지정한다. onclick은 *"버튼이 클릭이 되면"*이라는 의미이다. 여기서는 간단하게 경고 대화 상자를 화면에 표시하는 alert()를 실행한다.

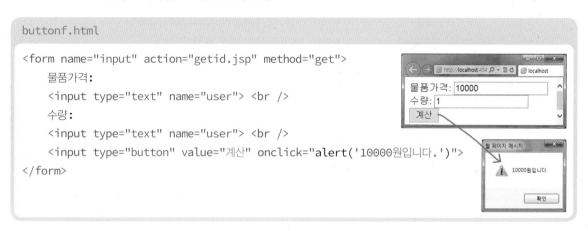

```
buttonf.html

<form name="input" action="getid.jsp" method="get">
    물품가격:
    <input type="text" name="user"> <br />
    수량:
    <input type="text" name="user"> <br />
    <input type="button" value="계산" onclick="alert('10000원입니다.')">
</form>
```

■ 〈button〉 버튼

버튼은 〈button〉 태그로도 정의할 수 있다. 〈button〉 요소 안에는 텍스트나 이미지와 같은 콘텐츠를 넣을 수 있다. 바로 이 점이 〈input type="button"〉 요소로 생성된 버튼과 다른 점이다. 반드시 〈button〉 요소의 type을 지정하도록 하자. type은 submit, reset, button으로 지정할 수 있다. 거의 모든 브라우저는 〈button〉 태그를 지원한다.

```
buttonf1.html

        <button type="button" onclick="alert('안녕하세요?')">눌러보세요!</button>
```

[참고]
만약 HTML form 안에 〈button〉 버튼을 사용할 경우, 브라우저에 따라서 이상한 값이 서버로 제출될 수 있다. 따라서 가급적 HTML form 안에서는 〈input〉을 사용해 버튼을 생성하도록 하자.

■ 이미지 버튼

경우에 따라서 버튼을 이미지로 만들고 싶을 때가 있다. 이미지 버튼은 2가지 방법으로 가능하다.

- 〈button type="submit"〉〈img src="submit.png"〉〈/button〉
- 〈input type="image" src="submit.png" alt="제출 버튼"〉

〈input〉 태그로 작성된 이미지 버튼은 항상 제출 버튼의 역할만을 한다. 〈button〉 태그를 사용하면 어떤 버튼도 이미지로 작성할 수 있다.

imageb.html

```
<form name="input" action="getid.jsp" method="get">
    아이디:
    <input type="text" name="name"> <br />
    <input type="image" src="submit.png" alt="제출 버튼">
</form>
```

입력 태그 #2

HTML에서 사용되는 입력 태그의 종류는 상당히 많다. 아직 설명하지 않은 입력 태그를 여기서 살펴보자.

■ 〈textarea〉 요소

〈textarea〉는 여러 줄의 텍스트를 입력받을 때 사용하는 태그이다. 영역의 크기는 rows와 cols로 설정한다. 사용자가 초기 공간보다 더 많은 텍스트를 입력하면 자동으로 스크롤바가 생성된다.

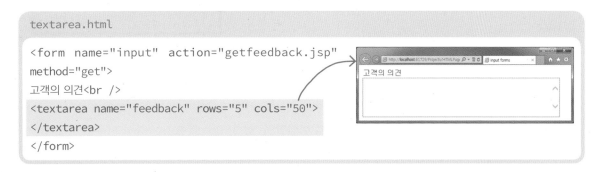

textarea.html

```
<form name="input" action="getfeedback.jsp"
method="get">
고객의 의견<br />
<textarea name="feedback" rows="5" cols="50">
</textarea>
</form>
```

■ ⟨select⟩ 요소

⟨select⟩ 요소는 메뉴를 표시하고 사용자로 하여금 선택하게 한다. ⟨select⟩ 요소는 항상 ⟨option⟩ 요소와 함께 사용된다. ⟨option⟩ 요소는 반드시 value 속성을 가지고 있어야 한다. selected 속성을 이용해 특정 항목을 초기에 선택할 수 있다.

```
select.html

<form action="">
<select name="cars">
        <option value="bmw">BMW</option>
        <option value="benz">Benz</option>
        <option value="hyundai" selected>현대자동차</option>
        <option value="kia">기아자동차</option>
</select>
</form>
```

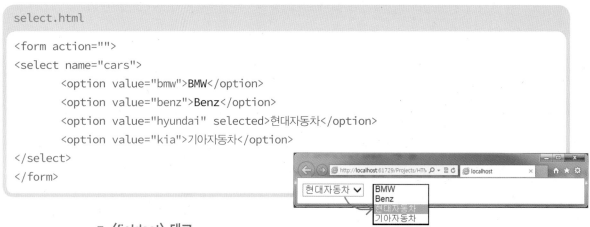

■ ⟨fieldset⟩ 태그

입력 요소를 그룹핑하는 데 사용되는 태그이다. ⟨fieldset⟩ 요소 안에는 다양한 입력 요소를 넣을 수 있으며 그룹의 경계에 선을 그려준다. ⟨legend⟩ 태그를 사용하면 그룹에 제목을 붙일 수 있다.

```
fieldset.html

<form>
    <fieldset>
        <legend>인적사항입력</legend>
        이름:        <input type="text"><br>
        전화번호:     <input type="text"><br>
        주소:        <input type="text">
    </fieldset>
</form>
```

■ ⟨label⟩ 태그

⟨label⟩ 태그는 ⟨input⟩ 요소를 위한 레이블(label)을 정의한다. ⟨label⟩ 태그의 속성 for를 사용하면 레이블과 ⟨input⟩ 요소를 서로 연결할 수 있다. ⟨label⟩ 요소는 특히 마우스 사용자에게 편리한데, 마우스로 ⟨label⟩을 클릭해도 ⟨input⟩ 요소를 클릭한 것과 똑같은 효과를 낸다.

```
label.html
```

```html
<form action="proc_form.jsp">
    <label for="male">남성</label>
    <input type="radio" name="gender" id="male" value="male"><br>
    <label for="female">여성</label>
    <input type="radio" name="gender" id="female" value="female"><br>
    <input type="submit" value="제출">
</form>
```

■ 파일 업로드 버튼

사용자가 파일을 선택해서 서버로 업로드해야 하는 경우도 상당히 많다. 이런 경우에 유용하게 사용할 수 있는 태그가 있다. 바로 〈input type="file"〉이다. 이 버튼을 누르면 파일 이름을 선택하는 대화 상자가 화면에 등장한다. 웹 브라우저마다 약간씩 다르게 구현하고 있다.

```
fileupload.html
```

```html
<form enctype="multipart/form-data">
    <input type="file" accept="image/jpg,image/gif">
</form>
```

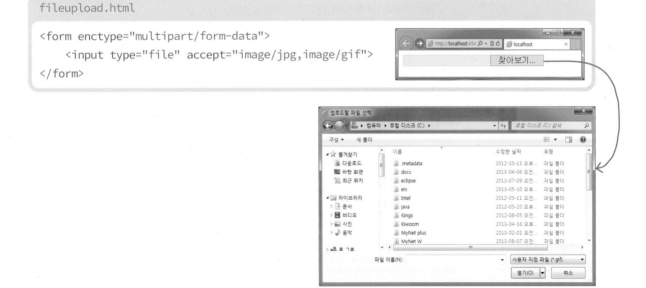

〈form〉 태그에 속성으로 enctype="multi-part/form-data"를 추가하는 것이 좋다. 이것은 파일을 올바르게 업로드하여 준다. 〈input〉 태그의 accept 속성은 업로드시킬 파일의 MIME 타입을 브라우저에 알려준다.

■ ⟨input type="hidden"⟩

이 태그는 사용자가 입력하는 데이터는 아니지만 클라이언트 컴퓨터가 서버 컴퓨터로 특정한 데이터를 전송하고 싶은 경우에 많이 사용한다. 화면에는 아무것도 나타나지 않고 사용자가 "제출" 버튼을 누를 때, 서버로 ⟨input type="hidden"⟩ 요소의 name과 value 속성값이 전송된다.

HTML5 입력 요소

HTML5에는 ⟨input⟩ 태그에 아주 많은 type 속성이 추가되었다. 가급적이면 새로운 입력 타입을 많이 사용하도록 하자. 새로운 입력 타입은 개발자의 수고를 많이 덜어준다. 또 새로운 입력 타입은 자체적으로 입력을 어느 정도 검증한다. 예를 들어 ⟨input type="email"⟩이라고 지정하면 사용자가 올바른 이메일 주소를 입력하였는지를 어느 정도 검사해준다. 만약 올바르지 않은 이메일 주소라면 "제출" 버튼을 눌렀을 때, 입력 태그에 경고 메시지가 나타난다.

따라서 예전처럼 자바스크립트와 정규식을 이용해 검사할 필요를 많이 줄여준다. 물론 심각하게 검사하려면 지금도 자바스크립트를 사용해야 한다.

추가된 ⟨input⟩ type	설명
date	날짜를 입력할 수 있는 컨트롤
datetime	UTC 날짜/시간 형식을 이용한 날짜와 시간 표시 컨트롤
datetime-local	현지 날짜/시간
month	월/연도
time	시간
week	주와 연도를 선택할 수 있는 컨트롤
color	색상 코드를 입력할 수 있는 컨트롤
email	표준 이메일 주소를 입력받아서 검증하는 컨트롤
tel	전화번호를 입력받아서 검증하는 컨트롤
search	검색어 입력 양식을 생성
range	2개의 숫자 사이의 숫자를 선택할 수 있는 슬라이더 컨트롤
number	숫자만 입력받는 컨트롤
url	URL만 입력받는 컨트롤

■ 추가된 속성

HTML5에서는 새로운 〈input〉 태그의 속성들도 많이 추가되었다. 몇 개만 살펴보자.

- autocomplete : 자동으로 입력을 완성한다.
- autofocus : 페이지가 로드되면 자동으로 입력 포커스를 갖는다.
- placeholder : 입력 힌트를 희미하게 보여준다.
- readonly : 읽기 전용 필드
- required : 입력 양식을 제출하기 전에 반드시 채워져 있어야 함을 나타낸다.
- pattern : 허용하는 입력의 형태를 정규식으로 지정한다.

■ 한눈에 보기

전체 입력 양식을 한 페이지에 만들어보자. 인터넷 익스플로러는 아직도 전체를 지원하지 못한다. 구글의 크롬을 이용하여 실행해 본다.

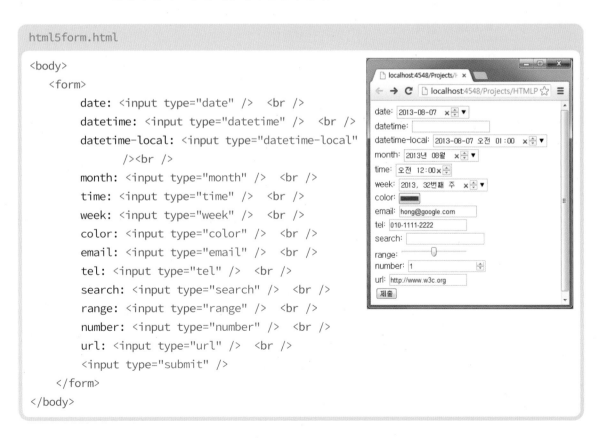

html5form.html

```
<body>
   <form>
        date: <input type="date" />  <br />
        datetime: <input type="datetime" />   <br />
        datetime-local: <input type="datetime-local"
              /><br />
        month: <input type="month" />  <br />
        time: <input type="time" />  <br />
        week: <input type="week" />  <br />
        color: <input type="color" />  <br />
        email: <input type="email" />  <br />
        tel: <input type="tel" />  <br />
        search: <input type="search" />  <br />
        range: <input type="range" />  <br />
        number: <input type="number" />  <br />
        url: <input type="url" />  <br />
        <input type="submit" />
   </form>
</body>
```

■ search

검색은 인터넷에서 가장 기본적인 행위이다. 검색이라 하면 반드시 구글이나 네이버에서의 검색만을 의미하지는 않는다. 사이트 안에서의 검색이나 블로그 검색도 포함된다. 따라서 검색을 위한 입력 양식이 하나의 타입이 되어도 전혀 어색하지 않다.

input 요소의 타입을 search로 설정해도 타입이 text인 경우와 별반 다르지 않은 거 같지만 브라우저가 검색이라는 것을 인식하면 좀 더 다르게 취급할 수도 있다.

■ 이메일 입력

〈input〉 요소의 type을 "email"로 지정하면 이메일 주소를 입력받을 수 있다. 이것도 마찬가지로 text 타입으로 지정하는 것과 외양은 비슷하지만 required 속성을 설정하면 브라우저가 유효한 이메일 주소인지를 검사할 수 있다. 유효한 주소 검사는 "제출" 버튼을 눌렀을 때만 시행된다.

실행 결과에서 잘못된 이메일 주소에 대하여 브라우저가 경고 메시지를 표시하는 것을 볼 수 있다. 만약 좀 더 정교하게 검사하려면 pattern 속성을 지정하면 된다. pattern 속성에는 정규식(regular expression)을 넣어준다. 기본적으로는

```
/^[a-zA-Z0-9.!#$%&'*+/=?^_`{|}~-]+@[a-zA-Z0-9-]+(?:\.[a-zA-Z0-9-]+)*$/
```

과 같은 정규식으로 검사하게 된다.

여러 개의 이메일 주소를 쉼표로 구분하여 입력하고 싶다면 multiple 속성을 지정한다.

■ 정규식

정규식(regular expression)이란 특정한 규칙을 가지고 있는 문자열을 표현하는 수식이다. 정규식은 많은 텍스트 에디터와 프로그래밍 언어에서 문자열의 검색과 치환을 위해 사용되고 있다.

먼저 정규 표현식은 /와 / 내부에 위치한다. 정규식에서 사용되는 메타 문자를 요약하면 다음과 같다.

식	기능	설명
.	문자	한 개의 어떤 문자와도 일치
\d	숫자	한 개의 숫자와 일치
\w	문자와 숫자	한 개의 문자나 숫자와 일치
\s	공백 문자	공백, 탭, 줄 바꿈, 캐리지 리턴 문자와 일치
^	시작	패턴의 시작을 표시
$	끝	패턴의 끝을 표시
[ ]	문자 종류, 문자 범위	[abc]는 a 또는 b 또는 c를 나타낸다. [a–z]는 a부터 z까지 중의 하나. [1–9]는 1부터 9까지 중의 하나를 나타낸다.

정규 표현식에는 메타 문자 뒤에 수량 한정자(quantifier)를 붙일 수 있다. 수량 한정자는 문자가 몇 번 반복되느냐를 나타낸다.

수량 한정자	기능	설명
()	문자를 그룹핑한다.	"abc|adc"와 "a(b|d)c"는 같은 의미를 가진다.
*	0회 이상 반복	"a*b"는 "b", "ab", "aab", "aaab"를 나타낸다.
+	1회 이상	"a+b"는 "ab", "aab", "aaab"를 나타내지만 "b"는 포함하지 않는다.
?	0 또는 1회	"a?b"는 "b", "ab"를 나타낸다.
{m}	m회	"a{3}b"는 "aaab"와 매칭된다.

많이 사용되는 정규식 패턴을 잘 모아놓은 사이트는 http://regexlib.com/이다. 참고하도록 하자.

■ URL 입력

url 타입은 웹 주소를 입력하기 위한 입력 필드를 생성한다. multiple이라는 속성을 사용하면 하나 이상의 URL도 입력할 수 있다. 브라우저는 입력된 주소에 대하여 약간의 검증 작업을 한다. 검증 작업을 시키려면 required 속성을 설정하도록 하자.

```
url.html

...
  URL: <input type="url" name="url" required><br>
...
```

■ 전화번호 입력

tel 타입은 전화번호를 입력하기 위한 필드를 생성한다. 전화번호는 브라우저에서 별다른 검증은 하지 않는데 이유는 전세계적으로 너무 다양한 형태의 전화번호가 사용되고 있기 때문이다. 검증을 올바르게 하려면 pattern 속성에 정규식을 지정해준다.

예를 들어서 "####-####-####." 패턴의 전화번호를 입력받으려면 다음과 같이 패턴을 지정하면 된다.

```
tel.html

<form>
    전화번호:
    <input type="tel" name="tel" required
        pattern="[0-9]{4}-[0-9]{4}-[0-9]{4}"
        title="####-####-####"><br>
    <input type="submit" />
</form>
```

입력 검증을 하려면 반드시 title에 올바른 입력 형태를 지정해야 한다. 위의 예제에서 pattern에 입력된 정규식의 의미는 "[0부터 9사이의 정수]를 4번 반복, - 기호, [0부터 9사이의 정수]를 4번 반복, - 기호, [0부터 9사이의 정수]를 4번 반복"이다.

■ number

〈input〉 요소의 type을 "number"로 지정하면 정수를 입력받을 수 있다. max, min, step 속성을 이용해 최대값, 최소값, 단계값도 지정할 수 있다. number 타입은 브라우저에 따라서 상당히 다르게 표시된다.

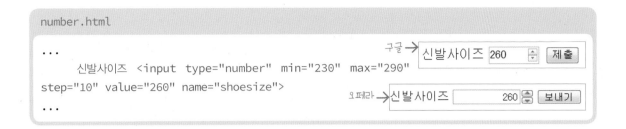

number.html

```
...
      신발사이즈 <input type="number" min="230" max="290"
step="10" value="260" name="shoesize">
...
```

■ **range**

⟨input⟩ 요소의 type을 "range"로 지정하면 어떤 범위에 속하는 정수를 입력받을 수 있다. 오페라, 사파리, 구글 등은 모두 range를 슬라이더로 화면에 표시한다.

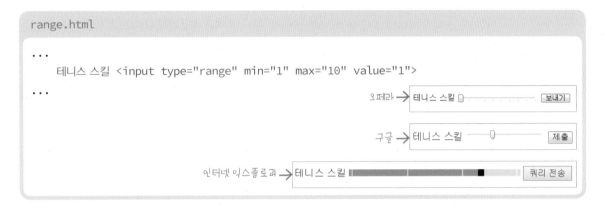

range.html

```
...
      테니스 스킬 <input type="range" min="1" max="10" value="1">
...
```

■ **날짜**

인터넷에서 의외로 자주 사용하는 작업이 날짜를 입력하는 작업이다. 따라서 사용자가 날짜를 쉽게 입력할 수 있도록 하는 것은 대단히 중요하다. HTML5에서는 브라우저 자체가 날짜를 선택하는 픽커(picker) 기능을 내장하고 있다. 날짜와 시간을 입력하기 위한 ⟨input⟩ 요소의 속성에는 다음과 같은 종류가 있다.

- date : 날짜 입력
- month : 월 입력
- week : 주 입력
- time : 시간 입력
- datetime : 날짜와 시간을 입력할 수 있는 양식 제공, 국제 표준 시간대
- datetime-local : 날짜와 시간을 입력할 수 있는 양식 제공, 지역 표준 시간대

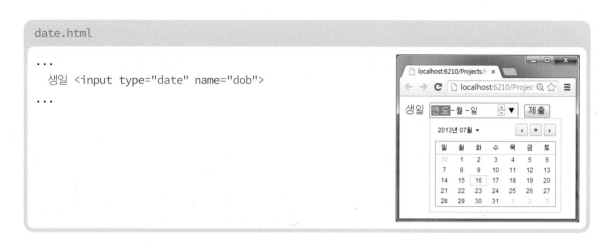

```
date.html

...
  생일 <input type="date" name="dob">
...
```

이것도 브라우저마다 상당한 차이를 보인다. 인터넷 익스플로러에서는 아직도 지원하지 않는 것으로 보인다. 오른쪽의 실행 결과는 구글의 크롬이다. 사용자는 달력 위에서 자신이 필요한 날짜를 선택할 수 있다.

여기서도 min, max를 사용해 어떤 특정한 기간에서만 사용자가 날짜를 선택할 수 있도록 강제할 수 있다.

```
<input type="date" min="2013-07-01" max="2013-07-30" name="date">
```

■ 시간 입력

시간을 입력할 수 있는 요소이다. 이것도 브라우저마다 상당한 차이를 보인다.

```
time.html

...
  시작시간 <input type="time" name="start-time">
...
```

■ 색상 입력

〈input〉 요소의 type을 "color"로 지정하면 색상을 입력받을 수 있다. 인터넷 익스플로러는 아직 지원하지 않지만 구글과 오페라는 다음과 같이 지원하고 있다.

color.html

```
...
    색상선택: <input type="color" name="color"/>
...
```

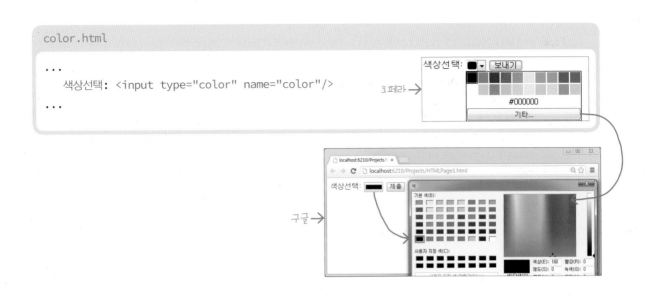

오페라 →

구글 →

 예제 **이메일 작성 화면**

간단한 예로 다음과 같이 이메일을 작성하여 보낼 수 있는 화면을 작성해 보자.

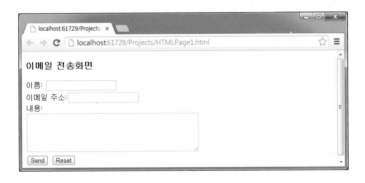

formex1.html

```
<!DOCTYPE html>
<html>
<body>

    <h3>이메일 전송화면</h3>
```

```
    <form action="MAILTO:hong1234@gmail.com" method="post" enctype="text/plain">
        이름:<input type="text" name="name" value=""><br>
        이메일 주소:<input type="email" name="mail" value=""><br>
        내용:<br>
        <textarea name="comment" rows="5" cols="50"></textarea><br>
        <input type="submit" value="Send" />
        <input type="reset" value="Reset" />
    </form>

</body>
</html>
```

 **예제** 회원 정보 입력 화면

이번에는 일반적으로 회원 정보를 입력받는 페이지를 작성해 보자.

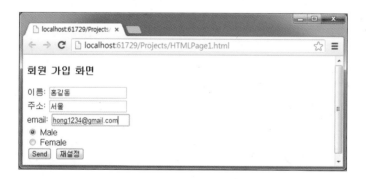

formex2.html

```
<!DOCTYPE html>
<html>
<body>

    <h3>회원 가입 화면</h3>

    <form action="adduser.jsp" method="post">
        <p>
```

```
            이름:
            <input type="text" name="name"><br>
            주소:
            <input type="text" name="address"><br>
            email:
            <input type="email" name="email" required ><br>
            <input type="radio" name="gender" value="Male">
            Male<br>
            <input type="radio" name="gender" value="Female">
            Female<br>
            <input type="submit" value="Send">
            <input type="reset">
        </p>
    </form>

</body>
</html>
```

1 〈video〉 요소에서 동영상 파일은 어떤 속성으로 지정하는가? (   )

① loop   ② src   ③ data   ④ file

2 〈video〉 요소에서 동영상 파일이 다운로드되고 있을 때, 화면에 이미지를 표시하려고 한다. 어떤 속성으로 지정하는가? (   )

① screen   ② img   ③ poster   ④ src

3 비디오 파일 dog.mp4를 재생하는 〈video〉 요소를 생성하는 문장을 쓰시오. 크기는 300×200으로 하고 제어기를 표시한다.

4 특정한 비디오 파일을 크롬, 사파리, IE, 오페라 웹 브라우저에서 모두 재생되게 하려면 어떻게 해야 하는가?

5 http://media.w3.org/2010/05/bunny/movie.ogv 비디오를 재생하는 HTML 문서를 생성하라. 크기는 300×200으로 하고 제어기를 표시한다.

6 〈iframe〉과 〈ul〉 태그를 이용해 다음과 같은 화면을 가지는 HTML 소스를 작성하라.

7 다음과 같은 화면을 가지는 HTML 소스를 작성하라.

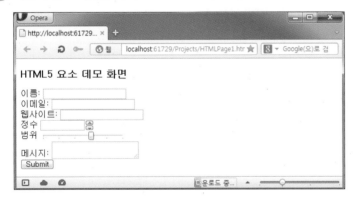

8 다음과 같은 화면을 가지는 HTML 소스를 작성하라.

9 다음과 같은 화면을 가지는 HTML 소스를 작성하라.

10 다음과 같은 화면을 가지는 HTML 소스를 작성하라.

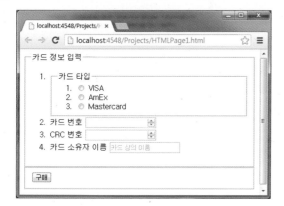

w e b p r o g r a m m i n g CHAPTER 4

CSS3 스타일 시트 기초

학·습·목·표

- HTML과 CSS의 관계를 이해한다.
- CSS에서 선택자를 이해하고 응용할 수 있어야 한다.
- CSS를 이용해 색상, 폰트를 지정할 수 있어야 한다.
- 샘플 웹 페이지의 스타일을 CSS를 이용해 장식해 본다.

학·습·내·용

01. CSS의 개념
02. 선택자
03. CSS를 삽입하는 방법
04. 색상
05. 폰트
06. 텍스트 스타일 설정

4 - 0 1 CSS의 개념

우리는 앞에서 HTML 요소를 이용해서 HTML 문서를 작성해 보았다. 하지만 무엇인가 빠져 있다는 것을 느꼈을 것이다. 문서의 구조(내용)는 HTML로 정의할 수 있었지만 문서가 화면에 표시되는 스타일은 지정할 수 없었다. 즉 색상, 폰트, 크기와 같은 스타일은 지정하지 않았다. 스타일이 지정되지 않으면 아주 밋밋한 웹 페이지가 된다. 예를 들어 네이버의 홈페이지에서 스타일을 강제로 삭제하면 다음과 같이 보일 것이다.

문서의 스타일 삭제

우리는 어디서 스타일을 지정해야 할까? 예전에는 HTML 태그를 이용해서 스타일도 지정했었다. 하지만 이 방법은 문제가 많았다. 따라서 전문가들은 다음과 같이 결정하였다.

최근의 웹 표준 개발 방법론에 따르면, 문서의 구조(HTML)와 스타일(CSS), 동작(Javascript)은 서로 분리해야 한다. 우리는 HTML을 사용해 문서의 구조를 정의한다. 즉 어느 것이 문서의 제목이고 어느 것이 본문인지를 지정한다. 우리는 CSS를 이용해서 문서의 스타일을 지정한다. 즉 HTML 요소의 크기, 폰트, 색상 등을 결정한다. 우리는 자바스트립트를 이용해서 문서의 동작을 정의한다. 즉 버튼을 클릭했을 경우, 어떤 동작이 이루어져야 하는지를 정의한다.

예전에는 HTML에 문서의 구조를 지정하는 태그와 스타일을 지정하는 태그가 섞여 있었지만 HTML이 색상이나 폰트와 같은 문서의 서식을 지정할 목적으로 제작되지 않았다는 것을 알아야 한다. 초기부터 HTML은 문서의 구조(내용)를 정의하기 위해서 제작되었다. 다음과 같은 문장을 예로 들어서 설명해 보자.

```
<h1>웹 커피 전문점</h1>
```
문서의 헤딩을 지정한다.

위의 문장을 실행하면 폰트도 커지면서 화면에 "웹 커피 전문점"이 표시되지만 엄밀히 말하면 여기서 〈h1〉는 폰트의 크기를 지정하는 것이 아니다. "웹 커피 전문점"이라는 문자열이 웹 페이지의 머리기사(헤드라인)라는 것을 말하고 있는 것이다. 폰트의 크기에 대해서는 아무것도 가정하고 있지 않다.

월드와이드웹이 나타나기 훨씬 전부터 전자 문서 전문가들은 문서의 외양(appearance)과 문서의 구조(structure)를 분리하는 것이 중요하다고 생각해 왔다. 팀 버너스리도 이와 같은 생각으로 웹을 만들었다. 하지만 웹의 폭발적인 인기와 함께 페이지의 외양을 코딩하는 방법이 HTML에 포함되기에 이른다. 예를 들어 〈font〉나 〈b〉와 같은 태그가 포함되었다. 그리고 요소의 속성에도 스타일을 지정하는 부분이 포함되었다. 예를 들어 〈p〉 태그의 align 속성은 텍스트 정렬을 설정한다. 그러나 이것은 오히려 HTML의 정체성을 해치게 된다. 따라서 최신 버전인 HTML5에서는 문서의 스타일은 반드시 CSS에서 정의할 것을 적극적으로 권장하고 있다.

HTML 요소를 어떻게 화면에 표시할 것인지를 정의하는 시트가 바로 CSS(Cascading Style Sheets)이다. CSS는 HTML 4.0부터 추가되었고, 스타일에 관련된 많은 작업을 간편하게 하였다.

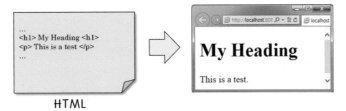

HTML

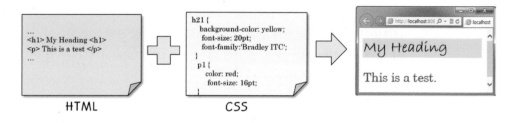

HTML   CSS

같은 요소를 가진 웹 페이지라고 할지라도 CSS가 달라지면 아주 달라 보인다. 아래 그림에서 집 안에 있는 가구의 숫자나 종류는 동일하지만 CSS에 따라서 가구의 색상이나 크기가 달라진다. HTML은 콘텐츠를 제공하는 작가가 작성하고 CSS는 웹 디자이너가 작성한다고 생각하자.

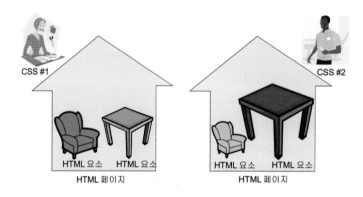

[**참고**] **CSS의 역사**

Cascading Style Sheets(CSS)는 W3C의 권고 사항이다. W3C는 최근까지 CSS1, CSS2, CSS3와 같은 3개의 CSS 권고 사항을 출간하였다. CSS1은 1996년에, CSS2는 1998년에 권고 사항이 되었다. CSS3는 현재도 작성 중인 규격이며 HTML5에서는 CSS3를 완전히 지원하는 것을 목표로 하고 있다. CSS3에는 애니메이션, 장면 전환, 2차원 변환, 3차원 변환, 다양한 효과 등이 포함되어 있다.

[**참고**] **CSS3**

CSS3는 현재도 개발 중인 규격이다. CSS3는 모듈(module)로 구성되어 있어서 필요한 부분만을 선별하여 탑재할 수 있도록 되어 있다. 중요한 모듈은 다음과 같다.

- 선택자(selectors)
- 박스 모델(Box Model)
- 배경 및 경계선(Backgrounds and Borders)
- 텍스트 효과(Text Effects)
- 2차원 및 3차원 변환(2D/3D Transformations)
- 애니메이션(Animations)
- 다중 컬럼 레이아웃(Multiple Column Layout)
- 사용자 인터페이스(User Interface)

■ CSS의 필요성

웹 페이지의 스타일을 HTML 태그로 적어주는 것보다 CSS로 분리하는 것이 어떤 장점이 있는지를 고찰해 보자. 많은 페이지로 이루어진 사이트가 개발되고 있다고 가정하자.

전통적인 방식은 모든 스타일 정보를 HTML 태그로 적어준다. 예를 들어 페이지의 텍스트를 녹색의 굴림체로 하고 싶다면 다음과 같이 HTML 페이지 안에 적어주어야 한다.

그런데 마음이 바뀌어서 폰트를 명조체, 검정색으로 하고 싶다면 어떻게 해야 할까? 사이트의 모든 페이지를 다시 편집해야 한다. 따라서 HTML 안에 기술하는 방식은 문제가 있다.

만약 CSS에 이러한 스타일 정보를 저장하였다면 스타일 정보는 한 번만 입력되면 된다. 모든 페이지는 동일한 CSS 파일을 참조하게 되고 CSS의 정보에 따라서 변경된다. 따라서 외양을 변경하는 것도 쉽다. 특히 CSS가 필요한 때는 아주 거대하고 복잡한 사이트를 관리할 때이다. 이때는 모든 페이지가 동일한 CSS를 공유하게 된다. CSS에서 어떤 요소의 스타일을 변경하면 관련되는 전체 페이지의 내용이 한꺼번에 변경되므로, 문서 전체의 일관성을 유지할 수 있고 작업 시간도 단축된다.

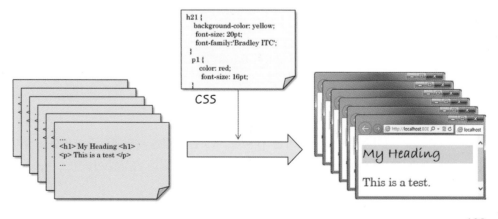

따라서 웹 개발자는 보다 풍부한 디자인으로 웹을 설계할 수 있고, 글자의 크기, 글자체, 줄간격, 배경 색상, 배열 위치 등을 자유롭게 선택하거나 변경할 수 있으며 유지 · 보수도 간편하게 할 수 있다.

각기 다른 사용자 환경에서 동일한 형태의 문서를 제공한다는 이점도 있다. CSS로 만들어진 문서는 사용자의 브라우저 환경에 따라 홈페이지가 다르게 나타나는 일이 없고 어느 환경에서나 제작자가 의도한 대로 그 효과가 전달된다.

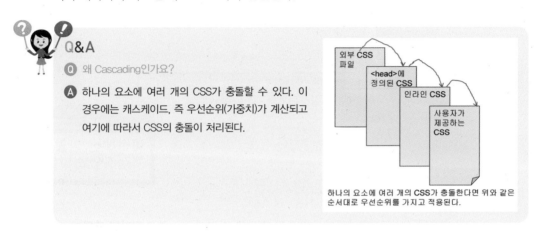

Q&A

Q 왜 Cascading인가요?

A 하나의 요소에 여러 개의 CSS가 충돌할 수 있다. 이 경우에는 캐스케이드, 즉 우선순위(가중치)가 계산되고 여기에 따라서 CSS의 충돌이 처리된다.

외부 CSS 파일
<head>에 정의된 CSS
인라인 CSS
사용자가 제공하는 CSS

하나의 요소에 여러 개의 CSS가 충돌한다면 위와 같은 순서대로 우선순위를 가지고 적용된다.

■ CSS 문법

CSS는 HTML 요소를 페이지 위에 어떻게 그리느냐를 지시하는 명령어의 집합이다.

1. 스타일을 변경하고 싶은 HTML 요소를 선택한다. 이것을 선택자(selector)라고 한다.
2. 선택자 뒤에 중괄호를 붙이고 이 중괄호 안에는 이들 요소를 어떻게 그리는지 기술한다. 이 부분을 선언(declaration)이라고 한다. 속성은 "이름:값"의 형식으로 기술한다.

예를 들어 〈p〉 요소의 배경색을 노란색으로 설정하는 CSS 선언을 살펴보자.

위의 선언에서 선택자는 "p"이다. 이것은 단락을 나타내는 〈p〉 요소를 의미한다. 중괄호 안에 들어 있는 것이 선언이다. "background-color"는 속성의 이름이고 "yellow"는 속성의 값이다.

앞의 선언은 〈p〉 요소의 배경색이 노란색임을 기술하고 있다. 각각의 CSS 선언은 항상 ;으로 끝나야 한다.

하나의 요소에 대하여 여러 개의 속성을 지정할 수도 있다. 만약 CSS 선언에 속성을 추가하고 싶다면 다음과 같이 추가한다.

```
p {
        background-color: yellow;
        border: 2px solid red;          〈p〉 요소는 경계선을 가지며 경계선은 2픽셀
}                                        두께이고, 솔리드, 빨강색임을 기술한다.
```

■ CSS의 위치

그렇다면 CSS는 어디에 있어야 하는가? 기본적으로 CSS는 HTML의 〈head〉 요소 내에서 〈style〉 ... 〈/style〉 안에 적어주면 된다. 간단한 웹 페이지에 CSS를 추가하여 그 효과를 체험해 보자. 〈head〉 안에 〈style〉 태그를 삽입하고 여기에 〈p〉 요소의 배경색을 변경하는 CSS 문장을 추가해 본다.

```
css1.html

<!doctype html>
<html>
<head>
    <title>My Web Page</title>
    <style>                                      여기에 CSS를
        p {    background-color: yellow;      }   추가한다.
    </style>
                            ↑
</head>                     〈p〉 요소의 배경을 노란색으로 변경한다.
    <body>
        <p>This is a paragraph.</p>
    </body>
</html>
```

This is a paragraph.

하지만 스타일 시트는 외부 파일로도 존재할 수 있으며, 각 요소의 속성으로도 지정할 수 있다. 스타일 시트의 위치에 대해서는 차후에 다시 학습하기로 하자.

예제 스타일 예제

이번에는 좀 더 충격적으로 변화를 주어 보자. 〈h1〉 요소에 경계선을 그리고, 배경색을 노란색으로 변경하여 보자. 하나의 요소에 대하여 2개의 속성을 변경하였다.

---

css2.html

```html
<!DOCTYPE html>
<html>
<head>
    <title>My Web Page</title>
    <style>
        h1 {
            background-color: yellow;
            border: 2px solid red;
        }
    </style>
</head>
<body>
    <h1>This is a heading.</h1>
</body>
</html>
```

> This is a heading.

[참고]

CSS의 코드를 설명하기 위한 주석(comment)을 둘 수도 있다. 주석은 /*로 시작해서 */로 종료된다.

```css
/* 여기가 주석입니다. */   ← 주석
p {
    background-color: yellow;
}
```

4-02 선택자

CSS에서 가장 중요한 부분이 **선택자(selector)**이다. 선택자란 용어 그대로 HTML 요소를 선택하는 부분이다. 왜 선택자가 필요할까? 우리가 원하는 요소를 선택할 수 있어야 하기 때문이다. 일반적으로는 모든 요소에 동일한 스타일을 적용하는 일은 드물다. 특정한 요소를 선택한 후에 여기다가 우리가 원하는 스타일을 적용하게 된다.

우리는 이미 앞에서 선택자를 이용해서 요소를 선택하고 선택된 요소의 배경색을 변경한 바 있다. 다음은 선택자를 사용해서 p 요소를 선택하고 color 속성을 blue로 변경하는 예이다.

CSS 선택자는 jQuery에서도 사용된다. 따라서 완벽하게 이해하고 넘어가야 한다. CSS에서 선택자 문법은 상당히 복잡하지만 실제 작업에서 가장 많이 사용되는 것은 6가지 정도이다. 선택자에 대한 W3C의 문서는 http://www.w3.org/TR/css3-selectors/에서 찾을 수 있다. 우리는 가장 많이 사용되는 선택자만을 선별해서 학습하기로 하자.

- 타입 선택자(type selector)
- 전체 선택자(universal selector)
- 클래스 선택자(class selector)
- 아이디 선택자(ID selector)
- 속성 선택자(attribute selector)
- 의사 선택자(pseudo-class)

■ 타입 선택자

가장 기본적인 선택자는 HTML 요소 이름을 사용하는 것이다. 예를 들어 ⟨p⟩ 요소를 선택하려면 다음과 같이 p라고 적어주면 된다. 이것을 **타입 선택자(type selector)**라고 한다.

- 다음의 선택자는 모든 h1 요소를 선택한다.

```
h1 { color: green; }
```

■ 전체 선택자

전체 선택자(universal selector)는 *기호로 표시되며 페이지 안 모든 요소를 선택할 때 사용된다. 주로 모든 요소에 공통적인 속성을 지정할 때, 사용된다.

- 다음의 선택자는 모든 요소를 선택한다.

```
*   { color:  blue; }
```

■ 아이디 선택자

아이디 선택자(id selector)를 사용하면 특정한 요소를 쉽게 선택할 수 있다. 아마 가장 많이 사용되는 선택자일 것이다.

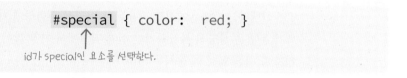

아이디 선택자를 사용하려면 먼저 HTML 요소를 정의할 때, id를 부여해야 한다. 다음과 같이 HTML 요소에 id를 부여한다.

```
<p   id="special">id가 special인 단락입니다.</p>
```
<p>요소의 id를 "special"로 지정한다.

CSS에서는 요소의 id 앞에 #을 붙이면 된다. 몇 가지의 예를 들어보자.
- 다음의 선택자는 아이디가 "special"인 요소를 선택한다.

```
#special  { color:  blue;  }
```

- 다음의 선택자는 ⟨h1⟩ 요소 중에서 아이디가 "special"인 요소를 선택한다.

```
h1#special  { color:  blue;  }
```

```
css_id.html
```

```html
<!DOCTYPE html>
<html>
<head>
    <title>CSS id Example</title>
    <style>
        #special {
            background-color: yellow;
            color: red;
        }
    </style>
</head>

<body>
    <p id="special">id가 special인 단락입니다.</p>
    <p>정상적인 단락입니다.</p>
</body>
</html>
```

id가 special인 요소를 선택해서 배경을
노란색으로, 글자색은 빨간색으로 변경한다.

■ 클래스 선택자

클래스 선택자(class selector)는 .을 이용해서 정의된다. 요소를 정의할 때 클래스 이름을 부여할 수 있다.

.target { color: red; }

class가 target인 요소를 선택한다.

클래스 선택자는 몇 개의 요소를 하나의 클래스로 묶어서 스타일을 지정하려고 할 때 사용된다. id 선택자는 하나의 요소만을 선택할 수 있는 반면에, 클래스 선택자는 여러 개의 요소를 한꺼번에 선택할 수 있다. 먼저 HTML 요소에 클래스는 다음과 같이 정의한다.

<p   class="type1">class가 type1인 단락입니다.</p>

<p>요소의 class를 "type1"으로 지정한다.

클래스 이름 앞에 .을 붙이면 클래스 선택자가 된다. 몇 가지의 예를 들어보자.

- 클래스가 type1인 모든 요소를 선택한다.

```
.type1 { color: blue; }
```

- 다음의 선택자는 〈h1〉 요소 중에서 클래스가 type1인 요소를 선택한다.

```
h1.type1 { color: blue; }
```

css_class.html

```html
<!DOCTYPE html>
<html>
<head>
    <title>CSS class Example</title>
    <style>
        .type1 {
            text-align: center;
        }
    </style>
</head>

<body>
    <h1 class="type1">class가 type1인 헤딩입니다.</h1>
    <p class="type1">class가 type1인 단락입니다</p>
</body>
</html>
```

클래스가 type1인 요소를 선택해서
텍스트 정렬을 중앙 정렬로 변경한다.

class가 **type1**인 헤딩입니다.

class가 type1인 단락입니다

여기서 클래스에 의하여 영향을 받는 HTML 요소를 구체적으로 명시할 수도 있다. 예를 들어 p.type1이라고 하면 〈p〉 요소 중에서 클래스가 type1인 요소를 선택한다.

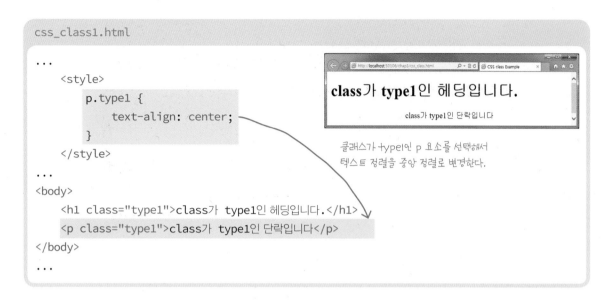

위의 CSS에서는 선택자가 p.type1이므로 〈p〉 요소 중에서 type1 클래스로 선언된 것만 영향을 받는다. 클래스 이름은 숫자로 시작하면 안 된다. 숫자로 시작되는 클래스 이름을 허용하는 브라우저는 인터넷 익스플로러뿐이다.

■ 선택자 그룹

만약 선택자를 콤마(,)로 분리하여 나열한다면, 이것은 각 선택자에 의하여 선택된 요소의 합을 의미한다. 이것을 선택자 그룹이라고 한다.

선택자	설명
s1, s2	s1로 선택된 요소와 s2로 선택된 요소를 합친다.

선택자 그룹을 사용하면 동일한 규칙을 가지는 선언을 하나로 축약할 수 있다.

```
h1 { font-family: sans-serif; }
h2 { font-family: sans-serif; }
h3 { font-family: sans-serif; }
```

위의 선언은 아래의 선언과 동일하다.

```
h1, h2, h3 { font-family: sans-serif; }
```

```
<!DOCTYPE html>
<html>
<head>
    <title>CSS selector Example</title>
    <style>
        h1, p {
            font-family: sans-serif;
            color: red;
        }
    </style>
</head>

<body>
    <h1>This is a heading1.</h1>
    <p>This is a paragraph.</p>
</body>
</html>
```

<h1>과 <p>가 동시에 선택된다.

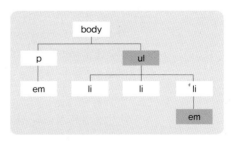

■ 자손, 자식, 형제 결합자

이들은 모두 선택자를 결합해서 특정한 요소를 선택한다. 특정한 요소의 후손을 선택할 수도 있고 자식 요소만을 선택할 수도 있다.

선택자	설명
s1 s2	s1 요소에 포함된 s2 요소를 선택한다. (후손 관계)
s1 > s2	s1 요소의 직계 자식 요소인 s2를 선택한다. (자식 관계)

후손과 자식이 혼동될 수도 있다. HTML에서는 모든 요소를 가계도 형태로 그릴 수 있다. 후손 이란 손자, 손녀도 포함되는 관계이고 자식이란 아들, 딸만 포함된다고 생각하면 된다.

위의 그림에서 〈body〉 요소의 후손은 〈em〉 요소이고 자식은 〈ul〉 요소이다.

- 다음의 선택자는 ⟨body⟩ 요소 안 ⟨em⟩ 요소를 선택한다.

```
body  em { color:red;  }      /* body 안 em 요소 */
```

- 다음의 선택자는 ⟨body⟩ 요소 안 ⟨h1⟩ 요소를 선택한다.

```
body > h1 { color:blue;  }    /* body 안 h1 요소 */
```

css_desc.html

```
<!DOCTYPE html>
<html>
<head>
    <style>
        body em { color: red; }    /* body 안 em 요소 */
        body > h1 { color: blue; }    /* body 안 h1 요소 */
    </style>
</head>
<body>
    <h1>This headline is <em>very</em> important</h1>
</body>
</html>
```

This headline is *very* important

■ 의사 클래스

의사 클래스(pseudo-class)는 콜론(:)을 사용하여 표기한다. 의사 클래스는 용어 그대로 클래스가 정의된 것처럼 간주한다는 의미이다. 예를 들어 a:link라고 하면 ⟨a⟩ 요소에 클래스 link가 선언된 것처럼 생각하고 선택자를 만드는 것이다.

의사 클래스는 문서 트리의 외부에 있는 정보에 기반을 두어서 요소를 선택할 때, 사용된다. 복잡하지만 우리는 많이 사용되는 몇 개만 살펴보자. 예를 들어 하이퍼 링크가 방문 전과 방문 후의 색상을 다르게 할 수 있다. 이것은 다음과 같이 의사 클래스를 이용해서 선택할 수 있다.

- 다음의 선택자는 여러 가지 상태에 있는 a 요소를 선택한다. 여기서 :link, :visited, :hover가 바로 의사 클래스이다.

```
a:link    { color: blue; } /* 아직 방문되지 않은 링크의 색상을 파랑색으로 한다. */
a:visited { color: green; } /* 방문된 링크의 색상은 녹색으로 한다. */
a:hover   { color: green; }  /* 사용자가 링크 위에 있을 때 */
```

- 어떤 요소의 n번째 자식 요소는 다음과 같이 나타낸다. 예를 들어 테이블의 짝수 번째 행과 홀수 번째 행의 색상을 다르게 하려면 다음과 같이 한다.

```
table:nth-child(2n+1) { color:navy; }   /* HTML 테이블의 홀수 번째 행 */
table:nth-child(2n+0) { color:maroon; } /* HTML 테이블의 짝수 번째 행 */
```

■ 속성 선택자

특정한 속성을 가지는 요소를 선택한다. 예를 들어 다음은 title 속성을 가지고 있는 h1 요소를 선택한다.

- 다음의 선택자는 title 속성을 가지고 있는 h1 요소를 선택한다.

```
h1[title] { color:  blue; }
```

- 다음의 선택자는 class 속성이 "example"인 p 요소를 선택한다.

```
p[class="example"] { color:  blue;  }
```

Q&A

Q 이것을 전부 외워야 할까요?

A 선택자의 문법은 복잡하다. 전부 외울 필요는 전혀 없고 일단은 가장 중요한 3가지만 철저히 알아둔다. 90% 정도는 이것만 사용해도 된다. 즉 타입 선택자, 아이디 선택자, 클래스 선택자이다. 보다 완전한 내용을 알고 싶은 사람은 www.w3.org/TR/css3-selectors/을 참고하도록 하자.

4 - 03 CSS를 삽입하는 방법

스타일 시트를 문서에 삽입하는 3가지의 방법이 있다.

- 외부 스타일 시트(external style sheet)
- 내부 스타일 시트(internal style sheet)
- 인라인 스타일 시트(inline style sheet)

■ 외부 스타일 시트

외부 스타일 시트는 말 그대로 스타일 시트를 외부에 파일로 저장하는 것이다. 외부 스타일 파일은 많은 페이지에 동일한 스타일을 적용하려고 할 때 좋은 방법이다. 외부 스타일 파일을 사용하면 전체 웹 페이지의 스타일을 하나의 스타일 파일로 변경할 수 있다.

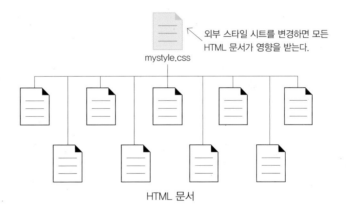

각 HTML 페이지는 〈link〉 태그를 이용해서 스타일 파일에 연결해야 한다. 〈link〉 태그는 헤드 부분에 있어야 한다.

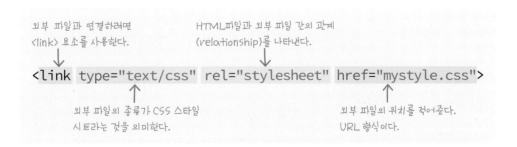

외부 스타일 시트도 단순한 텍스트 파일이다. 따라서 어떤 텍스트 편집기로도 작성이 가능하다. 이 파일은 HTML 태그는 포함하지 않아야 한다. 그리고 .css라는 확장자를 가져야 한다. 예를 들어 다음과 같이 파일을 작성할 수 있다.

mystyle.css

```
h1 {      color: red;      }
p {       color:#0026ff;     }
```

extstyle.html

```
<!DOCTYPE html>                    mystyle.css파일을 참조한다.
<html>
<head>
    <link type="text/css" rel="stylesheet" href="mystyle.css">
</head>
<body>
    <h1>This is a headline.</h1>
    <p>This is a paragraph.</p>
</body>
</html>
```

일단 CSS 파일이 작성되면 다른 HTML 파일에서도 이 CSS 파일을 불러들여서 사용할 수 있다.

■ 내부 스타일 시트

내부 스타일 시트는 HTML 안에 CSS를 정의하는 것이다. 〈style〉 태그를 이용하여 스타일을 정의하여 〈head〉 요소 안에 넣으면 된다.

intstyle.html

```
<!DOCTYPE html>
<html>
<head>
```

```
<style>
    h1 {            color: red;          }
    p {            color: #0026ff;          }
</style>
```
← HTML 파일 안에 CSS 선언을 넣는다.
```
</head>
<body>
    <h1>This is a headline.</h1>
    <p>This is a paragraph.</p>
</body>
</html>
```

■ 인라인 스타일 시트

인라인 스타일 시트는 용어 그대로 각각의 요소마다 스타일을 지정하는 것이다. 사실 이 방법을 사용하면 스타일 시트의 장점을 잃게 된다. 하지만 간편하게 요소에 스타일을 지정할 수 있다는 장점도 있다. 따라서 꼭 필요한 경우에만 사용하도록 하자. 인라인 스타일 시트를 사용하려면 각 요소의 style 속성을 정의하여 주면 된다.

inlinestyle.html

```
<!DOCTYPE html>
<html>
<head>
</head>
<body>
    <h1 style="color: red">This is a headline.</h1>
    <p style="color: #0026ff">This is a paragraph.</p>
</body>
</html>
```

각 요소에 스타일을 직접 적용한다.
인라인 방식은 하나의 요소에만 적용된다.

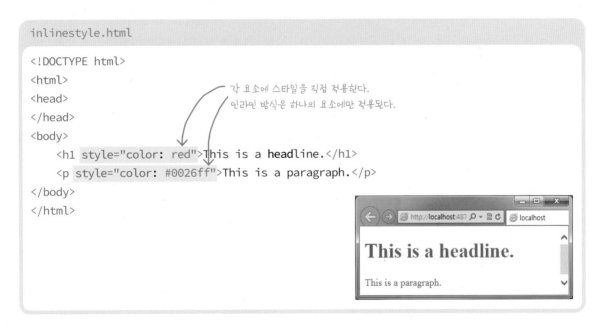

■ 다중 스타일 시트

하나의 요소에 대하여 외부, 내부, 인라인 스타일을 서로 다르게 지정하고 있다면 어떤 스타일이 사용될까? 즉 동일한 〈p〉 요소에 대하여 외부 스타일에서는 color:red;로 지정하고 있고, 내부 스타일에서는 color:blue;로 지정하고 있다면 최종적으로 〈p〉 요소의 color 값은 무엇이 될까?

일반적으로 모든 스타일 시트는 다음과 같은 규칙에 의하여 하나의 가상적인 스타일로 통합된다고 할 수 있다.

우선순위가 높아진다.

① 웹 브라우저 디폴트 값
② 외부 스타일 시트
③ 헤드 섹션에 저장된 내부 스타일 시트
④ 인라인 스타일 시트

우선순위는 ④의 인라인 스타일 시트가 가장 높다. 즉 인라인 스타일은 헤드 섹션에 지정된 스타일이나 외부에서 지정된 스타일보다 우선적으로 적용된다.

동일한 선택자에 대한 속성이 여러 스타일 시트에서 설정된다면 어떻게 될까? 예를 들어 〈p〉 요소에 대한 스타일이 외부 스타일 시트에서는 다음과 같이 설정되었다고 가정해 보자.

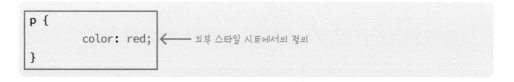

또 내부 스타일 시트에서도 〈p〉 요소에 대한 스타일이 다음과 같이 정의되었다.

HTML 문서에서 외부 스타일 시트도 포함시켰고 내부적으로도 위와 같은 내부 스타일 시트를 정의하였다면 〈p〉 요소의 스타일은 과연 어떻게 되는가? 〈p〉 요소에 대한 가상적인 스타일을

적어본다면 다음과 같다.

```
p {
        color: blue;        ← <p>에 대한 최종적인 정의
}
```

color 속성은 내부 스타일 시트가 우선순위가 높으므로 내부 스타일 시트에서 정의된 값이 사용된다.

 **예제** **커피 전문점 홈페이지**

앞장에서 작성하였던 커피 전문점 홈페이지에 외부 CSS 파일을 작성하여 적용해 보자. 외부 스타일 파일 coffee.css를 생성하고 여기에 CSS 문장을 저장한 후에 coffee.html에서 coffee.css 파일을 읽어 들여 보자. 먼저 다음과 같이 외부 스타일 파일을 작성한다.

coffee.css

```
h1, p {
    font-family: serif;
    color:      black;
}
```
← <h1>과 <p>에 대하여 폰트와 글자 색상을 정의한다.

```
h1 {
    border-bottom: 1px solid gray;
    color:      red;
}
```
← <h1>의 아래쪽 경계선을 1픽셀 두께의 실선, 빨간색으로 정의한다.

```
body {
    background-color: yellow;
}
```
← <body>의 배경색을 노란색으로 지정한다.

이어서 HTML 파일에서 coffee.css를 불러들이도록 헤드 섹션에 <link> 태그를 추가한다.

```
coffee.html

<!DOCTYPE html>
<html>
<head>
    <title>Web Programming</title>
    <link type="text/css" rel="stylesheet" href="coffee.css">  ←  외부에 있는 coffee.css
</head>                                                            파일을 여기로 불러들인다.
<body>
    <h1>Welcome to Web Coffee!</h1>
    <img src="coffee.gif" width="100" height="100">
    <p>
        하우스 로스팅 원두의 신선한 커피를 맛보세요!
        <em>공인 1급 Barista</em>가
        최고급 원두만을 직접 엄선하여 사용합니다.
    </p>
    <h2>메뉴</h2>
    <p>
        아메리카노,카페라떼,카푸치노,카페모카, ...
    </p>
</body>
</html>
```

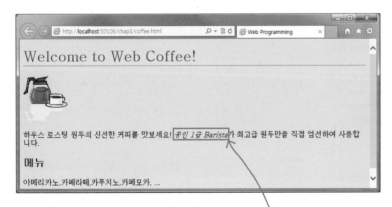

여기서 한 가지 유의해야 할 사항은 조상에서 지정된 속성은 후손 노드로 상속된다는 점이다. 예를 들어 〈p〉 요소 안에 포함된 요소는 〈p〉 요소의 스타일이 변경되면 영향을 받는다. 예를 들어 〈p〉 요소 안 〈em〉 요소의 폰트가 "serif" 스타일로 변경된 것을 볼 수 있다. 이것을 트리 형태로 그려보면 더욱 분명하게 이해할 수 있다.

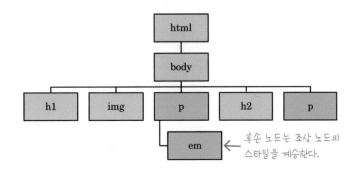

후손 노드는 조상 노드의
스타일을 계승한다.

이러한 성질을 이용하면 보다 간결하게 CSS를 작성할 수 있다. 즉 모든 요소에 공통적인 스타일은 〈body〉와 같은 조상 노드에 배치하는 것이다. 예를 들어 앞의 CSS 파일은 다음과 같이 정리할 수 있다. 공통적으로 사용되는 스타일은 〈body〉 요소의 스타일에 정의하였다. 실행 결과는 동일하다.

coffee.css

```
body {
    background-color: yellow;
    font-family: serif;
    color: black;
}
```
← 공통적인 스타일을 여기에 정의한다.

```
h1 {
    border-bottom: 1px solid gray;
    color: red;
}
```
← 차이가 나는 부분만 여기서 정의한다.

글자색 특성을 〈body〉 요소에서 정의하면 페이지의 모든 글자색이 변경된다. 하지만 어떤 특정한 요소의 글자색을 다른 색으로 하고 싶다면 어떻게 해야 할까? 이때는 재정의 기능을 사용하면 된다. 예를 들어 〈em〉 요소의 글자색을 빨간색으로 하려면 다음과 같이 수정하면 된다.

coffee.css

```
body {
    background-color: yellow;
    font-family: serif;
    color: black;
```

```
}
h1 {
    border-bottom: 1px solid gray;
    color: red;
}
em {
    color: red;
}
```
← 조상 노드로부터 상속받은 속성 color를 재정의한다.

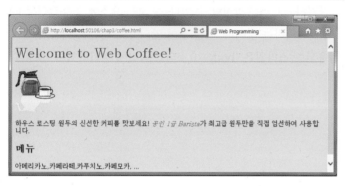

현재의 페이지에는 2개의 〈p〉 요소가 있다. 이들 〈p〉 요소의 색을 따로따로 지정할 수 있을
까? 예를 들어 첫 번째 〈p〉는 검정색으로, 두 번째 〈p〉는 녹색으로 지정할 수 있을까? 할 수 있
다. 바로 앞에서 학습하였던 클래스(class)의 개념을 사용하면 된다. 우리는 요소의 클래스를
지정할 수 있고 이들 클래스에 대하여 개별적으로 스타일을 다르게 지정할 수 있다.

coffee.css

```
body {
    background-color: yellow;
    font-family: serif;
    color: black;
}
h1 {
    border-bottom: 1px solid gray;
    color: red;
}
p.first  {      color: green; }
p.second {      color: blue;  }
```
← 〈p〉 요소 중에서 클래스가 first인 요소의 글자색을 green으로 한다.
← 〈p〉 요소 중에서 클래스가 second인 요소의 글자색을 blue로 한다.

HTML 파일에서는 〈p class="first"〉 형식을 사용해 〈p〉 요소를 정의할 때 클래스를 지정한다.

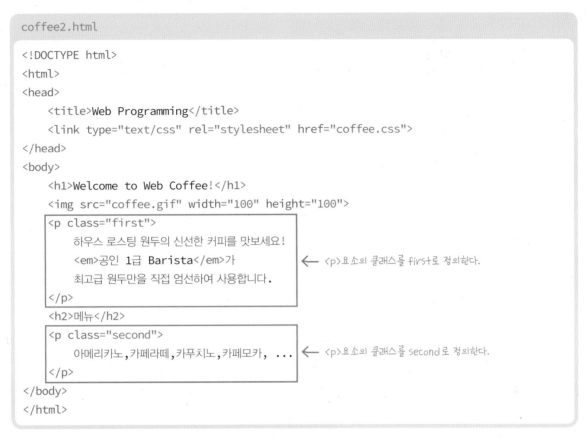

coffee2.html

```
<!DOCTYPE html>
<html>
<head>
    <title>Web Programming</title>
    <link type="text/css" rel="stylesheet" href="coffee.css">
</head>
<body>
    <h1>Welcome to Web Coffee!</h1>
    <img src="coffee.gif" width="100" height="100">
    <p class="first">
        하우스 로스팅 원두의 신선한 커피를 맛보세요!
        <em>공인 1급 Barista</em>가
        최고급 원두만을 직접 엄선하여 사용합니다.
    </p>                                              ← <p>요소의 클래스를 first로 정의한다.
    <h2>메뉴</h2>
    <p class="second">
        아메리카노,카페라떼,카푸치노,카페모카, ...    ← <p>요소의 클래스를 second로 정의한다.
    </p>
</body>
</html>
```

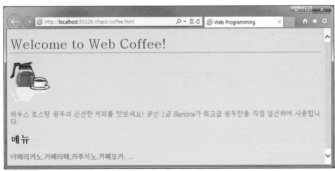

실행 결과를 보면 첫 번째 단락은 글자색이 녹색으로 변경되었고 두 번째 단락은 글자색이 파란색으로 변경된 것을 알 수 있다.

다음과 같이 작성하는 것은 모든 요소의 클래스에 대하여 동일한 스타일을 적용한다는 의미가 된다.

```
.first {
    color:        green;    ← 클래스가 first인 모든 요소에 적용한다.
}
```

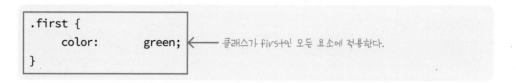

[**참고**] CSS 검증하기

W3C에서는 개발자가 작성한 HTML과 CSS를 검증해 주는 서비스를 제공한다. CSS 검증기는 다음 주소에서 찾을 수 있다.

http://jigsaw.w3.org/css-validator/#validate_by_input

개발자는 파일을 업로드하거나 직접 입력해서 자신이 개발한 HTML이나 CSS가 올바른지를 검사할 수 있다.

■ 많이 사용되는 속성들

이제까지 CSS의 기본적인 개념에 대하여 학습하였다. 지금부터는 본격적으로 CSS를 사용해 스타일을 지정해 보자. 이번 장에서는 여러 스타일 중에서 색상, 폰트, 배경을 설정하는 방법을 살펴본다. 각 요소의 위치나 레이아웃과 관련된 스타일은 다음 장에서 학습하게 된다.

CSS에서 사용되는 속성(property)의 이름은 어떻게 알 수 있을까? 프로그래밍에서는 항상 정해진 키워드만을 사용해야 한다. 일단 가장 많이 사용되는 속성의 이름을 정리해 보자.

속성	설명
color	텍스트 색상
font-weight	볼드체 설정
padding	요소의 가장자리와 내용 간의 간격
font-size	폰트의 크기
background-color	배경색
border	요소를 감싸는 경계선
font-style	이탤릭체 설정
background-image	배경 이미지
text-align	텍스트 정렬
list-style	리스트 스타일

지금부터 색상, 폰트, 배경을 설정하는 방법에 대하여 자세히 살펴보자.

4 - 04 색상

컴퓨터에서 색상은 빛의 3원색인 빨간색(red), 녹색(green), 청색(blue)을 혼합하여 만들어진다. CSS에서 색상을 표현하는 몇 가지의 방법이 있다. 이름으로 표현할 수도 있고 16진수, 10진수, 퍼센트로도 표현할 수 있다.

간단하게 정리한 것이 다음 표이다.

방법	설명
이름으로 표현	"red"
16진수로 표현	#FF0000
10진수로 표현	rgb(255, 0, 0)
퍼센트로 표현	rgb(100%, 0%, 0%)

■ 16진수로 색상을 나타내는 방법

색상은 기본적으로 16진수 코드로 정의된다. 16진수 코드는 빨간색, 녹색, 청색 값을 각각 2자리의 16진수로 표시한 것이다. 각 기본 색상에 대한 가장 낮은 값이 0(16진수로 00)이고 가장 높은 값은 255(16진수로 FF)이다. 하나의 컬러값은 총 6개의 16진수 문자로 되어 있으며 앞에 # 기호를 가지고 있다.

16진수 코드는 항상 #으로 시작한다. → # f f 0 0 0 0 ← 빨간색 성분이 ff, 녹색 성분이 00, 청색 성분이 00이므로 이것을 합친 색상은 빨간색이다.
red green blue

위와 같이 빨간색, 녹색, 청색 값은 0에서 255까지 변화할 수 있으므로 총 조합의 수는 256×256×256이 되어서 약 1600만 가지가 된다. 회색값(gray color)은 빛의 3원색의 값을 동일하게 하면 만들어진다. 예를 들어 #080808, #101010, #505050은 모두 회색값이다.

색상을 나타내는 데, 3개의 16진수만 사용하는 방법도 있다. 이 경우에는 빨간색, 녹색, 청색 값을 각각 1자리의 16진수로 표시한다.

f 0 0
red green blue

몇 년 전까지만 해도 컴퓨터는 256가지 정도의 색상만을 지원하였다. 따라서 모든 컴퓨터에서 지원되는 색상만을 사용하려면 안전한 색상을 사용하는 것이 좋다. 이것은 web safe color 라는 이름으로 불리며 약 216가지의 색상이 여기에 해당한다. 다음 그림은 216 색상 중의 일부를 보여준다.

000000	000033	000066	000099	0000CC	0000FF
003300	003333	003366	003399	0033CC	0033FF
006600	006633	006666	006699	0066CC	0066FF
009900	009933	009966	009999	0099CC	0099FF
00CC00	00CC33	00CC66	00CC99	00CCCC	00CCFF
00FF00	00FF33	00FF66	00FF99	00FFCC	00FFFF

예를 들어 〈body〉 요소의 배경색을 16진수 색상 코드로 변경해 보면 다음과 같다.

```
body
{
    background-color: #ffd800;    ←— red: ff, green: d8, blue: 00
}
```

■ 이름으로 색상을 나타내는 방법

색상의 이름을 사용하는 방법으로 가장 쉽다. 16가지의 기본 색상이 있고 추가로 150가지의 색상 이름을 사용할 수 있다. 가장 많이 사용되는 16가지의 이름은 다음과 같다.

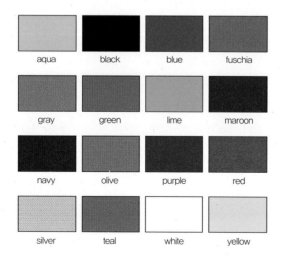

aqua	black	blue	fuschia
gray	green	lime	maroon
navy	olive	purple	red
silver	teal	white	yellow

예를 들어 〈body〉 요소의 배경색을 aqua로 변경하는 코드는 다음과 같다.

```
body
{
    background-color: aqua;
}
```
배경색 속성
색상 이름

■ RGB 값으로 색상 표현하기

RGB 값을 퍼센트로 표현할 수도 있다. 예를 들어 〈body〉 요소의 배경색을 60% red, 40% green, 10% blue로 변경하는 코드는 다음과 같다.

```
body
{
    background-color: rgb(60%, 40%, 10%);
}
```
배경색 속성
red, green, blue 색상의 함량을 퍼센트로 표현한다.

퍼센트 대신에 0에서 255 사이의 정수를 이용해도 된다.

```
body
{
    background-color: rgb(153, 102, 25);
}
```
red, green, blue 색상의 함량을 0에서 255까지의 정수로 표현한다.

■ 원하는 색상을 찾는 방법

가장 일반적인 방법은 컬러 차트를 이용하거나 포토샵과 같은 애플리케이션을 이용하는 것이다. 또는 웹 페이지가 그런 기능을 제공하기도 한다. Visual Studio 2012 for web에서도 #기호를 입력하면 다음과 같은 화면이 등장하고 여기에서 편리하게 원하는 색상을 입력할 수 있다.

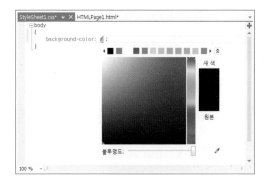

몇 개의 단락을 생성하고 단락의 색상을 다르게 하여 보자. 단락에 클래스를 부여하고 클래스마다 색상을 다르게 지정한다.

css_color.html

```
<!DOCTYPE html>
<html>
<head>
    <style>
        h1 {   background-color: #6495ed;        }
        p.a {   background-color: #ff0000;        }
        p.b {   background-color: #00ff00;        }
        p.c {   background-color: #0000ff;        }
        p.d {   background-color: #888888;        }
    </style>
</head>

<body>
    <h1>CSS Color Chart</h1>
    <p class="a">Color #1</p>
    <p class="b">Color #2</p>
    <p class="c">Color #3</p>
    <p class="d">Color #4</p>
</body>
</html>
```

← 각 요소의 색상을 16진수로 정의한다.

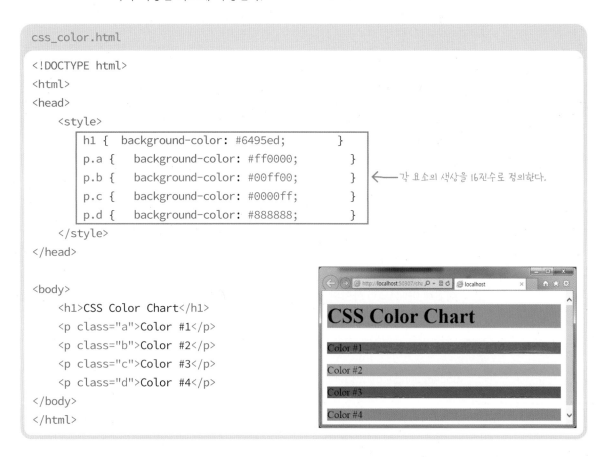

4 - 05 폰트

웹 페이지에서도 텍스트를 통하여 많은 정보를 전달하게 된다. 따라서 텍스트의 스타일은 무척이나 중요하다. 특히 폰트는 페이지의 디자인에 절대적인 영향을 준다. CSS font 속성을 이용하면 폰트의 종류, 색상, 장식, 크기 등을 지정할 수 있다. 폰트에서는 다음과 같은 속성을 사용할 수 있다.

속성	설명
font	한 줄에서 모든 폰트 속성을 설정할 때 사용
font-family	폰트 패밀리 설정
font-size	폰트의 크기 설정
font-style	폰트 스타일 설정
font-weight	폰트의 볼드체 여부 설정

■ 폰트의 종류

텍스트의 폰트는 font-family 속성을 이용해서 설정된다. font-family 속성을 설정할 때는 여러 개의 폰트 이름을 제공하는 것이 좋다. 왜냐하면 브라우저가 HTML 파일을 표시할 때, 클라이언트 컴퓨터에 지정된 폰트가 없는 경우도 있기 때문이다. 브라우저는 첫 번째 폰트가 없으면 자동적으로 다음 폰트를 시도한다. 폰트를 나열할 때 첫 번째 폰트는 개발자가 가장 원하는 폰트, 맨 마지막에는 가장 일반적인 폰트를 지정해야 한다. 만약 폰트 이름이 여러 단어로 되어 있다면 큰따옴표를 사용하여 묶어야 한다.

```
TrueType fonts for use on the Web

Arial
Arial (Bold)
Arial (Italic)
Arial (Bold Italic)
Arial Black
Comic Sans MS
Comic Sans MS (Bold)
Courier New
Courier New (Bold)
Courier New (Italic)
Courier New (Bold Italic)
Georgia
Georgia (Bold)
Georgia (Italic)
Georgia (Bold Italic)
Impact
Times New Roman
Times New Roman (Bold)
Times New Roman (Italic)
Times New Roman (Bold Italic)
```

가장 선호하는 폰트

```
body {
    font-family:"Times New Roman", Times, serif;
}
```

폰트의 종류 속성

마지막에는 항상 일반적인 폰트를 지정해야 한다.

한글 폰트의 경우, 혹시 문제가 발생할 수 있으므로 이름을 한글과 영문으로 같이 적어주는 것이 좋다.

```
body {
    font-family: '나눔 고딕', 'Nanum Gothic', '맑은 고딕', 'Malgun Gothic',
    '돋움', 'Dotum', '굴림', 'Gulim';
}
```

■ 폰트가 선택되는 과정

font-family 속성에는 여러 개의 폰트가 동시에 지정될 수 있다. 브라우저는 font-family 속성이 지정되면 다음과 같이 해석한다.

■ Serif와 Sans-serif의 차이

serif는 삐침을 말한다. sans는 부정을 나타내는 접두사이므로 sans-serif는 삐침이 없다는 의미이다.

■ 폰트 패밀리

폰트 패밀리란 어떤 특징을 공유하는 폰트의 집합을 의미한다. 크게 5개의 폰트 패밀리가 있다. sans-serif, serif, monospace, cursive, fantasy가 그것이다. 각 폰트 패밀리는 많은 폰트를 포함하고 있다. 예를 들면 다음과 같은 폰트 패밀리가 있다.

serif 폰트는 우아하고 전통적인 느낌이며 sans-serif는 깔끔하고 가독성이 좋다. monospace는 타자기 서체이다. cursive와 fantasy 폰트는 장난스러우며 스타일리쉬한 느낌을 준다.

일반 패밀리	폰트 패밀리	설명
Serif	Times New Roman Georgia	Serif 폰트는 글자의 끝에 삐침이 있다.
Sans-serif	Arial Verdana	글자의 끝에 삐침을 가지지 않는다.
Monospace	Courier New Lucida Console	모든 글자의 폭이 같다.

■ 웹 폰트

웹 개발자는 사용자의 컴퓨터를 제어할 수 없다. 따라서 사용자의 컴퓨터에 폰트를 설치할 수 없다. 그렇지만 웹 개발자는 특정 폰트를 사용하기를 원한다. 어떻게 하면 좋을까?

이런 경우에는 웹 폰트(web font)를 사용할 수 있다. 웹 폰트는 폰트를 웹 서버에 저장해 두었다가 필요할 때, 사용자의 웹 브라우저로 직접 전송하는 기법이다. 웹 폰트를 사용하기 위해서는 @font-face 규칙을 사용한다. 웹 폰트를 사용하려면 먼저 원하는 폰트를 구해야 한다. 다음으로 체크해야 할 것은 폰트의 형식이다. 각 브라우저마다 지원하는 웹 폰트의 형식이 다르다. 가장 널리 지원되는 것은 web open font format이다. TrueType도 인터넷 익스플로러만 제외하고 다른 브라우저는 대부분 잘 지원한다.

다음 단계는 폰트 파일을 웹 서버에 저장하는 것이다. 폰트 파일이 저장된 위치의 URL을 기억해야 한다. 다음의 예제는 모질라 개발자 사이트에 저장된 Vera Serif Bold 폰트를 사용하는 예제이다.

webfont.html

```html
<html>
<head>
  <title>Web Font Test</title>
  <style>
    @font-face {
      font-family: "Vera Serif Bold";
      src: url("http://developer.mozilla.org/@api/deki/files/2934/=VeraSeBd.ttf");
    }
    body { font-family: "Vera Serif Bold", serif }
  </style>
```

웹 서버에 저장된
폰트를 가져온다.

```
</head>
<body>
   이것이 모질라에서 제공하는 Vera Serif Bold입니다.
</body>
</html>
```

위의 코드는 ttf 폰트를 인터넷 익스플로러가 지원하지 않으므로 구글의 크롬 브라우저에서 실행해야 한다.

■ 폰트 크기 설정

font-size 속성은 텍스트의 크기를 설정한다. 텍스트의 크기를 조절하는 것은 웹디자인에 있어서 아주 중요하다. 하지만 문단의 크기를 조절해서 제목처럼 보이게 하면 안 된다. 제목에는 〈h1〉~〈h6〉를 사용하고 문단에는 〈p〉를 사용하는 것이 좋다.

```
body {
        font-size: 20pt;
}
```
폰트 크기를 나타내는 속성   20포인트를 의미한다.

폰트의 크기는 절대 크기와 상대 크기로 설정될 수 있다. 절대 크기는 텍스트를 지정된 크기로 설정하며 모든 브라우저에서 사용자가 변경할 수 없게 한다. 절대 크기는 출력의 물리적인 크기가 알려져 있는 경우에만 유용하다. 상대 크기는 주위 요소의 크기에 비례하여 상대적으로 폰트 크기를 설정한다. 사용자가 텍스트의 크기를 변경할 수 있도록 허용한다.

● px 단위로 설정하기

px는 픽셀을 의미한다. 폰트의 크기도 픽셀 단위로 지정할 수 있다. 지정된 숫자는 폰트의 높이가 된다.

```
body {
    font-size: 12px;  ← 폰트의 높이가 12픽셀이라는 것을 의미한다.
}
```

● % 단위로 설정하기

폰트 크기를 퍼센트로 설정할 수 있다. 퍼센트는 기준 폰트의 크기에 비하여 어느 정도인지를 나타낸다. 그런데 어떤 폰트가 기준이 될까? 바로 부모 요소의 폰트 크기가 기준이 된다.

```
body {
    font-size: 12px;
}
h2 {
    font-size: 200%;  ← 부모 요소인 <body>의 200%이므로 24px이 된다.
}
```

● em 단위로 설정하기

em 크기 단위는 W3C에서 권장하는 단위로서 **배수(scaling factor)**를 의미한다. em도 %와 마찬가지로 상대적인 크기이다. 1em은 부모 요소의 폰트 크기와 같다. 역시 기준은 부모 요소의 폰트 크기이다.

```
body {
    font-size: 12px;
}
h2 {
    font-size: 2.0em;  ← 부모 요소인 <body>의 2배이므로 24px이 된다.
}
```

● 키워드로 설정하기

옷의 사이즈와 비슷하게 xx-small, x-small, small, medium, large, x-large, xx-large와 같은 키워드를 사용해 폰트의 크기를 지정할 수 있다.

```
body {
        font-size: small;   ← 대부분의 브라우저에서 이것은 12px에 해당한다.
}
```

> **[참고] 폰트의 크기를 지정하는 방법**
>
> 폰트의 크기를 지정하는 방법은 아주 많다. 그러면 가장 바람직한 방법은 무엇인가? 먼저 〈body〉
> 요소의 폰트 크기는 키워드 small이나 medium으로 지정하는 것이 좋다. 이것이 기준 폰트 크기로 동작
> 한다. 다른 요소에서는 상대적인 단위 즉 em이나 %를 사용하는 것이 바람직하다.

 예제 폰트 크기 설정 예제

폰트의 크기를 설정하는 예제를 작성하고 실행해 보자.

fontsize.html

```
<!DOCTYPE html>
<html>
<head>

    <style>
        body {            font-size: medium;        }
        p#t1 {            font-size: 1.0em;    ← ─┐ 부모 크기의 1배
        p#t2 {            font-size: 1.5em;    ← ─┤ 부모 크기의 1.5배
        p#t3 {            font-size: 2.0em;    ← ─┘ 부모 크기의 2배
    </style>
</head>
<body>

    <p id="t1">paragraph.</p>
    <p id="t2">paragraph.</p>
    <p id="t3">paragraph.</p>

</body>
</html>
```

paragraph.

paragraph.

paragraph.

140   Webprogramming
```
```

■ font-weight 속성

font-weight는 폰트를 볼드체로 할 것인지를 지정한다. 볼드체가 되면 글자의 무게가 증가하므로 font-weight라는 이름을 붙였다. font-weight는 bold나 normal 중에 하나로 설정할 수 있다.

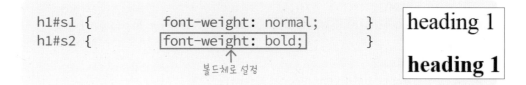

■ font-style 속성

font-style은 이탤릭 텍스트로 설정할 것인지를 지정한다. normal, italic, oblique 중에서 하나로 설정하면 된다. italic과 oblique는 아주 흡사한데, italic은 미리 만들어진 폰트가 존재하는 경우이고 oblique는 정상적인 폰트를 그리는 과정에서 기울인 폰트이다. 그냥 똑같다고 생각해도 된다.

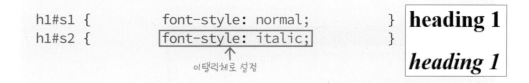

 **예제** **폰트 축약 기법 예제**

앞에서 학습한 내용을 실제 코드로 실습하여 보자. 폰트의 여러 가지 속성은 한 줄에서 모두 설정될 수 있다. 이것을 **축약(shorthand) 기법**이라고 한다.

폰트의 속성을 나열하는 순서는 "font-style font-variant font-weight font-size font-family" 순이다. font-size와 font-family는 반드시 필요하다. 나머지 값은 선택 사항이다. 만약 하나가 생략되면 디폴트 값이 사용된다.

```
<!DOCTYPE html>
<html>
<head>
    <style>
        p.style1 {
            font: italic 30px arial,sans-serif;          font_style은 italic,
        }                                                font-size는 30px,
        p.style2 {                                       font-family는 arial,sans-serif;
            font: bold 40px Georgia,serif;
        }
    </style>
</head>

<body>
    <p class="style1">font: italic 30px arial,sans-serif</p>
    <p class="style2">font: bold 40px Georgia,serif</p>
</body>
</html>
```

webprogramming

4 - 06 텍스트 스타일 설정

CSS에서는 다채로운 텍스트 장식 기능을 제공한다. 텍스트 정렬, 텍스트 색상, 텍스트 변환 등이 가능하다.

텍스트 스타일과 관련해서는 다음과 같은 속성을 사용할 수 있다.

속성	설명
color	텍스트의 색상을 지정한다.
direction	텍스트 작성 방향을 지정한다. (가로쓰기, 세로쓰기)
letter-spacing	글자 간 간격을 지정한다.
line-height	텍스트 줄의 높이를 지정한다.
text-align	텍스트의 수평 정렬을 지정한다.
text-decoration	텍스트 장식을 지정한다.
text-indent	텍스트의 들여쓰기를 지정한다.
text-shadow	그림자 효과를 지정한다.
text-transform	대소문자 변환을 지정한다.

■ 텍스트 색상과 텍스트 정렬

color 속성을 사용해 텍스트의 색상을 설정할 수 있다. 예를 들어 〈body〉 요소의 텍스트 색상을 파란색으로 지정하는 코드는 다음과 같다.

```
body { color:blue; }
```

텍스트 정렬도 지정할 수 있는데 왼쪽 정렬, 중앙 정렬, 오른쪽 정렬, 양쪽 정렬(justified)로 지정될 수 있다. 양쪽 정렬이란 양쪽을 가지런하게 맞춰 주는 정렬 방식으로 가장 널리 쓰이는 정렬 방식이다.

```
h1 {        text-align: center;       color: red;        }
p.date {    text-align: right;        color: indigo;       }
p.poet {    text-align: justify;      color: blue;         }
```

text_align.html

```
<!DOCTYPE html>
<html>
<head>
    <style>                    중앙 정렬, 텍스트 색상은 빨간색
        h1 {        text-align: center;       color: red;        }
        p.date {    text-align: right;        color: indigo;       }
        p.poet {    text-align: justify;      color: blue;         }
    </style>
```

```
</head>

<body>
    <h1>CSS 텍스트 정렬 예제</h1>
    <p class="date">2013년 9월 1일</p>
    <p class="poet">
삶이 그대를 속일지라도 슬퍼하거나 노여워하지 말라
우울한 날을 견디면 믿으라,  기쁨의 날이 오리니
마음은 미래에 사는 것,  현재는 슬픈 것,
모든 것은 순간적인 것,  지나가는 것이니
그리고 지나가는 것은 훗날 소중하게 되리니
    </p>
    <p><em>참고 푸시킨의 시</em>  </p>
</body>
</html>
```

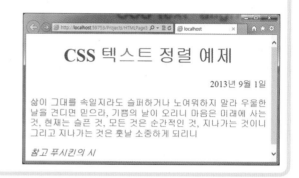

■ **텍스트 장식**

텍스트 장식(text-decoration)은 설정되거나 삭제될 수 있다. 텍스트 장식은 링크에 붙는 밑줄을 삭제할 때 사용된다.

text_deco.html

```
<!DOCTYPE html>
<html>
<head>
<style>
        h1 { text-decoration:overline; }
        h2 { text-decoration:line-through; }
        h3 { text-decoration:underline; }
</style>
</head>                              ↑
                                텍스트 장식 지정

<body>
        <h1>텍스트 장식의 예입니다.</h1>
        <h2>텍스트 장식의 예입니다.</h2>
        <h3>텍스트 장식의 예입니다.</h3>
</body>
</html>
```

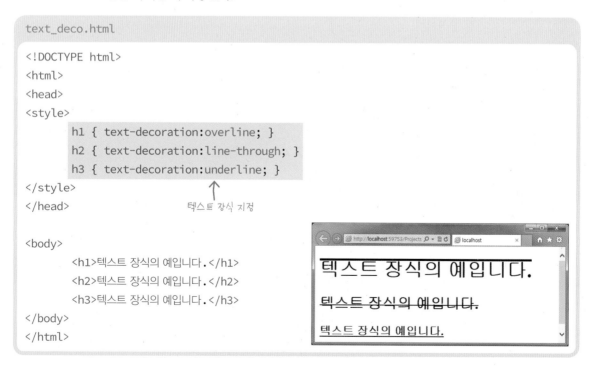

■ 텍스트 변환

텍스트 변환(text-transform)은 텍스트 안에서 소문자나 대문자를 지정할 때 사용된다. 모든 문자를 소문자나 대문자로 변환하거나 아니면 각 단어의 첫 글자를 대문자로 변환할 때 사용된다.

```
text_trans.html

<!DOCTYPE html>
<html>
<head>
<style>                          텍스트 변환 지정
                                    ↓
      p.upper { text-transform:uppercase; }
      p.lower { text-transform:lowercase; }
      p.capit { text-transform:capitalize; }
</style>
</head>


<body>
      <p class="upper">text_transform is uppercase.</p>
      <p class="lower">text_transform is lowercase.</p>
      <p class="capit">text_transform is capitalize.</p>
</body>
</html>
```

TEXT_TRANSFORM IS UPPERCASE.

text_transform is lowercase.

Text_Transform Is Capitalize.

■ 텍스트 그림자

CSS3에서는 text-shadow 속성을 지정하면 텍스트에 그림자를 설정할 수 있다.

```
                          y방향 이동거리    텍스트 그림자 색상
                             ↓                ↓
      h1 {
          text-shadow: 3px  5px  10px  #000;
      }
                          ↑          ↑
                    x방향 이동거리    흐림 정도
```

```
text_shadow.html
```

```
<!DOCTYPE html>
<html>
<head>
    <style>
        h1 {
            text-shadow: 5px 5px 5px #FF0000;
        }
    </style>
</head>
<body>
    <h1>Text-shadow 처리!</h1>
</body>
</html>
```

텍스트 그림자 지정
x-방향 이동거리: 5
y-방향 이동거리: 5
흐림정도(blur): 5
색상: #FF0000

■ Word Wrapping

word-wrap 속성은 하나의 단어가 너무 길어서 영역 안에 들어 가지 않는 경우에 자동으로 단어를 잘라서 다음 줄로 넘기는 기능이다.

```
word_wrap.html
```

```
<!DOCTYPE html>
<html>
<head>
    <style>
        p.test {
            width: 11em;
            border: 1px solid #000000;
            word-wrap: break-word;
        }
    </style>
</head>
<body>

    <p class="test">
```

단어가 길 때, 적절하게 자동으로 줄 바꿈을 한다.

```
            매우 긴 단어가 있는 경우에 자동으로 잘라준다.
            aaaaaaaaaaaaaaaaaaaaaaaaaaaaaaaaaaaaaaaaaaaaa
        </p>

</body>
</html>
```

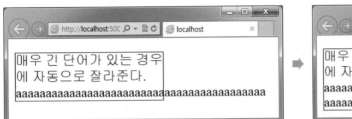

■ 다중 컬럼

CSS3를 사용하면, 신문처럼 텍스트를 배치하는 데 다중 컬럼을 생성할 수 있다. 다중 컬럼은
다음과 같은 속성을 이용한다.

- column-count: 컬럼의 개수
- column-gap: 컬럼과 컬럼 사이의 간격
- column-rule: 컬럼과 컬럼 사이의 선 스타일

css_multi_col.html

```
<!DOCTYPE html>
<html>
<head>
    <style>
        .poet {
            column-count: 2;      ← 2개의 컬럼으로 나눌 것을 지정
            column-gap: 50px;     ← 컬럼과 컬럼 사이의 공백=50 픽셀
            column-rule: 4px outset red;   ← 컬럼과 컬럼 사이의 구분선을 두께 4픽셀,
                                             outset 스타일 선, 빨강색으로 지정
        }
    </style>
</head>
<body>
```

```
<div class="poet">
    한 잔의 술을 마시고
    우리는 버어지니아 울프의 생애와
    목마를 타고 떠난 숙녀의 옷자락을 이야기 한다
    ...
    가을바람 소리는
    내 쓰러진 술병 속에서 목메어 우는데


</div>
</body>
</html>
```

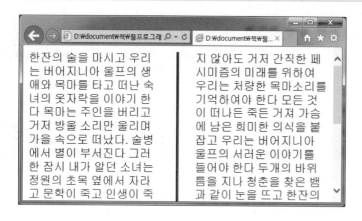

1 외부 스타일 시트를 포함시키는 올바른 문장은? (   )

① 〈css〉mystyle.css〈/css〉

② 〈!DOCTYPE css〉

③ 〈link rel="stylesheet" type="text/css" href="mystyle.css"〉

④ 〈stylesheet src="mystyle.css"〉

2 스타일 시트는 HTML 문서의 어떤 섹션에 들어가야 하는가? (   )

① 〈body〉 섹션   ② 〈head〉 섹션   ③ HTML 문서의 맨 처음에   ④ 어디나 상관없다.

3 내부 스타일 시트를 정의하는 데 사용되는 태그는? (   )

① 〈css〉   ② 〈style〉   ③ 〈stylesheet〉   ④ 〈sheet〉

4 다음 중에서 문법적으로 올바른 스타일 시트를 모두 선택하시오.

① p { color:red; }   ② { p:color=red; }   ③ p: { color=red; }   ④ p { color=red; }

5 어떤 요소의 배경색을 변경할 때 사용하는 CSS 속성 이름은 무엇인가? (   )

① back-color   ② background-color   ③ bgcolor   ④ color

6 어떤 요소의 텍스트 색상을 변경할 때 사용하는 CSS 속성 이름은 무엇인가? (   )

① text-color   ② text:color   ③ color   ④ font-color

7 인라인 스타일 시트를 이용하여 〈p〉 요소의 배경색을 "#00FF00"으로 변경하는 문장을 작성해 보자.

_____

8 아이디가 special인 〈h1〉 요소의 배경색을 "red"로 변경하는 CSS 문장을 작성해 보자.

_____

9 클래스가 special인 〈p〉 요소의 폰트(서체)를 "Arial"로 변경하는 CSS 문장을 작성해 보자.

_____

⑩ CSS3를 이용해서 텍스트 그림자를 생성하고자 한다. 빠져 있는 부분은 무엇인가?

```
#basicTextShadow p{
    text-shadow: 1px 1px 3px;
}
```

⑪ 다음의 선택자를 설명해 보자.

① body h1 { color:yellow; }

② body, h1 { color:yellow; }

③ body > h1 { color:yellow; }

⑫ 아래의 HTML 문서가 다음과 같이 보이도록 내부 스타일 시트를 추가하라. 다양한 선택자를 사용하도록 한다. 주로 색상을 변경한다.

```
var1.html

<!DOCTYPE html>
<html>
<head>
    <title>Exercise</title>
</head>
<body>
    <h1>웹 프로그래밍 교과목</h1>

    <p>
        웹 프로그래밍에서는 많은 관심을 받고 있는 <strong>HTML5</strong>와 <strong>CSS3</strong>를 중심으로 학습합니다. HTML5의 <em>많은 새로운 기능</em>을 학습합니다.
    </p>

    <h2>다루는 주제들</h2>
    <ul>
        <li>HTML5
    <ul>
        <li>지오 로케이션</li>
        <li>드래그와 드롭</li>
    </ul>
```

```
            </li>
      </ul>
</body>
</html>
```

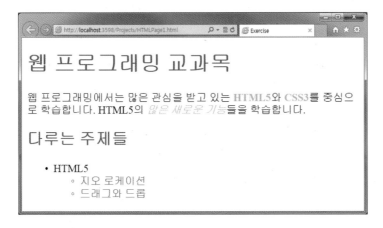

13 12번의 HTML 문서가 다음과 같이 보이도록 외부 스타일 시트를 추가하라. 다양한 선택자를 사용하도록 한다. 주로 서체를 변경한다.

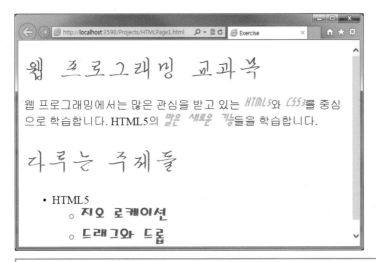

- 〈h1〉, 〈h2〉는 "펜흘림" 서체에 25포인트로 한다.
- 〈p〉 안의 〈strong〉과 〈em〉은 "휴먼굵은팸체"와 15포인트, 이탤릭체로 한다.
- 〈li〉는 "휴먼매직체"에 18포인트, 볼드체로 한다.

CSS3 박스 모델과 응용

학·습·목·표
- CSS에서 박스 모델에 대하여 살펴본다.
- 마진, 패딩, 배경을 설정하는 방법을 학습한다.

■ CSS3 개요

CSS3는 W3C에서 한창 개발 중인 규격이다. W3C사이트에서 보면 CSS3 규격 중에서 완료된 것(recommendation)도 있고 아직 한창 토의 중인 규격(working draft)도 있음을 알 수 있다. CSS Snapshot 2010 문서를 보면 CSS3 개발 현황을 알 수 있다. 그러나 CSS3의 새로운 기능은 이미 대부분의 브라우저에 구현되고 있다.

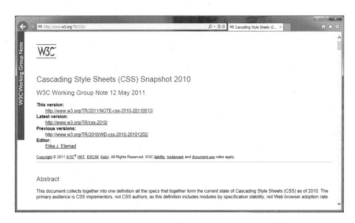

우리는 앞장에서 선택자, 색상, 폰트와 같은 기본적인 CSS3 기능을 살펴보았고 나머지 CSS3 기능 중에서 중요한 것만 여기서 살펴보자. CSS3는 모듈(module)로 분리된다. 중요한 모듈은 다음과 같다.

- 선택자(selectors)   ← 앞장에서 다루었음!
- 박스 모델(Box Model)
- 배경 및 경계선(Backgrounds and Borders)
- 텍스트 효과(Text Effects)
- 2차원 및 3차원 변환(2D/3D Transformations)
- 애니메이션(Animations)
- 다중 컬럼 레이아웃(Multiple Column Layout)
- 사용자 인터페이스(User Interface)

■ 박스 모델

웹 브라우저는 각 HTML 요소를 사각형으로 간주하고 웹 페이지 위에 그리게 된다. 요소를 배치할 때도 사각형으로 간주한다. 이런 식으로 요소를 박스(사각형) 형태로 그리는 것을 **박스 모델(box model)**이라고 부른다. CSS는 각 박스의 특징(배치, 색상, 경계 등)을 결정하게 된다.

```
<!DOCTYPE html>
<html>
<body>
    <h1>쇼핑 리스트</h1>
        <p>특히 다음을 <strong>반드시</strong> 사와야 함.</p>
    <ul>
        <li>우유</li>
        <li>토마토</li>
        <li>수박</li>
    </ul>
</body>
</html>
```

CSS 박스 모델은 기본적으로 HTML 요소를 감싸는 가상적인 박스를 생각하는 것이다. 웹 브라우저는 각 요소를 박스(box)로 간주하고 화면에 배치한다. 각 박스는 마진, 경계, 패딩을 가진다. 이것을 정확히 이해해야만 깔끔한 디자인을 할 수 있다.

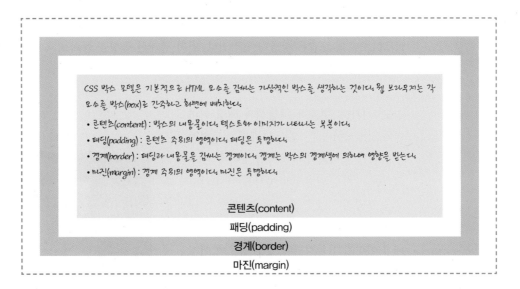

- 콘텐츠(content) : 박스의 내용물이다. 텍스트와 이미지가 나타나는 부분이다.
- 패딩(padding) : 콘텐츠 주위의 영역이다. 패딩은 투명하다.
- 경계(border) : 패딩과 내용물을 감싸는 경계이다. 경계는 박스의 경계색에 의하여 영향을 받는다.
- 마진(margin) : 경계 주위의 영역이다. 마진은 투명하다.

현재 개발 중인 HTML 문서 안에 들어 있는 요소의 박스 모델을 보려면 아주 편리한 브라우저가 있다. 바로 파이어폭스이다. 마우스 오른쪽 버튼을 눌러서 "요소검사"를 선택하면 오른쪽 하단의 윈도우에서 선택한 요소의 박스 모델을 그림으로 볼 수 있다.

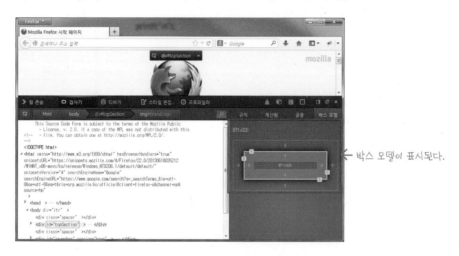

CSS를 사용하면 각 HTML 요소의 패딩, 경계, 마진 속성을 설정할 수 있다. 설정값에 따라서 HTML 요소의 모습은 상당히 달라진다. 먼저 경계선 속성을 살펴보고 나중에 마진과 패딩을 어떻게 설정하는지 살펴보자.

참고로 HTML 요소에 배경색과 배경 이미지가 설정되어 있는 경우에, 패딩은 투명하므로 배경 이미지와 배경색이 보이게 된다. 하지만 마진은 배경색의 영향을 받지 않고 항상 투명하다. 오른쪽 그림은 3차원 그래픽을 사용해 마진, 패딩, 경계가 배경색과 배경 이미지가 설정되어 있는 경우에 어떻게 보이는지 잘 보여주고 있다.

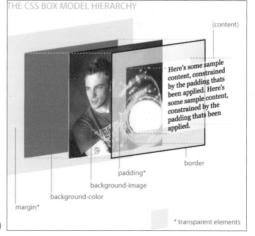

(그림 출처: Jon Hicks)

5-02 경계선

CSS border 속성을 이용하면 HTML 요소 경계선의 스타일과 색상을 지정할 수 있다. 경계선 속성을 지정하려면 먼저 border-style 속성이 설정되어 있어야 한다.

■ 경계선 스타일

경계선 스타일은 border-style로 설정할 수 있다. 아래 예제에서는 인라인 스타일 시트를 이용해 각 단락의 경계선 스타일을 다르게 하여 화면에 표시하였다.

border_style.html

```
<!DOCTYPE html>
<html>
<body>
    <p style="border-style: none">none.</p>
    <p style="border-style: dotted">dotted</p>
    <p style="border-style: dashed">dashed</p>
    <p style="border-style: solid">solid</p>
    <p style="border-style: double">double</p>
    <p style="border-style: groove">groove</p>
    <p style="border-style: ridge">ridge</p>
    <p style="border-style: inset">inset</p>
    <p style="border-style: outset">outset</p>
</body>
</html>
```

border-style이 groove, ridge, inset, outset으로 설정되면 약간의 3D 효과를 발생시킨다. 다만 인터넷 익스플로러는 3D 효과를 지원하지 않는다. 크롬 브라우저로 실행하여 보자.

만약 상하좌우 경계선 스타일을 모두 다르게 설정하고 싶으면 다음과 같이 설정한다.

```
<!DOCTYPE html>
<html>
<body>
    <p style="border-top-style: dotted ;
    border-right-style: solid ;
    border-bottom-style: double;
    border-left-style: dashed";>
        4개의 경계선이 모두 다르게 설정됨
    </p>
</body>
</html>
```

← 상하좌우의 경계선을 서로 다르게 설정하였다.

4개의 경계선이 모두 다르게 설정됨

위와 같은 설정은 한 줄로도 가능하다.

```
border-style:dotted solid double dashed;
```

■ 경계선의 폭

border-width 속성은 경계선의 폭을 지정한다. 단위는 픽셀이거나 thin, medium, thick 중의 하나일 수 있다. border-style이 설정되어 있어야 border-width가 동작을 한다.

```
<!DOCTYPE html>
<html>
<head>
    <style>
        p.thick {
            border-style: solid;
            border-width: thick;
        }

        p.medium {
            border-style: solid;
            border-width: medium;
        }

        p.thin {
```

border-style이 지정 되어야 border-width가 효과를 가집니다.

```
                border-style: solid;
                border-width: 1px;
            }
        </style>
</head>

<body>
    <p class="thick">경계선이 thick으로 설정되었음</p>
    <p class="medium">경계선이 medium으로 설정되었음</p>
    <p class="thin">경계선이 1px으로 설정되었음</p>
</body>

</html>
```

■ **경계선 색상**

HTML 요소의 경계선 색상은 border-color로 지정한다. 색상은 물론 다음과 같은 3가지 방법
으로 지정이 가능하다.

- "green"
- rgb(0, 255, 0)
- "#00ff00"

border_color.html

```
<!DOCTYPE html>
<html>
<head>
    <style>
        p.green {
            border-style: solid;
            border-color: green;
        }
    </style>
</head>
<body>
    <p class="green">경계선의 색상: green</p>
</body>
</html>
```

■ 경계선에 대한 속성을 한 줄로 정의

경계선의 스타일을 한 줄에 한꺼번에 설정할 수도 있다. 이것을 축약 속성(shorthand property)이라고 한다. 반드시 border-width, border-style(필수), border-color 순서로 적어 주어야 한다.

■ 둥근 경계선

CSS3에서는 둥근 경계선, 그림자 경계선, 경계 이미지 같은 고급 기능을 포토샵 프로그램 없이도 생성할 수 있다. 하나씩 살펴보자. border-radius는 둥근 경계선을 만드는 속성이다.

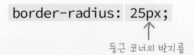

border-radius는 둥근 경계선의 반지름을 설정한다.

border-radius: 25px;
↑
둥근 코너의 반지름

---

border_round.html

```
<!DOCTYPE html>
<html>
<head>
    <style>
        div {
            border: 2px solid red;
            border-radius: 25px;
        }
    </style>
</head>
```

```
<body>
    <div>border-radius 속성을 사용하면 둥근 경계선을 만들 수 있습니다. </div>
</body>
</html>
```

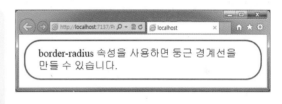

위의 결과를 보면 글자가 경계선 밖으로 나간 것을 볼 수 있다. 이것은 패딩을 적절하게 주면 해결할 수 있다.

```
div {
    border: 2px solid red;
    padding: 10px 20px;
    border-radius: 25px;
}
```

■ 경계에 그림자 생성

box-shadow 속성을 사용하면 그림자가 있는 경계를 생성할 수 있다.

box-shadow 속성은 다음과 같이 설정한다.

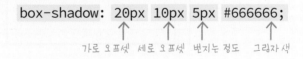

box_shadow.html

```
<!DOCTYPE html>
<html>
<head>
    <style>
        div {
```

```
            width: 300px;
            height: 50px;
            background-color: green;
            box-shadow: 20px 10px 5px #666666;
        }
    </style>
</head>
<body>
    <div></div>
</body>
</html>
```

■ 경계 이미지

border-image 속성을 사용하면 이미지로 경계선을 만들 수 있다. 경계선을 만드는 이미지
는 9구역으로 나누어져서 다음과 같이 사용된다. 따라서 이미지를 제작할 때부터 신경을 써
야 한다.

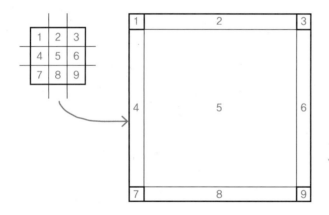

우리는 다음과 같은 이미지를 사용해 이미지를 사용한 경계
선을 생성하여 보자. 오른쪽 이미지는 81×81 크기로서 9개
의 동일한 부분으로 나누어져 있다.

```html
<!DOCTYPE html>
<html>
<head>
    <style>
        div {
            border: 30px solid transparent;
            width: 300px;
            height: 50px;
            -webkit-border-image: url(border.png) 30 30 round; /* Safari 5+ */
            -o-border-image: url(border.png) 30 30 round; /* Opera */
            border-image: url(border.png) 30 30 round; /* Chrome */
        }
    </style>
</head>
<body>
    <div>경계 이미지가 반복되면서 그려진다. </div>
</body>
</html>
```

현재 사파리와 오페라, 크롬이 서로 다른 속성 이름을 사용하고 있어서 이렇게 표기한다.

인터넷 익스플로러는 아직까지 이 기능을 지원하지 않는다. 오페라 브라우저로 테스트하여 보자.

webprogramming

5-03 마진과 패딩

■ 요소 크기 설정

먼저 HTML 요소의 크기를 설정하는 방법을 살펴보자. 이제까지는 HTML 요소의 크기를 설정하지 않았다. 콘텐츠의 자연스러운 크기를 사용하였다. 하지만 CSS에서는 모든 요소의 크기를 width와 height 속성을 이용해 설정할 수 있다.

```
<!DOCTYPE html>
<html>
<head>
    <style>
        #target1 {
            width: 100px;
            height: 50px;
            background-color: yellow;
        }
        #target2 {
            width: 100px;
            height: 50px;
            background-color: lightgreen;
        }
    </style>
</head>

<body>
    <p id="target1">이것은 p요소입니다. </p>
    <div id="target2">이것은 div요소입니다.</div>
</body>
</html>
```

■ 요소 크기 변경

resize 속성을 both라고 설정하면 양방향 크기 조정 메커니즘을 제공하여 사용자가 요소의 높이와 너비를 모두 조정할 수 있게 한다. resize의 값은 both, horizontal, vertical, none 등이 가능하다.

```
<!DOCTYPE html>
<html>
<head>
    <style>
        div {
```

```
            border: 1px solid red;
            background-color: yellow;
            width: 100px;
            height: auto;
            resize: both;   ← 크기 조정 가능
            overflow: auto;
        }
    </style>
</head>
<body>
    <div>박스의 크기를 조절하여 보세요!</div>
</body>
</html>
```

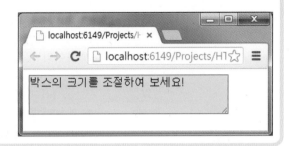

■ **마진 설정하기**

마진(margin)은 CSS에서 지정이 가능하다. 다음과 같은 값이 가능하다.

값	설명
auto	브라우저가 마진을 계산한다.
length	마진을 px, pt, cm 단위로 지정할 수 있다. 디폴트는 0px이다.
%	마진을 요소 폭의 퍼센트로 지정한다.
inherit	마진이 부모 요소로부터 상속된다.

마진은 음수로 지정될 수 있다. 이 경우에는 요소가 중첩된다. 따라서 이런 효과를 원한다면 음수를 지정하도록 하자.

지정하는 방법에는 2가지가 있다.

● **마진의 각 변을 별도로 지정하는 방법**

```
            margin-top:10px;
            margin-right:20px;
            margin-bottom:30px;
            margin-left:40px;
```

● 한 줄에서 모든 변에 대한 값을 지정하는 방법

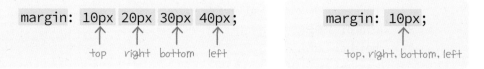

■ 패딩 설정하기

패딩은 콘텐츠와 경계 사이의 간격이다. 패딩은 다음과 같은 값이 가능하다.

값	설명
length	px, pt, em 단위로 패딩을 설정한다.
%	패딩을 내용물의 퍼센트로 지정한다.

패딩을 지정하는 방법에도 마진과 마찬가지로 2가지의 방법이 있다.

● 마진의 각 변을 별도로 지정하는 방법

```
padding-top:10px;
padding-right:20px;
padding-bottom:30px;
padding-left:40px;
```

● 한 줄에서 모든 변에 대한 값을 지정하는 방법

```
padding:10px 20px 30px 40px;
padding:10px;              /* 모든 패딩이 10px로 설정된다. */
```

■ 패딩과 마진 예제

margin_padding.html

```
<!DOCTYPE html>
<html>
<head>
    <style>
```

좀 더 확실하게 마진과 패딩을 표시하기 위해 <body> 요소의 마진과 패딩을 모두 0으로 설정하였다.

margin: 0px, padding: 0px인 단락입니다.

margin: 10px, padding: 20px인 단락입니다.

[참고]

마진과 패딩의 값을 설정할 때 음수로 설정할 수도 있다. 이 경우에는 요소가 겹쳐서 보이게 된다. 웹디자인에서 이것을 고의적으로 이용하는 경우도 많다. 특히 이미지와 텍스트를 나란히 표시할 때 많이 사용한다.

margin: 0px, padding: 0px인 단락입니다.
margin: -10px, padding: -20px인 단락입니다.

■ 박스의 크기 계산

CSS를 통하여 요소의 width와 height 속성을 설정하면 요소 안에서 콘텐츠 영역의 크기가 설정된다. 요소의 전체 크기를 계산하려면 여기에 패딩, 경계, 마진을 더해야 한다. 예를 들어 다음과 같이 요소의 속성이 지정되었다고 가정하고 요소의 전체 크기를 계산하여 보자.

```
#target {
        width:200px;
        padding:10px;
        border: 5px solid red;
        margin: 20px;
}
```

요소 전체 크기는 270px이 된다. 아래 그림을 참조하도록 하자.

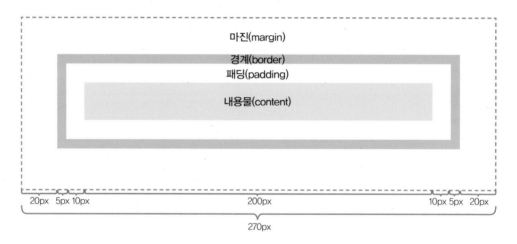

일단은 간단한 예제를 작성해서 위의 사항을 확인하여 보자.

box_model.html

```
<!DOCTYPE html>
<html>
<head>
    <style>
        div.test {
            background-color: yellow;
            width: 200px;
            padding: 10px;
            border: 5px solid red;
            margin: 20px;
        }
```

이것은 div 요소로서 전체 폭
은 270픽셀이다.

```
    </style>
</head>

<body>
    <div class="test">이것은 div 요소로서 전체 폭은 270픽셀이다.</div>
</body>
</html>
```

패딩은 요소 배경색의 영향을 받는 것을 알 수 있다. 마진은 투명하게 표시된다. 만약 마진과 패딩을 모두 0으로 설정하고 경계를 1px로 설정하면 다음과 같은 결과가 얻어진다.

```
div.test {
        background-color: yellow;
        width: 200px;
        padding: 0px;
        border: 1px solid red;
        margin: 0px;
}
```

이것은 div 요소로서 전체 폭
은 202픽셀이다.

■ margin 속성을 이용한 수평 정렬

여기서 어떤 HTML 요소를 화면의 중앙에 위치시키고자 한다. 어떻게 하면 될까? 예전의 HTML 버전에는 많은 요소가 align이라는 속성을 지원하였다. 개발자는 ⟨p align="center"⟩와 같은 형식으로 HTML 요소를 화면의 중앙에 놓을 수 있었다. 하지만 HTML5는 align 속성을 삭제하였다. CSS만을 사용하여 어떤 요소를 중앙 정렬하려면 어떻게 해야 하는가? 인라인 요소와 블록 요소로 나누어서 생각해 보자.

● 인라인 요소

텍스트나 ⟨em⟩과 같은 인라인 요소를 컨테이너의 중앙에 놓으려면 컨테이너의 text-align 속성을 사용하면 된다. 그렇게 하면 블록 수준의 컨테이너 안에서 인라인 요소가 중앙 정렬된다. 예를 들어 ⟨em⟩ 요소를 ⟨p⟩ 안에서 중앙 정렬하는 예제를 작성하여 보자.

```
<!DOCTYPE html>
<html>
<head>
    <style>
        p, em, strong, div {              border: dotted 3px red;          }
    </style>
</head>
<body>
    <p style="text-align: center">
        <em>My Text </em>
    </p>
</body>
</html>
```

<em> 요소가 중앙 정렬된다.

● 블록 요소

〈h1〉, 〈h2〉, 〈p〉, 〈table〉, 〈div〉와 같은 블록 요소를 중앙 정렬하려면 왼쪽 마진과 오른쪽 마진을 auto로 설정하면 된다.

```
<!DOCTYPE html>
<html>
<head>
    <style>
        p, h1 {             border: dotted 3px red;          }
    </style>
</head>
<body>
    <p style="margin-left: auto; margin-right: auto; width: 50%">
        My Text
    </p>
</body>
</html>
```

여기서 만약 블록 요소의 width를 지정하지 않으면 블록 요소가 전체 너비를 다 차지해서 중앙 정렬의 효과를 확인할 수 없다. 따라서 위의 예제처럼 width를 지정해야 효과를 확인할 수 있다.

5-04 배경 설정하기

CSS를 이용하면 요소의 배경을 설정할 수 있다. 배경과 관련된 속성은 다음과 같다.

속성	설명
background	한 줄에서 모든 배경 속성을 정의한다.
background-attachment	배경 이미지가 고정되어 있는지 스크롤되는지를 지정한다.
background-color	배경색을 정의한다.
background-image	배경 이미지를 정의한다.
background-position	배경 이미지의 시작 위치를 지정한다.
background-repeat	배경 이미지의 반복 여부를 지정한다.

■ 배경색 설정

background-color 속성은 요소의 배경색을 정의한다. 배경색도 색상이므로 16진수나 rgb 값, 색상 이름을 사용하여 설정할 수 있다. 예를 들어 〈body〉의 색상을 빨간색으로 설정하려면 다음 중의 한 문장을 사용하면 된다.

```
body { background-color: red; }            /* 배경을 빨간색으로 설정한다 */
body { background-color: rgb(255,0,0); }    /* 배경을 빨간색으로 설정한다 */
body { background-color: #ff0000; }         /* 배경을 빨간색으로 설정한다 */
```

■ 배경 이미지 설정

background-image 속성을 사용해 배경으로 사용할 이미지를 지정할 수 있다. 예를 들어 back.gif 이미지로 설정하려면 다음과 같이 한다.

```
body { background-image: url('back.gif'); }
```

배경 이미지는 수평이나 수직 방향으로 반복되면서 칠해진다. 이미지에 따라서는 수평이나 수직으로만 반복되는 것이 필요할 수 있다. 이런 경우에는 backgroud-repeat 특성을 설정하여 준다.

```
body
{
        background-image: url('back.gif');
        background-repeat: repeat-x; /*  x방향으로만 반복한다. */
}
```

만약 이미지를 한 번만 표시하고 반복하지 않는 경우에는 다음과 같이 no-repeat로 지정한다.

```
body
{
        background-image: url('back.gif');
        background-repeat: no-repeat;
}
```

back_image1.html

```
<!DOCTYPE html>
<html>
<head>
    <style>
        body {
            background-image: url('back1.jpg')      ← <body>의 배경 이미지를 back1.jpg로 설정한다.
        }
    </style>
</head>

<body>
    <h1>삶이 그대를 속일지라도</h1>
    <p> 삶이 그대를 속일지라도
        슬퍼하거나 노하지 말아라.
        ...
        지나가 버린 것  그리움이 되니니.
    </p>
</body>
</html>
```

■ **배경 이미지 부착 방법**

background-attachment 속성은 배경 이미지의 부착 방법을 설정한다.

- scroll : 배경이 요소와 같이 스크롤된다. 디폴트 값이다.
- fixed : 배경이 뷰포트에 대하여 고정된다.
- local : 요소의 콘텐츠와 같이 스크롤된다.

여기서 fixed로 설정하면 스크롤해도 배경 이미지는 움직이지 않는다.

■ **배경 이미지 위치 설정**

background-position 속성은 배경 이미지의 위치를 설정한다. 위치는 물론 100px 200px과 같이 픽셀 단위 또는 퍼센트 단위로 지정할 수 있다.

```
background-position:100px 200px;
```

추가로 다음과 같은 키워드를 사용할 수도 있다.

- left top, left center, left bottom
- right top, right center, right bottom
- center top, center center, center bottom

■ **배경에 대한 속성을 한 줄로 설정하기**

배경에 관한 특성은 상당히 많다. 따라서 이것을 한 번에 표시할 수 있는 방법이 있다.

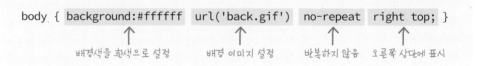

예를 들어 고정된 위치를 가지고 이미지를 한 번만 화면에 표시하는 예를 작성하여 보자.

back_image2.html

```
<!DOCTYPE html>
<html>
<head>
```

```
<style>
    body {
        background-image: url('back2.jpg');
        background-repeat: no-repeat;          ← 배경 이미지는 back2.jpg
        background-attachment: fixed;              이미지는 반복되지 않음
    }                                              이미지의 위치는 고정된다(스크롤 되지 않는다).
</style>
</head>

<body>
    <p>이미지는 한 번만 표시되고 위치가 고정되어 있다.</p>

</body>
</html>
```

이미지는 한번만 표시되고 위치가 고정되어 있다.

■ 배경 이미지의 크기 지정

background-size 속성은 배경 이미지의 크기를 지정한다. CSS3 이전에는 배경 이미지 크기가 이미지의 실제 크기에 의하여 결정되었다. CSS3에서는 배경 이미지의 크기를 지정할 수 있다. 픽셀(px) 또는 퍼센트(%) 단위로 지정이 가능하다. 만약 퍼센트를 사용하면 기준이 되는 크기는 부모 요소의 가로와 세로이다.

border_size.html

```
<!DOCTYPE html>
<html>
<head>
    <style>
        div {
            width: 500px;
            height: 100px;
            background: url(back.png);             ← backgroud-size를 이용하여
            background-repeat: no-repeat;              배경 이미지의 크기 지정
            background-size: 100px 100px;
        }
```

```
    </style>
</head>
<body>
    <div>
        지금 그 사람 이름은 잊었지만
        그 눈동자 입술은 내 가슴에 있네
        ...
    </div>
</body>
</html>
```

5-05 링크 스타일

링크(link)는 사용자가 클릭하면 정해진 웹 페이지로 이동하는 수단이다. CSS에서는 링크의 스타일도 여러 가지로 설정할 수 있다.

■ 링크 스타일

링크의 색상, 링크의 폰트, 배경 등도 물론 CSS로 설정할 수 있다. 추가로 링크는 어떤 상태이냐에 따라서 스타일을 다르게 할 수 있다. 링크의 4가지 스타일은 다음과 같다.

- a:link : 방문되지 않은 링크의 스타일
- a:visited : 방문된 링크의 스타일
- a:hover : 마우스가 위에 있을 때의 스타일
- a:active : 마우스로 클릭되는 때의 스타일

링크의 스타일을 설정할 때는 반드시 지켜야 할 규칙이 있다. a:hover는 a:link와 a:visited 다음에 위치해야 한다. a:active는 a:hover 다음에 위치해야 한다.

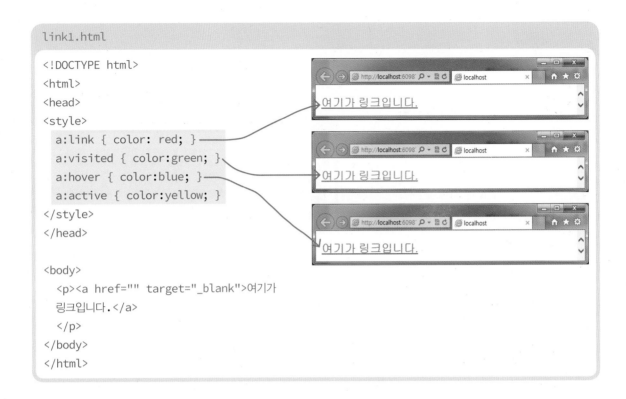

```
link1.html

<!DOCTYPE html>
<html>
<head>
<style>
  a:link { color: red; }
  a:visited { color:green; }
  a:hover { color:blue; }
  a:active { color:yellow; }
</style>
</head>

<body>
  <p><a href="" target="_blank">여기가
  링크입니다.</a>
  </p>
</body>
</html>
```

■ 링크의 다른 스타일

앞에서는 링크의 색상이 변경되었다. 하지만 링크의 텍스트 크기가 변경되도록 할 수도 있다. 예를 들어 링크에 마우스 커서가 위치하면 텍스트의 크기가 커지도록 설정할 수 있다. 아니면 배경색이 변경되도록 설정할 수도 있다. 간단한 예제로 살펴보자.

```
link2.html

<!DOCTYPE html>
<html>
<head>
    <style>
        a.style1:link {          color: #ff0000;      }
        a.style1:visited {         color: #0000ff;        }
        a.style1:hover {          font-size: 150%;       }  ←  마우스가 위에 있으면
        a.style2:link {          color: #ff0000;      }        폰트의 크기가 1.5배로 커진다.
        a.style2:visited {         color: #0000ff;        }
```

```
        a.style2:hover {              background: #66ff66;        }
    </style>
                            ↑
</head>                마우스가 위에 있으면 배경색이 변화한다.

<body>
    <p>마우스를 올려놓으면 스타일이 변경됩니다.</p>
    <p><a class="style1" href="index.html" target="_blank">
        폰트 크기를 변경하는 링크</a></p>
    <p><a class="style2" href="index.html" target="_blank">
        배경색을 변경하는 링크</a></p>
</body>
</html>
```

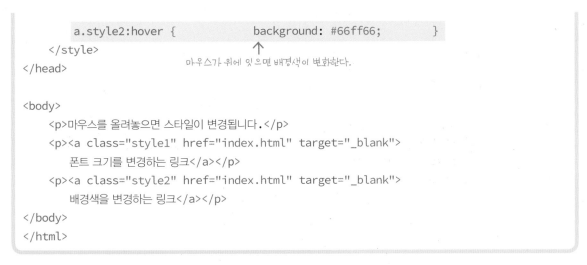

5-06 리스트 스타일

리스트의 스타일도 CSS로 지정이 가능하다. 리스트에서 사용되는 속성에는 다음과 같은 것이 있다.

속성	설명
list–style	리스트에 대한 속성을 한 줄로 설정한다.
list–style–image	리스트 항목 마커를 이미지로 지정한다.
list–style–position	리스트 마커의 위치를 안쪽인지 바깥쪽인지를 지정한다.
list–style–type	리스트 마커의 타입을 지정한다.

CSS를 리스트에 사용하면 리스트 항목 마커를 변경할 수 있고 이미지를 마커로 사용할 수도 있다.

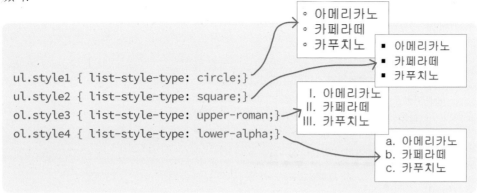

이미지를 리스트 항목 마커로 사용하려면 list-style-image 속성을 사용한다.

 **예제** **리스트 스타일 예제**

기본적인 예제를 작성하여 보자. 리스트의 스타일을 CSS로 지정하고 〈ul〉을 이용해 순서 없는 리스트를 생성한다.

```
liststyle1.html

<!DOCTYPE html>
<html>
<head>
                    리스트의 스타일을 지정한다.
                            ↓
    <style>
        ul.a {              list-style-type: circle;        }
        ul.b {              list-style-type: disc;        }
        ul.c {              list-style-type: square;        }
```

```
        </style>
</head>

<body>
    <ul class="a">
        <li>HTML5</li>
        <li>CSS3</li>
        <li>JAVASCRIPT</li>
    </ul>
    <ul class="b">
        <li>HTML5</li>
        <li>CSS3</li>
        <li>JAVASCRIPT</li>
    </ul>
    <ul class="c">
        <li>HTML5</li>
        <li>CSS3</li>
        <li>JAVASCRIPT</li>
    </ul>

</body>
</html>
```

 **예제** **메뉴 내비게이션 바 예제**

일반적으로 많이 사용되는 내비게이션 바를 CSS로 작성하여 보자. 우리가 아직 학습하지 않은 내용도 있지만 워낙 많이 사용되고 있어서 예제로 채택하였다.

```html
<!DOCTYPE html>
<html>
<head>
    <style>
    ul {   list-style:none;   ←아무런 불릿을 붙이지 않는다.
           text-align:center;   ←리스트 안 텍스트가 중앙 정렬
           border-top:1px solid red; border-bottom:1px solid red; padding:10px 0;
    }
    ul li { display:inline;   ←리스트 항목이 한 줄에 차례로 배치된다.
            text-transform:uppercase;   ←대문자
            padding:0 10px; letter-spacing:10px;   ←항목 간의 간격과 글자 간격 설정
    }
    ul li a { text-decoration:none; color:black; }
    ul li a:hover { text-decoration:underline; }   ←마우스가 위에 오면 밑줄이 그려진다.
    </style>
</head>

<body>
    <ul>
        <li><a href="#">Home</a></li>
        <li><a href="#">Blog</a></li>
        <li><a href="#">About</a></li>
        <li><a href="#">Contact</a></li>
    </ul>
</body>
</html>
```

리스트의 위와 아래에 경계선을 그린다.
다음 장에서 학습한다.

아직 학습하지 않은 내용은 신경 쓰지 말기 바란다. 모두 다음 장에서 학습하게 된다. 먼저 리스트 항목에 불릿을 표시하지 않기 위해 list-style을 none으로 설정하였다. 〈a〉 요소에 자동적으로 그려지는 밑줄을 표시하지 않기 위해 ul li a { text-decoration:none; color:black; }이라고 설정한다. 또 리스트 항목 위에 마우스가 오면 밑줄을 그리기 위해 ul li a:hover { text-decoration:underline; }이라고 설정하였다.

ul li와 같은 선택자가 의미하는 것은 〈ul〉 요소 안의 〈li〉 요소에 대한 스타일이라는 의미이다.

5-07 테이블 스타일

테이블의 스타일도 CSS를 사용하면 굉장히 개선될 수 있다. 테이블에서 많이 사용되는 속성은 다음과 같다.

속성	설명
border	테이블의 경계선
border-collapse	이웃한 셀의 경계선을 합칠 것인지 여부
width	테이블의 가로 길이
height	테이블의 세로 길이
border-spacing	테이블 셀 사이의 거리
empty-cells	공백 셀을 그릴 것인지 여부
table-align	테이블 셀의 정렬 설정

테이블에 대한 CSS3 규격은 아직 확정되지 않았다. 확정되기 전까지는 2011년의 CSS2.1의 규격을 참고하도록 하자. (http://www.w3.org/TR/2011/REC-CSS2-20110607/tables.html)

■ 테이블의 경계

테이블의 경계를 CSS로 설정하려면 border 속성을 사용한다. 경계선은 border 속성을 사용하는데 이 border 속성은 테이블에만 사용되는 속성은 아니다. border 속성은 HTML 요소의 경계선을 설정할 때 사용하는 아주 중요한 속성이다. border는 스타일, 색상, 두께 등의 많은 속성을 가지고 있다. 이것을 다음과 같이 한 줄로 설정할 수도 있다.

경계선의 속성을 한 줄로 설정할 때는 반드시 border-width, border-style, border-color 순서로 적어주어야 한다. 아주 많이 사용되니 외워두도록 하자.

테이블의 〈table〉, 〈th〉, 〈td〉 요소의 경계선을 1픽셀 두께의 파란색 실선으로 설정하는 예제를 작성하여 보자. 앞으로 이 예제에서 스타일 부분만을 변경하게 될 것이다.

```
<!DOCTYPE html>
<html>
<head>
    <style>
        table, td, th {
            border: 1px solid blue;
        }
    </style>
</head>
<body>
    <table>
        <tr>
            <th>이름</th>
            <th>이메일</th>
        </tr>
        <tr>
            <td>김철수</td>
            <td>chul@google.com</td>
        </tr>
        <tr>
            <td>김영희</td>
            <td>young@google.com</td>
        </tr>
    </table>
</body>
</html>
```

← table, td, th 요소의 경계선을
1픽셀 두께의 파란색 실선으로 설정

이름	이메일
김철수	chul@google.com
김영희	young@google.com

실제로 위의 코드를 실행하여 보면 이중선이 나오는데 그 이유는 table 요소와 td 요소가 모두 별도의 경계선을 가지고 있기 때문이다. 만약 단일선을 원한다면 border-collapse 속성을 설정하면 된다.

■ 경계 통합하기

border-collapse는 테이블이나 셀의 경계선 표시 방법을 지정하는 속성이다. 속성값으로는 collapse와 separate를 사용할 수 있다.

- collapse : 이웃하는 셀의 경계선을 합쳐서 단일선으로 표시한다.
- separate : 이웃하는 셀의 경계선을 합치지 않고 분리하여 표시한다.

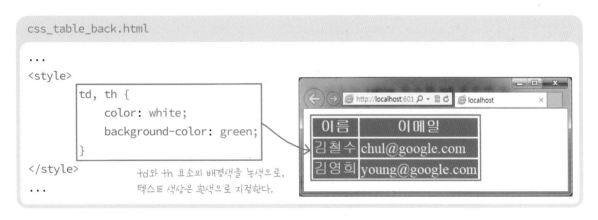

css_table_coll.html

```
<style>
    table {
        border-collapse: collapse;
    }

    table, th, td {
        border: 1px solid blue;
    }
</style>
```

이웃한 경계선을 합친다.

이름	이메일
김철수	chul@google.com
김영희	young@google.com

■ 테이블의 배경색

테이블의 배경색과 텍스트 색상을 변경하면 상당히 다른 테이블을 생성할 수 있다. 앞의 코드
에서 스타일 부분만을 다음과 같이 변경해 보자.

css_table_back.html

```
...
<style>
    td, th {
        color: white;
        background-color: green;
    }
</style>
...
```

td와 th 요소의 배경색을 녹색으로,
텍스트 색상은 흰색으로 지정한다.

이름	이메일
김철수	chul@google.com
김영희	young@google.com

테이블 헤더와 테이블 데이터의 색상이 다른 테이블을 작성하여 보자.

```
...
    <style>
        table, td, th {
            border: 1px solid green;    ←  <table>, <td>, <th> 요소의 경계선을
        }                                    1픽셀, 솔리드, 녹색으로 설정

        th {
            background-color: green;
            color: white;
        }
    </style>
...
```

〈th〉 요소의 배경색을 녹색으로,
텍스트 색상은 흰색으로 설정

이름	이메일
김철수	chul@google.com
김영희	young@google.com

■ 테이블의 가로와 세로 길이 지정

테이블의 가로와 세로 길이는 width와 height 속성으로 설정할 수 있다. 다음 예제는 테이블의
너비를 브라우저 크기의 100%로 하고 〈th〉 요소의 높이는 30 픽셀로 설정한다.

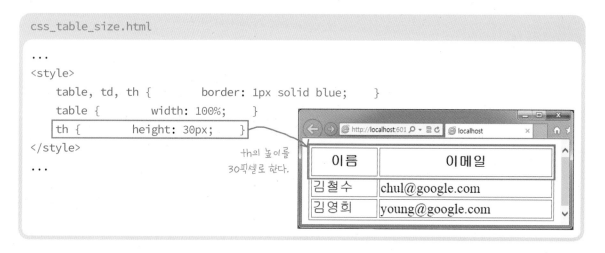

```
...
<style>
    table, td, th {          border: 1px solid blue;      }
    table {          width: 100%;      }
    th {              height: 30px;      }
</style>
...
```

th의 높이를
30픽셀로 한다.

이름	이메일
김철수	chul@google.com
김영희	young@google.com

■ 테이블 텍스트 정렬

text-align 속성은 테이블 안의 텍스트 정렬을 설정한다. left, right, center 등으로 설정할 수
있다.

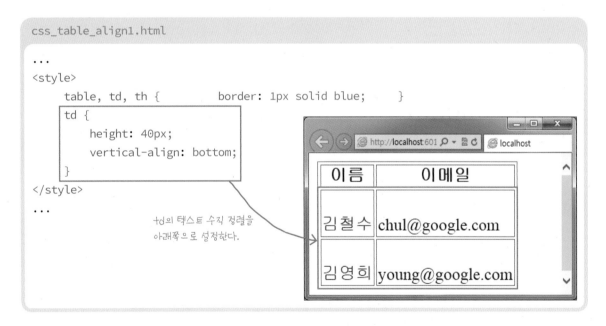

```
css_table_align.html
...
<style>
    table, td, th { border: 1px solid blue;    }
    table {       width: 100%;    }
    td {                text-align: center;    }
</style>
...
```

td의 텍스트 정렬을
중앙정렬로 설정한다.

이름	이메일
김철수	chul@google.com
김영희	young@google.com

수직 방향의 정렬은 vertical-align 속성을 사용한다.

```
css_table_align1.html
...
<style>
    table, td, th {          border: 1px solid blue;       }
    td {
        height: 40px;
        vertical-align: bottom;
    }
</style>
...
```

td의 텍스트 수직 정렬을
아래쪽으로 설정한다.

이름	이메일
김철수	chul@google.com
김영희	young@google.com

■ **테이블 캡션**

테이블에는 캡션을 추가할 수 있다. 캡션의 위치는 CSS로 지정할 수 있다.

- caption-side : 캡션의 위치를 지정한다(top | bottom | inherit).

앞의 테이블에 캡션을 추가하고 캡션의 위치를 "bottom"으로 하여 보자.

css_table_caption.html

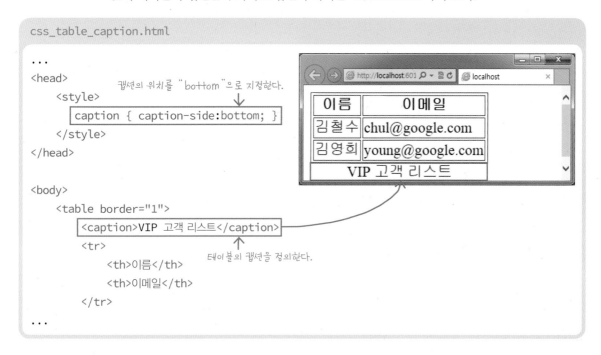

```
...
<head>
    <style>              캡션의 위치를 "bottom"으로 지정한다.
        caption { caption-side:bottom; }
    </style>
</head>

<body>
    <table border="1">
        <caption>VIP 고객 리스트</caption>
        <tr>              테이블의 캡션을 정의한다.
            <th>이름</th>
            <th>이메일</th>
        </tr>
...
```

■ 공백 셀 표시 여부

내용을 가지고 있지 않은 공백 셀의 표시 여부는 empty-cells로 지정할 수 있다.

- empty-cells: 공백 셀의 표시 여부(show | hide | inherit)

css_table_empty.html

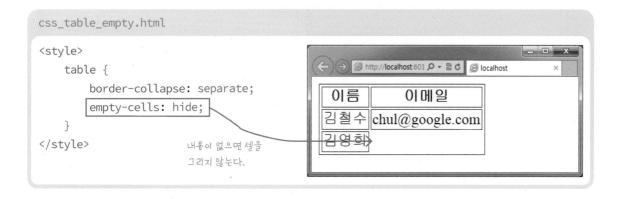

```
<style>
    table {
        border-collapse: separate;
        empty-cells: hide;
    }
}
</style>              내용이 없으면 셀을
                     그리지 않는다.
```

테이블에서 짝수행과 홀수행을 다르게 만들어 보자. 홀수행의 클래스를 "alt"로 지정하고 "alt" 행의 스타일을 짝수행과 다르게 지정하면 된다.

css_table_alt.html

```
<!DOCTYPE html>
<html>
<head>
    <style>
        #list {
            font-family: "Trebuchet MS",sans-serif;     ← id가 list인 테이블의 폰트 설정
            width: 100%;                                    폭은 브라우저의 100%
        }

        #list td, #list th {
            border: 1px dotted gray;                     ← id가 list인 테이블의 td와 th 속성 지정
            text-align: center;                             경계선은 1픽셀 두께, 도트스타일, 회색
        }                                                   텍스트 정렬은 중앙정렬

        #list th {
            color: white;                                ← id가 list인 테이블의 th 속성 지정
            background-color: blue;                         텍스트 색상은 흰색
        }                                                   배경색은 파랑색

        #list tr.alt td {
            background-color: yellow;
        }
    </style>
</head>

<body>
    <table id="list">
        <tr>
            <th>이름</th>
            <th>이메일</th>
        </tr>
```

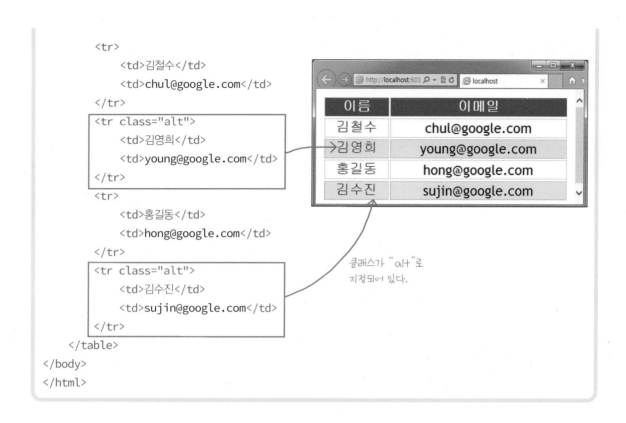

```
            <tr>
                <td>김철수</td>
                <td>chul@google.com</td>
            </tr>
            <tr class="alt">
                <td>김영희</td>
                <td>young@google.com</td>
            </tr>
            <tr>
                <td>홍길동</td>
                <td>hong@google.com</td>
            </tr>
            <tr class="alt">
                <td>김수진</td>
                <td>sujin@google.com</td>
            </tr>
        </table>
    </body>
</html>
```

클래스가 "alt"로
지정되어 있다.

짝수행과 홀수행을 다르게 하는 것을 자동으로 하려면 자바스크립트를 이용하면 된다. 아니면 CSS 선택자의 nth-child 속성을 이용해도 된다.

1 하이퍼 링크를 화면에 밑줄 없이 표시하려면 어떻게 하면 되는가? (   )

① a {text-decoration:no-underline;}   ② a {text-undeline:true;}

③ a {text-decoration:none;}   ④ a {decoration:no-underline;}

2 다음과 같이 요소의 경계선을 표시하고자 한다. CSS로 올바르게 지정한 것은? (   )

• 경계선의 두께 = 1 pixels	• 실선(solid)	• 색상: 빨간색

① border: 1px solid red;   ② border: solid 1px red;

③ border: red solid 1px;   ④ border: solid red 1px;

3 HTML 요소 간의 간격을 생성하는 데 사용되는 속성은? (   )

① padding   ② margin   ③ border   ④ spacing

4 다음 중 올바르지 않은 경계선 스타일은? (   )

① border-style:solid;   ② border-style:dotted;

③ border-style:italic;   ④ border-style:groove;

5 배경에 이미지를 표시하려면 어떻게 해야 하는가? (   )

① image-background:url('image.jpg')   ② background:('image.jpg')

③ image:src('image.jpg')   ④ background-image:url('image.jpg')

6 다음과 같은 화면과 최대한 비슷하게 보이는 HTML 문서를 작성하시오.

- 〈body〉 요소의 왼쪽 마진은 200px로 한다.
- 〈body〉 요소의 배경색은 녹색 이고 image.png라는 이미지를 한 번만 왼쪽 상단에 표시한다.
- 〈div〉로 컨테이너를 생성하고 〈h1〉과 〈p〉를 내부에 정의한다.
- 컨테이너의 경계선은 6px 두께 의 빨간색 점선이다.

7 이미지를 사용하지 않고 HTML5와 CSS3만을 사용해 다음과 같은 화면을 만들 수 있는가? 최대한 비슷하게 작성해 보자.

8 다음과 같은 테이블을 생성하는 HTML 소스를 작성하시오. 테이블의 모든 스타일은 CSS로 정의한다.

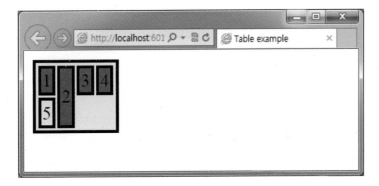

9 다음과 같이 변화하는 하이퍼 링크를 CSS로 정의하여 보자.

방문하지 않은 상태

호버링 상태

방문한 상태

CSS3 레이아웃과 애니메이션

학·습·목·표

- 레이아웃의 기본적인 모델인 박스 모델을 살펴본다.
- 〈div〉와 〈span〉에 대하여 학습한다.
- HTML 요소의 위치를 설정하는 다양한 방법을 학습한다.
- 〈div〉를 이용하여 레이아웃해 본다.
- HTML5의 시맨틱 태그를 사용하여 레이아웃해 본다.

6 - 01 레이아웃의 기초

앞장에서 CSS를 이용해 HTML 요소의 색상이나 폰트의 크기를 설정해 보았다. 하지만 결정적으로 빠진 부분이 있다. 웹 페이지 위에서 HTML 요소의 레이아웃을 설정하는 부분이 빠져 있다. 웹 페이지 레이아웃은 "집안에서 가구를 어떻게 배치할 것인가"하는 문제와 비슷하다. 웹 페이지 레이아웃에는 HTML 요소의 위치, 크기 등이 포함되어 있다.

■ 박스 모델

앞장에서 박스 모델을 학습한 바 있다. 박스 모델(box model)이란 웹 브라우저가 각 요소를 화면에 그릴 때는 무조건 사각형으로 간주한다는 것이다. 사각형에는 패딩, 경계선, 마진이 붙어 있다. 요소를 배치할 때도 브라우저는 요소를 사각형으로 간주한다.

이것을 체험하기 위해 파이어폭스 브라우저에서 파이어버그를 사용하여 다음과 같은 문장을 CSS에 추가하면 화면에서 많은 박스를 볼 수 있다.

```
* {  border: 1px solid red; }
```

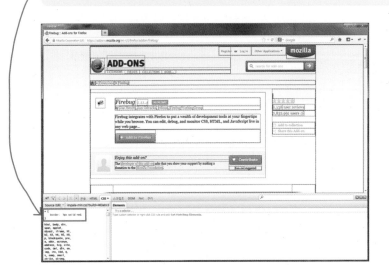

■ 블록 요소와 인라인 요소

HTML 요소는 블록 요소이거나 인라인 요소 중의 하나에 속한다. 일반적인 문서의 흐름에서 HTML 요소는 블록 요소냐 인라인 요소냐에 따라서 다음과 같이 화면에 표시된다.

- 블록(block) 요소 : 화면의 한 줄을 전부 차지한다.
- 인라인(inline) 요소 : 한 줄에 차례대로 배치된다. 현재 줄에서 필요한 만큼의 너비만을 차지한다.

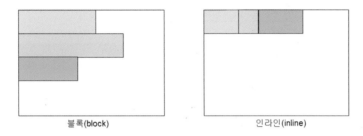

블록(block)   인라인(inline)

● 블록 요소

블록 요소는 브라우저의 한 줄을 모두 차지한다. 예를 들면 〈h1〉, 〈p〉, 〈ul〉, 〈li〉, 〈table〉, 〈blockquote〉, 〈pre〉, 〈div〉, 〈form〉, 〈header〉, 〈nav〉 요소가 블록 요소이다. 즉 한 줄에 하나씩 배치된다. 간단하게 이것을 실습하여 보자.

block.html

```
...
<body>
    <h1 style="background-color: red">h1으로 정의된 부분입니다.</h1>
    <div style="background-color: aqua">div로 정의된 부분입니다.</div>
    <p style="background-color: yellow">p로 정의된 부분입니다.</p>
    <pre style="background-color: green">pre로 정의된 부분입니다.</pre>
</body>
...
```

〈div〉는 논리적인 섹션을 생성하기 위한 요소이다. 다음 절에서 학습한다.

실행 결과를 보면 요소가 위에서 아래로 박스처럼 차곡차곡 쌓이는 것을 알 수 있다. 한 가지 특이한 점은 요소의 앞뒤로 상당한 공간이 있다는 점이다.

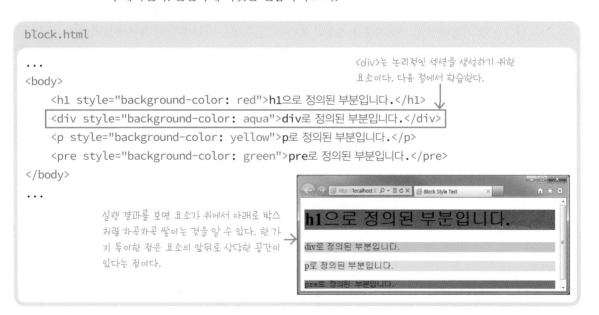

● 인라인 요소

인라인 요소는 정상적으로는 한 줄 안에 차례대로 배치된다. 예를 들어 ⟨a⟩, ⟨img⟩, ⟨strong⟩, ⟨em⟩, ⟨br⟩, ⟨input⟩, ⟨span⟩ 요소가 인라인 요소이다. 간단한 예제로 이것을 살펴보자.

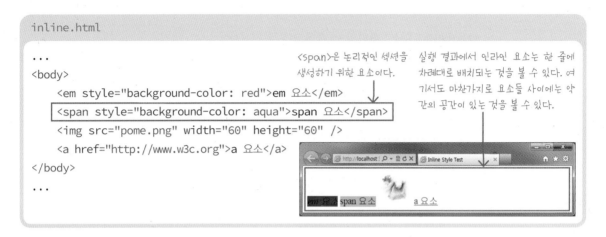

inline.html

```
...
<body>
    <em style="background-color: red">em 요소</em>
    <span style="background-color: aqua">span 요소</span>
    <img src="pome.png" width="60" height="60" />
    <a href="http://www.w3c.org">a 요소</a>
</body>
...
```

⟨span⟩은 논리적인 섹션을 생성하기 위한 요소이다.

실행 결과에서 인라인 요소는 한 줄에 차례대로 배치되는 것을 볼 수 있다. 여기서도 마찬가지로 요소들 사이에는 약간의 공간이 있는 것을 볼 수 있다.

■ 블록 요소와 인라인 요소의 혼합

일반적인 웹 페이지에는 블록 요소와 인라인 요소가 혼합되어 있다. 이 경우에는 블록 요소가 나타날 때까지 인라인 요소는 같은 줄에 배치된다. 블록 요소가 나타나면 줄이 분리되고 블록 요소는 새로운 줄에 배치된다. 하나의 예로 인라인 요소인 ⟨em⟩, ⟨strong⟩과 블록 요소인 ⟨p⟩를 혼합해서 웹 페이지를 작성하여 보자. 이 경우에는 다음과 같이 화면에 표시된다.

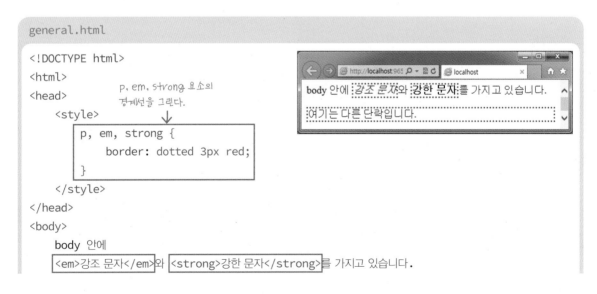

general.html

```
<!DOCTYPE html>
<html>
<head>
    <style>
        p, em, strong {
            border: dotted 3px red;
        }
    </style>
</head>
<body>
    body 안에
    <em>강조 문자</em>와 <strong>강한 문자</strong>를 가지고 있습니다.
```

p, em, strong 요소의 경계선을 그린다.

```
    <p>여기는 다른 단락입니다. </p>
</body>
</html>
```

■ CSS로 display 속성 변경하기

비록 HTML 요소가 자동적으로 블록 요소와 인라인 요소로 나누어지지만 이 속성은 얼마든지 CSS 코드를 통하여 변경될 수 있다. 속성 display를 block으로 설정하면 블록 요소처럼 배치되고 display를 inline으로 설정하면 인라인 요소처럼 배치된다. 예를 들어 〈div〉 요소는 본질적으로 블록 요소이지만 다음과 같이 display를 inline으로 설정해서 인라인 요소로 변경할 수 있다.

```
div { display; inline; }
```

display 속성은 블록 요소냐 인라인 요소냐를 결정한다. inline을 설정하면 인라인 요소처럼 배치된다.

이것은 페이지의 레이아웃을 작성할 때 아주 유용하게 사용된다. 즉 필요에 따라서 요소를 블록 요소 또는 인라인 요소로 만들 수 있는 것이다.
한 가지 전형적인 예를 들어보자. 리스트(목록) 항목을 나타내는 데 사용되는 〈li〉 요소는 태생적으로 블록 요소이다.

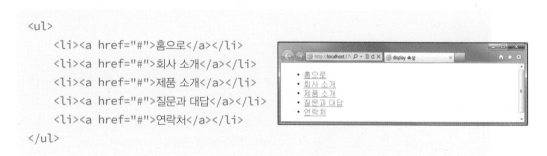

```
<ul>
    <li><a href="#">홈으로</a></li>
    <li><a href="#">회사 소개</a></li>
    <li><a href="#">제품 소개</a></li>
    <li><a href="#">질문과 대답</a></li>
    <li><a href="#">연락처</a></li>
</ul>
```

하지만 우리는 이 리스트를 수평 메뉴로 사용하고자 한다. 어떻게 하면 될까? 이런 경우에 〈li〉 요소를 인라인 속성으로 변경하면 된다.

```
<!DOCTYPE html>
<html>
<head>
    <title>display 속성</title>
    <style>
        .menubar li {
            display: inline;    ← 여기서 <li>의 display 속성을 인라인으로 변경하였다.
            background-color: yellow;
            border: 1px solid;
            border-color: red;
            margin: 0;
            padding: .5em;
        }
    </style>
</head>

<body>
    <ul class="menubar">
        <li><a href="#">홈으로</a></li>
        <li><a href="#">회사 소개</a></li>
        <li><a href="#">제품 소개</a></li>
        <li><a href="#">질문과 대답</a></li>
        <li><a href="#">연락처</a></li>
    </ul>
</body>
</html>
```

[참고]

display 속성의 다른 값으로는 display:none과 display:hidden이 있다. display:none은 문서의 흐름에서 해당 요소를 완전히 배제하고자 할 때 사용된다. display:hidden은 문서의 흐름에서 요소가 제거되지 않지만 보이지는 않는 상태이다.

* display:block : 블록(block)
* display:inline : 인라인(inline)
* display:none : 없는 것으로 간주됨
* display:hidden : 화면에서 감춰짐

CSS로 display 속성을 변경시킬 수 있지만 주의할 점도 있다. 예를 들면 인라인 요소 안에 블록 요소를 넣으면 문제가 발생할 수 있다.

6-02 요소 위치 정하기

기본적으로 요소의 위치는 top, bottom, left, right 속성으로 지정한다. 예를 들어 다음과 같이 지정하면 기준 위치에서 (100, 200)만큼 떨어진 곳에 요소가 배치된다.

#target { top; 100px;   left:200px; }

id가 "target"인 요소를 선택한다.   기준점에서 (100, 200) 위치에 요소를 배치한다.

top, bottom, left, right의 의미는 다음 그림과 같다. 주의할 점은 top, bottom, left, right는 모두 컨테이너 경계선에서의 오프셋(offset, 편차, 차이)이라는 점이다. 즉 right:100px이라고 하면 컨테이너의 오른쪽 경계에서 100 픽셀만큼 떨어진 곳을 의미한다.

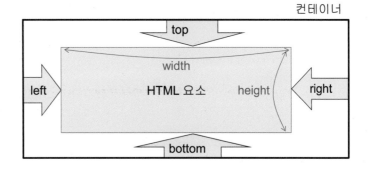

앞장에서도 학습했지만 요소의 크기는 무엇으로 결정하는가? width, height 속성으로 요소의 너비와 높이를 설정한다.

기준 위치는 무엇으로 결정하는가? 바로 position 속성으로 결정한다. CSS의 position 속성은 요소의 위치 설정 방법을 나타낸다. 즉 절대적인 위치 설정이냐 아니면 상대적인 위치 설정이냐를 나타낸다. top, bottom, left, right 속성은 position 속성이 먼저 설정되지 않으면 동작하지 않는다. 즉 position을 설정하지 않으면 top, bottom, left, right 속성을 아무리 설정해도 소용이 없다.

CSS에는 기본적으로 4가지의 위치 설정 방법이 존재한다.

• 정적 위치 설정(static positioning) : 정상적인 흐름에 따른 배치이다.
• 상대 위치 설정(relative positioning) : 정상적인 위치가 기준점이 된다.
• 절대 위치 설정(absolute positioning) : 컨테이너의 원점이 기준점이 된다.

- 고정 위치 설정(fixed positioning) : 윈도우의 원점이 기준점이 된다.

■ 정적 위치 설정

정적 위치 설정(static positioning)이란 페이지의 정상적인 흐름에 따라 요소의 위치가 결정되는 방법이다. 즉 블록 요소는 박스처럼 상하로 쌓이게 되고 인라인 요소는 한 줄에 차례대로 배치된다. *정적 위치 설정을 사용하면 요소의 위치는 top, bottom, left, right 속성의 영향을 받지 않는다.*

간단하게 3개의 블록을 생성하고 중간 블록을 static으로 지정하여 보자.

static.html

```
<!DOCTYPE html>
<html>
<head>
    <style>
        #one {
            background-color: cyan;
            width: 200px;
            height: 50px;
        }

        #two {
            position: static;
            background-color: yellow;
            width: 200px;
            height: 50px;
        }

        #three {
            background-color: lightgreen;
            width: 200px;
            height: 50px;
        }
    </style>
</head>
<body>
    <p id="one">block #1</p>
```

여기서는 position을 static으로 선언하면 문서의 정상적인 흐름에 따라서 배치된다. static으로 선언하지 않은 것과 결과는 같다.

```
    <div id="two">
        block #2<br />
        position:static;<br />
    </div>
    <p id="three">block #3</p>
</body>
</html>
```

■ 상대 위치 설정

상대 위치 설정(relative positioning)은 정상적인 위치에서 상대적으로 요소가 배치되는 방법이다. 앞의 코드에서 #two에 해당하는 블록을 relative로 지정하고 left 속성에 30px을 지정하여 본다.

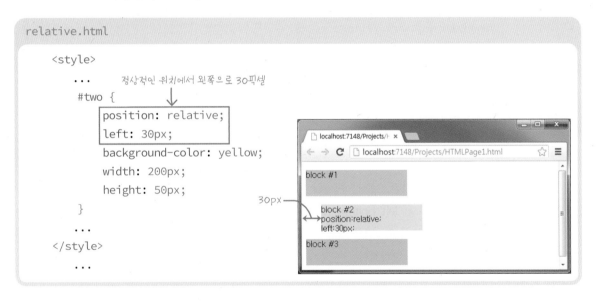

상대 위치에서 주의할 점은 요소의 정상적인 위치에 대하여 상대적이라는 점이다. 즉 위의 그림에서 노란색 블록은 원래의 정상적인 위치에서 오른쪽으로 30픽셀만큼 이동된 것이다. 상대 위치로 설정된 요소는 다른 요소 위에 겹쳐지거나 이동될 수 있다. 하지만 요소를 위해 할당된 정상적인 공간은 없어지지 않는다.

■ 절대 위치 설정

절대 위치(absolute positioning)는 전체 페이지를 기준으로 배치하는 방법이다. 즉 페이지의 시작 위치에서 top, left, bottom, right 만큼 떨어진 위치에 배치된다.

앞의 코드에서 id="two"인 블록을 absolute로 지정하고 top, left 속성에 30px를 지정하여 본다. id="two"인 블록은 페이지의 시작 위치부터 (30, 30)만큼 떨어진 위치에 block #2가 배치된다.

---

absolute.html

```
<style>
    ...
    #two {
        position: absolute;
        top: 30px;
        left: 30px;
        background-color: yellow;
        width: 200px;
        height: 50px;
    }
    ...
</style>
    ...
```

절대 위치로 설정된 요소는 문서의 정상적인 흐름에서 제거되고 페이지 안의 고정된 위치에 표시된다. 또 top, left, bottom, right 속성은 모두 오프셋(offset)으로 생각해야 한다. 즉 right 2px은 오른쪽으로 2px만큼 이동하라는 의미가 아니고 페이지의 오른쪽 경계선에서 2px만큼 떨어진 위치라는 의미이다.

만약 컨테이너가 있었다면 컨테이너에 상대적으로 배치된다. 즉 컨테이너의 시작 위치로부터 top, left, bottom, right 만큼 떨어진 위치에 배치된다. 컨테이너는 일반적으로 relative로 선언되어야 한다. static으로 선언되면 안 된다.

---

absolute1.html

```
<head>
    <style>
```

```
    ...
    #two {
        position: absolute;
        top: 30px;
        left: 30px;
        background-color: yellow;
        width: 200px;
        height: 50px;
    }
    ...
    </style>
</head>
<body>
    <p id="one">block #1</p>
    <div id="container">
        container<br />
        <div id="two">
            block #2<br />
            position:absolute;<br />
            top:30px; left:30px;
        </div>
    </div>
    <p id="three">block #3</p>
</body>
    ...
```

■ 고정 위치 설정

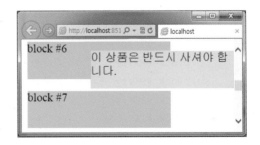

고정 위치(fixed positioning)란 브라우저 윈도우에 상대적으로 요소의 위치를 잡는 것이다. 만약 윈도우가 스크롤된다고 하여도 화면에서 요소는 움직이지 않는다.

혹시 인터넷 서핑 중에 페이지를 스크롤하여도 계속해서 같은 위치에서 표시되면서 귀찮게 하는 쪽지를 본 적이 있다면 여러분은 이미 고정 위치 설정을 경험한 것이다.

```
<!DOCTYPE html>
<html>
<head>
    <style>
        p {
            background-color: lightgreen;
            width: 200px;
            height: 50px;
        }
```
← \<p\>요소의 공통적인 속성을 여기서 정의한다.

```
        #two {
            background-color: yellow;
            position:fixed;
            top:0px;
            right:0px;
        }
```
← 브라우저 윈도우를 기준으로 고정된 위치에 배치한다.

```
    </style>
</head>
<body>
    <p>block #1</p>
    <p id="two">
        block #2<br />
        position: fixed;<br />
        top:0px; right:10px;
    </p>

    <p>block #3</p>
    <p>block #4</p>
    <p>block #5</p>
    <p>block #6</p>
    <p>block #7</p>
    <p>block #8</p>
    <p>block #9</p>
    <p>block #10</p>
    <p>block #11</p>
</body>
</html>
```

스크롤되었어도 fixed 블록은
동일한 위치에 표시된다.

실행 결과에서 보면 블록 #2는 스크롤하고는 상관없이 항상 고정된 위치에 표시되는 것을 알 수 있다. 고정 위치 요소는 다른 요소와 중첩될 수 있다. 다른 요소는 고정 위치 요소가 없는 것처럼 배치된다.

절대 위치와 고정 위치는 어떤 점이 다른가? 절대 위치는 컨테이너에서 고정된 위치에 배치된다. 하지만 고정 위치는 현재 윈도우에서 고정된 위치에 배치된다. 박스를 여러 개 생성해서 스크롤을 시켜보면 차이를 알 수 있다.

■ float 속성

float 속성은 요소의 위치를 잡을 때, 아주 중요한 역할을 하는 스타일 속성이다. float는 알다시피 "부유하다", "떠있다"는 의미이다. 이제까지 많은 위치 설정 방법을 학습하였지만 하나의 콘텐츠 주위로 다른 콘텐츠가 물처럼 흘러가는 스타일을 만들 수는 없었다. 즉 다음과 같이 이미지를 상상해 보자. 강물 위에 바위가 하나 있고 바위 주위로 물이 흘러가는 장면을 상상해 보자. 이때 바위를 왼쪽에 배치하고 싶으면 float:left라고 설정한다. 즉 바위가 왼쪽에 떠있으라고 설정하는 것이다.

그렇다면 어떤 때에 float를 사용하는가? 첫 번째 경우는 이미지와 텍스트를 화면에 함께 표시할 때이다. 이미지를 화면의 오른쪽이나 왼쪽에 띄울 때, 유용한 속성이 float이다. 이미지의 float 속성을 left로 하면 이미지는 왼쪽으로 배치되고 뒤따르는 텍스트는 이미지를 감싸며 표시된다. 만약 이미지의 float 속성이 right로 설정되면 이미지는 오른쪽에 배치되고 뒤따르는 텍스트는 이미지를 감싸면서 왼쪽으로 배치된다.

먼저 float 속성을 사용하지 않고 이미지와 텍스트를 단순히 배치하게 되면 어떻게 표시되는지를 살펴보자. 이미지는 인라인 요소이고 단락은 블록 요소여서 오른쪽과 같이 배치된다.

자 이번에는 이미지를 표시할 때 float 속성을 left로 설정하여 실행해 보자.

float.html

```
<!DOCTYPE html>
<html>
<head>
    <style>
        img.a {                    float: left        }  ← 이미지가 왼쪽에 떠있게 한다.
    </style>
</head>

<body>
    <img class="a" src="sunshine.jpg" width="160" height="120" />
    <p>
        생활이 그대를 속일지라도
        슬퍼하거나 노여워 말라.
          ...
    </p>
</body>
</html>
```

일반적으로는 어떤 요소든지 float 속성을 적용할 수 있다. float된 요소는 부모 컨테이너의 가장 왼쪽이나 가장 오른쪽으로 이동한다. float된 요소 후에 추가되는 요소는 float 요소를 감싸면서 배치된다. float된 요소 이전에 추가된 요소는 float의 영향을 받지 않는다.

float 속성으로는 요소를 컨테이너의 왼쪽이나 오른쪽으로만 배치될 수 있다. 위쪽이나 아래쪽으로 float할 수는 없다.

요소의 위치를 float로 설정하면 다음과 같이 이미지의 크기 변화가 있는 경우에도 유용하다. 즉 이미지의 크기가 변경되어도 텍스트는 적당한 간격을 유지하며 다시 배치된다. 만약 이미지를 배치하는 데 상대적인 위치나 절대적인 위치를 이용하였다면 텍스트와 충돌하게 되었을 것이다.

이미지가 커지면 텍스트가 다시 배치된다.

■ float를 여러 번 적용할 경우

첫 번째 요소의 float 속성이 left로 설정되어 있다. 두 번째 요소의 float도 left로 설정하면 어떻게 될까? 이때는 만약 화면에 여유가 있다면 이전 요소에 이어서 두 번째 요소가 왼쪽으로 배치된다. 이것을 다음과 같이 상상하자. 개울에 여러 개의 돌을 왼쪽에서 하나씩 차례대로 배치한다고 가정하자.

이 성질을 이용해 이미지 갤러리를 작성하여 보자.

gallery.html

```
<!DOCTYPE html>
<html>
<head>
    <style>
        img {
            float: left;
            width: 110px;
            height: 90px;
            margin: 5px;
        }
    </style>
</head>
```

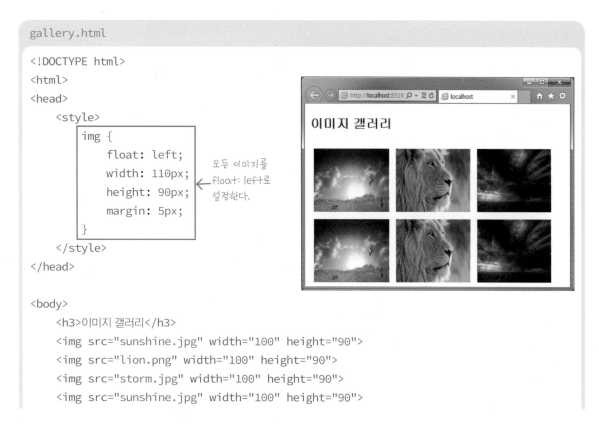

모든 이미지를 float: left로 설정한다.

```
<body>
    <h3>이미지 갤러리</h3>
    <img src="sunshine.jpg" width="100" height="90">
    <img src="lion.png" width="100" height="90">
    <img src="storm.jpg" width="100" height="90">
    <img src="sunshine.jpg" width="100" height="90">
```

```
    <img src="lion.png" width="100" height="90">
    <img src="storm.jpg" width="100" height="90">
</body>
</html>
```

■ float는 어디에 이용되는가?

float는 웹 페이지의 레이아웃을 잡을 때도 사용할 수 있다. 다음은 4개의 〈div〉로 레이아웃을 잡은 화면이다. 〈div〉 요소는 근본적으로 블록 요소이다. 따라서 한 줄 전체를 차지한다.

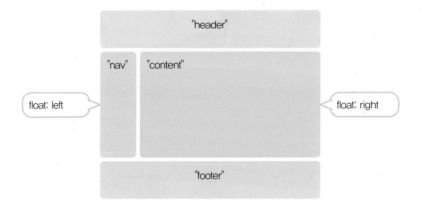

하지만 nav와 content는 한 줄에 같이 배치하고자 한다. 이런 경우에 float 속성을 사용하면 좋다. 위의 그림에서 nav와 content 부분은 각각 "float: left"와 "float: right"로 선언되어서 배치된다. 위의 레이아웃은 다음 절에서 실제로 생성하여 보기로 하자.

■ float 속성을 없애는 방법

float와 불가분의 관계에 있는 속성이 clear이다. clear는 float의 흐름을 제거하는 속성이다. 예를 들어 다음과 같은 레이아웃을 생각하여 보자.

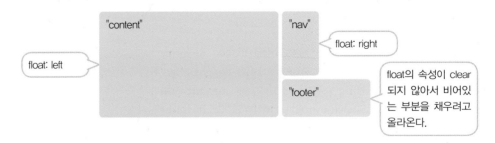

content의 내용이 많은 반면에 nav 부분은 오른쪽으로 float되어 있으면서 짧게 끝난다. 따라서 빈 곳을 채우기 위해 footer 부분이 올라오게 된다. 이러한 문제를 해결하려면 다음과 같이 footer에 clear 속성을 지정하면 된다.

```
#footer {
    clear: both;
}
```

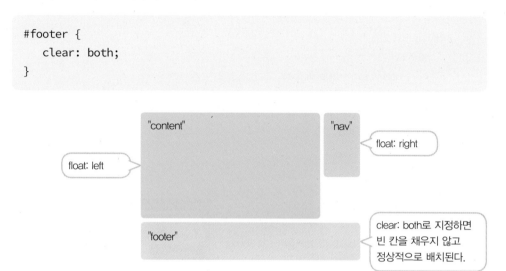

역시 자세한 코딩은 다음 절에서 살펴보자.

■ z-index

요소가 정상적인 흐름에서 벗어나서 배치되는 경우에 흔히 겹침이 발생한다. z-index 속성은 요소의 스택 순서(즉 요소가 다른 요소의 앞에 위치하느냐, 뒤에 위치하느냐)를 지정한다. 요소는 양수 혹은 음수의 스택 순서를 가질 수 있다.

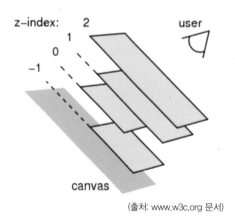

(출처: www.w3c.org 문서)

일단은 z-index를 설정하지 않았을 때, 자연스러운 스택킹 순서는 어떻게 되는지를 살펴보자. 다음과 같은 소스를 작성하고 실행하여 보자.

```
<!DOCTYPE html>
<html>
<head>
    <style>
        #box1 {
            position: absolute;
            top: 0px; left: 0px;
            width: 100px; height: 100px;
            background: blue;
        }

        #box2 {
            position: absolute;
            top: 30px; left: 30px;
            width: 100px; height: 100px;
            background: yellow;
        }

        #box3 {
            position: absolute;
            top: 60px; left: 60px;
            width: 100px; height: 100px;
            background: green;
        }
    </style>
</head>
<body>
    <div id="box1">box #1 </div>
    <div id="box2">box #2 </div>
    <div id="box3">box #3 </div>
</body>
</html>
```

박스들은 position: absolute 속성을 이용해 페이지 안에서 절대 위치로 배치되었고 약간 겹치도록 설정되었다. 자 이번에는 다음과 같이 각 박스에 z-index 값을 부여하고 다시 실행하여 보자.

```
<style>
    #box1 {
        ...
        z-index: 200;
    }

    #box2 {
        ...
        z-index: 100;
    }

    #box3 {
        ...
        z-index: 0;
    }
</style>
```

Z값이 클수록
앞에 놓여진다.

완전히 순서가 반대로 된 것을 알 수 있다. 이와 같이 z-index는 요소가 겹쳐지는 순서를 제어할 때 사용된다. z-index 값이 큰 요소가 앞에 놓이게 된다. 여기서 주의해야 할 점은 z-index는 요소의 position 속성이 absolute나 fixed로 설정되어 있어야 작동한다는 점이다.

이번에는 이미지의 z-index 값을 조정해서 텍스트의 뒤에 나타나도록 하여 보자.

z-index2.html

```
<!DOCTYPE html>
<html>
<head>
    <style>
        img {
            position: absolute;
            left: 0px;
            top: 0px;
            z-index: -1;
        }
    </style>
```

img 요소의 z-index가 -1이므로 다른 요소의 뒤에 위치한다.

```
</head>

<body>
    <img src="pome.png" width="200" height="200" />
    <p>img 요소의 z-index가 -1이므로 다른 요소의 뒤에 위치한다. </p>
</body>
</html>
```

■ 요소의 크기 설정

요소의 크기는 width와 height 속성으로 결정된다. 만약 개발자가 요소의 width와 height를 명확하게 설정하지 않으면 브라우저가 요소 안의 콘텐츠 크기를 계산해서 요소의 크기를 결정한다.

- width, height : 요소의 크기
- min-width, min-height : 요소의 최소 크기
- max-width, max-height : 요소의 최대 크기

elem_size.html

```
<!DOCTYPE html>
<html>
<head>              요소의 최소 크기를 설정하였다.
                            ↓
    <style>
        p {
            min-width: 100px;
            min-height: 100px;
            background-color: yellow;
        }
    </style>
</head>

<body>
    <p>
        이 요소는 min-width:100px;와 min-height:100px;으로 설정되었습니다.
        ...
    </p>
</body>
</html>
```

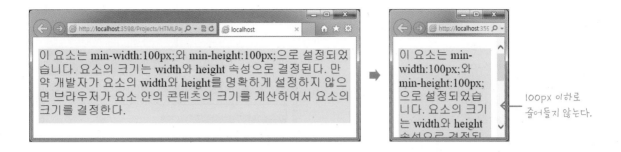

■ overflow 속성

overflow 속성은 자식 요소가 부모 요소의 범위를 벗어났을 때, 어떻게 처리할 것인지를 지정한다. overflow 속성에는 hidden, scroll 중의 하나를 지정할 수 있다.

- hidden : 부모 영역을 벗어나는 부분을 보이지 않게 한다.
- scroll : 부모 영역을 벗어나는 부분을 스크롤할 수 있도록 한다.
- auto : 자동으로 스크롤바가 나타난다.

overflow.html

```
<!DOCTYPE html>
<html>
<head>
    <style>
        p {
            background-color: lightgreen;
            width: 200px;
            height: 50px;
        }
        #target {
            border: 1px solid black;
            width: 300px;
            height: 100px;
            overflow: scroll;   ← overflow가 scroll로
        }                         설정되어 있다. 넘어가는
    </style>                      콘텐츠는 스크롤된다.
</head>
<body>
```

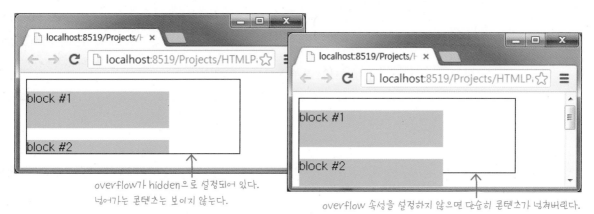

```
<div id=target>
    <p>block #1</p>
    <p>block #2</p>
    <p>block #3</p>
    <p>block #4</p>
    <p>block #5</p>
</div>
</body>
</html>
```

overflow 속성이 scroll로 설정된 경우

block #1

localhost:8519/Projects/H

localhost:8519/Projects/HTMLP

block #1

block #2

overflow가 hidden으로 설정되어 있다.
넘어가는 콘텐츠는 보이지 않는다.

localhost:8519/Projects/H

localhost:8519/Projects/HTMLP

block #1

block #2

overflow 속성을 설정하지 않으면 단순히 콘텐츠가 넘쳐버린다.

■ 학습 내용 정리

너무 많은 내용을 학습하였다. 다음의 표를 이용해 다시 한 번 정리하여 본다.

속성	설명
position	static : 디폴트 위치; 요소는 정상적인 흐름에 따라서 배치된다. top/left/bottom/right 속성은 무시된다.
	relative : 요소는 정상적인 위치에서 오프셋만큼 떨어진 곳에 배치된다.
	absolute : 요소는 컨테이너 안에서 고정된 위치에 배치된다.
	fixed : 브라우저 윈도우 안에서 고정된 위치에 배치된다. (페이지가 스크롤되어도 움직이지 않는다.)
top, bottom, left, right	이들 속성은 요소의 위치를 결정한다. 이들 값은 모두 오프셋(offset)이다. top : 위로부터의 오프셋 left : 왼쪽으로부터의 오프셋 bottom : 아래로부터의 오프셋 right : 오른쪽으로부터의 오프셋
width, height	요소의 너비와 높이를 설정한다.

속성	설명
float	이 속성은 "position:static"의 블록 요소에 사용된다. 이 속성이 사용되면 컨테이너 안 다른 요소가 이 요소를 감싸며 배치된다. (이 속성이 사용되면 position과 offset 설정은 모두 무시된다.)

6-03 〈div〉 요소를 이용한 레이아웃

웹 페이지 레이아웃은 웹 사이트를 보기 좋게 하는데 결정적인 역할을 한다. 웹 사이트의 레이아웃을 만드는 방법에는 다음과 같이 몇 가지의 방법이 있다.

- 〈table〉 요소를 사용한 레이아웃 : 테이블을 사용하는 방법은 가장 전통적인 방법이고 경우에 따라서는 아주 편리한 방법이지만 테이블의 원래 용도와는 어긋난다. 이 책에서는 다루지 않는다.
- 〈div〉 요소를 사용한 레이아웃 : 〈div〉 요소를 생성하고 요소의 위치를 지정해서 레이아웃을 만드는 방법이다. 현재 가장 널리 사용되고 있다. 〈div〉는 블록 수준의 요소로서 다른 요소를 그룹핑하는 데 사용된다. CSS를 사용해 요소의 위치를 잡고 배경이나 색상을 지정한다.
- HTML5의 〈nav〉, 〈section〉, 〈aside〉 등의 시맨틱 요소를 사용한 레이아웃 : 최근에 HTML에서 추가된 여러 가지 시맨틱 요소를 이용하여 레이아웃을 잡는 방법이 시도되고 있다. 이것은 근본적으로는 div 요소와 유사한 방법이라고 할 수 있다. 다음 절에서 학습하여 보자.

일단 아주 간단한 예제를 작성하고 실행해서 개념을 잡아보자. 다음과 같은 레이아웃을 만들고 싶다고 가정하자.

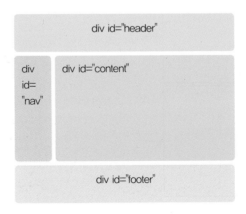

01 먼저 웹 페이지의 내용을 입력한다. 다음과 같은 html 파일을 작성한다. CSS 파일을 작성하지 않은 상태에서 다음의 파일을 실행하여 보면 아래와 같이 아주 볼품없는 결과가 출력된다.

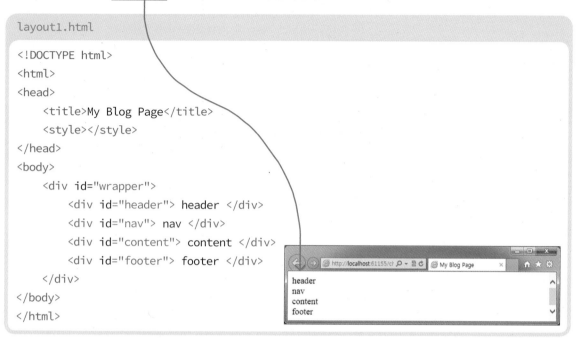

```
layout1.html

<!DOCTYPE html>
<html>
<head>
    <title>My Blog Page</title>
    <style></style>
</head>
<body>
    <div id="wrapper">
        <div id="header"> header </div>
        <div id="nav"> nav </div>
        <div id="content"> content </div>
        <div id="footer"> footer </div>
    </div>
</body>
</html>
```

02 다음과 같이 〈style〉 ... 〈/style〉 안에 다음과 같은 내용을 추가한다. CSS 코드를 추가한 상태에서 HTML 파일을 실행하여 보면 다음과 같은 결과가 나온다.

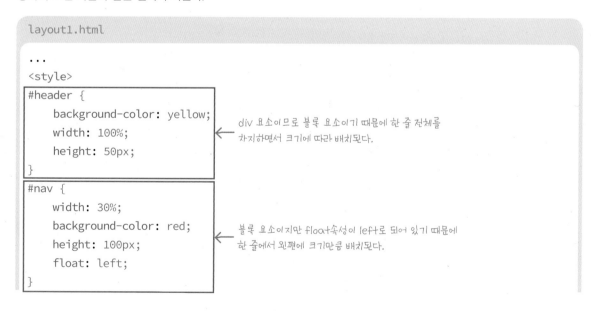

```
layout1.html

...
<style>
#header {
    background-color: yellow;
    width: 100%;
    height: 50px;
}
```
div 요소이므로 블록 요소이기 때문에 한 줄 전체를 차지하면서 크기에 따라 배치된다.

```
#nav {
    width: 30%;
    background-color: red;
    height: 100px;
    float: left;
}
```
블록 요소이지만 float속성이 left로 되어 있기 때문에 한 줄에서 왼편에 크기만큼 배치된다.

```
#content {
    width: 70%;
    background-color: blue;
    float: right;
    height: 100px;
}
```

← 블록 요소이지만 float속성이 right로 되어 있기 때문에 같은 줄에서 오른편에 크기만큼 배치된다.

```
#footer {
    background-color: aqua;
    width: 100%;
    height: 50px;
    clear: both;
}
</style>
...
```

← clear속성이 both로 되어 있기 때문에 한 줄 전체를 차지한다.

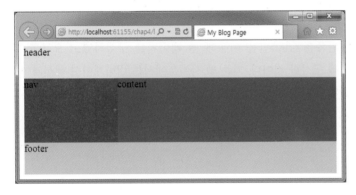

header

nav   content

footer

[참고]

웹 페이지의 레이아웃 템플릿을 제공하는 사이트가 많이 있다. 그 중에서도 다양한 레이아웃 소스를 제공해 주는 아래의 사이트를 추천한다.

http://www.primarycss.com/

레이아웃을 선택하면 CSS 소스가 자동으로 생성된다.

PRIMARY
22 CSS LAYOUTS THAT ALWAYS WORK

ABOUT

Primary is a simple CSS Framework, designed for Developers and Designers in order to make using CSS as easy as possible.

Primary is an experiment based on the concepts of legendary comic book artist Wally Wood's "22 Panels That Always Work"

Primary is Open Source.

DOWNLOAD PRIMARY

Follow us on Twitter: @PrimaryCSS

6-04 의미적 요소를 이용한 레이아웃

의미적 요소(Semantic elements)는 브라우저에게 요소의 의미나 목적을 명확하게 알려주는 요소이다. 앞에서 학습한 〈div〉 태그는 HTML 문서 중에서 논리적인 섹션을 나타내지만 〈div〉는 그 자체로는 아무런 의미가 없다. 단순히 컨테이너의 역할만 하는 것이다. 물론 개발자는 id나 class 이름을 〈div〉와 함께 사용해서 의미를 전달할 수 있지만 브라우저는 이것을 인식하지 못한다.

```
<div id="header">
```

HTML5에서는 이러한 문제점을 해결하기 위해 시맨틱 요소를 정의하였다. 시맨틱 요소는 브라우저와 개발자에게 명확하게 그 의미를 설명하는 요소이다.

```
<header>
```

하나의 예로 다음 그림에서 왼쪽은 〈div〉만을 이용해 웹 페이지를 구성하였고 오른쪽은 HTML5의 시맨틱 요소를 이용해 구성한 것이다. 기존 웹 사이트에서는 내비게이션 섹션과 머리글 및 바닥글을 나타내기 위해 〈div id = "nav"〉, 〈div id = "header"〉, 〈div id = "footer"〉를 사용해 왔다.

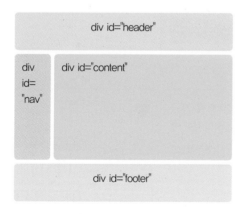
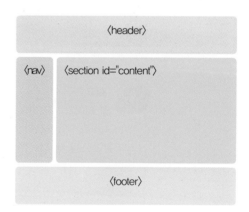

● 시맨틱 요소

W3C는 많은 수의 웹 페이지를 분석해서 개발자가 많이 사용하고 있는 아이디와 클래스 이름

을 추출해 이것을 표준 태그로 만들었다. 시맨틱 태그 중의 일부는 오른쪽과 같다.

오른쪽 태그들은 이름만 가지고도 어떤 역할을 하는지 추측할 수 있다. 〈header〉와 〈footer〉는 문서의 머리말과 꼬리말이고 〈nav〉는 내비게이션 링크나 메뉴 바 등을 생성하는 데 사용된다. 〈section〉과 〈article〉은 문서의 내용을 그룹핑하는 데 사용된다. 〈aside〉는 보조적인 내용을 표시하는 데 사용된다. 예를 들어 연관된 링크로 이루어진 사이드 바를 나타낼 수 있다.

태그	설명
〈header〉	문서의 머리말(header)
〈hgroup〉	〈h1〉에서 〈h6〉 요소의 그룹
〈nav〉	내비게이션 링크
〈article〉	문서의 내용이나 블로그의 포스트
〈section〉	문서의 섹션
〈aside〉	사이드 바와 같이 옆에 위치하는 내용
〈footer〉	문서의 꼬리말(footer)
〈figure〉	그림이나 도표
〈time〉	날짜와 시간을 표시

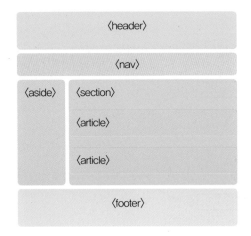

자 그렇다면 앞절에서 작성한 레이아웃을 시맨틱 요소로 교체하고 약간의 내용을 넣어서 블로그 페이지를 다시 작성하여 보자.

layout2.html

```
<!DOCTYPE html>
<html>
<head>
    <title>My Blog Page</title>
<style>
body {
    background-color: #efe5d0;
    font-family: Arial, "Trebuchet MS", sans-serif;
```

```
        margin: 0px;
    }

    header {
        background-color: #e3afed;
        color: #000000;
        margin: 0px;
        text-align: center;
        padding: 5px;
    }

    h1 {
        margin: 0px;
    }

    section#main {
        display: table-cell;
        background-color: yellow;
        padding: 15px;
    }

    nav {
        display: table-cell;
        background-color: #ffd800;
        padding: 15px;
    }

    footer {
        background-color: #954b4b;
        color: #efe5d0;
        text-align: center;
        padding: 10px;
        margin: 0px 0px 0px 0px;
        font-size: 90%;
    }
</style>
</head>
```

테이블의 셀처럼 배치한다.

```html
<body>
    <header>
        <h1>My Blog Page</h1>
    </header>
    <nav>
        <h1>Links</h1>
        <ul>
            <li><a href="http://www.w3c.org/">W3C</a></li>
            <li><a href="http://developer.mozilla.org/">MOZILLA</a></li>
            <li><a href="http://htmldog.com/guides/">HTML Dogs</a></li>
        </ul>
        <figure>
            <img width="85" height="85"
                src="hong.png"
                alt="홍길동" />
            <figcaption>홍길동</figcaption>
        </figure>
    </nav>
    <section id="main">
        <article>
            <h1>Semantic Tags</h1>
            <p>
                시맨틱 요소(Semantic elements)는 브라우저에게 요소의 의미나 목적을 명확하게 알려주는
요소이다.
            </p>
        </article>
        <article>
            <h1>div와 span</h1>
            <p>
                div은 "divide"의 약자로서 페이지를 논리적인 섹션으로 분리하는데 사용되는 태그이다.
                span 요소는 인라인 요소로서 텍스트를 위한 컨테이너로 사용할 수 있다.
            </p>
        </article>
    </section>
    <footer>Copyright (c) 2013 Hong</footer>
</body>
</html>
```

⟨aside⟩와 ⟨section⟩을 배치할 때, 앞절처럼 float:left와 float:right를 사용해도 된다. 하지만 컬럼의 높이가 다를 경우에 다음과 같이 약간 어색하게 된다. 물론 배경색만 없으면 이렇게도 사용할 수 있다.

이 점을 해결하기 위해 여기서는 display 속성에 table-cell을 지정하였다. 이 값이 컨테이너에 지정되면 자식 요소를 테이블의 셀처럼 배치하라는 의미가 된다.

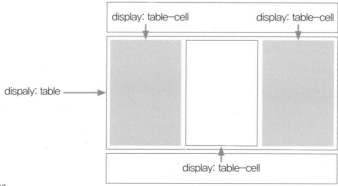

요소에 display:table과 display:table-cell 속성을 지정하면 화면에 가상 테이블을 작성할 수 있다. 즉 테이블을 사용해 레이아웃을 작성하는 것이다. 이 방법의 장점은 다음과 같다.

- 테이블 형태로 레이아웃하는 데 float나 절대 위치 설정이 필요하지 않다.
- 컬럼의 높이가 달라도 문제가 발생하지 않는다.
- IE8+ 버전과 Firefox, Chrome, Safari, Opera가 모두 지원한다.
- CSS 코딩이 간결해진다.

하지만 단점도 존재하는데 가장 큰 단점은 소스에 적힌 순서대로 테이블의 셀이 생성된다는 점이다.

> [참고] 인터넷 익스플로러 8과 이전 문제
> IE 8과 이전 버전은 인식 못하는 요소를 렌더링하는 방법을 모른다. 따라서 〈header〉, 〈section〉, 〈footer〉, 〈aside〉, 〈nav〉, 〈article〉, 〈figure〉에 대하여 CSS를 적용시킬 수 없다.
> 고맙게도, Sjoerd Visscher는 HTML5 Shiv라고 불리는 자바스크립트 해결 방법을 발견하였다. 이것을 사용하면 버전 9 이전 버전의 Internet Explorer에서 HTML5 요소를 스타일할 수 있다. http://code. google.com/p/html5shiv/에서 HTML Shiv를 다운로드하고 더 많은 정보를 찾을 수 있다. HTML5 Shiv를 활성화하려면 〈head〉 요소에 다음 코드를 삽입한다.

```
<!--[if lt IE 9]>
    <script src="html5shiv.js"></script>
<![endif]-->
```

> 위의 코드는 IE만 읽을 수 있는 주석이다. 이것은 〈head〉 요소에 배치한다. 왜냐하면 인터넷 익스플로러는 렌더링하기 전에 요소에 대하여 알아야 하기 때문이다.

webprogramming

6-05 효과

CSS3에는 많은 효과가 포함되어 있다. 가장 대표적인 것만을 살펴본다.

■ 투명도

opacity 속성을 이용하면 요소의 투명도를 조절할 수 있다. 투명도는 실수 0.0에서 1.0을 사용해서 지정한다. 0.0이면 완전히 투명한 것이고 1.0이면 불투명한 것이다.

이미지를 대상으로 많이 사용된다. 하나의 예제로 마우스를 이미지 위에 올리면 불투명하게
보이고 그렇지 않은 상태에서는 희미하게 보이는 이미지를 만들어 보자.

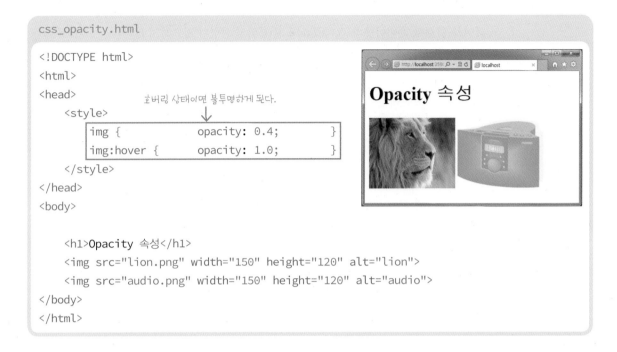

css_opacity.html

```
<!DOCTYPE html>
<html>
<head>                    호버링 상태이면 불투명하게 된다.
    <style>                    ↓
        img {              opacity: 0.4;        }
        img:hover {        opacity: 1.0;        }
    </style>
</head>
<body>

    <h1>Opacity 속성</h1>
    <img src="lion.png" width="150" height="120" alt="lion">
    <img src="audio.png" width="150" height="120" alt="audio">
</body>
</html>
```

■ 가시성

가시성이란 어떤 요소를 보이거나 안 보이게 하는 것이다. 속성으로는 visibility가 사용된다.

• hidden : 요소를 보이지 않게 한다.
• visible(기본값) : 요소를 보이게 한다.

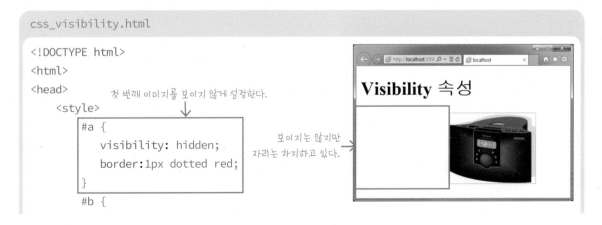

css_visibility.html

```
<!DOCTYPE html>
<html>
<head>              첫 번째 이미지를 보이지 않게 설정한다.
    <style>                    ↓
        #a {
            visibility: hidden;       보이지는 않지만
            border:1px dotted red;    자리는 차지하고 있다.
        }
        #b {
```

```
            visibility: visible;
            border:1px dotted red;
        }
    </style>
</head>
<body>
    <h1>Visibility 속성</h1>
    <img id="a" src="lion.png" width="150" height="120" alt="lion">
    <img id="b" src="audio.png" width="150" height="120" alt="audio">
</body>
</html>
```

비슷한 것으로 display:none;이 있다. 하지만 display:none으로 설정하면 화면에서 자리도 차지하지 않고 완전히 제외된다. 따라서 일시적으로 어떤 요소를 보이지 않게 하려면 visibility 또는 display 중에서 하나를 골라서 사용하면 된다.

■ 전환(transitions)

CSS3를 사용하면 하나의 형태에서 다른 형태로 변화되는 효과를 추가할 수 있다. 예전에는 플래시나 자바스크립트를 사용해야 얻을 수 있었던 효과를 CSS3에서 쉽게 지정이 가능하다. 이것을 전환(transitions)이라고 한다. 전환은 요소가 하나의 스타일에서 다른 스타일로 점진적으로 변화되는 것이다.

전환을 지정하기 위해서는 다음과 같은 2가지를 지정해야 한다.
• 효과를 추가하고 싶은 CSS 속성을 지정한다.
• 효과의 지속 시간을 지정한다.

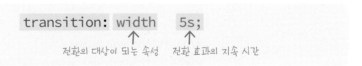

만약 지속 시간이 지정되지 않으면 0으로 간주되기 때문에 전환 효과가 발생하지 않는다.
전환 효과는 지정된 CSS 속성의 값이 변경될 때 시작된다. 예를 들어 사용자가 요소 위로 마우스를 이동시키면 width를 200px로 변환시키라고 지정할 수 있다. 만약 사용자가 요소 위로 마우스를 이동시키면 width가 변경되고 이때부터 전환 효과가 시작된다.

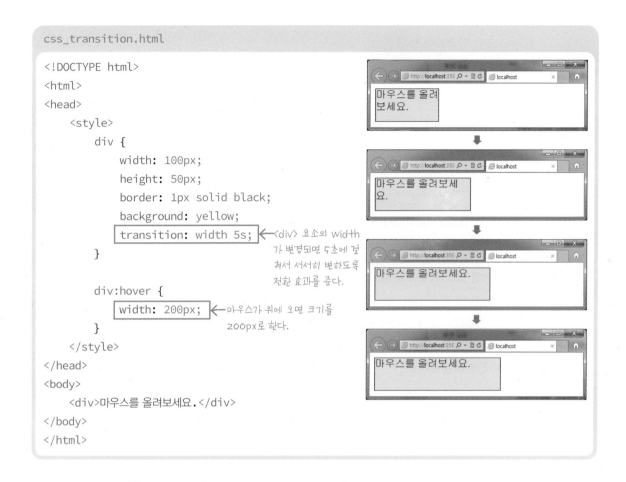

css_transition.html

```html
<!DOCTYPE html>
<html>
<head>
    <style>
        div {
            width: 100px;
            height: 50px;
            border: 1px solid black;
            background: yellow;
            transition: width 5s;
        }

        div:hover {
            width: 200px;
        }
    </style>
</head>
<body>
    <div>마우스를 올려보세요.</div>
</body>
</html>
```

`transition: width 5s;` ← <div> 요소의 width가 변경되면 5초에 걸쳐서 서서히 변하도록 전환 효과를 준다.

`width: 200px;` ← 마우스가 위에 오면 크기를 200px로 한다.

[참고]

사파리 웹 브라우저에서는 다음과 같이 지정해야 한다. 많은 속성이 이름이 다를 수 있다. 이때는 다음과 같이 가능한 속성을 모두 나열한다.

```
div
  {
    ...
    transition: width 2s;
    -webkit-transition: width 2s; /* 사파리 브라우저 */
  }
```

- –moz–로 시작되는 속성은 모질라에서 출발한 브라우저이다. (파이어폭스)
- –webkit–은 크롬과 사파리가 사용하는 속성 이름이다.
- –o–는 오페라가 사용하는 속성 이름이다.

■ 다중 전환

앞에서는 크기만 전환하였지만 뭐든지 전환 효과를 줄 수 있다. 이번에는 너비, 길이, 회전 등의 변환에 전환 효과를 주어보자.

css_transition1.html

```
<!DOCTYPE html>
<html>
<head>
    <style>
        p {
            width: 100px;
            height: 50px;
            border: 1px solid black;
            background: yellow;
            transition: width 5s height 5s border 5s, transform 5s;
            -webkit-transition: width 5s, height 5s, border 5s, -webkit-transform 5s;
        }

        p:hover {
            width: 200px;
            height: 100px;
            border: 10px solid red;
            transform: rotate(180deg);
            -webkit-transform: rotate(180deg);
        }
    </style>
</head>
<body>
    <p>마우스를 올려보세요.</p>
</body>
</html>
```

호버링 시에 너비와 높이가 변환하고 회전되는 변환에 전환 효과를 준다.

호버링 시에 너비와 높이가 변환하고 회전된다.

마우스를 올려
보세요.

6 - 06 CSS3 변환

CSS3 변환(transformation) 기능을 이용해 우리는 도형을 이동하고, 도형의 크기를 변환하며, 도형을 회전할 수 있다. 변환은 요소의 크기나 형태, 위치를 변환하는 효과이다. 요소는 2차원 또는 3차원적으로 변환될 수 있다.

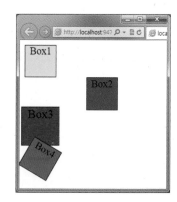

CSS의 transform 속성을 사용하여 좌표 공간을 변형함으로써, 다른 요소에 영향을 미치지 않고 특정 요소의 위치를 바꿀 수 있다. CSS 속성을 이용하여 요소에 2차원 선형 변환을 적용할 수 있다. 여기에는 회전(rotation), 비틀기(skewing), 확대/축소(scaling), 평행 이동(tranlation) 등이 있다.

- transform: translate(10px, 10px) - 평행 이동
- transform: rotate(45deg) - 회전
- transform: scale(2, 1.2) - 크기 변환
- transform: skew(20deg, 10deg) - 비틀기 변환
- transform: matrix() - 일반적인 변환

■ 평행 이동, 회전, 확대/축소

먼저 평행 이동과 크기 변환, 회전하는 코드를 살펴보자.

- translate(100px, 0px)은 (100, 0)만큼 평행 이동해서 박스를 그린다.
- scale(1.2, 1.2)는 x방향으로 1.2배 확대, y방향으로 1.2배 확대해서 그린다.
- rotate(30deg)는 30도만큼 박스를 회전해서 그린다.

기준 위치는 박스의 정상적인 위치가 된다. 즉 박스가 정상적으로 배치되었을 때의 위치가 기준 위치가 된다.

```
css_translate.html
```

```
<!DOCTYPE html>
<html>
<head>
    <style>
```

```
div {
    width: 50px;
    height: 50px;
    background-color: yellow;
    border: 1px solid black;
    text-align: center;
}
```

```
div#box2 {
    transform: translate(100px, 0px);
    background-color: blue;
}
```

```
div#box3 {
    transform: scale(1.2, 1.2);
    background-color: red;
}
```

```
div#box4 {
    transform: rotate(30deg);
    background-color: green;
}
```
```
    </style>
</head>
<body>

    <div id="box1">Box1</div>
    <div id="box2">Box2</div>
    <div id="box3">Box3</div>
    <div id="box4">Box4</div>
</body>
</html>
```

■ 비틀기 변환

비틀기 변환은 x방향과 y방향으로 박스를 비틀어서 그리는 변환이다.

```html
<!DOCTYPE html>
<html>
<head>
    <style>
        div {
            width: 50px;
            height: 50px;
            background-color: yellow;
            border: 1px solid black;
            text-align: center;
        }

        div#box2 {
            transform:skew(30deg,  20deg);
            background-color: blue;
        }
    </style>
</head>
<body>
    <div id="box1">Box1</div>
    <div id="box2">Box2</div>
</body>
</html>
```

■ 복합 변환

하나의 요소에 여러 가지 변환이 차례대로 적용될 수도 있다. 예를 들면 다음과 같이 지정할 수 있다.

```css
div {
    height: 100px; width: 100px;
    transform: translate(80px, 80px) scale(1.5, 1.5) rotate(45deg);
}
```

최종적인 형태는 다음과 같이 된다.

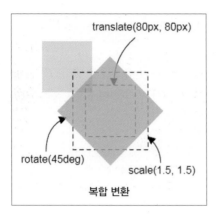

translate(80px, 80px)

rotate(45deg)

scale(1.5, 1.5)

복합 변환

■ matrix()

matrix() 메서드는 모든 2차원 변환을 하나로 결합한다. matrix() 메서드는 6개의 매개 변수를 가진다. 이는 rotate, scale, translate, skew를 나타낸다. 2D 변환을 값 6개로 이루어진 변환 행렬에 저장한다. matrix(a, b, c, d, e, f)는 변환 행렬 [a b c d e f]에 해당된다.

$$\begin{bmatrix} a & c & e \\ b & d & f \\ 0 & 0 & 1 \end{bmatrix}$$

2차원 변환을 위한 3×3 행렬

css_matrix.html

...

```
div#box2 {
    transform:matrix(0.9,0.5,-0.5,0.9,0,0);
    background-color: blue;
}
```

...

Box1

Box2

6-07 CSS3 3차원 변환

CSS3에는 3차원 변환 효과를 줄 수 있는 여러 가지 속성들과 메서드를 제공한다. 이것을 전부 살펴보는 것은 이 책의 범위를 넘어간다. 따라서 우리는 아주 간단한 예제만을 살펴보고 지나가고자 한다.

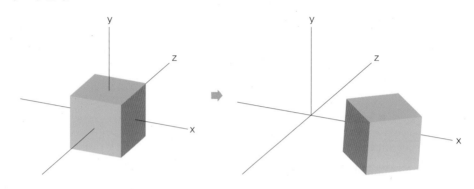

메서드	설명
translate3d(x,y,z)	3차원 평행 이동
translateX(x)	3차원 평행 이동(x축)
translateY(y)	3차원 평행 이동(y축)
translateZ(z)	3차원 평행 이동(z축)
scale3d(x,y,z)	3차원 크기 변환
scaleX(x)	3차원 크기 변환(x축)
scaleY(y)	3차원 크기 변환(y축)
scaleZ(z)	3차원 크기 변환(z축)
rotate3d(x,y,z,angle)	3차원 회전 변환
rotateX(angle)	3차원 회전 변환(x축)
rotateY(angle)	3차원 회전 변환(y축)
rotateZ(angle)	3차원 회전 변환(z축)
perspective(n)	원근 변환

가장 대표적인 3차원 변환은 박스를 약간 옆으로 회전시키는 것이다. rotateY()를 사용한다. 이때 원근 변환을 주게 되면 입체적으로 회전한 것으로 보인다. 최근에는 인터넷 익스플로러도 3차원 변환을 어느 정도 지원하고 있다.

```
<!DOCTYPE html>
<html>
<head>
    <style>
        div {
            background-color: green;
            height: 150px;
            width: 150px;
        }

        .container {
            background-color: yellow;
            border: 1px solid black;          ←──컨테이너 박스로서 배경색을 노랑색으로 한다.
        }

        .transformed {
            backface-visibility: visible;
            transform-origin: 50% 42%;
            transform: perspective(500px) rotateY(59deg) rotateX(0deg);
        }
    </style>
</head>
<body>
    <div class="container">                    3차원 변환되는 박스이다.
        <div class="transformed"></div>        backface-visibility는 후면을 보이게 하는 속성이다.
    </div>                                     transform-origin은 변환 원점을 설정한다.
</body>                                        transform은 3차원 변환을 정의한다.
</html>                                        perspective()는 원근 변환에서 거리를 설정한다.
                                              rotateY()는 Y축을 중심으로 하는 변환이다.
                                              rotateX()는 X축을 중심으로 하는 변환이다.
```

원근 변환은 우리 눈과 마찬가지로 멀리 떨어진 물체를 작게 변환하는 방법이다. perspective(d)로 호출되는데, 여기서 인수 d는 관측자와 화면 간의 거리라고 생각하면 된다.

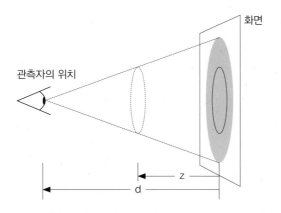

3차원 변환은 이해하기 쉽지 않다. 인터넷 익스플로러에서 만든 아주 좋은 사이트가 있다. http://ie.microsoft.com/testdrive/Graphics/hands-on-css3/hands-on_3d-transforms.htm 에 접속하면 파라미터를 조절하면서 CSS 소스를 동적으로 생성할 수 있다. 물론 생성된 CSS 소스는 인터넷 익스플로러에서만 실행된다. 다른 브라우저에서 실행하려면 앞에 -moz-와 같은 벤더 접두사를 붙여야 한다.

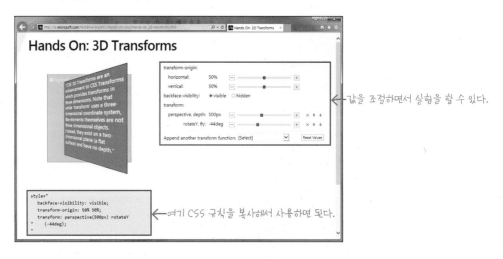

6-08 CSS3 애니메이션

CSS3 변환(transition)을 이용하면 어느 정도 애니메이션의 효과를 낼 수 있다. 하지만 변환에서 는 개발자가 중간 단계의 프레임에 대해서는 제어를 할 수 없다. 여기서는 정의된 애니메이션 (defined animation)을 소개한다. 이 기능을 사용하면 개발자가 키프레임을 이용해 CSS 특성값의 변화를 지정할 수 있다. 키프레임(keyframe)이란 애니메이션 중간 중간에 객체의 위치와 크기를 지정해주는 프레임이다. 사람이 키프레임만 작성해주면 컴퓨터는 그 사이의 프레임은 자동으로 생성한다. 이것을 키프레임 애니메이션이라고 한다. CSS3에서는 실제로 애니메이션을 생성할 수 있다. 이 기능은 GIF 애니메이션이나 플래시, 자바스크립트를 대체할 수 있다.

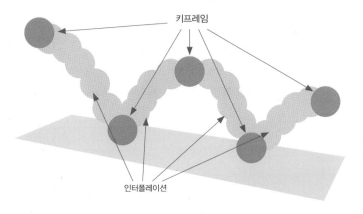

■ @keyframes

먼저 @keyframes를 이용해 키프레임을 지정한다. 키프레임의 위치는 퍼센트로 지정하며 각 키프레임에서 속성의 값을 지정하면 된다. 예를 들어 아래의 키프레임 정의에서는 속성 left와 속성 top의 값을 변화시키고 있다.

키프레이밍을 지정한다.   애니메이션의 이름을 지정한다.

```
@keyframes myanim
{
0%    {left:0px; top:0px;}
25%   {left:100px; top:0px;} ← 25%일 때의 키프레이밍 지정
50%   {left:200px; top:0px;}
75%   {left:100px; top:0px;}
100% {left:0px; top:0px;}
}
```

@keyframes 규칙 안에서 CSS 스타일을 지정하면 애니메이션은 현재의 스타일에서 새로운 스타일로 점진적으로 변화하게 된다. 애니메이션은 요소가 하나의 스타일에서 다른 스타일로 변경하는 효과이다. 스타일의 개수는 원하는 만큼 변경할 수 있고 또 횟수도 지정할 수 있다.

키프레임은 퍼센트(%) 단위로 지정한다. 아니면 "from"과 "to"를 사용할 수도 있다. 0%는 "from"과 같고 "100%"는 "to"와 같다. 0%는 애니메이션의 시작이고 100%는 애니메이션의 종료점이다.

키프레임을 정의하였으면 애니메이션의 대상이 되는 요소에 다음과 같이 지정한다.

```
div {
    animation: 2s myanim; ←── 애니메이션 지속 시간과 키프레임 규칙 이름을 지정한다.
    animation-iteration-count: 10; ←── 애니메이션 반복 횟수
}
```

animation1.html

```
<!DOCTYPE html>
<html>
<head>
    <style>
        div {
            width: 100px;
            height: 100px;
            background: red;
            position:relative;
            animation: 2s myanim;
            animation-iteration-count: 10;
        }

        @keyframes myanim
        {
            0%   {left:0px; top:0px;}
            25%  {left:100px; top:0px;}
            50%  {left:200px; top:0px;}
            75%  {left:100px; top:0px;}
            100% {left:0px; top:0px;}
        }
    </style>
```

애니메이션의 대상이 되는 박스
2초 동안 지속되고 10번 반복한다.

왼쪽에서 오른쪽으로 왔다 갔다한다.

```
</head>
<body>
    <div></div>
</body>
</html>
```

현재는 애니메이션이 너무 단조로워서 별반 재미가 없지만 색상도 변경할 수 있고 위치도 더 과격하게 변경할 수 있다.

```
@keyframes myanim
    {
        0%    {background-color: red; left:0px; top:0px;}
        25%   {background-color: red; left:100px; top:0px;}
        50%   {background-color: yellow; left:200px; top:0px;}
        75%   {background-color: blue; left:100px; top:0px;}
        100%  {background-color: blue; left:0px; top:0px;}
    }
```

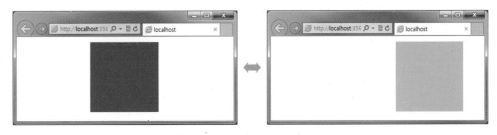

■ 튀어오르는 공 애니메이션

CSS3를 사용하면 요소에 애니메이션을 적용할 때, 속도 효과(easing effect)를 지정할 수 있다: linear, ease, ease-in, ease-out, ease-in-out. 또 커스텀 속도 효과를 위해 3차 베지어 곡선으로 지정할 수 있다.

• ease-out : 움직임이 멈출 때 끝에 이르러 변화의 정도가 서서히 감소하는 것

• ease-in : 천천히 시작하는 것

간단하게 공이 바닥에서 튀어오르는 애니메이션을 작성하여 보자. 먼저 공을 어떻게 만들면 좋을까? CSS에서는 사각형은 아주 쉽게 만들 수 있다. 그러나 원은 어떻게 그릴 수 있을까? 물론 자

바스크립트를 사용하면 아주 쉽게 그릴 수 있지만 여기서는 CSS만을 이용해 보자. 한 가지 방법이 있다. 사각형을 그리는데 경계선을 둥글게 만들면 원처럼 보인다.

---

css_anim_ball.html

```html
<!DOCTYPE html>
<html>
<head>
    <title>튀어오르는 공</title>

    <style>
        @-webkit-keyframes bounce {
            from, to {
                bottom: 0px;
                -webkit-animation-timing-function: ease-out;
            }

            50% {
                bottom: 200px;
                -webkit-animation-timing-function: ease-in;
            }
        }

        #ball {
            position: absolute;
            width: 20px;
            height: 20px;
            background: red;
            border-radius: 10px;
            -webkit-animation-name: bounce;
            -webkit-animation-iteration-count: infinite;
            -webkit-animation-duration: 5s;
        }
    </style>
</head>
<body>
    <div id="ball">     </div>
</body>
</html>
```

ease-out은 움직임이 멈출 때 끝에 이르러 변화의 정도가 서서히 감소하는 것이다. 공의 위치는 바닥이 된다.

ease-in은 천천히 시작하는 것 공의 위치는 바닥에서 200px이 된다.

border-radius: 10px; ← 원처럼 보이게끔 경계선을 둥글게 한다.

1 요소들이 정상적인 흐름에 따라서 배치되는 배치 방법은 무엇인가? (   )

① absolute   ② static   ③ relative   ④ fixed

2 특정한 요소를 화면의 어떤 위치에 고정시키고 싶다. 사용자가 스크롤을 하더라도 위치가 움직이지 않게 하려면 어떻게 position 속성을 지정해야 하는가? (   )

① absolute   ② static   ③ relative   ④ fixed

3 요소의 위치는 top, bottom, left, right를 사용해 설정할 수 있다. 하지만 어떤 배치 방법에서는 이들 값이 전혀 적용되지 않는다. 어떤 배치 방법인가? (   )

① absolute   ② static   ③ relative   ④ fixed

4 CSS를 이용해 내비게이션 메뉴를 생성한다면 어떤 HTML 요소가 가장 적합한가? (   )

① 정렬되지 않은 리스트 (〈ul〉 요소)   ② 테이블
③ 〈div〉 요소   ④ 〈span〉 요소

5 박스의 크기보다 콘텐츠가 많은 경우, 콘텐츠를 자르거나 넘치도록 할 수 있다. 어떤 속성을 이용하는가? (   )

① hidden   ② display   ③ position   ④ overflow

6 HTML 문서를 화면에 그릴 때, 특정 요소를 그리고 싶지 않다면 어떤 속성을 사용해야 하는가? (   )

① display   ② visibility   ③ delete   ④ overflow

7 float 속성이란 어떤 경우에 사용되고 장점은 무엇인가?

8 CSS를 이용해 다음과 같이 2개의 〈div〉를 배치하는 HTML 문서를 작성하시오.

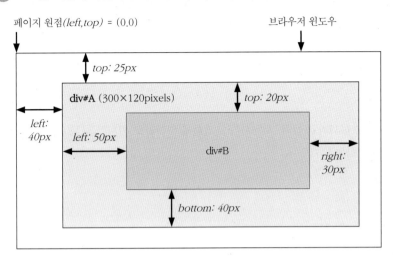

9 CSS를 이용해 다음과 같은 변환 효과를 내는 HTML 문서를 작성하시오.

- 마우스가 위에 있으면 사각형이 360도 회전한다.
- 사각형의 색상은 빨강색에서 노랑색으로 변한다.
- 사각형의 크기는 2배가 된다.

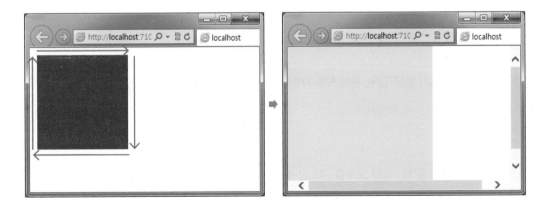

⑩ CSS를 이용해 다음과 같은 레이아웃을 갖는 HTML 문서를 작성하시오.

⑪ CSS의 @keyframes을 이용해 화살표와 같이 움직이는 애니메이션을 구현해 보자.

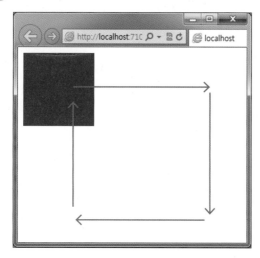

⑫ 절대 위치 설정(absolute positioning)을 이용해 그림자 효과를 만들어 보자.

13 상대 위치 설정(relative positioning)을 이용해 다음과 같은 수식을 표시해 보자.

14 상대 위치 설정(relative positioning)을 이용해 다음과 같은 〈div〉 블록을 표시해 보자.

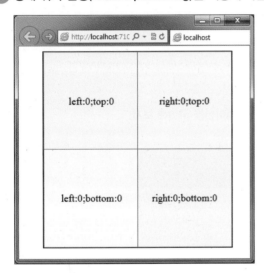

HTML과 CSS로
웹 사이트 만들기

학·습·목·표
- 앞에서 학습한 HTML을 이용하여 웹 페이지의 콘텐츠를 작성하고 CSS로 웹 페이지의 스타일을 변경해 본다.

7-01 웹 사이트 작성

우리는 앞에서 HTML과 CSS를 학습하였다. 학습한 내용을 나의 것으로 만들려면 실제 웹 사이트를 제작해 보아야 한다. 이론적으로만 배우고 지나간 내용은 금방 잊어버린다. 하지만 자신이 실제 프로젝트를 진행하면서 찾아본 내용은 절대 잊어버리지 않을 것이다.

이번 장에서는 간단한 웹 사이트를 제작해 보자. 웹 사이트는 여러 개의 웹 페이지로 이루어져 있다. 구체적으로 HTML로 웹 페이지의 콘텐츠를 작성하고 CSS로 웹 페이지의 스타일을 설정하는 실습을 하여 보자. 어떤 웹 사이트를 만들 것인가? 많은 종류의 웹 사이트가 있다. 회사의 정보를 제공하는 사이트처럼 간단하고 동일한 데이터만을 보여주는 사이트도 있다. 아니면 쇼핑몰처럼 사용자와 상호작용이 많은 사이트들도 있다. 여기서는 다양한 종류의 페이지를 제작하는 체험을 하기 위해 WebShop이라는 아주 간단한 쇼핑몰 사이트를 제작하여 본다. 쇼핑몰 사이트를 제작하다보면 동적 웹 페이지가 왜 필요한지도 저절로 알게 될 것이다.

위의 사이트는 우리가 학습한 내용을 실습하기 위해 제작한 것일 뿐 어떤 기능도 하지 못한다. 실제적인 인터넷 쇼핑몰 사이트를 구축하려면 여기에 자바스크립트와 JSP와 같은 웹 서버 기술이 들어가야 한다.
일반적으로 웹 사이트를 설계하려면 다음과 같은 과정을 거쳐야 한다.

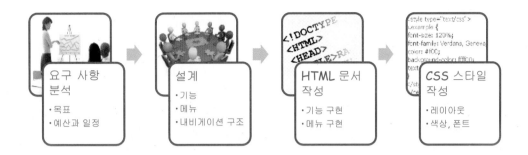

■ 요구 사항 분석

가장 먼저 해야 할 일은 웹 사이트의 목표를 결정하는 것이다. 무엇을 위한 사이트인지를 분명하게 해야 시행착오를 줄일 수 있다. 단순히 뉴스나 정보를 제공하는 사이트인지, 상품을 판매하는 사이트인지를 정확하게 결정해야 한다. 만약 분명하지 않은 상항이 있으면 개발자가 고객에게 질문을 해서 고객의 요구를 좀 더 정확하게 파악해야 한다. 구체적으로 다음과 같은 사항을 파악하도록 한다.

- 웹 사이트의 목표
- 예산
- 일정

■ 설계(plan)

여기서는 다음과 같은 사항을 결정한다.

- 웹 사이트의 기능 나열
- 웹 사이트에서 필요한 웹 페이지 나열
- 웹 사이트의 메뉴 나열
- 내비게이션(navigation) 구조 결정 - 사이트 안에서 페이지가 어떻게 연결되는지를 결정 한다.

우리는 HTML과 CSS를 사용하여 웹 페이지를 작성하는 기술적인 문제에 집중할 것이기 때문에 간단하게 다음의 내비게이션 구조도만을 그리고 넘어가자.

다음과 같은 HTML 문서와 CSS 문서를 작성하게 된다.

문서 이름	설명
index.html	WebShop의 홈 화면, 상품 카테고리, 로고, 로그인 등이 포함되어 있다.
register.html	화원 가입 화면. 다양한 HTML5 입력 양식을 이용해 본다.
shopcart.html	현재 쇼핑 카트에 들어 있는 상품을 보여준다.
computer.html	컴퓨터 상품을 보여주는 화면이다. index.html 화면 안에 포함된다.
clothing.html	의류 상품을 보여주는 화면이다. index.html 화면 안에 포함된다.
music.html	음악 파일을 판매하는 화면이다. index.html 화면 안에 포함된다.
movie.html	영화 파일을 판매하는 화면이다. index.html 화면 안에 포함된다.
mystyle.css	index.html에 대한 스타일을 가지고 있는 파일이다.

■ HTML 문서 작성

설계된 내용에 맞추어서 웹 페이지를 작성하고 테스트한다. HTML 요소를 이용해 설계에서 나열된 기능과 메뉴를 구현하면 된다. 여기서는 웹 페이지의 콘텐츠만을 제작하는 것이고 스타일에 대해서는 신경 쓰지 않는다.

■ CSS 스타일 작성

CSS 파일을 작성하여 웹 페이지에 스타일을 추가한다. 구체적으로 웹 페이지의 전체적인 레이아웃을 잡고 HTML 요소의 크기, 위치, 색상, 폰트, 이미지 등을 지정한다.

7-02 HTML 문서 작성하기

이 단계에서는 스타일을 고려하지 않고 HTML만을 사용하여 웹 페이지의 콘텐츠만을 작성한다. 나중에 CSS 파일을 작성해서 웹 페이지의 스타일을 지정할 것이다.

■ 홈페이지

쇼핑몰 사이트의 홈페이지는 HTML5에서 문서 구조를 나타내는 시맨틱 태그를 이용하여 다음과 같은 레이아웃을 가지도록 작성하여 본다. 일단 HTML 요소의 배치에는 신경 쓰지 말자. 여기서는 문서의 구조만을 HTML을 이용해 정의한다.

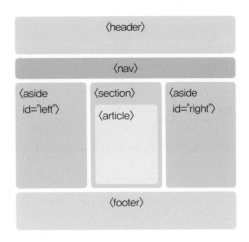

위의 그림을 HTML 코드로 변환하면 다음과 같은 구조가 된다.

```
<!DOCTYPE html>
<html>
<head>
...
</head>
<body>

    <header>
        <!-- 헤더에 해당되는 콘텐츠를 여기에 둔다.  -->
    </header>


    <nav>
        <!-- 내비게이션 메뉴는 여기에 둔다.  -->
    </nav>


    <aside id="left">
        <!-- 상품 카테고리 메뉴는 여기에 둔다. -->
    </aside>


    <section>
        <article>
            <!-- 상품에 대한 정보를 여기서 보여준다. -->
        </article>
    </section>
```

```
<aside id="right">
    <!-- 쇼핑카트와 로그인 정보를 보여준다. -->
</aside>

<footer>
    <!-- 각주에 해당되는 콘텐츠는 여기에 둔다. -->
</footer>

</body>
</html>
```

지금부터는 페이지의 한 부분씩 구현하여 보자.

● 헤더

헤더는 〈img〉 이미지 요소와 〈h1〉 요소로 이루어진다. 전체를 이미지로 디자인할 수도 있겠다.
사용자가 "Web Shop" 텍스트를 클릭하면 index.html로 연결되도록 하이퍼 링크를 넣는다.

index.html

```
<header>
    <h1>  <img src="images/shop.png" width="50" height="50" />  <a href="index.html">
        Web Shop</a></h1>
</header>
```

이미지 삽입

하이퍼 링크를 생성한다.

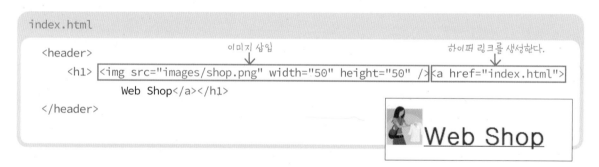

● 내비게이션 메뉴

여기서는 수평 메뉴를 구현한다. 정렬되지 않은 리스트를 작성해 놓고 나중에 CSS에서 수평
으로 만들면 된다. 메뉴에 해당되는 페이지가 아직 구현이 안 되어 있으므로 사용자가 메뉴
항목을 클릭하면 무조건 index.html로 연결되도록 해 놓자.

index.html

```
<nav>
    <ul>
        <li><a href="index.html">Home</a></li>
```

메뉴 항목에 하이퍼 링크를 생성한다.

```
            <li><a href="index.html">About Us</a></li>
            <li><a href="index.html">News</a></li>
            <li><a href="index.html">My Account</a></li>
            <li><a href="index.html">Contacts</a></li>
        </ul>
    </nav>
```

- Home
- About Us
- News
- My Account
- Contacts

● 왼쪽 수직 메뉴

왼쪽이나 오른쪽에 붙는 요소는 〈aside〉를 사용하게 된다. 여기서는 상품의 카테고리를 보여주어야 한다. 역시 정렬되지 않은 리스트를 작성해놓고 나중에 CSS에서 수직 메뉴로 변환하도록 하자.

index.html

```
<aside id="left">     ←  <aside>가 여러 개이므로 id를 지정한다.
    <h4>카테고리</h4>         target을 지정하여서 링크를 클릭하면 새로운
    <ul>                    페이지가 target에서 오픈되도록 한다.
        <li><a target="iframe1" href="computer.html">컴퓨터</a></li>
        <li><a target="iframe1" href="clothing.html">의류</a></li>
        <li><a target="iframe1" href="music.html">음악</a></li>
        <li><a target="iframe1" href="movie.html">영화</a></li>
        <li><a target="iframe1" href="computer.html">스포츠/레저</a></li>
        <li><a target="iframe1" href="computer.html">가구/인테리어</a></li>
        <li><a target="iframe1" href="computer.html">식품</a></li>
    </ul>
</aside>
```

카테고리

- 컴퓨터
- 의류
- 음악
- 영화
- 스포츠/레저
- 가구/인테리어
- 식품

● 섹션

HTML5의 시맨틱 요소 중에서 메인 콘텐츠를 보여주는 요소는 주로 〈section〉이나 〈article〉로 구현하게 된다. 둘 중에서 무엇을 사용해야 하는가? 결론부터 이야기하면 개발자의 선호에 따라서 그냥 사용하면 된다. 다음과 같이 권고하고 있다.

- 〈article〉 : 뉴스 항목과 같은 독립적인 컨텐트를 포함한다.
- 〈section〉 : 여러 가지 목적에 의하여 여러 아티클을 그룹핑할 때 사용된다. 또는 반대로 하나의 아티클을 여러 섹션으로 나눌 때도 사용된다.

우리는 섹션을 먼저 정의하고 섹션 안에 아티클을 포함시키도록 하자.

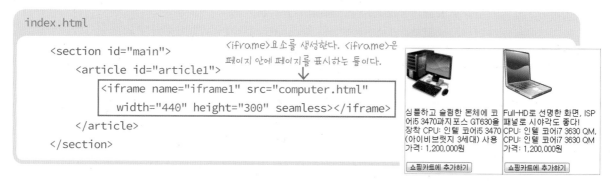

```
index.html

    <section id="main">
        <article id="article1">          <iframe>요소를 생성한다. <iframe>은
            <iframe name="iframe1" src="computer.html"   페이지 안에 페이지를 표시하는 틀이다.
                width="440" height="300" seamless></iframe>
        </article>
    </section>
```

아티클 안에는 무엇을 넣어야 되는가? 상품 정보를 넣어야 한다. index.html 안에 직접 상품 정보를 넣을 수도 있지만 상품 정보는 시간이 흘러감에 따라서 변화하기 때문에 다른 문서로 독립시키는 것이 바람직하다. 더욱 바람직한 것은 상품 데이터베이스에서 데이터를 추출해서 직접 동적 콘텐츠를 생성하는 것이다. 하지만 아직은 JSP나 자바스크립트를 학습하지 않았으므로 동적 콘텐츠를 생성시킬 수는 없다. 여기서는 기존에 존재하는 computer.html을 불러들여서 표시하도록 하자.

이때 유용하게 사용할 수 있는 태그가 바로 〈iframe〉이다. 〈iframe〉 태그는 하나의 페이지 안에서 다른 페이지를 불러서 표시할 수 있는 프레임(틀)이다. 예전부터 많이 사용해왔던 태그이지만 HTML5에서는 〈iframe〉의 일부 속성을 사용할 수 없게 하였다. 하지만 아직도 특별한 경우에는 유용하다. 우리는 〈iframe〉을 삽입하고 속성 src를 이용해 이미 작성되어 있는 computer.html을 읽어서 표시한다. 속성 중에서 seamless는 이음새 없이 화면에 표시하라는 것인데 크롬에서만 정상적으로 잘 동작한다.

● 오른쪽 수직 메뉴
오른쪽에 붙는 수직 메뉴도 〈aside〉를 사용한다. 여기서는 사용자 쇼핑 카트의 현재 상태와 로그인 메뉴를 제공한다.

```
index.html

    <aside id="right">
        <div id="shopcart">            쇼핑 카트 부분을 <div> 태그로
            <h4>Shopping Cart</h4>      논리적으로 분리한다.
            현재 쇼핑카트에 물품이 없습니다.<br />
```

```
        <a href="shopcart.html">쇼핑카트 보기</a>
    </div>
<div id="login">
    <h4>Log In</h4>
    <form action="#">
        아이디
        <input type="text" /><br />
        패스워드
        <input type="password" /><br />
        <input type="submit" value="로그인" />
        <input type="reset" value="초기화" /><br />
        <a href="register.html" target="_blank" id="register">회원가입</a>
        <a href="#" id="forgot">비밀번호분실</a>
    </form>
</div>
</aside>
```

Shopping Cart

현재 쇼핑카트에 물품이 없습니다.
쇼핑카트 보기

Log In

아이디 ▢
패스워드 ▢

[로그인] [초기화]
회원가입 비밀번호분실

로그인 부분을 〈div〉 태그로 논리적으로 분리한다.

쇼핑 카트 부분과 로그인 부분은 〈div〉를 사용하여 논리적으로 분리하였다. 논리적으로 분리되어야만 스타일을 지정하거나 동적으로 콘텐츠를 변경할 때에 편리하다. "쇼핑카트 보기"를 누르면 현재 쇼핑 카트에 실려 있는 물품의 리스트가 테이블 형태로 보이게 된다.

현재는 자바스크립트나 서버 스크립트 코드가 없어서 사용자가 구매하고자 하는 상품을 선택하고 이것을 "쇼핑카트에 추가하기" 버튼을 누르더라도 아무런 동작도 하지 못한다. 단순히 정적으로 정보를 보여주는 웹 페이지가 아니라면 반드시 사용자의 동작을 처리하는 코드가 필요하다. 최근에는 쇼핑 카트 부분을 쉽게 처리하여 주는 오픈 소스가 많이 등장하고 있다. 이것을 이용하면 이 부분을 쉽게 구현할 수 있다. HTML5의 드래그와 드롭(drag and drop) 기능을 사용하면 마우스로 상품을 끌어서 쇼핑 카트에 상품을 쉽게 추가할 수 있다. 실제로 이것은 간단히 구현이 가능하다. 우리도 차후에 구현하여 보자.

로그인 부분도 동적 웹 페이지 기법이 필요한 부분이다. 사용자가 아이디와 패스워드를 입력하고 "로그인" 버튼을 누르면 이것을 서버로 보내어서 처리한 후에 아이디와 패스워드를 데이터베이스에 저장해야 할 것이다. 아이디를 입력받는 〈input〉의 타입은 "text"지만 패스워드를 입력받는 〈input〉의 타입은 "password"로 되어 있어서 사용자가 입력하는 내용이 보이지 않는다.

로그인 부분은 데이터가 서버로 보내지기 때문에 〈form〉 태그로 구현되었다. 당분간 클라이언트 컴퓨터와 서버 컴퓨터 사이의 상호작용은 무조건 〈form〉 태그를 통한다고 생각하면 된다. 〈form〉 태그 안 "로그인" 버튼의 타입이 "submit"으로 되어 있기 때문에 이 버튼을 누르면 서버로 〈form〉 태그 안에서 받았던 데이터는 전송된다. 하지만 〈form〉 태그의 action 속성에 데이터를 처리하는 서버 스크립트의 주소를 적어주어야 되는데 현재는 "#"으로 되어 있어서 처리가 되지 않는다. 뒤에 JSP를 학습한 후에는 JSP로 처리하는 스크립트를 만들 수 있다. 이 경우에는 다음과 같이 적어주면 된다.

```
<form action="process_login.jsp" method=post>
....
                          ↑
</form>     여기에 데이터를 처리하는 서버 스크립트의 주소를 적어준다.
```

〈form〉 태그 안 〈input type="reset"〉 버튼을 누르면 입력하였던 데이터를 모두 지워버린다. "회원 가입"을 누르면 회원 가입 페이지로 이동한다.

● 바닥글

바닥글에는 일반적으로 저작권 정보나 회사의 주소를 적어둔다. 여기서는 단순히 저작권 정보만 표시하였다.

index.html

```
<footer>Copyright (c) 2013 Web Shop</footer>
```

Copyright (c) 2013 Web Shop

■ 회원 가입 페이지

여기서는 회원 가입에 필요한 정보를 사용자로부터 입력받는다. HTML5에서 추가된 새로운 입력 양식을 최대한 이용하였다. 여기서 〈fieldset〉은 입력 필드를 모아서 하나의 그룹으로 만드는 태그이다. 〈fieldset〉 안에 〈legend〉를 두어서 그룹 테두리에 표시되는 제목을 만들 수 있다.

```
<!DOCTYPE html>
<html>
```
원래 스타일은 나중에 하기로 하였지만
이건 간단해서 여기에 적었다.

```
<head>
    <style>
        body {
            height: 100%;
            background-color: #F3F1E9;
        }
        label {
            display: inline-block;
            width: 120px;
        }
        input {
            display: inline-block;
            width: 160px;
        }
    </style>
</head>
```

<label>이나 <input>은 근본적으로 인라인 요소이다.
인라인 요소는 기본적으로 필요한 만큼의 너비만을 차지
한다. 만약 요소의 너비를 특정한 값으로 설정하려면 먼
저 display속성을 inline-block으로 변경해야 한다.

```
<body>
    <div id="page-wrap">

        <form method="post" action="process.jsp">
            <fieldset>
                <legend>회원정보입력</legend>
                <label for="name">아이디</label>
                <input type="text" name="name" id="text1" />
                <button>중복검사</button><br />
                <label for="password1">패스워드</label>
                <input type="password" name="password1" /><br />
                <label for="password2">패스워드 확인</label>
                <input type="password" name="password2" /><br />
                <label for="name">이름</label>
                <input type="text" name="name" /><br />
                <label for="tel">휴대폰 번호</label>
```

여기서 입력받는 정보도 서버로 전송되어야 한다.
따라서 <form> 요소를 사용하였다.

```
              <input type="tel" name="tel" />
              <br />
              <label for="email">이메일</label>
              <input type="email" name="email" />
              <br />
              <label for="dob">생일</label>
              <input type="date" name="dob"/>
              <br />
              <label for="url">홈페이지</label>
              <input type="url" name="url"/>
              <br />
              <input type="radio" name="gender" value="Male">
              남성<br>
              <input type="radio" name="gender" value="Female">
              여성<br>
          </fieldset>
          <input type="submit" name="submit" value="제출" />
          <input type="reset" name="reset" value="초기화" />
      </form>
    </div>
  </body>
</html>
```

〈input〉 태그의 타입에 유의하자. 타입을
적절하게 설정하면 브라우저가 기본적인
체크를 해준다.

여기서도 최대한 HTML5에 추가된 새로운 입력 양식을 적용하였다. 입력 양식 앞에는 〈label〉
요소를 두어서 입력 양식을 설명하는 텍스트를 여기에 저장하였다. 역시 아직 서버 쪽을 학습
하지 않았기 때문에 "제출" 버튼을 눌러도 아무런 일이 발생하지 않는다.

〈style〉 태그를 삭제하고 실행한 결과를 보면 입력 양식이 상당히 무질서하게 배치된 느낌을
받는다. 따라서 간단한 CSS를 사용해 요소의 크기를 일치시켰다.

■ 상품 정보 페이지

상품에 대한 자세한 정보를 화면에 표시하는 페이지이다. 이 페이지도 사실은 동적으로 생성
되는 것이 맞다. 일반적으로 상품 정보는 데이터베이스에 저장되어 있고, 이들 정보를 불러다
가 웹 페이지로 동적으로 생성한 후에 이것을 보여주는 것이다. 하지만 우리는 아직 데이터베
이스와 서버 등이 없으므로 항상 변하지 않는 정적 페이지를 보여주도록 하자.

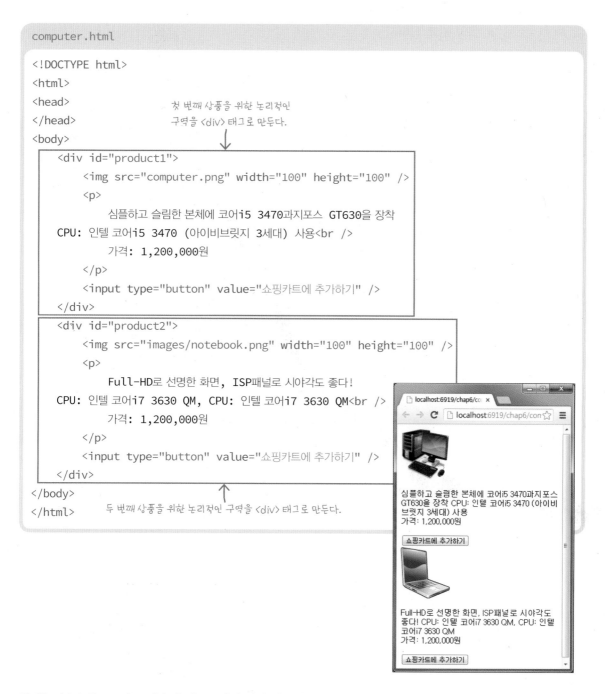

computer.html

```
<!DOCTYPE html>
<html>
<head>
</head>
<body>
    <div id="product1">
        <img src="computer.png" width="100" height="100" />
        <p>
            심플하고 슬림한 본체에 코어i5 3470과지포스 GT630을 장착
        CPU: 인텔 코어i5 3470 (아이비브릿지 3세대) 사용<br />
            가격: 1,200,000원
        </p>
        <input type="button" value="쇼핑카트에 추가하기" />
    </div>
    <div id="product2">
        <img src="images/notebook.png" width="100" height="100" />
        <p>
            Full-HD로 선명한 화면, ISP패널로 시야각도 좋다!
        CPU: 인텔 코어i7 3630 QM, CPU: 인텔 코어i7 3630 QM<br />
            가격: 1,200,000원
        </p>
        <input type="button" value="쇼핑카트에 추가하기" />
    </div>
</body>
</html>
```

첫 번째 상품을 위한 논리적인 구역을 〈div〉 태그로 만든다.

두 번째 상품을 위한 논리적인 구역을 〈div〉 태그로 만든다.

현재는 〈div〉 블록 2개를 사용해 상품 2개에 대한 정보만을 보여주고 있다. 상품 2개는 수직으로 보인다. 나중에 우리는 CSS를 사용해 이것을 수평으로 보이게 할 예정이다.

■ 음악 판매 페이지

음악 판매 페이지는 mp3와 같은 음원을 판매하는 사이트이다. "미리 듣기" 기능을 구현하기 위해 HTML5에서 지원되는 오디오 재생 기능을 추가하였다.

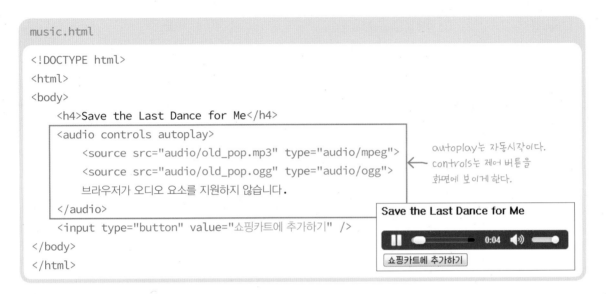

```
music.html

<!DOCTYPE html>
<html>
<body>
    <h4>Save the Last Dance for Me</h4>
    <audio controls autoplay>
        <source src="audio/old_pop.mp3" type="audio/mpeg">
        <source src="audio/old_pop.ogg" type="audio/ogg">
        브라우저가 오디오 요소를 지원하지 않습니다.
    </audio>
    <input type="button" value="쇼핑카트에 추가하기" />
</body>
</html>
```

autoplay는 자동시작이다.
controls는 제어 버튼을 화면에 보이게 한다.

Save the Last Dance for Me

0:04 쇼핑카트에 추가하기

■ 영화 판매 페이지

영화 판매 페이지는 mp4와 같은 동영상을 판매하는 사이트이다. "미리 보기" 기능을 구현하기 위해 HTML5에서 지원되는 비디오 재생 기능을 추가하였다.

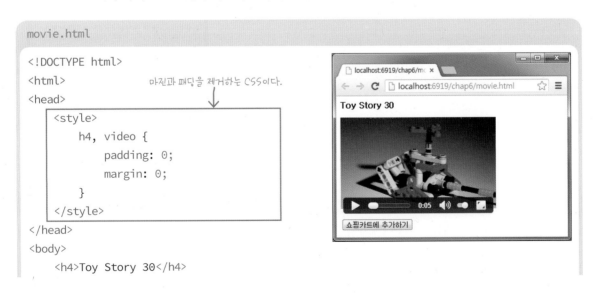

```
movie.html

<!DOCTYPE html>
<html>
<head>
    <style>
        h4, video {
            padding: 0;
            margin: 0;
        }
    </style>
</head>
<body>
    <h4>Toy Story 30</h4>
```

마진과 패딩을 제거하는 CSS이다.

localhost:6919/chap6/m
localhost:6919/chap6/movie.html

Toy Story 30

0:05 쇼핑카트에 추가하기

```
<video width="300" height="200" controls>
    <source src="video/movie.mp4" type="video/mp4">
    <source src="video/movie.webm" type="video/webm">
    브라우저가 비디오 요소를 지원하지 않습니다.
</video>
<br />
<input type="button" value="쇼핑카트에 추가하기" />
</body>
</html>
```

■ 쇼핑 카트 페이지

쇼핑 카트도 동적 페이지 생성이 필요한 부분이다. 즉 사용자가 쇼핑 카트에 추가한 상품을 기억하고 있다가 이것을 꺼내서 테이블 형태로 웹 페이지를 생성해서 사용자한테 보여주면 된다. 하지만 우리는 여기서 정적으로 항상 변하지 않는 테이블을 보여주기로 하자.

shopcart.html

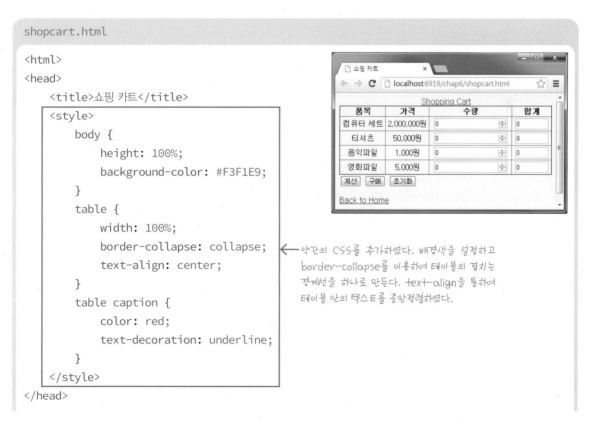

```
<html>
<head>
    <title>쇼핑 카트</title>
    <style>
        body {
            height: 100%;
            background-color: #F3F1E9;
        }
        table {
            width: 100%;
            border-collapse: collapse;
            text-align: center;
        }
        table caption {
            color: red;
            text-decoration: underline;
        }
    </style>
</head>
```

약간의 CSS를 추가하였다. 배경색을 설정하고 border-collapse를 이용하여 테이블의 겹치는 경계선을 하나로 만든다. text-align을 통하여 테이블 안의 텍스트를 중앙정렬하였다.

```html
<body>
    <form action="#">
        <table border="1">
            <caption>Shopping Cart</caption>
            <tr>
                <th>품목</th>
                <th>가격</th>
                <th>수량</th>
                <th>합계</th>
            </tr>
            <tr>
                <td>컴퓨터 세트</td>
                <td>2,000,000원</td>
                <td><input type="number" min="0" step="1" value="0"></td>
                <td><input type="text" size="6" value="0" /></td>
            </tr>
            <tr>
                <td>티셔츠</td>
                <td>50,000원</td>
                <td><input type="number" min="0" step="1" value="0"></td>
                <td><input type="text" size="6" value="0" /></td>
            </tr>
            <tr>
                <td>음악파일</td>
                <td>1,000원</td>
                <td><input type="number" min="0" step="1" value="0"></td>
                <td><input type="text" size="6" value="0" /></td>
            </tr>
            <tr>
                <td>영화파일</td>
                <td>5,000원</td>
                <td><input type="number" min="0" step="1" value="0"></td>
                <td><input type="text" size="6" value="0" /></td>
            </tr>
        </table>
        <input type="button" value="계산" />
        <input type="submit" value="구매" />
```

테이블의 셀 안에 type이 number인 <input> 요소를 넣었다. 구매하고자 하는 수량을 나타낸다.

<input>의 size는 입력 필드의 칸 수이다.

```
        <input type="reset" value="초기화" />
    </form>
    <a href="main.html">Back to Home</a>
</body>
</html>
```

여기서는 약간 특이하게 수량을 구현할 때 〈input type="number" min="0" step="1" value="0"〉 요소를 사용해 사용자가 수량을 쉽게 추가하거나 삭제할 수 있도록 하였다.

■ 전체 페이지

현재까지 작성된 페이지의 모습은 오른쪽과 같다. 아직 요소가 배치되지 않아서 세로로 길쭉한 모습이 된다. 전부 블록 요소라서 그렇다.

〈header〉 요소 ⟶

〈nav〉 요소 ⟶

〈aside id="left"〉 요소 ⟶

〈iframe〉 요소 ⟶

<aside id="right"> 요소 →

앞에서는 HTML 태그를 이용해 문서의 내용을 생성하였다. 즉 콘텐츠로 채워진 페이지를 작성하였다. 이제부터는 생성된 페이지의 스타일을 CSS로 지정하여 보자. 즉 요소의 색상을 지정하고 요소를 화면에 배치하며 요소의 크기를 지정해 보자.

■ 외부 스타일 시트

일반적으로 스타일 시트는 외부 파일 참조 방식으로 지정된다. 즉 스타일 시트는 외부 파일로 작성해서 HTML 파일에 다음과 같은 문장으로 추가하게 된다.

⟨link rel="stylesheet" type="text/css" href="mystyle.css" /⟩

위의 문장은 "mystyle.css" 파일을 찾아서 HTML 파일에 포함시키게 된다.

■ 레이아웃

화면에 HTML 요소를 배치하는 데는 수많은 방법이 있다. 가장 기본적인 원칙은 무엇인가? 몇 가지를 정리하고 지나가자.

* 블록 요소는 한 줄을 다 차지하고 인라인 요소는 한 줄에서 필요한 너비만을 차지한다.
* 요소의 크기는 width와 height로 지정한다.
* 요소의 위치는 정상적인 흐름에 따라서 결정되지만 필요에 따라서는 top, bottom, left, right로 결정된다.

일단 다음과 같이 각 요소를 배치하는 것이 첫 번째 작업이다. 어떻게 해야 하는가?

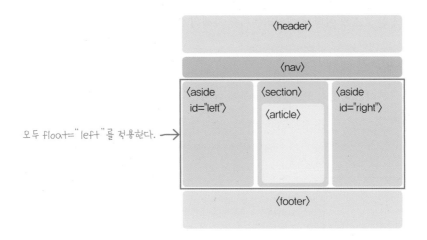

모두 float="left"를 적용한다. →

① 위의 그림을 자세히 보자. 〈header〉와 〈nav〉 요소는 기본적으로 블록 요소이니 그냥 두면 된다. 요소의 높이를 조절하고 싶으면 height 속성을 이용하면 된다.

② 중간에 있는 〈aside id="left"〉, 〈section〉, 〈aside id="right"〉가 문제이다. 이는 기본적으로 블록 요소이므로 그대로 두면 세로로 배치된다. 따라서 가로로 배치할 방법을 찾아야 한다. 여러 가지 방법이 있다. 가장 기본적인 방법은 display=inline해서 인라인 요소로 변경하는 것이다. 그 중에서도 가장 많이 사용되는 방법은 〈aside id="left"〉 요소를 float="left"라고 지정하는 것이다. float="left"라고 지정하면 〈aside id="left"〉 요소는 왼쪽에 떠있게 된다. 나머지 요소들은 지정된 요소를 감싸면서 배치된다. 나머지 요소들도 동일하게 float="left"라고 지정하면 한 줄에 차곡차곡 배치된다.

③ 〈footer〉도 블록 요소이므로 그냥 두면 된다. 하지만 float="left"의 영향에서 벗어나기 위해 clear="both"를 해주어야 한다. 그렇지 않으면 윗줄에 붙어서 배치될 수도 있다.

지금부터 CSS 파일인 "mystyle.css" 파일을 하나씩 작성해 보자. 맨 처음에 넣어주어야 할 것은 다음과 같은 문장이다.

mystyle.css

```
* {
    padding: 0px;
    margin: 0px;
}
```
← 모든 요소의 마진과 패딩을 0으로 만든다. 개발자가 모든 것을 조절하겠다는 강력한 의지의 표현이다.

```
body {
    background-color: #F3F1E9;
}
```
← 〈body〉 안 모든 요소의 배경색을 설정한다.

지금부터 한 요소씩 어떻게 배치되는지를 자세히 살펴보자.

▪ ⟨header⟩의 배치

헤더는 근본적으로 블록 요소이기 때문에 배치는 신경 쓰지 않아도 된다. 단순히 높이와 마진만 설정하자.

mystyle.css

```css
header {
    height: 60px;
    margin: 10px;
}
```

← ⟨header⟩ 요소의 높이와 마진을 지정한다.

▪ ⟨nav⟩의 배치

내비게이션 메뉴 부분에서는 상당히 신경을 써야 한다. 우선 수직 메뉴를 수평 메뉴로 전환해야 한다. 이것은 어떻게 가능한가? 리스트 항목을 나타내는 요소인 ⟨li⟩의 display 속성을 inline으로 변경시키면 된다.

mystyle.css

```css
nav {
    margin: 10px;
}
```

이 선택자는 ⟨nav⟩ 안의 자손 노드 ⟨ul⟩인 거 알고 있죠?

```css
nav ul {
    list-style: none;            /* 불릿을 표시하지 않는다. */
    text-align: center;          /* 내용물은 중앙 정렬 */
    border-top: 1px solid red;   /* 윗 경계선만 1픽셀 두께, 빨간색으로 그린다. */
    border-bottom: 1px solid red; /* 아래 경계선만 1픽셀 두께, 빨간색으로 그린다. */
    padding: 10px 0;             /* 상하 패딩은 10픽셀, 좌우 패딩은 0 */
}

nav ul li {
    display: inline;             /* ⟨li⟩ 요소는 블록 요소이지만 인라인 요소로 변경 */
    text-transform: uppercase;   /* 전부 대문자로 변경 */
    padding: 0 10px;             /* 상하 패딩은 0픽셀, 좌우 패딩은 10픽셀 */
```

```
        letter-spacing: 10px;              /* 글자 간격이 10픽셀 */
}

nav ul li a {
        text-decoration: none;
        color: black;
}

nav ul li a:hover {
        text-decoration: underline;        /* 마우스가 위에 떠있으면 밑줄이 그어지게 한다. */
}
```

HOME ABOUT US NEWS MY ACCOUNT CONTACTS

위의 메뉴에 대해서는 5장에서 설명한 바 있다.

■ 〈aside id=“left”〉의 배치

〈aside id=“left”〉는 왼쪽에 배치해야 한다. 왼쪽으로 배치할 때 가장 편리한 속성은 아무래도 float:left이다.

여기서는 마우스 호버링 시에 배경색을 “빨간색”으로 변경하는 효과를 주도록 하였다.

mystyle.css

```
aside#left {
        width: 175px;
        margin-top: 20px;
        float: left;          ← 왼쪽에 떠 있도록 배치한다.
}

#left h4 {
        font-family: Arial, Helvetica, sans-serif;
        font-size: 20px;
}

#left ul {
```

카테고리
컴퓨터
의류
음악
영화
스포츠/레저
가구/인테리어
식품

```css
    font-family: Arial, Helvetica, sans-serif;
    font-size: 15px;
    color: #FFF;
    list-style: none;
    text-indent: 15px;
}

#left ul li {
    background: #3f3f3f;
    line-height: 28px;
    border-bottom: 1px solid #333;
}
```

```css
#left ul li a {
    text-decoration: none;
    color: #FFF;
    display: block;   /* 글자뿐만 아니라 한 줄 전체가 선택된다. */
}
```

이것을 블록 요소로 변경해야만이 전체의 배경색이 변경된다.

```css
#left ul li a:hover {
    background: #d40203;
}
```

← 마우스가 메뉴 위에 있으면 배경색을 변경한다.

```css
#left ul li#active {
    background: #d40203;
}
```

■ 〈article〉의 배치

〈article〉은 〈aside id="left"〉에 붙어서 왼쪽으로 배치되면 좋을 것이다. 따라서 역시 float:left로 지정한다.

mystyle.css

```css
#main {
    font-family: Arial, Helvetica, sans-serif;
```

```
    font-size: 12px;
    color: #464646;
    overflow: hidden;   ← 내용물이 컨테이너를 넘치면 냉정하게 자를 것
    float: left;
    width: 430px;       ← 아티클을 <aside>에 붙여서 왼쪽에 배치한다.
}
```

■ ⟨aside id="right"⟩의 배치

mystyle.css

```
aside#right {
    padding: 0px;
    margin-left: 10px;
    width: 200px;
    float: left;   ← 역시 왼쪽에 붙여서 배치한다.
}
```

■ 쇼핑 카트와 로그인 배치

mystyle.css

```
#shopcart {
    margin-bottom: 20px;
}

#login {
    margin-top: 40px;
}
```

← 쇼핑 카트 부분과 로그인 부분이 너무 붙지 않도록 적절한 마진을 준다.

■ ⟨footer⟩의 배치

mystyle.css

```
footer {
    width: 100%;
```

```
    height: 50px;
    clear: both;
    background-image: url(images/footer_bg.gif);
    background-position: top left;
    background-repeat: repeat-x;
}
```

〈footer〉는 윗줄에 붙으면 안 된다. 따라서
float속성을 여기서 제거한다.

자그마한 이미지를 x-방향으로만 반복하여 표시
한다.

7 - 04 완성된 페이지 보기

완성된 페이지를 테스트하여 보자. 아직 스크립트 코드가 없어서 동작이 안 되지만 먼저 이런
식으로 웹 페이지를 디자인하는 것이 첫 번째 단계이다. 웹디자이너가 이런 식으로 디자인된
웹 페이지를 웹 프로그래머한테 넘기면 웹 프로그래머가 HTML 요소의 아이디와 클래스 이름
을 가지고 스크립트 코드를 붙이게 된다.

1 본문에서 구현된 작은 웹 사이트에는 아직 완성하지 못한 페이지가 많이 있다. 몇 개만 나열하면 다음과 같다.

> - ABOUT US 페이지 – 간단하게 회사를 소개하는 페이지
> - NEWS 페이지 – 신상품을 소개하는 페이지
> - MY ACCOUNT – 배송 조회, 나의 정보를 조회하는 페이지
> - 비밀번호 분실 페이지 – 비밀번호를 분실하였을 경우에 이메일로 보내주는 페이지
> - 카테고리 중에서 "스포츠/레저" 페이지
> - 카테고리 중에서 "가구/인테리어" 페이지
> - 카테고리 중에서 "식품" 페이지

위의 페이지를 작성하여 전체 사이트를 완성하여 보자. 추가적으로 왼쪽 카테고리 메뉴를 좀 더 색다르게 구현해 보는 것도 괜찮을 것이다.

8

자바스크립트 기초

학·습·목·표
- HTML5의 공식적인 스크립트 언어인 자바스크립트의 기초적인 사항들을 살펴본다.
- 자바스크립트에서 변수를 선언하는 방법, 연산자에 대해서 살펴본다.
- 자바스크립트에서 사용되는 조건문과 반복문의 구조를 이해한다.
- 자바스크립트에서의 배열의 생성, 사용을 살펴본다.

8 - 01 자바스크립트의 소개

HTML로 웹 페이지의 내용을 만들고 CSS로 웹 페이지의 스타일을 정의해서 멋진 웹 페이지를 만들 수 있다고 하더라도 무엇인가 부족하다. 어떤 점이 부족할까? 웹 페이지가 항상 똑같은 내용만을 보여준다! 시간이 흘러가거나 사용자가 버튼을 클릭하여도 웹 페이지의 내용이 절대 변경되지 않는다. 우리는 변하지 않는 콘텐츠만을 보여주는 정적인 웹 페이지에는 금방 지루함을 느낀다.

정적 웹페이지

움직이는게 재미있어

동적 웹페이지

그렇다면 어떻게 해야 사용자와 페이지 간의 상호작용이 이루어지는 동적인 웹 페이지를 작성할 수 있을까? 예를 들어 구글의 검색 페이지처럼 사용자가 무엇인가를 입력하면 페이지의 내용이 동적으로 변경되게 할 수 있을까? 웹 페이지로 게임을 작성할 수도 있을까? 모두 가능하다. 하지만 동적인 웹 페이지를 작성하려면 반드시 프로그래밍 언어를 사용해야 한다.

동적인 웹 페이지를 작성하기 위해 가장 많이 사용되는 언어가 바로 자바스크립트(JavaScript)이다. 자바스크립트는 웹의 표준 프로그래밍 언어이다. 모든 웹 브라우저는 자바스크립트를 지원한다. 자바스크립트는 HTML5의 공식적인 스크립트 언어가 되었다.

마우스로 드래그하여 회전할 수 있는 이러한 화면도 자바스크립트만을 이용하여 구현되었다.

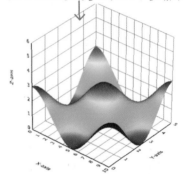

자바스크립트는 모든 웹 개발자가 필수적으로 학습해야 하는 3가지 중의 하나이다. 3가지는 무엇일까? 다시 한 번 복습해 보자. 첫 번째는 웹 페이지의 콘텐츠(content)를 정의하는 HTML이고 두 번째는 웹 페이지의 스타일(style)을 지정하는 CSS이다. 세 번째가 바로 자바스크립트로 웹 페이지의 동작(action)을 지정한다. 자바스크립트가 없었다면 수동적이고 정적

웹페이지의 내용은 나한테 맡겨!

웹페이지의 표현은 나한테 맡겨!

웹페이지의 동작은 나한테 맡겨!

HTML   CSS   JAVASCRIPT

인 웹 페이지만 존재했을 것이다. 자바스크립트는 웹 페이지에 생명력을 불어넣어서 역동적인 웹 페이지를 만든다.

"자바스크립트"라는 용어는 흔히 "자바 언어"와 혼동을 일으키기 쉽다. 물론 구문은 유사하지만 자바스크립트는 "자바 언어"와는 완전히 다른 언어이다. 어떤 사람은 "자바 언어"와 "자바스크립트"의 관계를 "햄"과 "햄스터"에 비유하기도 한다. 글자는 유사하지만 그만큼 차이가 있다는 의미이다. 차이점을 살펴보자.

특징	자바 언어	자바스크립트
언어 종류	소스 파일을 컴파일하여 실행하는 컴파일 언어이다.	브라우저가 소스 코드를 직접 해석하여 실행하는 인터프리트 언어이다.
실행 방식	자바 가상 기계 위에서 실행한다.	브라우저 위에서 실행된다.
작성 위치	별도의 소스 파일에 작성	HTML 파일 안에 삽입 가능
변수 선언	변수의 타입을 반드시 선언해야 함	변수의 타입을 선언하지 않아도 사용 가능

자바스크립트는 자바 언어보다는 훨씬 배우기 쉬우며 사용하기도 쉽다. 특히 변수의 자료형을 선언할 필요가 없으므로 입문자들도 아주 쉽게 사용할 수 있다. 어떤 면에서는 자바스크립트가 C나 자바보다 학습하기가 쉽다. 게다가 그래픽도 마음대로 사용할 수 있다! 만약 이 책을 읽는 독자가 다른 프로그래밍 언어를 이미 학습한 상태라면 자바스크립트는 이미 알고 있는 것이나 마찬가지이다. 최근에는 자바스크립트에 상속이나 프로토타입 등의 개념이 추가되고 있어서 강력한 언어가 되고 있다.

> [참고]
>
> 지난 1995년 넷스케이프(Netscape)는 자사의 브라우저 임베디드형 스크립트(Script) 언어의 새로운 브랜드를 만들기 위해 썬마이크로시스템즈로부터 '자바'(Java)에서 변형된 이름에 대한 라이센스를 취득했다. 이렇게 자바스크립트(JavaScript)라는 이름이 생겨나면서 오해가 생기게 되었다. 자바스크립트와 자바는 유사한 점도 있지만 다른 점도 아주 많다.

■ 자바스크립트의 역사

자바스크립트는 넷스케이프의 브렌든 아이크(Brendan Eich)가 개발한 것으로 처음에는 라이브스크립트(LiveScript)라는 이름이었고, 최종적으로 자바스크립트가 되었다. 자바스크립트는 웹 사이트에서 각종 액션을 처리하는 데 사용되었고 웹 브라우저의 내장 객체에도 접근할 수 있었다. 가장 최근 버전은 자바스크립트 1.8.5이다. 자바스크립트는 브라우저마다 지원되는 버전이 조금씩 다르며, 가장 널리 지원되는 버전

은 1.5라고 한다.

자바스크립트도 표준이 있다. ECMA(European Computer Manufacturer's Association)이 ECMAScript라는 이름으로 표준을 제정하였다. ECMA-262라는 이름으로 언어스펙이 발표되고 있다. http://www.ecma-international.org/publications/standards/Ecma-262.htm에서 우리는 ECMAScript Language Specification에 대한 pdf 문서를 다운로드 받을 수 있다. 이것이 자바스크립트의 최종적인 언어 표준이다.

■ 자바스크립트의 특징

자바스크립트의 특징은 다음과 같다. 이해가 잘 안 되는 점이 있어도 일단 넘어가자. 차후에 보다 자세하게 설명할 것이다.

- 인터프리트 언어 - 인터프리트 언어란 컴파일 과정을 거치지 않고 바로 실행시킬 수 있는 언어이다.
- 동적 타이핑(dynamic typing) - 변수의 자료형을 선언하지 않고도 변수를 사용할 수 있는 특징이 있다. 이를 테면 C언어처럼 int x;할 필요가 없이 단순히 모든 변수는 var x;와 같이 선언할 수 있다.
- 구조적 프로그래밍 지원 - C언어의 구조적 프로그래밍을 지원한다. 즉 if-else, while, for 등의 제어 구조를 완벽하게 지원한다.
- 객체 기반 - 자바스크립트는 전적으로 객체 지향 언어이다. 자바스크립트의 객체는 연관 배열(associative arrays)이다.
- 함수형 프로그래밍 지원 - 자바스크립트에서 함수는 일급 객체(first-class object)이다. 즉 함수는 그 자체로 객체이다. 함수는 속성과 .call()과 같은 메서드를 가진다.
- 프로토타입-기반(prototype-based) - 자바스크립트는 상속을 위해 클래스 개념 대신에 프로토타입을 사용한다.

■ 첫 번째 프로그램

자바스크립트의 가장 중요한 특징은 동적 웹 페이지를 생성할 수 있다는 점이다. 아주 간단한 동적 웹 페이지를 작성하여 보자. 웹 페이지를 로드할 때마다 현재의 시간이 화면에 표시되도록 하자.

```
js.html

<!DOCTYPE HTML>
<html>
<head>
    <title> My First Javascript </title>
</head>
<body>                        이것이 자바스크립트이다.
                                    ↓
    <script>
        var now = new Date();  ←  현재 시간을 가지고 있는
                                   객체를 생성한다.
        document.write(now);  ←  객체의 값을 화면에
                                   표시한다.
    </script>
</body>
</html>
```

Wed Jul 17 17:37:53 UTC+0900 2013

브라우저의 "새로 고침" 버튼을 누를 때마다 현재 시간이 변경되어서 출력되는 것을 알 수 있다. 아주 간단하지만 이것도 엄연한 동적인 웹 페이지이다. 위의 소스를 살펴보자. 자바스크립트는 〈script〉 ... 〈/script〉 사이에 기술된다. 자바스크립트는 HTML 문서의 〈head〉 섹션이나 〈body〉 섹션 안에 위치할 수 있다. var now = new Date(); 문장은 무슨 의미일까? 현재 시간을 가지고 있는 now라는 이름의 객체가 생성된다. document.write(now)는 now 객체의 값을 HTML 문서에 출력한다. 차후에 자세히 설명된다.

webprogramming

8 - 02 자바스크립트의 용도

우리는 자바스크립트를 이용해 무엇을 할 수 있는가? 무엇 때문에 자바스크립트를 이용하는가? 자바스크립트의 대표적인 용도를 간단히 살펴보고 지나가자.

• 이벤트에 반응하는 동작을 구현할 수 있다.
• Ajax를 통하여 전체 페이지를 다시 로드하지 않고서도 서버로부터 새로운 페이지 콘텐츠를 받거나 데이터를 제출할 때, 사용한다.
• HTML 요소의 크기나 색상을 동적으로 변경할 수 있다.
• 게임이나 애니메이션과 같은 상호 대화적인 콘텐츠를 구현할 수 있다.

- 사용자가 입력한 값을 검증하는 작업도 자바스크립트를 이용한다.

여기서는 대표적으로 이벤트 처리 코드를 자바스크립트로 어떻게 작성하는지를 살펴보고 지나가자. 자바스크립트는 사용자의 입력에 반응할 수 있다. 자바스크립트는 버튼이 눌리는 것과 같은 이벤트가 발생했을 경우에 실행되는 동작을 지정할 수 있다.

```
js1.html

<!DOCTYPE html>
<html>
<body>
    <p>
        자바 스크립트는 이벤트에 반응할 수 있습니다.   onclick 이벤트가 발생하면 alert()를 호출한다.
    </p>                                              ↓
    <button type="button" onclick="alert('반갑습니다.')">버튼을 누르세요!</button>
</body>
</html>
```

alert() 함수는 자바스크립트에서 많이 사용되지는 않는다. 하지만 가끔 출력 코드를 작성할 때는 편리하다. onclick 이벤트는 버튼이 클릭되면 발생하는 이벤트이다. 위의 코드를 해석해 보면 버튼이 클릭되어 onclick 이벤트가 발생하면 alert('반갑습니다')를 실행하라는 의미가 된다.

■ **자바스크립트의 미래**

자바스크립트는 본래 클라이언트 웹 페이지를 위한 프로그래밍 언어였지만 그 용도는 점점 더 확장되고 있다.

● Node.js

특히 최근에는 Node.js처럼 자바스크립트를 서버 프로그래밍 언어로 변화시키려는 시도가 진행되고 있다. Node.js는 웹 서버와 같은 애플리케이션을 작성하기 위해 설계된 서버-사이드 소프트웨어 시스템이다. 특히 이벤트-구동형이고 비동기적 입출력을 채택하여 병렬처리 코어가 많은 컴퓨터에서 효율적으로 실행된다고 한다.

● jQuery

자바스크립트 라이브러리인 jQuery는 브라우저에서 아주 폭넓게 사용되고 있으며 Mobile jQuery를 통하여 모바일 장치에서도 인기를 얻고 있다.

● JSON

자바스크립트의 객체 표기법인 JSON(JavaScript Object Notation)은 개발 언어 독립적인 데이터 형식으로서 데이터 전송용 XML을 대체하고 있다. JSON은 심지어 문서 데이터베이스의 표준 저장 형식으로도 사용된다.

결론적으로 현재의 웹 프로그래밍 기술에서 자바스크립트는 아주 중요한 역할을 하고 있다. 우리는 웹 또는 모바일 애플리케이션을 개발할 때 자바스크립트만 사용하면 되는 시기에 와 있는 것 같다. 즉 클라이언트에서는 jQuery를 이용해 클라이언트 애플리케이션을 개발하고 JSON으로 서버와 데이터를 주고 받을 수 있다. 서버에서는 Node.js를 통하여 서버 프로그램을 개발한다.

webprogramming

8-03 자바스크립트의 위치

CSS와 마찬가지로 자바스크립트도 다음과 같은 3가지 방법으로 HTML 문서에 삽입될 수 있다.

• 내부 자바스크립트
• 외부 자바스크립트
• 인라인 자바스크립트

■ 내부 자바스크립트

자바스크립트는 ⟨script⟩와 ⟨/script⟩ 태그 사이에 위치한다. ⟨script⟩와 ⟨/script⟩는 자바스크립트가 시작하고 종료되는 위치를 표시한다. 자바스크립트는 HTML 문서의 ⟨head⟩ 섹션이나 ⟨body⟩ 섹션 안에 위치할 수 있다. 이전에 입력하여 실행하였던 코드를 분석하여 보자.

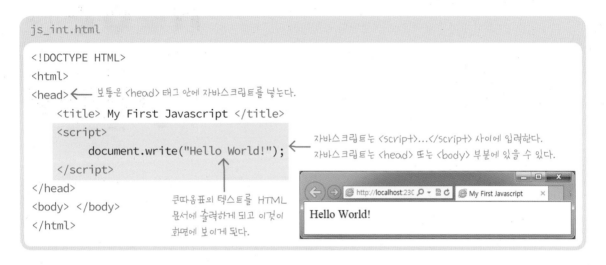

js_int.html

```
<!DOCTYPE HTML>
<html>
<head>        ← 보통은 <head> 태그 안에 자바스크립트를 넣는다.
    <title> My First Javascript </title>
<script>
    document.write("Hello World!");
</script>
</head>
<body> </body>
</html>
```

자바스크립트는 ⟨script⟩...⟨/script⟩ 사이에 입력한다.
자바스크립트는 ⟨head⟩ 또는 ⟨body⟩ 부분에 있을 수 있다.

큰따옴표의 텍스트를 HTML 문서에 출력하게 되고 이것이 화면에 보이게 된다.

Hello World!

자바스크립트를 입력할 때 사용하는 태그는 ⟨script⟩이다. HTML 내부 어디라도 자바스크립트를 넣을 수 있지만 ⟨head⟩ 섹션에 넣는 것이 좀 더 바람직하다.

document.write()는 document 객체의 write() 메서드를 호출하는 문장이다. 아직은 객체와 메서드라는 단어가 생소할 것이다. 객체는 속성과 동작을 한데 모아둔 것으로 메서드는 동작에 해당된다. write() 메서드는 큰따옴표 안 텍스트를 HTML 문서에 추가한다. 위의 코드의 ⟨body⟩ ... ⟨/body⟩ 사이에는 아무것도 없지만 document.write()가 "Hello World!"를 HTML 문서에 추가하기 때문에 화면에 "Hello World!"가 나타난다. 다음과 같이 텍스트에 태그를 추가해서 쓸 수도 있다.

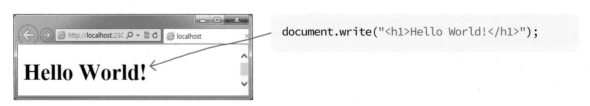

```
document.write("<h1>Hello World!</h1>");
```

■ 이전 방법

예전에는 스크립트를 작성할 때 어떤 언어를 사용하는지를 표기해야 했다.

```
<script type="text/javascript">      ←──예전 방식이다. HTML5에서는 필요없다.
        document.write("Hello World!");
</script>
```

하지만 HTML5부터는 자바스크립트가 공식적인 스크립트 언어가 되었다. 따라서 type 속성을 기술할 필요가 없다.

또 예전에는 자바스크립트를 지원하지 않는 브라우저도 많아서 코드 부분을 다음과 같이 HTML 주석으로 둘러싸기도 하였다.

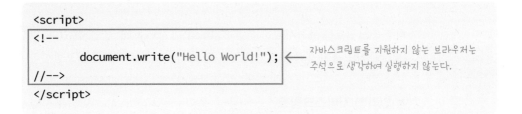

```
<script>
<!--
        document.write("Hello World!");      ←── 자바스크립트를 지원하지 않는 브라우저는
//-->                                              주석으로 생각하여 실행하지 않는다.
</script>
```

자바스크립트를 지원하지 않는 웹 브라우저에서는 해당 부분이 주석 처리되어서 실행되지 않는다. 하지만 최근에 자바스크립트를 지원하지 않는 웹 브라우저는 거의 없다고 해도 과언이 아니다. 따라서 더 이상 자바스크립트에 주석 처리는 필요하지 않다.

Q&A

Q 그렇다면 웹에서 다른 스크립트 언어도 사용할 수 있나요?

A 당연합니다. 예전에는 비주얼 베이직(VBScript)도 많이 사용하였습니다. 현재는 자바스크립트로 통일되었습니다.

■ 외부 자바스크립트

자바스크립트는 외부 파일에 저장될 수도 있다. 외부 자바스크립트 파일은 흔히 여러 웹 페이지에서 공통적으로 사용되는 코드를 포함하고 있다. 외부 자바스크립트 파일은 .js라는 확장자를 가진다. 외부 스크립트 파일을 사용하기 위해서는 〈script〉 태그의 src 속성의 값으로 외부 스트립트 파일의 이름을 입력해야 한다.

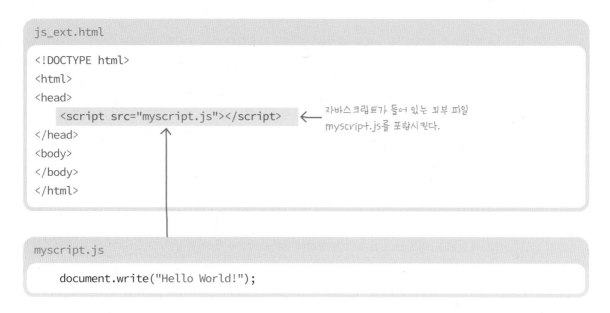

js_ext.html

```
<!DOCTYPE html>
<html>
<head>
    <script src="myscript.js"></script>          자바스크립트가 들어 있는 외부 파일
</head>                                            myscript.js를 포함시킨다.
<body>
</body>
</html>
```

myscript.js

```
document.write("Hello World!");
```

외부 스크립트를 포함시키는 문장도 〈head〉나 〈body〉에 놓일 수 있다. 외부 스크립트에서는 〈script〉 태그를 사용하지 않는다. 순수한 자바스크립트 코드만을 포함한다.

■ 인라인 자바스크립트

자바스크립트는 HTML 태그 내부에 이벤트 속성으로 삽입될 수도 있다. 이 방법은 꼭 필요한 경우에만 사용하도록 하자.

js_inline.html

```
<!DOCTYPE html>
<html>                          onclick 이벤트가 발생하면 alert()를 호출한다.
<body>
    <button type="button" onclick="alert('반갑습니다.')">버튼을 누르세요!</button>
</body>
</html>
```

[참고]

자바스크립트 소스를 입력하고 바로 출력을 받아보려면 콘솔을 사용하는 것도 방법이다. 인터넷 익스플로러의 경우, F12를 누르면 개발자 도구창이 등장하고 콘솔을 선택하면 된다. 콘솔에서는 자바스크립트 소스를 입력하고 엔터키를 누르면 바로 실행되어서 결과를 보여준다.

Q&A

Q 자바스크립트는 〈head〉 또는 〈body〉에 넣을 수 있다는데요. 어떤 차이가 있는지요?

A 대원칙은 자바스크립트는 읽혀지면서 바로 실행된다는 점입니다. 즉 브라우저가 읽는 동안에 동시에 실행되는 것이죠. 〈head〉는 메타 정보만 있으므로 여기에 자바스크립트를 넣으면 반드시 〈body〉에 위치한 콘텐츠보다 먼저 실행되는 것이 보장됩니다. 만약 자바스크립트로 콘텐츠를 처리한다면 〈body〉에서 콘텐츠 다음에 위치시켜야 합니다. 안전하게 하려면 〈body〉의 맨끝에 두는 것이 좋습니다.

webprogramming

8-04 문장

자바스크립트는 브라우저에 의하여 실행되는 문장의 순서 있는 집합이다. 먼저 문장의 개념부터 살펴보자. 만약 독자가 C언어 문법을 잘 알고 있다면 이 부분은 건너뛰어도 좋을 것이다.

■ 문장

다른 프로그래밍 언어와 마찬가지로 자바스크립트 문장(statement)은 웹 브라우저에게 내리는 명령이라고 간주할 수 있다. 각각의 문장은 웹 브라우저가 무엇을 해야 하는지를 지시한다.

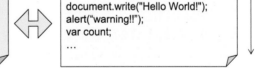

1. 문서에 "Hello World!"를 추가하시오.
2. 화면에 경고창을 띄우시오.
3. 변수를 하나 만드시오.
4. …

```
document.write("Hello World!");
alert("warning!!");
var count;
…
```

순차적으로 실행된다.

각 문장의 끝에는 ;(세미콜론)을 붙인다. 세미콜론은 자바스크립트 문장을 분리한다. 세미콜론은 생략해도 된다. 자바스크립트에서는 줄이 바뀌면 하나의 문장이 끝난 것으로 판단한다. 하지만 가급적 세미콜론을 붙이도록 하자. 세미콜론을 사용해 한 줄에 여러 개의 문장을 작성할 수도 있다.

문장이 모이면 코드가 된다. 자바스크립트 코드는 자바스크립트 문장들의 순서 있는 집합이다. 각 문장은 브라우저에 의하여 작성된 순서대로 실행된다.

■ 블록

자바스크립트 문장은 **블록(block)**이라는 단위로 묶일 수 있다. 블록은 {로 시작하고 }로 끝난다. 블록의 목적은 여러 개의 문장을 묶어서 함께 실행하기 위해서이다. 아래 예제는 2개의 문장을 블록으로 묶은 것이다. 블록은 차후에 학습하게 되는 조건문이나 반복문, 함수에서 필요하다.

```
{
    document.write("Hello World!");
    document.write("How are you?");
}
```

■ 문자 집합과 대소문자 구별

자바스크립트는 유니코드(unicode) 문자 집합 버전 3를 지원한다. 유니코드는 아스키 코드의 슈퍼 집합으로 전세계의 모든 문자를 나타낼 수 있다.

자바스크립트는 대소문자를 구별한다. init() 함수는 INIT() 함수와 동일하지 않다. 또 myName 변수는 MyName 변수와 같지 않다. 여기서 주의할 점은 HTML은 대소문자를 구별하지 않는다는 점이다. 이것 때문에 혼동이 올 수 있는데 자바스크립트에서 HTML의 태그와 속성 이름은 소문자로 적어주어야 한다. 즉 onclick 속성은 HTML에서는 onClick이라고 해도 되지만 자바스크립트에서는 반드시 소문자 onclick으로만 적어야 한다.

자바스크립트는 공백 문자를 모두 무시한다. 따라서 개발자는 가독성을 위해 공백 문자를 추가할 수 있다. 다음의 두 문장은 완전히 동일하다.

```
document.write("How are you?");
          document.write(          "How are you?");
```
공백을 둘 수 있음.

다만 붙여써야 하는 부분에 공백을 두면 컴파일 오류가 발생한다. 예를 들어 document.와 write() 사이에 공백을 두면 컴파일 오류가 발생한다.

> **[참고] 인터프리트 언어와 컴파일 언어**
> 자바스크립트는 인터프리트 언어이다. 스크립팅 언어는 브라우저가 각 줄을 읽을 때마다 즉시 실행된다. 반면에 C언어와 같은 프로그래밍 언어는 실행되기 전에 모두 컴파일되어야 한다.

■ **주석문**

자바스크립트에서도 **주석**(comment)을 이용해 소스를 보다 읽기 쉽도록 만들 수 있다. 주석문은 실행되지 않는다. 단일 문장 주석은 //으로 시작한다. 다음 예제에서는 주석을 사용해 코드를 보다 읽기 쉽게 만들고 있다.

```javascript
// id가 heading1인 헤딩요소를 찾아서 내용을 바꾼다.
document.getElementById("heading1").innerHTML = "My HomePage";
```

처음 나왔죠? 웹 페이지에서 특정한 요소를 찾아서 그 콘텐츠를 변경하는 문장입니다.

다중 문장 주석은 /*로 시작해서 */로 종료된다. 다음 문장에서는 코드를 설명하기 위해 다중 문장 주석을 사용한다.

```javascript
/*
        이 코드는 웹 페이지의 헤딩의 내용을 변경한다.
*/
document.getElementById("heading1").innerHTML = "My HomePage";
```

변수(variable)는 데이터를 저장하는 상자로 생각할 수 있다. 자바스크립트에서 변수는 var 키워드를 사용해 선언(declare)한다.

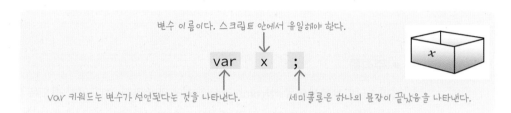

변수는 어디에 필요할까? 사용자가 입력한 값이나 텍스트 등을 저장할 때도 필요하고 계산 도중에 중간 결과를 저장할 때도 필요하다. 자바스크립트로 게임을 작성하는 경우에는 생각보다 복잡한 코드가 필요하다. 이때는 많은 변수가 필요하다.

변수에 값을 저장하는 것은 어떻게 할까? 등호(=)를 사용한다. 예를 들어 변수 x에 10을 저장하는 작업은 다음과 같은 문장을 사용한다. 여기서 = 기호는 왼쪽 변수에 오른쪽 값을 저장한다는 의미이다.

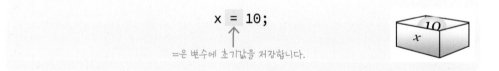

변수 이름은 어떻게 지으면 좋을까? 우리는 아기가 태어나면 신중하게 이름을 짓는다. 변수도 마찬가지로 해야 한다. 변수 이름은 x나 y와 같은 짧은 이름보다는 name, sum, count와 같이 변수의 역할을 설명하는 이름으로 짓는 것이 좋다.

변수 이름을 짓는 몇 가지의 규칙이 있다.

- 변수 이름은 문자로 시작해야 한다.(숫자로 시작하면 안 된다.)
- 변수 이름은 $이나 _로 시작할 수 있다.
- 변수 이름은 대소문자를 구별한다.(count와 Count는 서로 다른 변수이다.)

자바스크립트 변수 선언과 다른 언어의 변수 선언과의 차이점은 없을까? 자바스크립트 변수 선언에서는 자료형을 지정하지 않는다. 즉 int x;나 double y;처럼 변수가 저장하는 값의 유형을 지정하지 않는다. 자바스크립트 변수는 어떤 형태의 값도 모두 저장할 수 있다. 자바스크립트 변수에는 정수뿐만 아니라 문자열도 저장할 수 있다. "Hong"과 같은 텍스트를 문자열(string)이라고 부른다. 문자열을 나타낼 때는 큰따옴표("...")나 작은따옴표('...')를 모두 사용할 수 있다.

```
var name;
name = "Hong";
```

변수 선언과 초기화를 동시에 할 수도 있다.

```
var name = "Hong";
```

그리고 문자열을 저장하였던 변수에 다시 정수를 저장할 수도 있다.

```
var x;
x = "Hong";
x = 10;          // 변수의 최종값은 10
```

 **예제** **변수의 값 출력 예제**

변수를 하나 선언하고 문자열을 할당한 후에 alert()를 사용하여 변수의 값을 출력하여 보자.

js_var.html

```
<script>
var x;
x = "Hello World!";
alert(x);
</script>
```

변수 x를 선언하고 여기에 문자열 "Hello World!"를 저장한다.

■ 한 줄에 여러 개의 변수 선언

하나의 문장에서 여러 개의 변수를 선언할 수 있다.

```
var name = "Hong", age = 24, job = "student";
```

위의 문장은 아래 문장들과 완전히 일치한다.

```
var name = "Hong";
var age = 24;
var job = "student";
```

8 - 0 6 자료형

자료형(data type)은 변수가 가질 수 있는 값의 종류이다. 자바스크립트에는 다음과 같은 자료형이 있다.

기본 자료형이라고 한다.

- 수치형(number) - 정수나 실수가 될 수 있다.
- 문자열(string) - 문자가 연결된 것을 의미한다. 텍스트라고 생각하면 된다.
- 부울형(boolean) - true 또는 false 값만을 가질 수 있다. 둘 중의 하나를 표현하는 데 사용된다.
- 객체형(object) - 객체를 나타내는 타입이다. 차후에 학습하기로 하자.
- undefined - 값이 정해지지 않은 상태를 나타낸다.

자바스크립트에서 변수를 선언할 때는 자료형이 필요 없다. 하지만 특정한 값이 변수에 저장되는 순간, 자료형은 내부적으로 결정된다. 자바스크립트에서 변수는 어떤 타입의 값이라도 가질 수 있다.

```
var x;              // x의 값은 undefined가 된다.
x = 100;            // x는 숫자를 가진다.
x = "홍길동";       // x는 문자열을 가진다.
```

자바스크립트에서는 자료형을 표현하지 않지만 변수의 내부 속성으로 자료형을 가지고 있다.

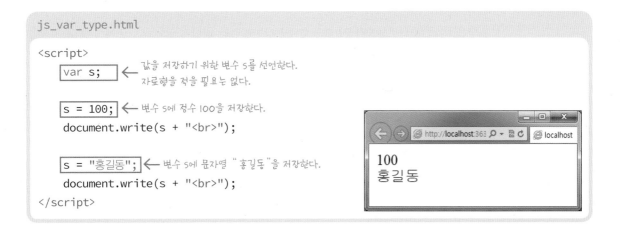

js_var_type.html

```
<script>
    var s;          ← 값을 저장하기 위한 변수 s를 선언한다.
                       자료형을 적을 필요는 없다.

    s = 100;        ← 변수 s에 정수 100을 저장한다.
    document.write(s + "<br>");

    s = "홍길동";   ← 변수 s에 문자열 "홍길동"을 저장한다.
    document.write(s + "<br>");
</script>
```

```
100
홍길동
```

현재 변수가 저장하고 있는 자료의 종류는 typeof라는 연산자를 변수에 적용하면 알 수 있다. 함수는 실제로는 객체형이지만 호출이 가능한 객체의 타입을 "function"으로 출력한다. 아래 표에서 변수의 타입과 typeof 연산자가 출력하는 값을 정리하였다.

변수의 타입	출력하는 값
수치형(Number)	"number"
문자열(String)	"string"
부울형(Boolean)	"boolean"
호출이 불가능한 객체	"object"
호출이 가능한 객체	"function"
Null	"object"
Undefined	"undefined"

■ 수치형

수치형은 정수 혹은 실수가 가능하다. 실수는 e를 사용해 지수형으로 표시할 수 있다. 즉 1,000,000과 같이 상당히 큰 수는 1e6과 같이 10의 지수를 이용해 표시할 수 있다.

```
var x = 123.00;      // 실수
var y = 123;         // 정수
var z1 = 123e3;      // 123000
var z2 = 123e-3;     // 0.123
```

■ 부울형

부울형은 true(참)와 false(거짓) 값을 가진다. 부울형은 일반적으로 조건문에서 실행 조건을 검사하는 데 사용된다.

```
var x = (20 > 10);  // x는 true가 된다.
var y = (10 > 20);  // y는 false가 된다.
```

■ Undefined

undefined는 값이 결정되지 않았다는 것을 나타낸다. 변수가 선언되었지만 아직 값이 대입되지 않았으면 undefined 상태가 된다.

```
var person;
document.write(person + "<br>");
```

undefined

■ 문자열

문자열은 연속된 문자들로서 "abc", 또는 'abc'와 같이 나타낸다. 문자열 내의 문자는 유니코드로 표현된다.

```
var s = "abc"; // s는 문자열 "abc"를 저장한다.
var s = 'abc'; // OK!
var s="그는 '슈퍼맨'이라고 불린다"; // 문자열 안에 작은따옴표를 사용할 수 있다.
```

문자열의 길이는 내부에 들어 있는 문자의 개수이다. 문자의 위치는 0부터 시작한다. 문자열의 길이는 문자열 length 속성으로 알 수 있다. 즉 문자열 s의 길이는 다음과 같은 문장으로 알 수 있다.

```
var s = "abc"; // s는 문자열 "abc"를 저장한다.
alert(s.length); // 3이 출력된다.
```

자바스크립트에서는 + 연산자를 사용하면 두개의 문자열을 합칠 수 있다.

```
t = "Hello " + "World";   // 문자열 "Hello World"가 된다.
```

그 외에도 문자열에는 많은 메서드가 준비되어 있다. 그 중에서 중요한 것만 살펴보면 다음과 같다.

```
var s = "Hello World";
s.charAt(0);                    // => "H": 첫 번째 문자
s.replace("e", "E");            // => "HEllo World": E를 e로 변경한다.
s.toUpperCase();                // => "HELLO WORLD": 대문자로 변경한다.
```

문자열 처리에서 주의할 점은 문자열을 변경하는 메서드는 새로운 문자열을 생성하여 반환한 다는 점이다. 기존의 문자열을 수정하여 반환하는 것이 아니다. 문자열 처리를 실습하여 보자.

js_var_str.html

```
<script>
    var s = "Hello World";
    var t = "How are you" + " today?";

    document.write(s + "<br>");
    document.write(t + "<br>");
    document.write(s.toUpperCase() + "<br>");
</script>
```

Hello World
How are you today?
HELLO WORLD

■ 객체형

자바스크립트에서 기본 자료형을 제외하면 모두 객체형(Object)이라고 할 수 있다. 객체를 생 성하고 사용하는 것은 차후 자세하게 학습하기로 하고 여기서는 간단하게 객체를 생성하는 방법만 살펴보자. 객체(object)는 사물의 속성과 동작을 묶어서 표현하는 기법 중의 하나이다. 예를 들어 자동차는 메이커, 모델, 색상, 마력과 같은 속성도 있고 출발하기, 정지하기 등의 동작도 가지고 있다. 객체는 이것을 묶어서 다음과 같이 표현한다.

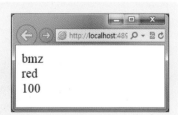

```
var myCar = { model: "bmz", color: "red", hp: 100 };
```

위의 객체에 동작을 나타내는 메서드를 추가하면 완전한 객체가 된다.
객체의 속성을 사용할 때는 도트(.) 연산자를 사용한다.

```
document.write(myCar.model + "<br>");
document.write(myCar.color + "<br>");
document.write(myCar.hp + "<br>");
```

bmz
red
100

8-07 연산자

자바스크립트에서 제공되는 각종 연산자에 대하여 살펴본다. 덧셈, 뺄셈, 곱셈, 나눗셈 같은 산술 연산이 포함된다. 하지만 컴퓨터는 산술 연산만을 수행하는 것은 아니다. 값을 비교하는 관계 연산자, 논리적인 판단을 할 수 있는 논리 연산자 등도 포함되어 있다.

■ 산술 연산자

연산자는 수학에서 사용되는 연산자와 유사하다. 즉 +, -, *, /는 각각 덧셈, 뺄셈, 곱셈, 나눗셈을 의미한다.

연산자	설명	예	수식의 값
+	덧셈	x=3+2	5
-	뺄셈	x=3-2	1
*	곱셈	x=3*2	6
/	나눗셈	x=3/2	1.5
%	나머지	x=3%2	1
++	증가	++x	x의 값 3→4
--	감소	--x	x의 값 3→2

산술 연산자를 이용한 간단한 예제를 작성하여 보자.

js_op_arith.html

```
<script>
    var x = 10;
    var y = 20;

    document.write(x+y+"<br>");
    document.write(x-y+"<br>");
    document.write(x*y+"<br>");
    document.write(x/y+"<br>");
    document.write(x%y+"<br>");
</script>
```

나머지 연산이다. 10을 20으로 나눈 나머지를 반환한다.

```
30
-10
200
0.5
10
```

증감 연산자는 ++기호나 --기호를 사용하여 변수의 값을 1만큼 증가시키거나 감소시키는 연산자이다. ++x는 변수 x의 값을 1만큼 증가시킨다. --x 연산자는 변수 x의 값을 1만큼 감소시킨다.

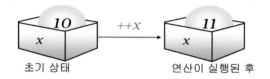

증감 연산자는 피연산자의 앞이나 뒤에 올 수 있다. 만약 변수 x를 증가시킬 목적으로만 증감 연산자를 사용한다면 x++나 ++x는 동일하다. 그러나 증감 연산자를 적용한 후에 그 연산의 값을 사용할 목적이라면 두 가지를 구분해야 한다. ++x는 x의 값을 먼저 증가시키고 증가된 x의 값을 수식에 사용한다. x++는 x의 이전 값을 수식에 사용한 후에 x의 값을 증가시키게 된다.

예를 들어 보자. 현재 x의 값이 10이라고 하자. 아래의 수식에서 y에는 증가된 x의 값이 대입된다. 즉 먼저 증가하고 나중에 대입한다.

```
y = ++x;        // 증가된 값이 y에 대입된다. y의 값은 11이 된다.
```

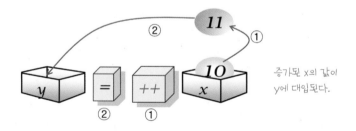

반면에 아래의 수식에서는 현재 x의 값이 y에 대입된 후에 x의 값이 증가된다. x의 초기값은 10이라고 하면 y에는 10이 대입된다.

```
y = x++;        // x의 이전 값이 y에 대입되고 이후에 증가된다. y의 값은 10이 된다.
```

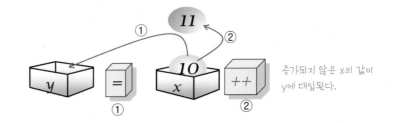

증가되지 않은 x의 값이
y에 대입된다.

위의 내용을 실습을 통하여 살펴보자.

js_op_arith1.html

```
<script>
    var x;
    x = 10;
    document.write(++x + "<br>");
    x = 10;
    document.write(x++ + "<br>");
</script>
```

11
10

■ **대입 연산자**

대입 연산자는 변수에 값을 할당한다. 수식 z=x+y를 그림으로 표현하면 다음과 같다.

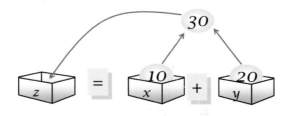

복합 대입 연산자란 +=처럼 대입 연산자와 산술 연산자를 합쳐 놓은 연산자이다. x += y의 의미는 x = x + y와 같다. 복합 대입 연산자는 소스를 간결하게 만들 수 있다.

다음 표는 x=10, y=5라고 가정하고 대입 연산이 어떻게 수행되는지를 설명한다.

연산자	예	동일한 수식	결과
+=	x +=y	x=x+y	x=15
-=	x -=y	x=x-y	x=5
*=	x *=y	x=x*y	x=50
/=	x /=y	x=x/y	x=2
%=	x %=y	x=x%y	x=0

■ 문자열에서의 + 연산자

+ 연산자는 문자열을 결합하는 용도로도 사용된다. 즉 + 연산자가 문자열에서 사용되면 문자열 결합의 의미가 된다.

```
s1 = "Welcome to ";
s2 = "Javascript";
s3 = s1 + s2;
```

위의 문장을 실행하면 s3은 "Welcome to Javascript"가 된다.

그러면 숫자와 문자열을 + 연산자로 합하면 무엇이 생성되는가? 숫자와 문자열을 + 연산자로 더하면, 숫자를 문자열로 변환하여, 결합된 문자열을 반환한다. 이것을 다음과 같은 2가지 경우로 나누어서 살펴보자. x, y의 값을 출력하면 다음과 같다.

변수 y에는 문자열 "Car" 뒤에
1이 추가된 "Car1"이 저장된다.

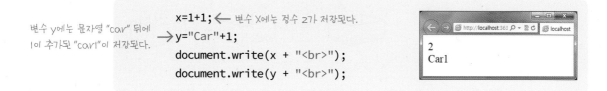

```
x=1+1;   ← 변수 X에는 정수 2가 저장된다.
y="Car"+1;
document.write(x + "<br>");
document.write(y + "<br>");
```

```
2
Car1
```

■ 비교 연산자

비교 연산자는 논리 문장에서 값들을 비교하는 용도로 사용된다. 다음 표에서 x의 값은 1이라고 가정하자.

연산자	설명	예	결과값
==	값이 같으면 참	x==1	true
		x==2	false
!=	값이 다르면 참	x!=2	true
〉	크면 참	x〉2	false
〈	작으면 참	x〈2	true
〉=	크거나 같으면 참	x〉=2	false
〈=	작거나 같으면 참	x〈=2	true

비교 연산자는 다음과 같이 조건문에서 많이 사용된다. 아직 학습하지 않았지만 다음 문장의 의미를 추리하여 보자.

> if **(age > 18)** ← 변수 age의 값이 18보다 크면 참이 된다.
>   **msg = "입장하실 수 있습니다.";**

js_op_compa.html

```
<script>
    var x = 10;
    var y = 20;

    document.write((x > y) + "<br>");
    document.write((x < y) + "<br>");
    document.write((x == y) + "<br>");
    document.write((x != y) + "<br>");
</script>
```

```
false
true
false
true
```

자바스크립트에서 약간 특이한 점은 === 연산자와 !== 연산자이다. === 연산자는 피연산자의 값과 타입이 모두 일치할 때만 참을 반환한다. !== 연산자는 값이 다르거나 타입이 다르면 참이 된다. 아래 표에서 변수 x는 정수 1을 저장하고 있다고 가정하자.

연산자	설명	예	결과값
===	값과 타입이 모두 같으면 참	x===1	true(값도 같고 타입도 같다.)
		x==="1"	false(값은 같으나 타입이 다르다.)
!==	값이나 타입이 다르면 참	x!==1	false(값도 같고 타입도 같다.)
		x!=="1"	true(값은 같으나 타입이 다르다.)

■ 논리 연산자

논리 연산자는 여러 개의 조건을 조합하여 참인지 거짓인지를 따질 때 사용한다. 예를 들어 "비가 오지 않고 휴일이면 테니스를 친다"라는 문장에는 "비가 오지 않는다"라는 조건과 "휴일이다"라는 조건이 동시에 만족이 되면 테니스를 친다는 의미가 포함되어 있다.

연산자 기호	사용 예	의미
&&	x && y	AND 연산, x와 y가 모두 참이면 참, 그렇지 않으면 거짓
||	x || y	OR 연산, x나 y중에서 하나만 참이면 참, 모두 거짓이면 거짓
!	!x	NOT 연산, x가 참이면 거짓, x가 거짓이면 참

js_op_logic.html

```
<script>
        var x = 3;
        var y = 4;
        alert((x == 3) && (y == 7));
        alert((x == 3 || y == 4));
</script>
```

논리 연산자도 조건식에서 많이 사용된다.

■ 조건 연산자

조건 연산자는 유일하게 3개의 피연산자를 가지는 삼항 연산자이다. 간단한 예를 들어 조건 연산자를 설명하여 보자.

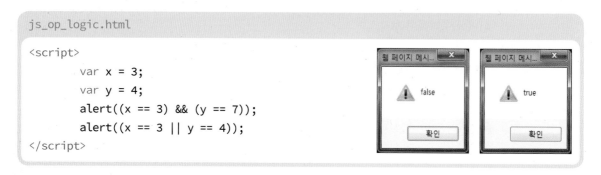

x>y가 참이면 x가 수식의 값이 된다.

max_value = (x>y) ? x: y;

x>y가 거짓이면 y가 수식의 값이 된다.

위의 식에서 x가 y보다 크면 x가 수식의 결과값이 된다. 그렇지 않다면 y가 수식의 결과값이 된다. 조건 연산자는 아주 간결하게 표현할 수 있어서 상당히 많이 애용된다. 조건 연산자를 이용한 대표적인 이용 사례를 모아 보면 다음과 같다.

하나의 예제로 나이가 30세 미만이면 변수에 "청년부"를 대입하고 그렇지 않으면 "장년부"를 대입하는 문장은 다음과 같다.

```
group = (age < 30) ? "청년부" : "장년부";
```

■ 연산자 우선순위

연산자 우선순위는 어떤 연산자가 먼저 계산되느냐를 결정한다. 우선순위가 높은 연산자는 먼저 계산된다. 가장 흔한 예제는 다음과 같다.

```
result = 3 + 4 * 5;                              // 23으로 계산된다.
```

곱셈 연산자 *은 덧셈 연산자 +보다 우선순위가 높기 때문에 먼저 계산된다. 아래에 전체 연산자에 대한 우선 순위표를 보였다.

우선순위	연산자
1	. [] new
2	()
3	++ --
4	! ~ + - typeof void delete
5	* / %
6	+ -
7	《 》
	》》
8	〈 〈= 〉 〉= in instanceof
9	== != === !==
10	&
11	^
12		
13	&&
14			
15	?:
16	yield
17	= += -= *= /= %= 《= 》= 》》= &= ^= |=
18	,

8 - 08 숫자와 문자열 사이의 변환

프로그래밍 세계에서 10과 "10"은 아주 다르다. 10의 자료형은 수치형이다. "10"은 문자열이다. 프로그래밍을 하다 보면 가끔은 숫자를 문자열로 변환해야 하는 경우도 있고 그 반대의경우도 발생한다. 문자열을 숫자로 변환할 때는 parseInt() 함수를 사용한다. 반대로 숫자를 문자열로 변환할 때는 String() 함수를 사용한다.

- parseInt() - 문자열을 숫자로 변환한다.
- String() - 숫자를 문자열로 변환한다.

예를 들어 사용자로부터 2개의 숫자를 받아서 덧셈을 하고 그 결과를 돌려주는 자바스크립트프로그램을 작성하여 보자. 먼저 사용자로부터 어떻게 입력을 받을 것인가? 물론 앞에서의 입력 양식을 이용하면 되지만 아직 자바스크립트에서 입력 양식에 접근하는 방법을 학습하지않았다. 하지만 이런 경우에 유용하게 사용할 수 있는 함수가 있는데 바로 prompt()이다.

■ prompt() 함수

사용자에게 어떤 사항을 알려주고 사용자가 답변을 입력할 수 있는 윈도우를 화면에 띄운다.사용자가 입력한 내용을 문자열로 반환한다.

js_prompt.html

```
<script>
    var age = prompt("나이를 입력하세요", "만나이로 입력합니다.");
</script>
```

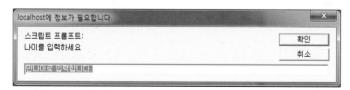

 **예제** 덧셈 예제 #1

사용자로부터 2개의 정수를 받아서 덧셈을 하고 그 결과를 돌려주는 자바스크립트 프로그램
은 다음과 같다.

js_parse.html

```
<script>
    var x, y;
    var input;

    input = prompt("정수를 입력하시오", "정수로");
    x = parseInt(input);

    input = prompt("정수를 입력하시오", "정수로");
    y = parseInt(input);

    document.write(x+y + "<br>");
</script>
```

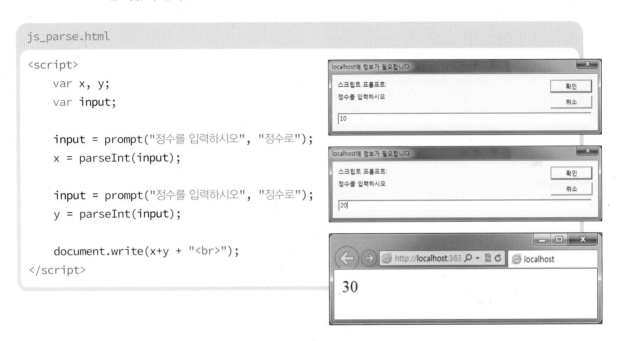

prompt()는 항상 사용자 입력을 문자열로 반환한다. 즉 사용자가 10을 입력하면 prompt()
는 "10"으로 반환한다. 따라서 이것을 parseInt()를 이용해 다음과 같이 수치형으로 변환해야
한다.

number = parseInt(input); // 문자열 input을 숫자 number로 변환한다.

 예제 덧셈 예제 #2

앞의 예제는 계속해서 팝업 창이 뜨는 관계로 사용하기 너무 불편하다. 따라서 우리는 앞에
서 학습한 내용도 복습할 필요도 있고 해서 입력 양식을 이용해 덧셈 계산기를 다시 작성해
보자.

```
js_parse1.html

<html>
<head>
    <title>Calculator</title>
    <script>   이것을 함수라고 한다. 함수도 문장의 집합이다.

        function calc() {
            var x = document.getElementById("x").value;  ← id가 "x"인 요소의 값을 가져온다.
            var y = document.getElementById("y").value;  ← id가 "y"인 요소의 값을 가져온다.
            var sum;
            sum = parseInt(x) + parseInt(y);  ← x와 y는 모두 문자열이므로 정수로 변환해서 합한다.
            document.getElementById("sum").value = sum;
        }              id가 "sum"인 요소에 변수 sum의 값을 대입한다.
    </script>
</head>

<body>
    <h3>덧셈 계산기</h3>
    <form name="myform" action="..." method="POST">
        첫번째 정수:     <input id="x" /><br />
        두번째 정수:     <input id="y" /><br />
        합계:           <input id="sum" /><br />
        <input type="button" value="계산" onclick="calc();" />
    </form>                        ↑
</body>                   버튼이 클릭되면 calc()라는 이름의 함수를 호출한다. 호출한다는
</html>                   것은 함수를 불러서 실행한다는 의미이다.
```

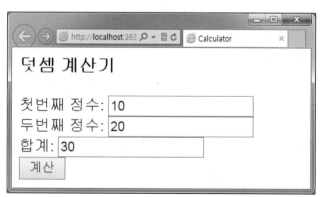

자바스크립트에서 HTML 요소에 접근하기 위해서는 document.getElementById(id) 메서드를 사용한다. HTML 요소를 식별하기 위해서 "id" 속성을 사용한다. 예를 들어 id가 "x"인 입력 요소의 값은 document.getElementById("x").value이다. 여기에서 값을 가져올 수도 있고 값을 대입할 수도 있다.

■ HTML 요소에 접근하기

자바스크립트에서 HTML 요소에 접근하기 위해서는 document.getElementById(id) 메서드를 사용한다. HTML 요소를 식별하기 위해서 "id" 속성을 사용한다. 여기서는 요소에 접근해서 요소의 색상을 변경하는 예제를 살펴보자.

js_get_elem.html

```html
<!DOCTYPE html>
<html>
<body>
    <h1 id="test">This is a heading.</h1>
    <script>
        function func() {
            e = document.getElementById("test");    // id가 "test"인 요소를 가져온다.
            e.style.color = "red";    // id가 "test"인 요소의 style 속성을 변경한다.
        }
    </script>
    <button type="button" onclick="func()">클릭하세요!</button>
</body>
</html>
```

8 - 09 조건문

자바스크립트의 문장은 순차적으로 실행된다. 즉 〈script〉 ... 〈/script〉 안에 들어 있는 문장은 한 번에 한 문장씩 차례대로 실행된다. 그러나 이런 식으로만 실행해서는 복잡하고 다양한 문제를 해결할 수 없다. 현실 세계의 문제를 해결하려면 조건에 따라서 실행을 다르게 하거나 동일한 단계를 반복할 수 있어야 한다. 문장이 실행되는 순서에 영향을 주는 문장을 제어문이라고 한다. 제어문에는 조건문과 반복문이 있다.

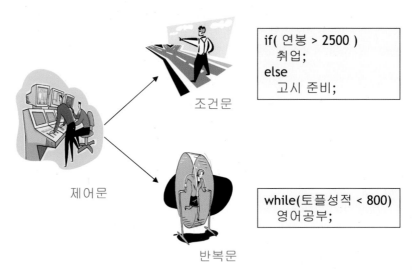

이번 절에서는 조건문(conditional statement)을 살펴본다. 조건문은 어떤 조건이 만족되었을 때만 문장을 실행하는 제어 구조로서 세분하면 다음과 같다.

- if 문 - 조건이 참일 때만 어떤 코드를 실행하고 싶을 때 사용
- if...else 문 - 조건이 참이면 어떤 코드를 실행하고 조건이 거짓이면 다른 코드를 실행하고 싶은 경우에 사용
- switch 문 - 많은 코드 중에서 하나를 선택하여 실행하고 싶은 경우에 사용

■ if 문

일상생활에서도 조건에 따라서 결정을 내려야 하는 경우는 많이 있다. 예를 들어 날씨가 좋은 경우에만 테니스를 친다고 가정하자. 먼저 날씨가 좋은지(조건)를 검사해야 한다. 만약 날씨가 좋으면 테니스를 친다(결정). 이러한 상황을 흐름도로 그려보면 다음 그림과 같다.

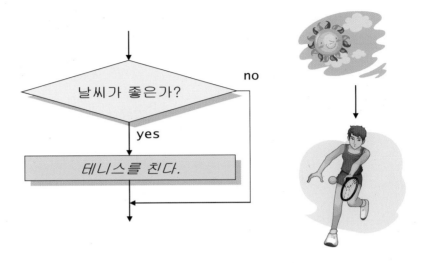

if 문은 특정한 조건이 참이면 문장을 실행하는 것이다. if 문의 형식은 다음과 같다.

형식	if(조건식) 　　문장;
설명	조건식이 참인 경우에만 문장이 실행된다.

예를 들어 time이 12:00보다 적으면 "Good Morning"을 변수 greeting에 대입하는 코드를 작성하여 보자.

```
if (time<12) ← 조건식
{
    greeting="Good Morning!"; ← 조건식이 참인 경우에만 실행되는 문장
}
```

■ if-else 문

조건이 참이면 어떤 코드를 실행하고 조건이 거짓이면 다음 코드를 실행하고 싶은 경우에 사용한다. 문법은 다음과 같다.

형식	if(조건식)
	　　문장1;
	else
	　　문장2;

설명	만약 조건식이 참이면 문장1이 실행된다. 그렇지 않으면 문장2가 실행된다.

예제를 살펴보자. time이 12보다 적으면 "Good Morning"을 출력하고 그렇지 않으면 "Good afternoon"을 출력한다.

```
if (time<12)   ← 조건식
{
    msg="Good Morning!";   ← 조건이 참일 때 실행되는 문장
}
else
{
    msg="Good Afternoon!";   ← 조건이 거짓일 때 실행되는 문장
}
```

■ 연속적인 if 문

종종 우리는 조건에 따라서 다중으로 분기되는 결정을 내려야 하는 경우가 있다. 예를 들어 성적이 90이상이면 A학점, 80이상이고 90미만이면 B학점, 70이상이고 80미만이면 C학점과 같이 결정하는 것이다. 이 경우 가장 자연스러운 방법은 if 문 다음에 else if 문을 연속적으로 사용하는 것이다. 만일 이중 하나의 조건식이 참이면 관련된 문장이나 블록이 수행되고 더 이상의 비교는 이루어지지 않는다.

js_if.html

```
<script>
    var msg = "";
    var time = new Date().getHours();      // 웹 브라우저로부터 현재 시간을 얻는다.
    if (time < 12) {                       // 12시 이전이면
        msg = "Good Morning";
    }
    else if (time < 18) {                  // 오후 6시 이전이면
        msg = "Good Afternoon";
    }
    else {                                 // 그렇지 않으면(오후 6시 이후이면)
        msg = "Good evening";
    }
    alert(msg);
</script>
```

웹 페이지 메시지

⚠ Good Afternoon

확인

앞의 코드에서 Date는 현재 시간을 우리에게 알려주는 객체이다. Date 객체의 getHours()를 호출하면 현재 시간이 반환된다.

■ **switch 문**

switch 문도 if 문과 비슷하게 조건에 따라 프로그램의 흐름을 분기시키기 위해 사용된다. if 문에서는 조건식이 참이냐 거짓이냐에 따라서 실행할 문장이 둘 중에서 하나로 결정된다. 따라서 if 문에서 가능한 실행 경로는 두 개이다. 만약 가능한 실행 경로가 여러 개인 경우에는 switch 문을 사용하는 것이 좋다. switch 문은 제어식의 값에 따라 다음에 실행할 문장을 결정하게 된다.

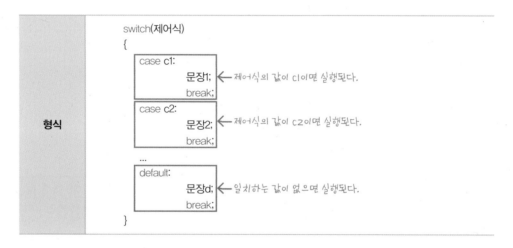

switch에서는 **제어식(control expression)**을 계산하여 그 값을 각 case절의 c1, c2, ... 등과 비교한다. c1, c2, ... 중에서 제어식의 값과 일치하는 값이 있으면 관련된 case 절의 문장이 차례로 실행하다가 break 문에 도달하면 switch 문은 종료된다. 만약 case 절에서 일치하는 값을 찾지 못하면 default 절이 실행된다.

사용자로부터 점수를 받아서 학점을 출력하는 프로그램을 작성하여 보자.

js_switch.html

```
<script>
    var grade = prompt("성적을 입력하시오:", "A-F사이의 문자로");
    switch (grade) {
        case 'A': alert("잘했어요!");
```

```
            break;
        case 'B': alert("좋은 점수군요");
            break;
        case 'C': alert("괜찮은 점수군요");
            break;
        case 'D': alert("좀더 노력하세요");
            break;
        case 'F': alert("다음학기 수강하세요");
            break;
        default: alert("알수없는 학점입니다.")
    }
</script>
```

예제 **숫자 알아 맞추기**

이 예제는 프로그램이 가지고 있는 정수를 사용자가 알아맞히는 게임이다. 사용자가 답을 제시하면 프로그램은 자신이 저장한 정수와 비교하여 제시된 정수가 더 높은지 낮은지만을 알려준다. 정수의 범위를 1부터 100까지로 한정한다. 게임이 끝나면 몇 번 만에 맞추었는지도 함께 출력하자.

Guess the same number that the computer has guessed.
The number will range from 1 to 100.

js_guess.html

```
<html>
<head>
    <title></title>        변수를 함수 외부에 선언할 수도 있다. 다음에 자세히 학습하자.
    <script>                    ↓
        var computerNumber = 53;        // 정답
        var nGuesses = 0;               // 추측 횟수

        function guess() {
            var result = "";        // 결과 메시지
```

```
                // 사용자가 입력한 값을 받아서 변수 number에 대입한다.
                var number = parseInt(document.getElementById("user").value);
                nGuesses++;                        // 추측 횟수를 증가시킨다.

                if (number == computerNumber) result = "성공입니다.";        연속적인 if-else
                else if (number < computerNumber) result = "낮습니다.";  ←   문을 사용한다.
                else result = "높습니다.";

                document.getElementById("result").value = result;
                document.getElementById("guesses").value = nGuesses;
                return true;
            }
    </script>
</head>

<body>
    <h2>숫자 맞추기 게임</h2>
    이 게임은 컴퓨터가 생성한 숫자를 맞추는 게임입니다.  숫자는  1부터  100  사이에 있습니다.
    <form>
        숫자:
        <input type="text" id="user" size="5">
        <input type="button" value="확인" onclick="guess();">
        추측횟수:
        <input type="text" id="guesses" size="5">     버튼을 클릭하면 guess()가 호출된다.
        힌트:
        <input type="text" id="result" size="16">
    </form>
</body>
</html>
```

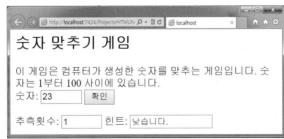

반복 처리는 같은 처리 과정을 여러 번 되풀이하는 것이다. 반복 처리는 왜 필요한가? 학생의 국어, 영어, 수학 성적의 평균을 구하는 작업을 생각하여 보자. 학생 수가 30명이라면 각 학생의 국어, 영어, 수학 성적을 합하여 3으로 나누는 처리 과정을 30번 반복해야 할 것이다. 만약 학생 수가 10000명이라면 10000번을 반복해야 한다. 이러한 반복적인 작업을 사람이 하는 것은 아주 비효율적이다. 여기에 컴퓨터의 강점이 있다. 컴퓨터는 인간이 수행할 경우 막대한 시간이 소요되는 반복 작업을 빠르고 정확하게 처리할 수 있다. 이와 같이 어떤 대상에 대하여 같은 처리 과정을 반복하는 것은 프로그래밍에 있어서 자주 발생한다.

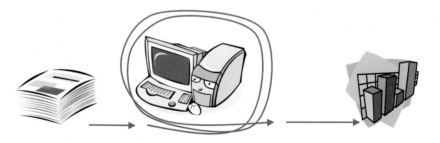

자 이제 실제적인 예를 들어 설명해 보자. "Hello World!"를 화면에 5번 출력하는 코드를 작성하여 보자. 반복문을 사용하지 않는다면 다음과 같이 하나 하나 문장을 작성하여 출력해야 한다.

```
document.write("Hello World! <br>");
document.write("Hello World! <br>");
document.write("Hello World! <br>");
document.write("Hello World! <br>");
document.write("Hello World! <br>");
```

하지만 우리가 반복문을 사용한다면 다음과 같이 간략하게 작성할 수 있다. 아래 문장에서는 document.write() 문장을 5번 반복 실행한다. 자세한 형식을 차후에 학습한다.

```
for (var i=0; i<5; i++)
{
    document.write("Hello World! <br>");
}
```

기본적인 반복문의 종류는 다음과 같다.

- while - 지정된 조건이 참이면 반복 실행한다.
- for - 정해진 횟수 동안 코드를 반복 실행한다.

■ **while 루프**

while 문은 주어진 조건이 만족되는 동안, 문장을 반복 실행하는 제어 구조이다. while 문의 형식은 다음과 같다.

형식	while(조건식) 　　문장;
설명	조건식이 참이면 문장을 반복 실행한다.

```
var i = 0;

while( i < 10 ) ←반복 조건, 변수 i가 10보다 작으면 반복 계속
{
        document.write(i+" <br>"); ←반복되는 문장, i를 화면에 출력한다.
        i++; ←한 번의 반복마다 i를 하나 증가시킨다.
}            이 문장이 없으면 무한히 반복한다.
```

여기서 조건문에 주의하자. 변수 i의 값은 0→1→...→9까지 증가하면서 반복되고 i가 10으로 증가되면 조건식이 거짓이 되어 반복이 종료된다.

일단 가장 기본적인 예제로 변수 i의 값을 0부터 9까지 하나씩 증가시키면서 브라우저의 화면에 출력하는 예제를 살펴보자.

js_while.html

```
<script>
    var i = 0;
    while (i < 10) {
        document.write("카운터 : " + i + "<br />");
        i++;
    }
</script>
```

```
카운터 : 0
카운터 : 1
카운터 : 2
카운터 : 3
카운터 : 4
카운터 : 5
카운터 : 6
카운터 : 7
카운터 : 8
카운터 : 9
```

■ for 루프

for 문은 문장을 정해진 횟수만큼 반복하여 실행하는 반복 구조이다. for 루프(loop)라고도
한다.

for 문은 **초기식**(initialization), **조건식**(expression), **증감식**(increment)의 3부분으로 구성
된다. 이들 3부분은 세미콜론으로 분리되어 있다.

형식	for(초기식; 조건식; 증감식) 　　반복문장;
설명	초기식을 실행한 후에 조건식의 값이 참인 동안, 반복문장을 반복한다. 한 번 반복이 끝날 때마다 증감식이 실행된다.

```
          초기식      조건식      증감식
           ↓         ↓         ↓
    for(  i=0   ;  i<10  ;  i++   )
    {                                    반복되는 문장
        document.write(i+"<br />");
    }
```

```
    for(  초기식 ; 조건식; 증감식 )
    {
        반복하고자 하는 문장들
    }
```

초기식은 반복 루프를 시작하기 전에 한 번만 실행된다. 주로 변수 값을 초기화하는 용도로
사용된다. 위의 예에서는 변수 i의 값을 0으로 설정하였다. i는 루프 제어에 사용되는 변수가
된다.

조건식은 반복을 계속할 것인지 중단할 것인지를 결정하는 수식이다. 따라서 수식의 값이 참
이나 거짓으로 계산될 수 있는 관계식이나 논리식이어야 한다.

한 번의 루프 실행이 끝나면 증감식이 실행된다. 루프를 제어하는 변수를 증가시킬 수도 있고
감소시킬 수도 있다. 위의 예제에서는 i++;가 여기에 해당하고 변수 i의 값을 1 증가시키는 역
할을 한다.

초기식에서는 다음과 같이 여러 개의 문장이 콤마로 연결될 수 있다.

```
    for (var i = 0, len = fruits.length; i < len; i++) {
        document.write(fruits[i] + "<br>");
    }
```

콤마 연산자를 사용해 여러 문장을 집어넣을 수도 있다.
콤마 연산자는 ,로서 순차적으로 문장을 실행한다.

생략도 가능하다.

```javascript
var i = 2, len = fruits.length;
for (; i < len; i++) {
    document.write(fruits[i] + "<br>");
}
```

앞에서 나왔던 예제인 변수 i의 값을 0부터 9까지 하나씩 증가시키면서 브라우저의 화면에 출력하는 예제를 for 문을 사용해 다시 작성해 보면 다음과 같다.

js_for.html

```javascript
<script>
    var i = 0;
    for (i = 0; i < 10; i++) {
        document.write("카운터 : " + i + "<br />");
    }
</script>
```

```
카운터 : 0
카운터 : 1
카운터 : 2
카운터 : 3
카운터 : 4
카운터 : 5
카운터 : 6
카운터 : 7
카운터 : 8
카운터 : 9
```

반복문을 사용해 〈h1〉 요소부터 〈h6〉 요소까지를 화면에 출력해 보자.

js_for1.html

```javascript
<script>
    for (i = 1; i <= 6; i++) {
        document.write("<h" + i + ">header" + i)
        document.write("</h" + i + ">")
    }
</script>
```

header1

header2

header3

header4

header5

header6

반복문의 또 다른 예제로 섭씨 온도를 화씨 온도로 변환하는 예제를 작성하여 보자.

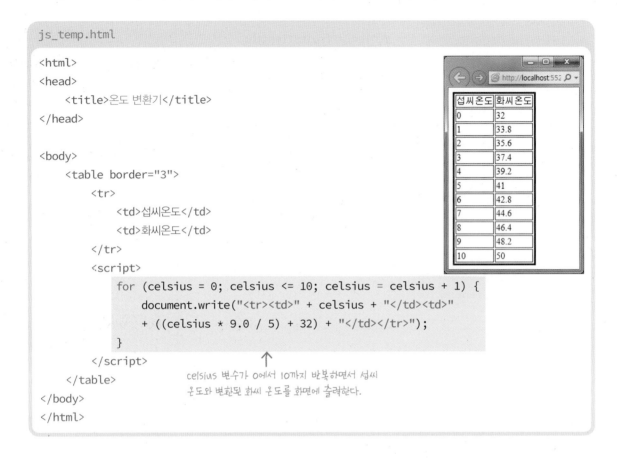

js_temp.html

```
<html>
<head>
    <title>온도 변환기</title>
</head>

<body>
    <table border="3">
        <tr>
            <td>섭씨온도</td>
            <td>화씨온도</td>
        </tr>
        <script>
            for (celsius = 0; celsius <= 10; celsius = celsius + 1) {
                document.write("<tr><td>" + celsius + "</td><td>"
                + ((celsius * 9.0 / 5) + 32) + "</td></tr>");
            }
        </script>
    </table>
</body>
</html>
```

↑
celsius 변수가 0에서 10까지 반복하면서 섭씨
온도와 변환된 화씨 온도를 화면에 출력한다.

■ 중첩 반복문

하나의 for 루프 안에 다른 for 루프가 내장될 수 있다. 다음 예제는 중첩된 for 루프를 이용하여 구구단표를 화면에 표시하였다. 루프가 중첩될 때는 루프 제어 변수로 서로 다른 변수를 사용해야 한다.

js_nested_loop.html

```
<script>
        document.write("<h1>구구단표</h1>");
        document.write("<table border=2 width=50%");
```

```
    for (var i = 1; i <= 9; i++) {
        document.write("<tr>");
        document.write("<td>" + i + "</td>");

        for (var j = 2; j <= 9; j++) {
            document.write("<td>" + i * j + "</td>");
        }

        document.write("</tr>");
    }

    document.write("</table>");
</script>
```

외부 반복문 (label for outer loop)

내부 반복문 (label for inner loop)

구구단표

■ do/while 루프

do/while 문은 while 문과 비슷하나 반복 조건을 루프의 처음이 아니라 루프의 끝에서 검사한 다는 점이 다르다. do/while 문은 일단 문장을 한 번 실행하고 나서 조건을 검사하고 싶을 때 사용한다. do/while 문의 구조는 다음과 같다.

js_do_while.html

```
<script>
    var i = 0;
    do {
        document.write("카운터 : " + i + "<br />");
        i++;
    } while (i < 10);
</script>
```

일단 한 번 문장을 실행한 후에 조건을 검사한다.
while()의 끝에 ;을 붙이는 것을 잊으면 안 된다.

카운터 : 0
카운터 : 1
카운터 : 2
카운터 : 3
카운터 : 4
카운터 : 5
카운터 : 6
카운터 : 7
카운터 : 8
카운터 : 9

■ for/In 루프

for/in 루프는 객체 안의 속성들에 대하여 어떤 처리를 반복할 수 있는 구조이다. 객체는 앞에서 아주 간단히 다룬 적이 있다. 객체는 속성과 함수를 모아놓은 엔터티라고 이해하자. for/in 루프를 이용하면 객체 안의 모든 속성에 대하여 어떤 연산을 실행할 수 있다.

```
for (변수   in 객체 )
{
        문장;          변수에 객체의 속성이 하나씩 대입되면서 반복한다.
}
```

예를 들어 아래 코드에서는 myCar라는 이름의 객체를 정의하고 객체의 속성을 변수 txt에 누적한 후에 화면에 출력한다.

js_for_in.html

```
<script>
        var myCar = { make: "BMW", model: "X5", year: 2013 };
        var txt="";
                                  자동차를 나타내는 객체

        for (var x in myCar) {
            txt += myCar[x] + " ";        객체의 모든 속성에
        }                                 대하여 반복한다.
        document.write(txt);
</script>
```

> BMW X5 2013

■ break 문장

break 문은 반복 루프를 벗어나기 위해 사용한다. 반복 루프 안에서 break 문이 실행되면 반복 루프를 빠져 나오게 된다.

js_break.html

```
<script>
        var msg = "";
        for (var i = 0; i < 10; i++) {
```

```
        if (i == 3) break;
        msg += i + "<br>";
    }
    document.write(msg);
</script>
```

i의 값이 3이면 반복을 중단하고 반복 루프를 빠져나간다.

■ continue 문장

continue 문은 현재 실행하고 있는 반복 과정의 나머지를 생략하고 다음 반복을 시작하게 만든다. 예를 들어 0부터 10까지의 정수 중에서 3만 제외하고 출력하는 예제를 가지고 설명하여 보자. 0부터 10까지의 정수를 하나씩 조사하다가 현재 정수가 3이면 continue를 실행해서 현재 반복을 중지하고 다음 반복을 시작한다.

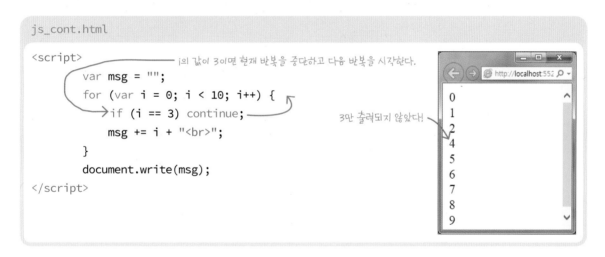

js_cont.html

```
<script>
    var msg = "";
    for (var i = 0; i < 10; i++) {
        if (i == 3) continue;
        msg += i + "<br>";
    }
    document.write(msg);
</script>
```

i의 값이 3이면 현재 반복을 중단하고 다음 반복을 시작한다.

3만 출력되지 않았다!

8-11 배열

먼저 왜 배열이 필요한지 살펴보자. 예를 들어 학생이 10명이 있고 이들 성적의 평균을 계산한다고 가정하자. 평균을 계산하려면 먼저 각 학생의 성적을 읽어서 어딘가에 저장해야 한다. 데이터를 저장할 수 있는 곳은 변수이다. 학생이 10명이므로 10개의 변수가 필요하다.

```
var s0, s1, s2, s3, s4, s5, s6, s7, s8, s9;
```

만약 학생이 30명이라면 어떻게 해야 할까? 위의 방법대로라면 30개의 정수 변수를 선언해야 한다. 만약 100명이라면, 아니 10000명이라면 어떻게 할 것인가? 이런 식으로 변수를 일일이 선언하다가는 프로그래머의 생활이 아주 힘들어질 것이다.

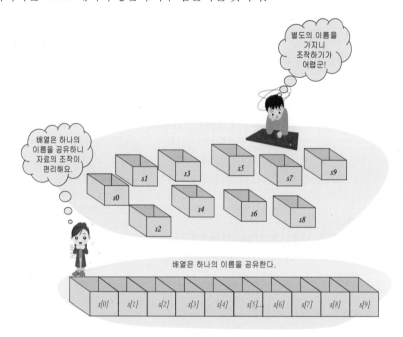

배열은 하나의 이름을 공유한다.

특히 배열이 꼭 필요한 경우는 서로 관련된 데이터를 차례로 접근해서 처리하고 싶은 경우이다. 만약 관련된 데이터가 서로 다른 이름을 사용하고 있다면 이들 이름을 일일이 기억해야 할 것이다. 그러나 하나의 이름을 공유하고 단지 번호만 다를 뿐이라면 아주 쉽게 기억할 수 있고 편리하게 사용할 수 있다. 배열은 기본적으로 데이터에게 하나하나 이름을 붙이지 않고 전체 집단에 하나의 이름을 부여한 다음, 각각의 데이터에 숫자로 된 번호를 붙여서 접근하는 방법이다.

지금까지 학습하였던 변수는 오직 하나의 값만을 저장할 수 있었다. 하지만 복잡한 응용 프로그램에서는 많은 값을 한꺼번에 저장할 수 있는 저장 장소가 필요하다. **배열(array)**은 이런 목적으로 만들어진 자료형이다. 배열을 사용하면 많은 값을 저장할 수 있는 공간을 할당받을 수 있다. 배열은 대용량의 자료를 저장하는 기본적인 구조 중의 하나이다.

자바스크립트에서 배열은 많은 방법으로 생성할 수 있다. 다음과 같은 2가지 방법을 알아두도록 하자.

■ 리터럴로 배열 생성

구체적인 값을 가지고 배열을 생성할 수 있다.

초기값을 콤마로 구분한다.

```
var fruits = ["apple", "banana", "peach"];
```

각괄호로 값을 둘러싼다.

객체와 비교해 보자. 객체는 { ... }와 같이 중괄호로 선언한다. 반면에 배열은 [...]와 같이 대괄호를 사용한다.

배열에 저장된 값은 정수 인덱스를 가지고 접근할 수 있다. 배열의 인덱스는 0부터 시작한다. 즉 배열의 첫 번째 요소는 fruits[0]이고 두 번째 요소는 fruits[1]이다.

```
document.write(fruits[0] + "<br>");
document.write(fruits[1] + "<br>");
document.write(fruits[2] + "<br>");
```

■ Array 객체로 배열 생성

Array 객체로도 배열을 생성할 수 있다. 다음 문장은 비어있는 배열을 생성한다.

배열을 나타내는 객체이다.

```
var fruits = new Array();
```

배열의 이름   새로운 객체를 생성하는 키워드

배열에 값을 저장할 때는 인덱스를 사용한다. 인덱스는 0부터 시작한다.

배열에 저장되는 값
↓

```
fruits[0] = "Apple";
```

↑
인덱스

다음과 같이 생성시켜도 된다.

```
var fruits=new Array("Apple","Banana","Orange");
```

js_array.html

```html
<!DOCTYPE html>
<html>
<body>

<script>
    var i;
    var fruits = new Array();
    fruits[0] = "Apple";
    fruits[1] = "Banana";          ← 배열을 생성하고 초기화한다.
    fruits[2] = "Orange";

    for (i = 0; i < fruits.length; i++) {
        document.write(fruits[i]+"<br>");
    }
</script>

</body>
</html>
```

```
http://localhost:
Apple
Banana
Orange
```

■ **자바스크립트 배열의 특징**

자바스크립트에서는 하나의 배열에 여러 가지 종류의 객체를 혼합해서 저장할 수 있다. 즉 종류를 다르게 하면서 저장할 수 있는 것이다.

```
var comp = new Array();
comp[0] = "Apple";              // 문자열
comp[1] = new Date();           // 객체
comp[2] = 3.14;                 // 정수
```

■ 객체 Array의 속성과 메서드

가장 많이 사용되는 속성은 배열의 크기인 length이다. 배열 요소를 반복하면서 처리할 때, 사용한다.

```
for (i = 0; i < fruits.length; i++) {
    ...
}
```

Array 객체의 속성과 메서드에 대해서는 9장에서 자세히 살펴본다.

■ 연관 배열

자바스크립트 배열은 다른 언어의 배열과는 약간 다른 점이 있는데 키(key)를 이용해 값을 저장하였다가 다시 추출할 수 있다는 점이다. 키는 단순한 문자열이다. 즉 인덱스 대신에 키를 사용해 저장하고 다시 가져올 수 있다는 의미가 된다. 때에 따라서는 아주 편리하게 이용된다. 특히 입력 양식의 필드에서 값을 가져올 때 아주 편리하다.

array_assoc.html

```
<!DOCTYPE html>
<html>
<body>
    <script>
        var fruits = new Array();
        fruits['a'] = '사과';
        fruits['b'] = '포도';
        fruits['c'] = '오렌지';
        document.write(fruits['a'] + "<br>");
```

```
        document.write(fruits['b'] + "<br>");
        document.write(fruits['c'] + "<br>");
    </script>
</body>
</html>
```

이런 기능이 도대체 언제 편리하게 사용되는가? HTML 요소에는 name 속성을 이용해 이름을 붙일 수 있고 이 이름이 바로 키처럼 동작한다. 실제 예제를 보자.

array_assoc1.html

```
<!DOCTYPE html>
<html>
<body>
    <form name="myForm">
        필드1<input type="text" name="a0"><br />
        필드2<input type="text" name="a1"><br />
        필드3<input type="text" name="a2"><br />
        <input type="button" value="초기화" onclick="init();">
    </form>

    <script>
        function init() {
            for (var i = 0; i < 3; i++) {
                document.myForm["a" + i].value = i;
            }
        }

    </script>

</body>
</html>
```

HTML 요소의 이름은 키와 같다.
따라서 연관 배열 형식으로 접근할 수 있다.
반복할 때 유용하게 사용된다.

8-12 함수

함수는 입력을 받아서 특정한 작업을 수행한 후 결과를 반환하는 블랙 박스와 같다. 함수 안의 코드는 외부에서 호출했을 때만 실행된다.

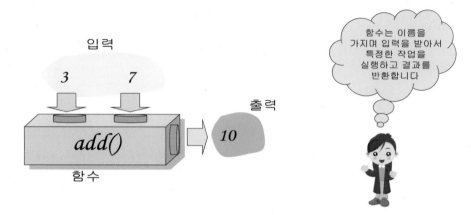

함수는 다음과 같이 정의된다.

키워드 function으로 함수가 시작된다.　　함수이름으로 낙타체로 표기한다.

```
function 함수이름 ()
{
        함수몸체
}
```

괄호는 이것이 함수라는 것을 의미한다.

호출되면 실행되는 코드를 여기에 넣는다.

예를 들어 웹 페이지에서 버튼을 누르면 대화상자를 나타내는 코드를 작성하여 보자.

js_func.html

```
<!DOCTYPE html>
<html>
<head>
    <script>
        function showDialog() {
            alert("안녕하세요?");
        }
```

함수 showDialog() 정의

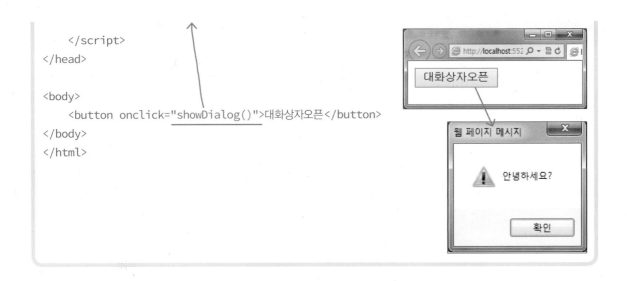

함수는 키워드 function 다음에 중괄호로 둘러싼 코드 블록을 만들어 주면 된다.

```
function showDialog() {          함수이름
    ...
    ...  ← 호출되면 실행되는 코드를 여기에 넣는다.
}
```

함수의 내부 코드는 외부에서 함수가 호출되면 실행된다. 일반적으로 함수는 자바스크립트 코드의 어떤 부분에서도 호출될 수 있다. 예를 들어 함수는 버튼이 눌러지는 것 같은 이벤트가 발생하면 호출될 수 있다.

■ 인수와 매개 변수

함수를 호출할 때는 어떤 값을 함수로 전달할 수 있다. 이들 값을 **인수(argument)**, 또는 인자라고 한다. 이들 인수는 함수 내부에서 사용될 수 있다. 콤마로 구분하기만 하면 얼마든지 많은 인수를 보낼 수 있다.

함수를 선언할 때, 인수를 받을 변수로 선언해야 한다. 이것을 **매개 변수(parameter)**라고 한다.

```
function showDialog(para1, para2)
{
    ...
    ...
}


showDialog(arg1, arg2);
```

인수와 매개 변수는 선언된 순서대로 매칭된다. 즉 첫 번째 매개 변수는 첫 번째 인수의 값을 전달받는다.

js_func_arg.html

```
<!DOCTYPE html>
<html>
<head>
    <script>
        function greeting(name, position) {
            alert(name + " " + position + "님을 환영합니다.");
        }
    </script>
</head>
<body>
    <button onclick="greeting('홍길동', '부장')">눌러보세요!</button>
</body>
</html>
```

위의 함수는 버튼이 눌러지면 "홍길동 부장님을 환영합니다."를 경고창에 띄운다. 위와 같은 함수는 한 번 작성해 두면 필요할 때마다 얼마든지 다른 인수로 호출해서 다른 환영 메시지를 표시할 수 있다.

■ 무명 함수

자바스크립트에서는 함수에 이름을 주지 않고 만들어서 한 번만 사용하는 경우도 많다. 이것을 **무명 함수**(anonymous function)라고 한다. 앞에 등장하였던 showDialog() 함수를 무명 함수 형식으로 작성하여 보자.

```
function showDialog() {
        alert("안녕하세요?");
}
```

➡

```
var greeting = function()
                {
                    alert("안녕하세요?");
                };
greeting();
```
이것이 바로 이름이 없는 무명 함수이다.

자바스크립트에서 함수는 객체처럼 취급된다. 즉 변수에 저장되었다가 나중에 호출될 수 있다. 무명 함수는 함수를 만들어서 한 번만 사용하는 경우에 유용하다.

주로 많이 사용되는 곳은 이벤트 처리 함수를 작성할 때이다. 이벤트 처리 함수를 바로 즉석에서 만들어서 이름 없이 붙이는 경우에 많이 사용한다.

■ 함수의 반환값

가끔은 함수가 값을 반환하는 것이 편리한 경우도 있다. 함수 내부에서 return 문장을 사용하면 값을 반환할 수 있다. return 문장을 사용하면 함수가 실행을 중지하고 지정된 값을 호출한 곳으로 반환하고 함수를 종료한다.

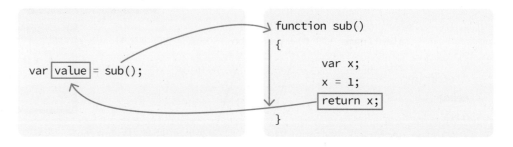

위의 함수는 값 1을 반환한다. 함수 호출은 반환값으로 대치된다. 위의 문장에서 value는 1값을 가지는데 이것이 바로 함수 sub()이 반환한 값이다. 반환된 값을 어디에 저장하지 않고 바로 수식에 사용해도 된다.

```
document.getElementById("para1").innerHTML = sub();
```

위의 문장은 "para1" 요소의 innerHTML이 1로 설정된다. 1은 함수 "sub()"이 반환한 값이다.

return 문장은 단순히 함수를 종료하고 싶은 경우에도 사용할 수 있다.

```
function divide(a, b) {
    if (b == 0) {
        return;  ←  만약 분모가 0이면 나눗셈을 할 수
    }                없으므로 함수를 종료한다.
    return a / b;
}
```

■ 지역 변수

함수 안에서 선언된 변수는 **지역 변수**(local variable)가 된다. 따라서 함수 안에서만 사용이
가능하다. 다른 함수에서도 똑같은 이름으로 선언이 가능하다. 지역 변수는 함수가 종료되면
자동적으로 소멸된다.

```
function add(a, b) {
    var sum = 0;  ←  지역 변수로서 add() 내부에서만
                      사용이 가능하다.
    sum = a + b;
    return sum;
}
```

변수는 선언될 때부터 사용이 가능하다. 지역 변수는 함수가 종료되면 소멸된다.

■ 전역 변수

함수 외부에서 선언된 변수는 **전역 변수**(global variable)가 된다. 웹 페이지 상의 모든 스크
립트와 모든 함수는 전역 변수를 사용할 수 있다.

```
var sum = 0;  ←  전역 변수로서 누구나 사용할 수 있다.

function add(a, b) {
    sum = a + b;
    return sum;
}
```

전역 변수는 사용자가 웹 페이지를 닫으면 소멸된다.

 [참고] ▪ 선언되지 않는 변수에 값을 대입하는 경우

선언되지 않은 변수에 값을 대입하면 그 변수는 자동적으로 전역 변수가 된다. 예를 들어 다음과 같은 문장은 함수 안에서 실행되더라도 변수 name을 전역 변수로 선언하는 것이나 마찬가지이다.

```
name = "Hong";
```

8 - 13 자바스크립트의 입출력

자바스크립트는 웹 브라우저 안에서 실행된다. 자바스크립트의 입력과 출력은 모두 HTML 문서이다. 따라서 자바스크립트의 HTML 문서의 요소를 읽을 수 있어야 하고, HTML 문서에 요소를 출력할 수 있어야 한다. 이 절에서는 HTML 문서에 출력하는 방법과 특정 HTML 요소에 접근하는 방법을 살펴보자.

▪ alert() 함수

사용자에게 경고를 하는 윈도우를 화면에 띄우는 함수이다. 이 책에서는 경고뿐만 아니라 출력을 표시할 때도 사용한다. 경고 윈도우가 나타나면 사용자가 경고 윈도우를 제거할 때까지 다음 작업이 진행되지 않는다.

js_alert.html

```
<script>
    alert("이것이 alert()입니다.");
</script>
```

■ confirm() 함수

사용자에게 어떤 사항을 알려주고 확인이나 취소를 요구하는 윈도우를 화면에 띄운다. 사용자가 확인을 클릭하면 true를 반환하고 그렇지 않으면 false를 반환한다.

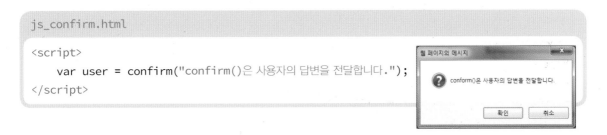

```
js_confirm.html

<script>
    var user = confirm("confirm()은 사용자의 답변을 전달합니다.");
</script>
```

■ prompt() 함수

사용자에게 어떤 사항을 알려주고 사용자가 답변을 입력할 수 있는 윈도우를 화면에 띄운다. 사용자가 입력한 내용을 문자열로 반환한다.

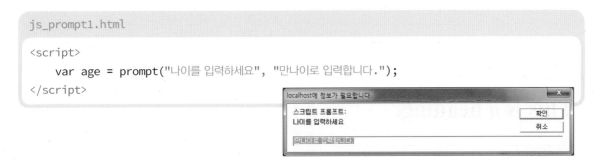

```
js_prompt1.html

<script>
    var age = prompt("나이를 입력하세요", "만나이로 입력합니다.");
</script>
```

■ HTML 문서에 쓰기

앞의 예제에서도 살펴보았지만 자바스크립트에서 HTML 문서에 어떤 요소를 추가하려면 document.write()를 사용한다. 큰따옴표 안의 내용이 HTML 문서로 출력된다. 아래 예제에서는 〈p〉 요소를 직접 HTML 문서에 쓴다.

```
<script>
    document.write("<p>자바스크립트가 동적으로 생성한 단락입니다.</p>");
</script>
```

여기서 한 가지 주의해야 할 내용은 페이지가 적재된 후에 document.write()를 호출한다면 전체 HTML 페이지가 다시 씌여진다는 점이다. document.write()는 〈body〉 요소 안에서 다른 요소들과 같이 실행되는 경우에 사용하는 것이 좋다.

```
js_write.html

<!DOCTYPE html>
<html>
<body>
    <h1 id="test">This is a heading.</h1>
    <script>
        function func() {
            document.write("페이지가 적재된 후에 write()를 사용하면 다시 씌여집니다.");
        }
    </script>
    <button type="button" onclick="func()">클릭하세요!</button>
</body>
</html>
```

1 자바스크립트를 삽입하려면 필요한 태그는? (   )

① 〈style〉...〈/style〉   ② 〈vbscript〉...〈/vbscript〉

③ 〈script〉...〈/script〉   ④ 〈javascript〉...〈/javascript〉

2 외부 자바스크립트를 참조하기 위한 방법으로 올바른 것은? (   )

① 〈script src="test.js"〉   ② 〈script name="test.js"〉

③ 〈script href="test.js"〉   ④ 〈script source="test.js"〉

3 변수를 선언하는 올바른 방법은? (   )

① int value;   ② variable value;

③ var value;   ④ dim value;

4 문자열 "Hello"를 가지고 있는 변수 s를 선언하는 올바른 방법은? (   )

① string s = "Hello";   ② var s = "Hello";

③ String s = "Hello";   ④ dim s = "Hello";

5 자바스크립트의 주석으로 올바른 것은? (   )

① // 이것은 주석입니다.   ② 〈!-- 이것은 주석입니다. --〉

③ "이것은 주석입니다."   ④ '이것은 주석입니다.'

6 다음과 같은 함수가 실행된다면 화면에 나타나는 값은?

```
function() {
    var a = 10;
    if(a > 5) {
        a = 7;
    }
    alert(a);
}
```

7 만약 변수 x의 값이 4라고 가정하자. "document.write(x++);" 문장이 실행된다면 브라우저에 표기되는 값은 얼마인가? (　　)

① 4　　　　　　　　② 5　　　　　　　　③ 3　　　　　　　　④ undefined

8 다음 중에서 비교 연산자가 아닌 것은? (　　)

① ==　　　　　　　② !=　　　　　　　③ >=　　　　　　　④ +=

9 자바스크립트에서 함수를 선언하는 형식으로 올바른 것은? (　　)

① int getMax(int x, int y) { }　　　　　　② int getMax(x, y) { }
③ function getMax(int x, int y) { }　　　　④ function getMax(x, y) { }

10 100보다 작은 정수만을 입력받는 자바스크립트 프로그램을 작성하여 보자. 100보다 큰 정수가 들어오면 경고 상자를 표시한다.

11 1부터 100까지의 합을 구하는 프로그램을 작성해 본다. 결과는 alert()를 호출해서 경고 상자 형태로 출력한다. 어떤 반복문을 사용해도 된다.

⑫ 태양계의 모든 행성을 배열에 저장하고 반복하면서 행성의 이름을 경고 상자로 출력하는 프로그램을 작성한다.

⑬ 다음과 같은 자바스크립트 프로그램을 작성해 본다.

- confirm() 메서드를 이용해 게임 한판 하겠냐고 물어본다.
- confirm()이 반환하는 값을 인수로 하여 process() 함수를 호출한다. process() 함수에서는 인수로 들어온 값이 참이면 "좋습니다. 게임을 시작합니다."를 출력한다. 인수가 거짓이면 "네, 나중에 하시죠"를 출력한다.

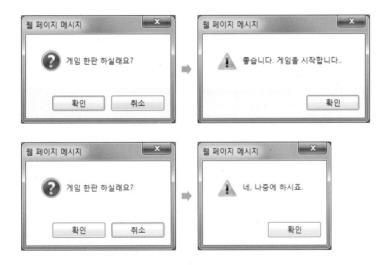

⑭ 자신이 가장 좋아하는 곡을 저장하는 객체를 정의하여 본다. 객체는 "가수", "연주시간", "제목" 등의 속성을 가진다. 객체의 속성을 모두 출력하는 자바스크립트 프로그램을 작성하라.

자바스크립트 객체

9-01 객체

자바스크립트의 가장 기초적인 자료형은 객체(object)이다. 자바스크립트에서 거의 모든 것은 객체이다. 심지어 문자열(String), 수치형(Number), 부울형(Boolean)도 객체처럼 구현되어 있다. 문자열, 수치형, 부울형을 불변경 객체(immutable object)라고 한다. 즉 내용을 변경할 수 없지만 어쨌든 객체라는 의미이다.

그렇다면 객체(object)는 무엇일까? **객체(Object)**는 그 이름에서 볼 수 있듯이, 객체 지향 기술의 핵심 개념이다. 객체는 실제 세상에 존재하는 사물을 모델링한 것이다. 객체는 데이터와 동작을 가지고 있다. **객체의 데이터(data)**는 객체가 가지고 있는 특성값이다. 예를 들어 자동차는 모델, 제조사, 마력, 색상, 연식, 속도, 배기량, 주행 거리, 연비 등이 데이터이다. **객체의 동작(action)**은 객체가 수행할 수 있는 행동이다. 자동차를 예로 들면 출발하기, 감속하기, 가속하기, 방향 전환하기, 기아 변속하기 등을 생각할 수 있다. 실제 세계에서는 사물의 데이터와 동작이 분리되지 않고 하나로 합쳐져 있다. 소프트웨어를 작성할 때도 이와 같이 데이터와 동작을 하나로 합쳐서 프로그램을 작성하는 기법이 객체 지향 프로그래밍이다.

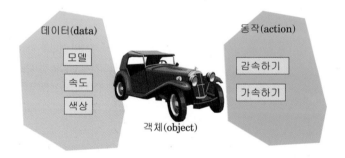

자바스크립트에서 객체의 데이터와 동작은 각각 변수와 함수로 표현할 수 있다. 객체 안의 변수를 속성(property)이라 하고 객체 안의 함수를 메서드(method)라고 부른다. 즉 객체는 속성과 메서드로 이루어져 있는 하나의 엔터티(묶음)라 할 수 있다.

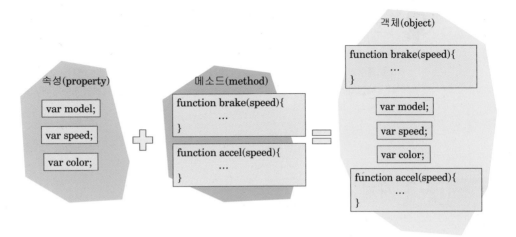

속성과 메서드는 객체 내부에 존재하며 서로 긴밀하게 연결되어 있다. 객체는 컨테이너의 개념으로 볼 수 있다. 객체 안의 변수와 메서드는 객체가 소유한다. 객체 안의 메서드는 객체 내부의 변수를 언제든지 직접 접근하여 사용할 수 있다. 객체 안의 변수는 외부 세계로부터는 감추어져 있다. 따라서 객체를 그릴 때, 다음과 같이 그리기도 한다.

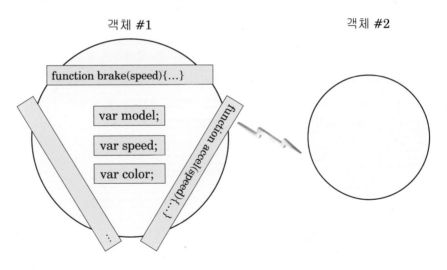

Q&A

Q 데이터를 객체 안에 숨기는 것이 어떤 장점이 있나요?

A 데이터를 객체 안에 숨기게 되면, 데이터가 실수로 다른 객체에 의하여 변경되는 것을 방지할 수 있습니다.

Q&A

Q 함수와 메서드는 어떻게 다른가요?

A 함수가 객체 안에 내장되어 있으면 메서드라고 합니다. 자바스크립트에서는 거의 모든 함수가 객체 안에 내장되어 있는 메서드입니다. 예를 들어 alert() 함수는 window 객체의 하나의 메서드입니다.

9 - 02 객체 생성 및 사용

■ 객체의 종류

자바스크립트에서 사용되는 객체를 크게 2가지로 나누면 내장 객체(built-in object)와 사용자 정의 객체(custom object)로 나눌 수 있다.

- 내장 객체(built-in object) : 생성자가 미리 작성되어 있다.
- 사용자 정의 객체(custom object) : 사용자가 생성자를 정의한다.

자바스크립트에 내장된 객체는 생성자를 정의하지 않고도 사용이 가능하다. Date, String, Array와 같은 객체가 내장 객체이다. 또 HTML 문서를 나타내는 객체인 document도 내장 객체라고 생각할 수 있다. 앞장에서 우리는 document 객체를 사용해 동적으로 자바스크립트에서 HTML 문서에 요소를 추가한 바 있다.

```
document.write("<p> 이것은 단락입니다. </p>");
```
       ↑
document도 내장 객체이다.

■ 객체 생성 방법

자바스크립트는 문법 측면에서 볼 때 상당히 유연성 있는 객체 지향 언어이다. 객체를 생성하는 방법도 여러 가지가 있다. 개발자마다 선호하는 방법이 있지만 다른 사람의 코드를 읽기 위해서는 다른 방법들도 알아둘 필요가 있다.

자바스크립트에서 새로운 객체를 생성하는 데는 크게 나누어서 2가지의 방법이 있다.

- 객체를 객체 상수로부터 직접 생성한다.
- 생성자 함수를 이용하여 객체를 정의하고 new를 통하여 객체의 인스턴스를 생성한다.

자바스크립트에서는 클래스(class)가 없다. 다른 객체 지향 언어에서는 먼저 클래스를 정의하고 클래스를 설계도 삼아서 객체를 찍어낸다. 하지만 자바스크립트는 원천적으로 클래스라는 개념이 없으며 모든 것은 객체이고 생성자 함수가 클래스의 역할을 흉내낸다.

■ 객체 상수로부터 객체 생성

이전에도 등장하였지만 **객체 상수(object literal)**를 사용하여 myCar 객체를 생성해 보면 다음과 같다.

```
var myCar = {
    model: "520d",
    speed: 60,          ← 객체의 속성
    color: "red",
    brake: function () { this.speed -= 10; },
    accel: function () { this.speed += 10; }      ← 객체의 메서드
};
```

위의 문장이 실행되면 바로 객체가 생성되고 객체의 이름이 myCar가 된다. 이후부터는 다음과 같이 바로 사용하면 된다.

```
myCar.color = "yellow";
myCar.brake();
```

이 방법은 간단하기는 하지만 객체를 하나만 생성할 수 있다. 추가로 객체를 생성하려면 동일한 코드를 반복해야 한다. 따라서 이런 식으로 정의된 객체를 **싱글톤(singleton)**이라고 부른다. 싱글톤이란 객체가 하나만 생성된다는 것을 의미한다.

■ 생성자 함수를 이용한 객체 생성

개발자는 자신만의 객체도 생성할 수 있다. 이것을 **사용자 정의 객체**라고 한다. 사용자 정의 객체를 생성하려면 생성자(constructor)라는 특별한 함수가 필요하다. 생성자는 객체를 초기화하는 역할을 한다. 객체를 생성하는 연산자는 new이다.

생성자 이름은 항상 대문자로 한다.

```
function Car(model, speed, color) {
    this.model = model;
    this.speed = speed;          ← 객체의 속성
    this.color = color;
    this.brake = function () {
        this.speed -= 10;
    }
    this.accel = function () {    ← 객체의 메서드
        this.speed += 10;
    }
}
```

생성자도 함수이다.

this 키워드로 → 일반 변수와 객체 속성을 구별한다.

this는 코드를 실행하는 현재 객체를 의미한다. 생성자는 전달된 매개 변수값으로 현재 객체의 속성을 설정한다. this가 없다면 속성을 지역 변수로 혼동할 수 있기 때문에 객체의 속성에는 반드시 this를 붙인다. 앞에 this가 붙은 변수는 속성이고 앞에 this가 붙는 함수는 메서드이다.

생성자를 정의하였으면 객체는 다음과 같이 생성할 수 있다.

new 연산자는 새로운 객체를 만든다.　　이 인수들로 객체가 초기화된다.

이 변수에 객체가 저장된다.
```
var myCar = new Car("520d", 60, "white");
myCar.color = "yellow";
myCar.brake();
```

객체를 생성하려면 먼저 new 연산자를 쓰고 그 뒤에 생성자를 호출하는 문장을 작성하면 된다. new 연산자가 객체를 생성하고 생성자가 객체를 초기화한다. new 연산자를 생략하고 생성자만을 호출하면 객체가 만들어지지 않는다. 항상 new 연산자를 사용해야 한다.

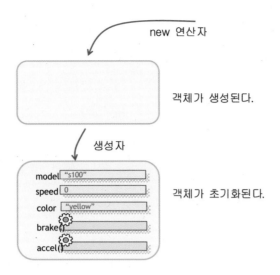

new 연산자

객체가 생성된다.

생성자

model "s100"
speed 0
color "yellow"
brake()
accel()

객체가 초기화된다.

이 방법의 장점은 개발자가 원하는 개수만큼 객체를 쉽게 만들 수 있다는 점이다. 개발자가 개발 도중에, 필요하지만 자바스크립트에서 지원하지 않는 객체를 생성하고 싶을 때 사용하게 된다. 내장 객체는 미리 생성자 함수가 작성되어 있다. 따라서 내장 객체의 경우에는 생성자를 작성할 필요 없이 new하여서 객체를 생성하고 사용하면 된다.

■ 객체 멤버 사용하기

객체 안의 속성과 메서드를 **객체 멤버**라고 한다. 객체 멤버를 사용하기 위해서는 점(dot) 연산자를 사용한다. 먼저 어떤 객체에 속해 있는지를 말하고 나중에 멤버 이름을 말하는 것이다. 이것은 우리가 자신을 소개할 때, 먼저 소속 회사를 말하고 이름을 말하는 것과 유사하다. 즉 "저는 자바전자의 홍길동입니다."와 같이 소개하는 것이다.

구체적으로 myCar라는 이름의 객체 안에 color 속성을 "red"로 변경하는 문장은 다음과 같다.

객체이름 ● 멤버이름

객체 이름 ⟶ <u>myCar</u>.color="red";

속성 이름

객체의 메서드도 동일한 형식으로 호출할 수 있다.

$$\text{객체 이름} \longrightarrow \underline{myCar}.\underset{\uparrow}{\underline{brake}}();$$

메서드 이름

Q&A

Q 자바에는 클래스라는 개념이 있는데 자바스크립트에는 클래스가 없나요?

A 네, 자바스크립트에는 클래스가 없습니다. 왜냐하면 입력되는 즉시 실행해야 하는 인터프리터 언어에서 클래스를 정의하고 사용하는 것이 쉽지는 않기 때문입니다. 클래스는 없지만 클래스의 역할을 하는 프로토타입이 있습니다. 이것을 클래스처럼 사용할 수 있습니다.

Q&A

Q 객체를 생성하려면 항상 생성자를 먼저 작성해야 하나요?

A 그렇지 않습니다. 자바스크립트에서는 객체 상수를 가지고 직접 객체를 생성할 수도 있습니다. 이런 경우 생성자 없이도 객체 생성이 가능합니다. 다만 이런 경우에는 객체를 여러 개 만들려면 상당히 번거롭습니다. 생성자를 만드는 것이 객체 지향의 개념에 더 부합됩니다.

> **[참고] 메서드 표기**
> 객체 지향 언어에서는 메서드의 이름을 표기할 때 낙타체(camel-case) 방식을 사용한다. 낙타체 방식이란 첫 글자를 소문자로 적고, 그 뒤에 붙는 단어부터는 첫 글자를 대문자로 적는 것을 말한다. 즉 get_value() 대신에 getValue()로 표기하는 것이다.

 예제 **자동차 예제**

자동차를 객체로 모델링하고 생성자를 정의한 후에, 객체를 생성하고 객체의 멤버에 접근하여 사용하는 예제를 작성하여 본다.

object_car.html

```html
<!DOCTYPE html>
<html>
<body>
```

```
<script>
    function Car(model, speed, color)
    {
        this.model=model;
        this.speed=speed;
        this.color = color;
        this.brake = function () {            ←── 생성자를 정의한다.
            this.speed -= 10;
        }
        this.accel = function () {
            this.speed += 10;
        }
    }
    myCar = new Car("520d", 60, "red"); ←─ 객체를 생성한다.
    document.write("모델:" + myCar.model + " 속도:" + myCar.speed + "<br />");
    myCar.accel();
    document.write("모델:" + myCar.model + " 속도:" + myCar.speed + "<br />");
    myCar.brake();
    document.write("모델:" + myCar.model + " 속도:" + myCar.speed + "<br />");
    </script>
</body>
</html>
                                            ↑
                                 객체의 멤버를 사용한다.
```

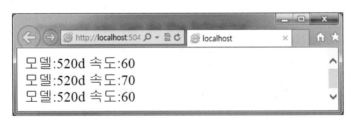

모델:520d 속도:60
모델:520d 속도:70
모델:520d 속도:60

■ **기존의 객체에 속성과 메서드 추가하기**

자바스크립트에서는 기존에 존재하고 있던 객체에도 속성을 추가할 수 있는데, 생성자를 변경할 필요 없이 단순히 값을 대입하는 문장을 적어주면 된다. 예를 들어 앞에서 정의한 myCar 객체가 이미 존재하고 있었다고 가정하자. 새로운 속성 turbo와 새로운 메서드 showModel()을 myCar 객체에 추가하려면 다음과 같이 하면 된다.

```
// 기존의 myCar 객체가 있다고 가정하자.
myCar.turbo = true;          ← 새로운 속성과 메서드가
myCar.showModel = function() {   객체에 추가된다.
    alert( "모델은 " + this.model + "입니다." )
}
```

생성자 함수는 전혀 변경할 필요가 없다.

webprogramming

9 - 03   프로토타입

지금까지 우리는 개별적인 객체만을 생성해 왔다. 각 객체는 다른 객체와 완전히 별도로 취급 되었다. 따라서 하나의 객체가 가지고 있는 속성과 메서드는 다른 객체가 전혀 이용할 수 없 었다. 물론 이러한 방법도 유용하지만 속성이나 메서드를 여러 객체가 공유하는 것이 어떤 경 우에는 필요하다.

어떤 경우에 필요한가? 자바스크립트로 게임을 제작한다고 가정하자. 점을 나타내는 객체가 필요하게 되어서 다음과 같이 생성자 함수를 정의하였다.

```
function Point(xpos, ypos) {
    this.x = xpos;
    this.y = ypos;
    this.getDistance = function () {
        return Math.sqrt(this.x * this.x + this.y * this.y);
    };
}
```

여기서 getDistance()는 원점으로부터의 거리를 계산하는 함수이다. 그런데 여러 개의 점이 필요하다고 가정하자. 위의 생성자를 사용하여 필요한 만큼의 객체를 생성하는 코드는 다음 과 같다.

```
var p1 = new Point(10, 20);
var p2 = new Point(10, 30);
```

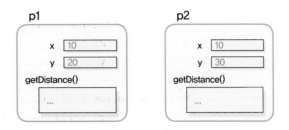

물론 이렇게 해도 실행에는 전혀 문제가 없다. getDistance() 메서드가 객체 안에서 정의되어 있다. 따라서 생성되는 모든 Point 객체는 내부에 이 메서드를 갖게 된다. 만약 객체가 100개가 생성된다면 getDistance() 메서드도 100개가 생성되는 것이다. 명백하게 이것은 메모리를 낭비하면서 비효율적이다. getDistance() 메서드는 객체당 하나씩 가지고 있을 필요가 없다. 점 사이의 거리를 계산하는 알고리즘은 변하지 않는다. 따라서 하나의 getDistance() 메서드를 모든 객체가 공유하면 되는 것이다. 객체 안의 메서드가 1개가 아니라 10개가 있다고 가정하여 보자. 메모리의 낭비는 더 심각해진다.

결론적으로 객체는 자신만의 데이터를 가져야 하지만 메서드는 가급적 서로 공유하는 편이 좋다. 객체들 사이에서 메서드를 공유하는 그런 방법은 없는 것일까? 다른 객체 지향 언어에서는 **클래스(class)**라는 개념이 제공된다. 클래스는 객체에 대한 설계도(템플릿)이다. 객체는 클래스로부터 찍어낼 수 있다. 객체가 자동차라면 클래스는 자동차의 설계도이다. 클래스로부터 객체를 찍어내면 객체는 자기만의 데이터를 갖게 되지만 메서드는 클래스에 정의된 메서드를 서로 공유하게 된다.
자바스크립트에는 클래스의 개념은 없다. 하지만 **프로토타입**(prototype)이라는 개념을 제공한다. 이 프로토타입을 통하여 여러 객체가 공유하는 메서드를 정의할 수 있다.

■ 프로토타입

자 그렇다면 클래스가 메서드를 소유하게 하려면 어떻게 해야 하는가? 자바스크립트의 모든 객체는 prototype이라는 숨겨진 객체를 가지고 있으며 이 객체를 이용해 공유되는 메서드를 작성할 수 있다. 앞의 Point 객체에 대해서 프로토타입을 이용해 공유되는 메서드를 정의하여 보면 다음과 같다.

```
function Point(xpos, ypos) {
    this.x = xpos;
    this.y = ypos;        Point.prototype에 메서드를 추가한다.
}                                         ↓
Point.prototype.getDistance = function () {
    return Math.sqrt(this.x * this.x + this.y * this.y);
};
```

Point.prototype이라는 숨겨진 객체가 있으며 여기에 getDistance()를 정의해 두면 Point 객체는 모두 getDistance() 메서드를 공유할 수 있다는 것이다.

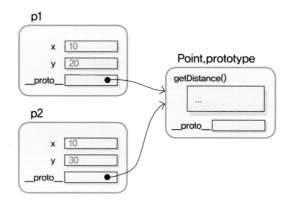

위의 getDistance() 메서드는 특정한 객체 안에 정의되는 것이 아니라 prototype 객체 안에 정의된다. 따라서 객체를 아무리 많이 생성하더라도 getDistance() 메서드는 오직 하나만 존재한다.

getDistance() 메서드를 프로토타입 안에 정의하였지만 객체를 통하여 메서드를 호출하는 방법은 동일하다.

```
var p1 = new Point(10, 20);
p1.getDistance();
```

또 하나의 인스턴스가 생성되어서 getDistance()가 호출된다고 해도 동일한 메서드가 사용된다.

```
                    var p2 = new Point(10, 30);
                    p2.getDistance();
```

위의 내용을 예제를 통하여 살펴보자.

obj_point.html

```html
<!DOCTYPE html>
<html>
<body>
    <script>
        function Point(xpos, ypos) {
            this.x = xpos;
            this.y = ypos;
        }
        Point.prototype.getDistance = function (p) {
            return Math.sqrt(this.x * this.x + this.y * this.y);
        }
        var p1 = new Point(10, 20);
        var d1 = p1.getDistance();
        var p2 = new Point(10, 30);
        var d2 = p2.getDistance();
        document.writeln(d1 + "<br />");
        document.writeln(d2 + "<br />");

    </script>
</body>
</html>
```

← 모든 Point 객체가 공유하는 메서드이다.

22.360679774997898
31.622776601683792

[참고]

여기서는 메서드만 공유하였지만 속성도 같은 방법으로 공유할 수 있다.

```
Point.prototype.shared = 10;
```

객체가 소유하는 속성을 인스턴스 속성이라고 한다. 마찬가지로 객체가 소유하는 메서드를 인스턴스 메서드라고 한다. 반면에 객체들 사이에서 공유되는 속성과 메서드를 각각 클래스 속성과 클래스 메서드라고도 한다.

■ **프로토타입 체인**

자바스크립트에서 속성이나 메서드를 참조하게 되면 다음과 같은 순서대로 찾는다.

① 객체 안에 속성이나 메서드가 정의되어 있는지 체크한다.
② 객체 안에 정의되어 있지 않으면 객체의 prototype이 속성이나 메서드를 가지고 있는지 체크한다.
③ 원하는 속성/메서드를 찾을 때까지 프로토타입 체인(chain)을 따라서 올라간다.

이것을 **프로토타입 체인(prototype chain)**이라고 한다. 프로토타입 객체는 개별 객체에서 시작해서 생성자의 프로토타입을 통하여 Object의 프로토타입까지 연결되어 있다. 이것을 이전의 예제인 Point 객체를 이용하여 설명해 보자.

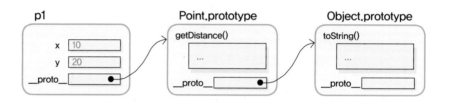

예제에서처럼 getDistance() 메서드를 Point.prototype 안에 정의하였다고 가정하자. p1.getDistance()와 같이 getDistance() 메서드를 호출하면 먼저 p1 객체 안에 정의되어 있는지를 찾는다. 없으면 프로토타입 체인을 타고 Point.prototype으로 올라간다. Point.prototype 안에 getDistance()를 찾아서 호출하게 된다.

또 하나의 예로 p1.toString()과 같이 호출한다고 가정하자. 이 경우에는 p1 객체 안에도 없고 Point.prototype 객체 안에도 없다. 이 경우에는 결국 Object 객체까지 거슬러 올라간다. Object 안에 정의되어 있는 toString() 메서드가 호출된다. 만약 Object 객체 안에도 정의되어 있지 않은 메서드라면 당연히 오류가 발생한다.

프로토타입 체인은 __proto__ 속성을 이용해 연결된다. 브라우저에 따라서 속성 이름이 다를 수 있다. 만약 다른 객체 지향 언어를 학습하였다면 지금 설명한 것이 상속의 개념과 매우 유사하다는 것을 알 것이다. 자바스크립트에서는 프로토타입을 이용해 상속을 어느 정도 구현할 수 있다.

■ Object 객체

Object 객체는 자바스크립트 객체의 부모가 되는 객체이다. 자바스크립트의 모든 객체는 Object 객체를 기초로 하여 생성된다. 따라서 객체는 내부에 Object 객체의 속성과 메서드를 가지고 있다고 생각해도 좋다. Object 객체는 어떤 속성과 메서드를 가지고 있을까? 다음 표에 정리하였다.

속성/메서드	설명
constructor	속성으로 생성자 함수를 가리킨다. var d = new Date(); d.constructor는 Date()와 같다.
valueOf()	메서드로서 객체를 숫자로 변환한다.
toString()	메서드로서 객체의 값을 문자열로 변환한다.
hasOwnProperty()	전달 인수로 주어진 속성을 가지고 있으면 true 반환
isPrototypeOf()	현재 객체가 전달 인수로 주어진 객체의 프로토타입이면 true 반환

Object 객체의 메서드는 하위 객체에서 재정의해서 사용할 수 있다. 예를 들어 Object 객체의 메서드인 toString()을 하위 객체에서 오버라이딩(재정의)해서 다시 정의할 수 있다.

```javascript
myCar.toString = function () {
    return "새로 생성된 객체입니다."
}
document.write(myCar.toString()); // "새로 생성된 객체입니다."를 출력한다.
```

9-04 자바스크립트 내장 객체

지금부터는 자바스크립트가 내장하고 있는 많은 객체에 대해서 살펴보자. 많은 경우에 자바스크립트 내장 객체만 사용해도 프로그램을 개발하기에 충분하다. 개발자가 내장 객체를 능숙하게 사용할 수 있다면 작업이 훨씬 쉬워질 것이다.

■ Date 객체

Date 객체는 날짜와 시간 작업을 하는데 사용되는 가장 기본적인 객체이다. 자바스크립트의 모든 내장 객체 중에서도 Date 객체는 상당히 많이 사용된다. 웹 프로그래밍에서는 날짜를 사용하는 작업이 많다. 이런 작업을 위해 Date 객체는 완전히 파악해야 한다. 여기서는 날짜를 저장하고 달력과 타이머를 만드는 방법까지 살펴본다.

새로운 Date 객체는 다음과 같이 생성한다.

```
var today = new Date(); // 현재 날짜를 가진 객체를 생성
```

웹 페이지 메시지

⚠ Sun Jul 21 15:02:46 UTC+0900 2013

확인

위의 문장은 현재 시간을 가지고 있는 Date 객체를 생성한다. 현재 시간은 GMT나 UTC 기준으로 표시된다. GMT와 UMT는 거의 비슷한 시간을 표시하므로 사용자는 구별하지 않아도 된다.

● Date 객체 생성자

Date 객체의 생성자는 아주 다양하게 지원된다. Date 객체를 생성하는 기본적인 4가지의 방법이 있다. Date 객체를 생성할 때, 문자열을 인수로 줄 수 있고 정수를 줄 수도 있다.

```
new Date() // 현재 날짜와 시간
new Date(milliseconds) //1970/01/01 이후의 밀리초
new Date(dateString) // 다양한 문자열
new Date(year, month, date[, hours[, minutes[, seconds[,ms]]]])
```

자바스크립트의 Date 객체는 매우 강력한 날짜 파서를 가지고 있어서 문자열로 날짜를 지정하는 많은 방법을 지원한다. 가장 기본적인 방법은 연, 월, 일, 시, 분, 초, 밀리초의 순서대로 정수를 입력하는 방법이다. 여기서 주의할 점은 월은 0부터 시작한다는 점이다. 1월이면 0을 입력한다.

```
var d1 = new Date(2013, 7, 24); // 2013년 8월 24일
var d2 = new Date(2013, 7, 24, 18, 30, 0);
var d2 = new Date(2013, 7, 24, 18, 30, 0, 0);
```

또 1970년 이후로 경과된 밀리초를 입력해서 시간을 설정할 수도 있다. 이것은 유닉스 운영체제에서 처음으로 사용한 방법이다.

```
var d3 = new Date(100000000);          // 율리우스 숫자로 날짜를 지정
```

특정한 날짜로 Date 객체를 생성하는 간단한 예제를 작성하여 보면 다음과 같다.

obj_date.html

```
<script>
    var d1 = new Date(2013, 7, 21, 0, 0, 0);
    var d2 = new Date("January 20, 2013  11:13:00");
    alert(d1);
    alert(d2);
</script>
```

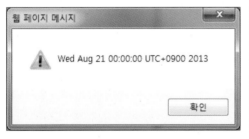
웹 페이지 메시지
⚠ Wed Aug 21 00:00:00 UTC+0900 2013
확인

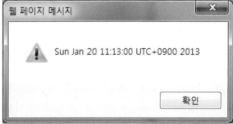
웹 페이지 메시지
⚠ Sun Jan 20 11:13:00 UTC+0900 2013
확인

[**참고**] 율리우스 날짜(Julian Dates)

율리우스력에서는 시간과 날짜를 나타낼 때 과거의 어떤 날짜를 기준으로 얼마나 많은 시간이 흘렀는지를 계산한다. 예를 들어 1월 1일이 화요일에 시작했었다면 1월 2일은 수요일이다. 또 1월은 31일까지 있기 때문에 32일이 흐르면 2월 1일이 된다.

자바스크립트에서도 이와 유사하게 날짜를 계산한다. 1970년 1월 1일을 기준으로 얼마나 많은 밀리초가 흘렀는지를 기준으로 한다. 밀리초는 1초를 1000으로 나눈 숫자여서 아주 많을 거 같지만 컴퓨터는 이 정도 숫자는 순식간에 처리한다. 예를 들어 이 책을 쓰고 있었을 때에 기준일로부터 1,368,365,191,627 밀리초가 흘렀다. 실제로 이 방법은 유닉스(UNIX) 운영체제에서 맨 처음 도입한 방법이다.

● Date의 메서드

Date 객체는 아주 많은 메서드를 가진다. Date 객체에서 연, 월, 일, 시, 분, 초를 각각 설정하고 추출할 수 있는 메서드를 제공한다.

- getDate() (1-31 반환)
- getDay() (0-6 반환)
- getFullYear() (4개의 숫자로 된 연도 반환)
- getHours() (0-23 반환)
- getMilliseconds()(0-999)
- getMinutes()(0-59)
- getMonth()(0-11)
- getSeconds()(0-59)

- setDate()
- setDay()
- setFullYear()
- setHours()
- setMilliseconds()
- setMinutes()
- setMonth()
- setSeconds()

객체 지향에서 getXXX() 타입의 메서드는 접근자로서 객체의 속성을 추출하는 데 사용된다. setXXX() 타입의 메서드는 설정자로서 객체의 속성을 설정하는 데 사용된다. 여기서도 월이 0부터 시작하는 것에 유의하자.

toXXXString() 형태의 메서드는 날짜를 특정 문자열 형태로 변환하는 데 사용된다. 간단히 실행 결과를 보자.

obj_date1.html

```
<script>
    var today = new Date();
    document.write(today.toDateString() + "<br>");
    document.write(today.toISOString() + "<br>");
    document.write(today.toJSON() + "<br>");
    document.write(today.toLocaleDateString() + "<br>");
    document.write(today.toLocaleTimeString() + "<br>");
    document.write(today.toLocaleString() + "<br>");
    document.write(today.toString() + "<br>");
    document.write(today.toTimeString() + "<br>");
    document.write(today.toUTCString() + "<br>");
</script>
```

Fri Aug 9 2013
2013-08-09T06:04:40.605Z
2013-08-09T06:04:40.605Z
2013년 8월 9일 금요일
오후 3:04:40
2013년 8월 9일 금요일 오후 3:04:40
Fri Aug 9 15:04:40 UTC+0900 2013
15:04:40 UTC+0900
Fri, 9 Aug 2013 06:04:40 UTC

● 두 개의 날짜 비교하기

Date 객체는 2개의 날짜를 비교하는 데도 사용된다. 예를 들어 사용자로부터 받은 날짜를 특정한 날짜와 비교할 수 있겠다. 두 개의 날짜를 비교할 때는 먼저 모든 날짜를 1970년 1월 1일 이후의 밀리초로 변환한다. getTime()이라는 메서드를 사용하면 된다. 날짜 간격을 구할 때는 밀리초의 차이값을 (1000*60*60*24)로 나누어주면 된다.

간단한 예제를 작성해 보자, 쇼핑몰이라고 가정하자. 구입한 지 30일 지난 물건은 교환이 안된다는 규정이 있다. 이것을 검사하려면 다음과 같이 한다.

---

obj_date2.html

```html
<!DOCTYPE html>
<html>
<head>
    <script>
        function checkDate() {
            var s = document.getElementById("pdate").value;
            var pdate = new Date(s);
            var today = new Date();
            var diff = today.getTime() - pdate.getTime();
            var days = Math.floor(diff / (1000 * 60 * 60 * 24));
            if (days > 30) {
                alert("교환 기한이 지났습니다.");
            }
        }
    </script>
</head>
<body>
    구입날짜:
    <input type="date" id="pdate">
    <button onclick="checkDate()">검사</button>
</body>
</html>
```

id가 "pdate"인 요소의 value 속성을 읽어온다.

날짜 간격을 밀리초 단위로 계산한다.

밀리초 차이값을 나누어서 날짜 간격을 구한다.

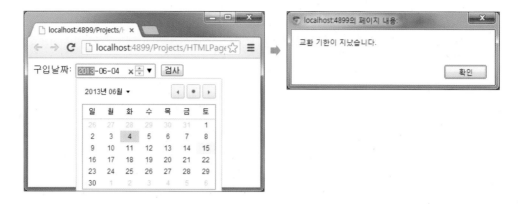

위의 프로그램에서 주의할 점은 document.getElementById("pdate").value의 타입은 문자열이다. 따라서 이것을 직접 Date 객체와 비교하면 안 된다. 이 문자열을 가지고 새로운 Date 객체를 생성하는 과정이 필요하다.

참고로 자바스크립트 프로그램을 작성하다 보면 결과가 제대로 나오지 않는 경우가 많이 있다. 이때는 콘솔을 이용해 디버그를 하면 좋다. 가장 좋은 브라우저는 역시 오페라인 거 같다. 다음과 같은 디버그 도구를 사용하도록 하자. 마우스 오른쪽 버튼을 누르고 "요소 검사"를 선택하면 디버그 창이 나타난다.

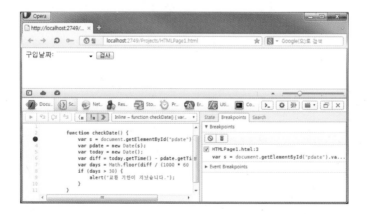

중단점(breakpoint)도 설정할 수 있고 모든 디버그 도구가 개발자에게 제공된다.

●카운트다운 타이머 만들기
지금부터 특정 날짜까지 남은 날짜를 표시하는 코드를 작성하여 보자. 예를 들어 내년 1월 1일까지 남은 날짜를 웹 페이지에 표시하는 예제를 작성하여 보자. 먼저 현재 날짜와 내년 1월 1일까지 사이의 날짜를 계산하여 보자.

```
            var now = new Date();
            var newYear = new Date('January 1, ' + (now.getFullYear() + 1));
            var diff = newYear - now;
```

문제는 diff가 밀리초 단위라는 것이다. 이것을 나눗셈과 나머지 연산을 통하여 초, 분, 시간, 날짜 단위로 계산하면 된다. 전체 소스는 다음과 같다.

obj_date3.html

```html
<div id='remaining'></div>
<script>
    function datesUntilNewYear() {
        var now = new Date();
        var newYear = new Date('January 1, ' + (now.getFullYear() + 1));
        var diff = newYear - now;
        var milliseconds = Math.floor(diff % 1000);
        diff = diff / 1000;
        var seconds = Math.floor(diff % 60);
        diff = diff / 60;
        var minutes = Math.floor(diff % 60);
        diff = diff / 60;
        var hours = Math.floor(diff % 24);
        diff = diff / 24;
        var days = Math.floor(diff);

        var outStr = '내년도 신정까지 '+ days + '일, ' + hours + '시간, ' + minutes;
        outStr += '분, ' + seconds + '초' + ' 남았습니다.';

        document.getElementById('remaining').innerHTML = outStr;
        // 1초가 지나면 다시 함수를 호출한다.
        setTimeout("datesUntilNewYear()", 1000);
    }

    // 타이머를 시작한다.
    datesUntilNewYear();
</script>
```

내년도 신정까지 231일, 13시간, 0분, 48초 남았습니다.

● 시계 만들기

시계 만드는 것도 타이머와 아주 비슷하다. 새로운 Date 객체를 생성하고 시간, 분, 초를 계산하면 된다.

```
<div id='clock'></div>

<script>
    function setClock() {
        var now = new Date();
        var s = now.getHours() + ':' + now.getMinutes() + ':' + now.getSeconds();
        document.getElementById('clock').innerHTML = s;
        setTimeout('setClock()', 1000);
    }
    setClock();
</script>
```

11:3:31

새로 나온 함수이다. 이것은 두 번째 인수의 시간 (밀리초)만큼 지난 후에 첫 번째 인수를 호출한다.
즉 여기서는 1초가 지난 후에 setClock()을 호출한다.

■ Number 객체

Number 객체는 수치형 값을 감싸서 객체로 만들어 주는 랩퍼(wrapper) 객체이다. 랩퍼 객체란 수치값을 직접 사용할 수는 없고 반드시 객체가 필요한 경우에 사용된다. 다음과 같은 랩퍼 객체가 있다.

Number 객체는 new Number()로 생성할 수 있다. 예를 들어 다음 코드는 숫자 7을 가지고 있는 Number 객체를 생성한다.

```
var num = new Number(7);
```

단순한 수치값에도 메서드를 붙이면 자바스크립트가 자동적으로 숫자에 랩퍼 객체를 감싸서 객체로 만든다. 따라서 다음과 같은 문장이 가능하다.

```
1.234.toString();      // 1.234를 감싸는 랩퍼 객체가 생성된다.
```

Number 객체의 속성 중 일부는 다음과 같다.

- MAX VALUE - 표현할 수 있는 가장 큰 값
- MIN VALUE - 표현할 수 있는 가장 작은 값
- NaN - "Not-a-Number"의 약자

Number 객체의 메서드 중 일부는 다음과 같다.

- toExponential([digits]) - 지수형으로 반환, 인수는 소수점 이하 숫자의 개수이다.

```javascript
var num = 1232.34567;
document.writeln(num.toExponential() + '<br>'); // 1.23234567e+3
document.writeln(num.toExponential(1) + '<br>'); // 1.2e+3
```

- toFixed([digits]) - 고정소수점 방식으로 반환, 인수는 소수점 이하 숫자의 개수이다.

```javascript
var num = 123.456789;
document.writeln(num.toFixed() + '<br>');  // 123
document.writeln(num.toFixed(1) + '<br>'); // 123.5
```

- toPrecision([precision)) - 유효숫자 수를 지정한다.

```javascript
var num = 123.456789;
document.writeln(num.toPrecision(1) + '<br>'); // 1e+2
document.writeln(num.toPrecision(2) + '<br>'); // 1.2e+2
```

- toString([radix]) - 주어진 진법으로 숫자를 반환한다.

```javascript
var num = 255;
document.writeln(num.toString() + '<br>');   // 255
document.writeln(num.toString(16) + '<br>'); // ff
document.writeln(num.toString(8) + '<br>');  // 377
document.writeln(num.toString(2) + '<br>');  // 11111111
```

Number 객체는 어디에 사용될까? 만약 2개의 실수를 소수점 2째 자리까지 비교하고 싶은 경우에 사용할 수 있다.

```
obj_number.html
```

```
<script>
    var count1, count2;
    count1 = new Number(1.237);
    count2 = 1.238;
    if (count1.toFixed(2) === count2.toFixed(2))
        alert("소수점 2째 자리까지 같습니다.");
</script>
```

웹 페이지 메시지

⚠ 소수점 2째 자리까지 같습니다.

확인

▪ String 객체

String 객체도 아주 많이 사용되는 객체이다. String 객체의 속성은 다음과 같다.

• length - 문자열의 길이다.

String 객체의 length 속성은 간단하지만 많이 사용된다. 예를 들어 웹 사이트에 회원으로 가입할 때 아이디를 6자 이상으로 해달라고 할 때도 length 속성을 이용한다.

```
obj_string.html
```

```
<!DOCTYPE html>
<html>
<head>
    <script>
        function checkID() {                    id가 "id"인 요소의 value 속성을 읽어 온다.
            var s = document.getElementById("id").value;     ↓
            if (s.length < 6) {
                alert("아이디는 6글자 이상이어야 합니다.");
            }
        }
    </script>
</head>
<body>
```

```
            아이디: <input type="text" id="id" size=10>
            <button onclick="checkID()">검사</button>
</body>
</html>
```

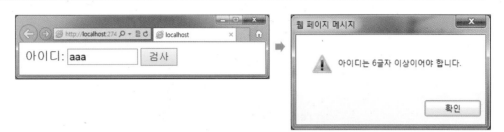

String 객체의 메서드는 상당히 많다. 중요한 것들만 예제와 함
께 살펴보자. 만약 독자가 자바 프로그래밍 언어를 알고 있다
면 상당히 유사하다는 것을 눈치챌 것이다. 전체 String 메서드
는 http://www.w3schools.com/jsref/jsref_obj_string.asp에서
찾아보도록 하자. 그리고 마이크로소프트사의 Visual Studio for
Web을 사용하면 오른쪽과 같이 메서드가 드롭 박스 형태로 나
타난다.

메서드에 대한 매개 변수 설명도 볼 수 있으니 상당한 도움이 될 것이다.

● 대소문자 변환

toUpperCase()와 toLowerCase()를 사용하면 문자열의 글자를 대문자 혹은 소문자로 변환할
수 있다.

str_case.html

```
<script>
        var s = 'aBcDeF';
        var result1 = s.toLowerCase();
        var result2 = s.toUpperCase();
        document.writeln(result1); // 출력: abcdef
        document.writeln(result2); // 출력: ABCDEF
</script>
```

abcdef ABCDEF

여기서도 주의할 점이 하나 있다. s.toLowerCase()를 호출하면 문자열 s가 변환되는 것이 아니다. 변환된 문자열은 함수의 결과값으로 반환된다. 따라서 다음과 같이 작성하면 올바르게 변환된 문자열이 출력되지 않는다.

```
s.toLowerCase();
document.writeln(s); // 출력: aBcDeF
```

반드시 toLowerCase()가 반환하는 값을 사용해 출력해야 한다.

```
var result = s.toLowerCase();
document.writeln(result); // 출력: abcdef
```

● 문자열 붙이기

concat() 메서드는 하나의 문자열을 다른 문자열과 합친다. 결과는 새로운 문자열이 된다. + 연산자를 사용해도 동일한 결과를 얻을 수 있다.

str_concat.html

```
<script>
    var s1 = " 문자열 1 ";
    var s2 = " 문자열 2 ";

    s3 = s1.concat(s2);
    document.writeln(s3 + '<br>'); // "문자열 1  문자열 2"
</script>
```

문자열 1 문자열 2

● 문자열 검색

indexOf() 메서드는 문자열 안에서 주어진 텍스트가 처음 등장하는 위치를 반환한다.

str_indexof.html

```
<script>
    var s = "자바스크립트에 오신 것을 환영합니다.";
    var n = s.indexOf("환영");
    document.writeln(n + '<br>'); // 15
</script>
```

15

● 문자열 매칭

match() 메서드는 문자열 안에서 일치하는 콘텐츠를 탐색하는 데 사용된다. match() 메서드에서는 정규식(regular expression)을 사용할 수 있다. 즉 ?, *, ^ 등의 기호를 사용할 수 있다. 정규식은 입력값 검증에서 학습할 것이다.

str_match.html

```
<script>
    str = 'Like father, like son.';
    // like를 찾는다. i와 g는 옵션으로 insensitive, globally를 의미한다.
    result = str.match(/like/ig);
    document.writeln(result + '<br>');
</script>
```

Like,like

● 문자열 대체

replace() 메서드는 문자열 안에서 주어진 값을 다른 값으로 대체한다. replace()도 정규식을 사용할 수 있어서 가장 강력한 기능 중의 하나이다.

str_replace.html

```
<script>
    s = "Hong's number is 123-4567.";
    result = s.replace("Hong's", "Kim's");
    document.writeln(result);
</script>
```

Kim's number is 123-4567.

만약 대소문자에 관계없이 Hong이나 hong을 모두 Kim으로 바꾸고 싶으면 다음과 같이 정규식을 사용한다.

```
    result = s.replace(/Hong's/i, "Kim's");    // H/hong's을 Kim's로 변경
```

● split(delimiter[, limit])

이것도 아주 강력한 기능 중의 하나이다. split()는 첫 번째 인수를 분리자로 하여서 주어진 문

자열을 분리한 후에 각 항목을 가지고 있는 배열을 반환한다. split()를 이용해 문자열을 배열로 변환할 수 있다.

---

str_split.html

```
<script>
    s = "One,Two,Three,Four,Five";
    array = s.split(',');
    for (i = 0; i < array.length; i++) {
        document.writeln(i + '-' + array[i] + '<BR>');
    }
</script>
```

```
0-One
1-Two
2-Three
3-Four
4-Five
```

● HTML 랩퍼 메서드

HTML 랩퍼 메서드는 문자열을 적절한 HTML 태그로 감싼 후에 반환한다.

---

str_wrapper.html

```
<script>
    var s = "This is a test.";
    document.write("Big: " + s.big() + "<br>");
    document.write("Small: " + s.small() + "<br>");
    document.write("Bold: " + s.bold() + "<br>");
    document.write("Italic: " + s.italics() + "<br>");
    document.write("Fixed: " + s.fixed() + "<br>");
    document.write("Strike: " + s.strike() + "<br>");
    document.write("Fontcolor: " + s.fontcolor("green") + "<br>");
    document.write("Fontsize: " + s.fontsize(6) + "<br>");
    document.write("Subscript: " + s.sub() + "<br>");
    document.write("Superscript: " + s.sup() + "<br>");
    document.write("Link: " + s.link("http://www.google.com") + "<br>");
</script>
```

```
Big: This is a test.
Small: This is a test.
Bold: This is a test.
Italic: This is a test.
Fixed: This is a test.
Strike: This is a test.
Fontcolor: This is a test.

Fontsize: This is a test.
Subscript: This is a test.
Superscript: This is a test.
Link: This is a test.
```

● 문자열 리터럴과 문자열 객체

자바스크립트에서 문자열(String)에는 2가지 종류가 있다. 문자열 리터럴(String Literal)과 문자열 객체(String Object)가 바로 그것이다. 이 2가지 종류는 상당히 다르게 동작한다. 문자열 리터럴은 큰따옴표로 생성된다. 문자열 객체는 키워드 new를 이용해 생성된다.

```
<script>
        var sLiteral = "문자열 리터럴";
        sObject = new String("문자열 객체");

        document.writeln(typeof (sLiteral) + '<BR>'); // string
        document.writeln(typeof (sObject) + '<BR>');  // object
</script>
```

그런데 문자열 리터럴도 String 객체의 모든 속성과 메서드를 사용할 수 있는데, 자바스크립트가 임시적으로 문자열 상수를 문자열 객체로 형변환을 하기 때문이다.

```
var sLiteral = "문자열 리터럴";
sLiteral = sLiteral.concat('123');
document.writeln(sLiteral + '<BR>');  // 문자열 리터럴123
```

● 문자열 리터럴과 문자열 객체

String 객체가 함수로 전달될 때는 값(value)만 전달된다. 즉 함수 안에서 전달받은 문자열을 변경하더라도 원본은 변경되지 않는다.

str_literal1.html

```
<script>
    var sLiteral = "문자열 리터럴";
    sObject = new String("문자열 객체");

    function change(strlit, strobj) {
        strlit = 'Hello World';
        strobj = 'Hello World';
    }

    change(sLiteral, sObject);
    document.writeln(sLiteral + '<br>'); // "문자열 리터럴"
    document.writeln(sObject + '<br>');  // "문자열 객체"
</script>
```

■ Math 객체

Math 객체는 수학적인 작업을 위한 객체이다. Math는 생성자가 아니라 바로 객체이다. 따라서 new를 통하여 객체를 생성할 필요 없이 바로 이용하면 된다. 수학 계산에 사용되는 상수와 거의 모든 함수를 가지고 있다고 봐야 한다. 많이 사용되는 것만 살펴보자.

속성	설명
E	오일러의 상수 (약 2.718)
LN2	자연 로그(밑수: 2) (약 0.693)
LN10	자연 로그(밑수:10) (approx. 2.302)
PI	파이 상수 (약 3.14)
SQRT1_2	1/2의 제곱근(약 0.707)
SQRT2	2의 제곱근 (약 1.414)

메서드도 웬만한 것은 전부 가지고 있다.

메서드	설명
abs(x)	절대값
acos(x), asin(x), atan(x)	아크 삼각함수
ceil(x), floor(x)	실수를 정수로 올림, 내림 함수
cos(x), sin(x), tan(x)	삼각함수
exp(x)	지수함수
log(x)	로그함수
max(x,y,z,...,n)	최대값
min(x,y,z,...,n)	최소값
pow(x,y)	지수함수 x^y
random()	0과 1 사이의 난수값 반환
round(x)	반올림
sqrt(x)	제곱근

몇 가지만 계산하는 공학용 계산기 프로그램을 작성해 보자.

```
<html>
<head>
    <script>
        function calc(type) {
            x = Number(document.calculator.number1.value);
            if (type == 1)
                y = Math.sin((x * Math.PI) / 180.0);
            else if (type == 2)
                y = Math.log(x);
            else if (type == 3)
                y = Math.sqrt(x);
            else if (type == 4)
                y = Math.abs(x);
            document.calculator.total.value = y;
        }
    </script>
</head>

<body>
    <form name="calculator">
        입력:       <input type="text" name="number1"><br />
        계산 결과:   <input type="text" name="total"><br />
        <input type="button" value="SIN" onclick="calc(1);">
        <input type="button" value="LOG" onclick="calc(2);">
        <input type="button" value="SQRT" onclick="calc(3);">
        <input type="button" value="ABS" onclick="calc(4);">
    </form>

</body>
</html>
```

입력 양식의 number1 객체의 value 값을
Number 을 이용해 정수로 변환한다.

입력 양식의 total 객체의 value 값을
계산 결과로 설정한다.

버튼이 클릭되면 calc(1)으로
호출한다.

입력: 90
계산 결과: 1
SIN LOG SQRT ABS

9-05 Array 객체

자바스크립트에서는 배열도 객체로 표현된다. 배열을 나타내는 객체는 Array이다. 우리는 Array 객체를 이용해 배열을 생성할 수도 있고 배열에 대하여 정렬과 같은 연산을 적용할 수도 있다.

우선 자바스크립트에서 배열을 생성하는 과정을 복습하여 보자. Array 객체를 new 연산자로 생성하고 배열 요소에 데이터를 넣으면 된다.

```
var myArray = new Array();  ← Array는 배열을 나타내는 객체이다.
myArray[0] = "apple";
myArray[1] = "banana";
myArray[2] = "orange";
```

다른 언어에서 배열을 사용해 본 사람이라도 당황할 만한 사항이 몇 가지 있다.

• 배열의 크기가 자동으로 조절된다. 다른 언어에서는 배열의 크기가 고정되어 있다. 하지만 자바스크립트에서 배열의 크기는 현재 배열의 크기보다 큰 인덱스를 사용하면 자동으로 증가한다.

```
var myArray = new Array();
myArray[0] = "apple";
myArray[99] = "banana";  ← 배열의 99번째 요소에 데이터를 추가하면 fruits 배열의
                            크기가 100으로 변한다.
```

• 자바스크립트에서는 하나의 배열에 여러 가지 자료형을 혼합해서 저장할 수 있다. 즉 데이터의 종류를 다르게 하면서 배열에 저장할 수 있는 것이다. 하나의 배열에 정수와 문자열을 동시에 저장하는 것이 가능하다.

```
var myArray = new Array();
myArray[0] = "apple";       // 문자열 저장
myArray[1] = new Date();    // 객체 저장
myArray[2] = 3.14;          // 실수 저장
```

- 만약 배열의 크기보다 큰 인덱스 값으로 배열 요소에 접근하면 오류가 발생하지 않고 undefined 값이 반환된다. 따라서 프로그래밍 실수가 있더라도 프로그램이 중지되지 않는다.

간단한 예제를 작성해서 다양한 배열의 생성 방법을 실습하여 보자.

obj_array.html

```html
<html>
<head>
    <script>
        function printArray(a) {
            document.write("[ ");
            for (var i = 0; i < a.length; i++)
                document.write(a[i] + " ");
            document.write(" ] <br>");
        }
```
배열 요소를 [a b c]와 같은 형태로 화면에 출력하는 함수이다.

```html
        var myArray1 = new Array();
        myArray1[0] = "apple";
        myArray1[1] = "banana";
        myArray1[2] = "orange";
```
3개의 방법이 모두 동일한 배열 객체를 생성한다.

```html
        var myArray2 = new Array("apple", "banana", "orange");
        var myArray3 = ["apple", "banana", "orange"];

        printArray(myArray1);
        printArray(myArray2);
        printArray(myArray3);

    </script>
</head>

<body>
</body>
</html>
```

[apple banana orange]
[apple banana orange]
[apple banana orange]

■ Array의 속성과 메서드

가장 많이 사용되는 속성은 배열의 크기인 length이다. 배열 요소를 반복하면서 처리할 때, 사용한다.

```
for (i = 0; i < fruits.length; i++) {
    ...
}
```

Array 객체도 상당한 양의 메서드를 가지고 있다. 놀라운 것은 이들 메서드 중에는 기본적인 자료 구조에 속하는 스택(stack)과 큐(queue)를 구현하는 메서드도 있다는 것이다. 아주 중요한 메서드만 살펴보자.

■ concat(value1[value2[value...]])

concat() 메서드는 전달된 인수를 배열의 끝에 추가한다. 인수는 배열일 수도 있다.

array_concat.html

```
<script>
    var x = [1, 2, 3];
    var y = [4, 5, 6];
    var joined = x.concat(y);

    document.writeln(x);        // 출력: 1,2,3
    document.writeln(joined);   // 출력: 1,2,3,4,5,6
</script>
```

1,2,3 1,2,3,4,5,6

■ indexOf(searchStr[, startIndex])

indexOf() 메서드는 요소의 값을 가지고 요소의 인덱스를 찾을 때, 사용한다.

array_indexof.html

```
<script>
    var fruits = ["apple", "banana", "grape"];
    document.writeln(fruits.indexOf("banana")); // 출력: 1
</script>
```

1

■ push(value), pop()

push()는 스택(stack)에 데이터를 삽입하는 메서드이다. pop()은 스택에서 데이터를 꺼내는 메서드이다. 스택에 데이터를 넣었다가 꺼내면 순서가 반대로 된다.

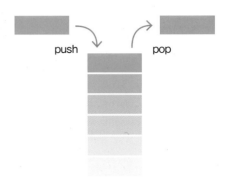

array_push.html

```
<script>
        var numbers = [1, 2, 3, 4, 5];

        numbers.push(6);
        document.writeln(numbers + '<BR>');        // 출력: 1,2,3,4,5,6
        item = numbers.pop();
        document.writeln(numbers + '<BR>');        // 출력: 1,2,3,4,5
</script>
```

1,2,3,4,5,6
1,2,3,4,5

■ shift(), unshift()

shift() 메서드는 배열의 첫 번째 요소를 반환하고 이 첫 번째 요소를 배열에서 제거한다. unshift()와 함께 사용하면 자료구조 중의 하나인 큐를 구현할 수 있다.

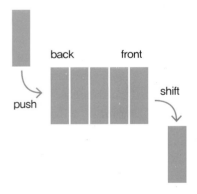

```
<script>
    var numbers = [1, 2, 3, 4, 5, 6, 7, 8, 9, 10];

    var item = numbers.shift();
    document.writeln(item + '<BR>');        // 출력: 1
    document.writeln(numbers + '<BR>');     // 출력: 2,3,4,5,6,7,8,9,10
</script>
```

브라우저 출력:
```
1
2,3,4,5,6,7,8,9,10
```

■ sort()

sort() 메서드는 배열을 알파벳순으로 정렬한다.

array_sort.html

```
<script>
    var myArray = [10, 7, 23, 99, 169, 19, 11, 1];
    myArray.sort()
    document.writeln(myArray);
</script>
```

브라우저 출력:
```
1,10,11,169,19,23,7,99
```

실행 결과를 보면 우리의 예상과는 조금 다르게 나온 것을 알 수 있다. 알파벳 순서로 정렬하였기 때문이다. 만약 사용자가 기준을 지정하려면 sort() 메서드에 정렬 기준 함수를 제공해야 한다. 예를 들어 수치값으로 정렬하려면 function (a,b) { return a-b }이라는 정렬 기준 함수를 인수로 제공하면 된다.

array_sort1.html

```
<script>
    var myArray = [10, 7, 23, 99, 169, 19, 11, 1];
    myArray.sort(function (a, b) { return a - b });
    document.writeln(myArray);
</script>
```

브라우저 출력:
```
1,7,10,11,19,23,99,169
```

■ Array.slice([begin[, end]])

slice() 메서드는 배열의 일부를 복사하여 새로운 배열로 반환한다. 시작 인덱스가 없으면 0으로 가정한다. 종료 인덱스가 없으면 배열의 끝까지 복사한다.

array_slice.html

```
<script>
    var numbers = [1, 2, 3, 4, 5, 6, 7, 8, 9, 10];
    var newArray = numbers.slice(5);
    document.writeln(newArray + '<BR>');          // 출력: 6,7,8,9,10
</script>
```

6,7,8,9,10

■ join(delimeter)

join()은 배열의 요소들을 하나의 문자열로 출력한다. 이 기능은 배열을 서버로 보낼 때, 아주 유용하다. 이때 분리자가 각 요소를 분리하게 된다.

array_join.html

```
<script>
    var fruits = ["apple", "banana", "peach" ];
    var s = fruits.join("+");
    document.writeln(s+'<BR>');    // 출력: apple+banana+peach
</script>
```

apple+banana+peach

■ filter()

filter() 메서드는 어떤 조건에 부합하는 요소만을 선택하여 새로운 배열로 만들어서 반환한다. 요소를 선택하는 함수를 작성하여 인수로 전달한다.

```
<script>
    var numbers = [10, 20, 30, 40, 50];
    function isBigEnough(element, index, array) {
        return (element >= 30);
    }

    var filtered = numbers.filter(isBigEnough);
    document.write("필터링 된 배열: " + filtered);
</script>
```

필터링 된 배열: 30,40,50

■ 2차원 배열

자바스크립트에서는 2차원 배열이 가능한가? 가능하다! Array 객체는 다른 Array 객체를 포함할 수 있기 때문이다. 다음 문장을 살펴보자.

```
var x = [ 0, 1, 2, 3, 4, 5, 6 ];
var y = [ x ];
```

위의 예제에서 우리는 x라는 이름의 배열을 생성하였다. 이어서 우리는 배열 x를 배열 y의 첫 번째 요소로 할당하였다. 만약 우리가 y[0]의 값을 출력한다면 배열 x의 요소가 전부 출력될 것이다.

```
document.writeln(y[0]); // 출력: 0, 1, 2, 3, 4, 5, 6
```

만약 우리가 y[0][2]를 출력한다면 2가 출력된다.

```
document.writeln(y[0][2]); // 출력: 2
```

이런 식으로 얼마든지 다차원 배열을 생성하고 사용할 수 있다.
2차원 배열을 리터럴에서 생성하려면 다음과 같이 해도 된다.

```
var matrix = [
            [1, 2, 3],
            [4, 5, 6],
            [7, 8, 9]
];
alert(matrix[1][1]) ;
```

9 - 06 자바스크립트에서의 오류 처리

완벽한 프로그램은 없다. 자바스크립트 프로그램도 마찬가지이다. 자바스크립트에서는 변수의 자료형을 지정하지 않기 때문에 오류가 발생할 확률도 높아진다. 오류가 발생되면 자동적으로 실행이 중단되면서 다음과 같은 대화상자가 등장한다.

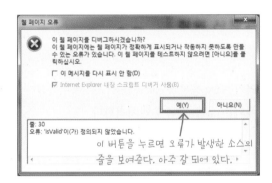

위의 대화 상자에서 디버그하겠다고 "확인"을 누르면 소스 파일에서 오류가 발생한 위치를 보여준다. 따라서 이것을 보고 오류를 수정하면 된다.

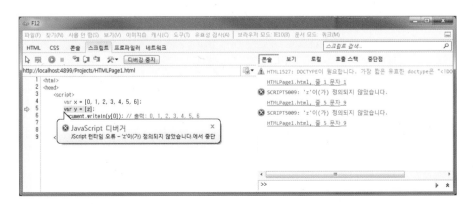

자바스크립트에서는 오류를 **예외**라는 이름으로 부른다. 예외(exception)이란 "exceptional event"의 약자이다. 즉 예외는, 프로그램의 실행 중에 발생하는 이벤트라는 의미이다.

예외는 왜 발생하는 것일까? 여러 가지 원인이 있을 수 있다.

- 개발자의 타이핑 오류 때문에 문법적인 오류가 발생할 수 있다.
- 브라우저마다 지원하는 특징이 다르므로 발생할 수 있다.
- 사용자로부터 잘못된 입력 때문에 발생할 수 있다.
- 인터넷 서버 오류 때문에도 발생할 수 있다.

자 그런데 오류가 발생했을 때, 프로그램을 중단시키는 것이 최선일까? 무조건 종료하는 것보다 프로그램에서 오류를 감지하여 우아하게 프로그램을 종료하거나 오류를 처리한 후에 계속 실행할 수 있다면 더 나은 프로그램이 될 수 있다. 이것을 자바스크립트에서는 **예외 처리(exception handling)**라고 한다. 자바스크립트에서는 try-catch 구조를 사용해 예외를 우아하게 처리할 수 있다. 자바 프로그래밍 언어와 자바스크립트는 동일한 예외 처리 기법을 사용한다.

■ try-Catch 구조

자바스크립트에서의 예외 처리기는 try 블록과 catch 블록으로 이루어진다. try 블록에서는 예외가 발생할 수 있다. 발생된 예외는 catch 블록에서 처리한다.

예외 처리기의 기본 형식은 다음과 같다.

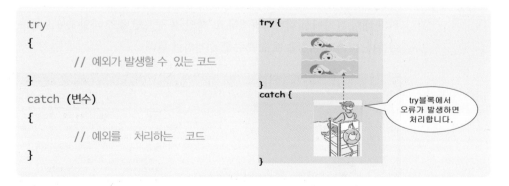

```
try
{
        // 예외가 발생할 수 있는 코드
}
catch (변수)
{
        // 예외를 처리하는 코드
}
```

예제로 살펴보자. 다음 예제에서는 고의적으로 try 블록에서 alert()를 allert()로 타이핑 오류를 저질렀다. catch 블록은 try 블록에서의 오류를 잡아서 처리한다.

```
try_catch.html
```

```html
<!DOCTYPE html>
<html>
<head>
    <script>
        var msg = "";
        function test() {
            try {
                allert("Hello World!");
            }           └── 고의적인 타이핑 오류
            catch (error) {
                msg = "다음과 같은 오류가 발생하였음: " + error.message;
                alert(msg);
            }
        }
    </script>
</head>
<body>
    <input type="button" value="try-catch 시험" onclick="test()" />
</body>
</html>
```

■ throw 문장

throw 문장은 개발자가 오류를 생성할 수 있도록 한다. 예외를 발생시키는 것을 예외를 던진
다(throw)고 표현한다. 왜 고의적으로 예외를 발생시키는 것일까? 개발자는 자신이 어떤 기
준을 정하고 이 기준에 맞지 않으면 사용자에게 어떤 경고 메시지를 줄 수 있다. 이러한 경우
에 throw 문장이 try-catch 문장과 함께 사용된다. 예를 들어 사용자가 음수를 입력하면 안 되
는 상황에서 경고를 하고 싶은 경우도 있을 것이다. 이러한 상황을 예외로 처리하면 보다 깔
끔해진다.

개발자는 다음과 같은 문장으로 예외 객체를 발생시킬 수 있다.

throw "예외 메시지";

사용자가 1부터 100 사이에 있는 특정 숫자를 추출하는 게임을 작성하여 보자. throw 문장과 try-catch 구조를 사용해 정답과 추측값을 비교해 본다. 값을 정답과 비교해서 높은지, 낮은지를 예외로 생성한다. 물론 값을 잘못 입력하는 경우에도 예외가 생성된다. 이 예외는 즉시 catch 문장에 의하여 잡히고 예외에 포함된 메시지가 화면에 표시된다.

```
throw.html
<!DOCTYPE html>
<html>
<body>
    <script>
        var solution= 53;
        function test() {
            try {
                var x = document.getElementById("number").value;
                if (x == "") throw "입력 없음";
                if (isNaN(x)) throw "숫자가 아님";
                if (x > solution) throw "너무 큼";
                if (x < solution) throw "너무 작음";
                if (x == solution) throw "성공";
            }
            catch (error) {
                var y = document.getElementById("message");
                y.innerHTML = "힌트: " + error;
            }
        }
    </script>
    <h1>Number Guess</h1>
    <p>1부터 100 사이의 숫자를 입력하시오.</p>
    <input id="number" type="text">
    <button type="button" onclick="test()">숫자 추측</button>
    <p id="message"></p>
</body>
</html>
```

1 객체를 생성하는 키워드는? (   )

① instance   ② object   ③ new   ④ create

2 자바스크립트에서 키워드 this가 의미하는 것은? (   )

① 현재 스크립트   ② 현재 문서   ③ 현재 객체   ④ 현재 브라우저

3 Array 객체를 생성하는 방법 중에서 잘못된 것을 모두 선택하시오.

① var myArray = [10, 20, 30];
② var myArray = { 10, 20, 30 };
③ var myArray = new Array();
④ var myArray = new Array(10, 20, 30);

4 0부터 백만까지 더하는 데 걸리는 시간을 측정하는 자바스크립트 프로그램을 작성하시오.

5 문자열을 받아서 문자열의 첫 번째 글자를 대문자로 변환하는 strCap(str)를 작성해 보자.

예를 들어 strCap("hong") == "Hong"이 된다.

⑥ Date 객체의 getMonth() 메서드를 이용해 금월의 이름을 출력하는 프로그램을 작성하시오. 월 이름은 배열에 저장하라.

⑦ 다음과 같은 순서대로 자바스크립트 프로그램을 작성하시오.

- "터미네이터", "트랜스포머"를 배열 요소로 가지고 있는 배열 movies를 생성한다.
- "맨오브스틸"을 배열에 추가한다.
- 배열의 뒤에서부터 2번째 요소를 "스파이더맨"으로 변경한다.
- 배열의 마지막 요소를 꺼내서 alert()를 사용하여 경고 박스에 표시한다.

⑧ Math.random()을 이용해 배열에서 랜덤하게 하나의 요소를 선택해서 출력하는 프로그램을 작성해 보자.

```
var arr = ["사과","오렌지","귤","당근","케일"];
```

⑨ 배열 요소의 값을 받으면 그 요소를 배열에서 찾아서 인덱스를 반환하는 함수 find(arr, value)를 작성해 보자. 예를 들면 다음과 같다.

```
arr = [ "Hello", 10, 32.6, true ];
```

위와 같은 배열에서 find(arr, "Hello")를 호출하면 0을 반환한다.

⑩ 인터넷에서 비속어가 사용되면 이것을 검출할 수 있는 함수 check(str)를 작성하여 보자. check()는 "XXX"를 문자열이 포함하고 있으면 true를 반환한다. 그렇지 않으면 false를 반환한다. 예를 들어 다음과 같다.

```
check('buy XXX now') == true
```

⑪ 다음과 같은 화면을 가지는 일력을 작성하여 본다. 물론 Date 객체를 많이 이용해야 한다. 주기적으로 호출하는 함수는 setTimeout()을 이용한다. 하루에 한 번씩 화면을 업데이트하도록 하자.

10

DOM과 이벤트 처리, 입력 검증

학·습·목·표

- HTML 문서는 내부적으로 DOM(Document Object Model)으로 표현된다는 것을 이해한다.
- 웹 브라우저도 BOM(Browser Object Model)으로 표현할 수 있다는 것을 이해한다.
- 웹 브라우저에서 발생하는 이벤트를 이해하고 이벤트 처리를 할 수 있다.
- 자바스크립트를 이용한 입력 검증을 학습한다.

10-01 문서 객체 모델(DOM)

우리는 앞에서 자바스크립트의 문법적인 요소에 대하여 학습하였다. 이번 장에서는 자바스크립트를 이용해 어떻게 HTML 문서의 요소를 변경할 수 있는지를 학습한다. 또 요소로부터 발생하는 이벤트를 처리하는 방법도 학습하게 된다. 먼저 브라우저가 HTML 문서를 내부적으로 표현하는 표준 모델인 DOM부터 살펴보자.

웹 페이지가 적재되면, 브라우저는 페이지의 **문서 객체 모델**(DOM: Document Object Model)을 생성한다. DOM은 HTML 문서의 계층적인 구조를 트리(tree)로 표현한다. 트리라고 하는 이유는 나무와 비슷하기 때문이다. 트리에 있는 하나의 잎을 노드(node)라고 한다. DOM에서 노드(node)는 문서 안에 들어 있는 요소나 텍스트를 나타낸다. 하나의 예를 들면 다음과 같다.

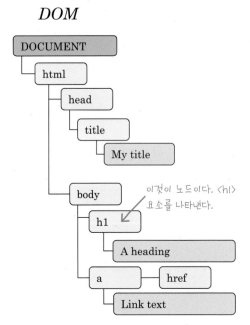

DOM

```
<html>
  <head>
    <title>My title</title>
  </head>
  <body>
    <h1>A heading</h1>
    <a href="#" >Link text</a>
  </body>
</html>
```

트리에서는 부모 노드, 자식 노드, 형제 노드의 개념이 있다. 이것은 쉽게 알 수 있을 것이다. 예를 들면 위의 트리에서 〈h1〉 노드의 부모 노드는 〈body〉 노드이다. 반대로 〈h1〉 노드는 〈body〉 노드의 자식 노드가 된다.

DOM 트리는 어디서 볼 수 있을까? 많은 브라우저에서 DOM 트리를 볼 수 있지만 가장 잘 보여주는 브라우저는 오페라(opera)가 아닐까 생각한다. 오페라에서 마우스 오른쪽 버튼을 누르고 "요소 검사"를 누르면 다음과 같은 창이 화면의 하단에 등장한다. 왼쪽을 보면 눕혀진 트리 형태를 볼 수 있다.

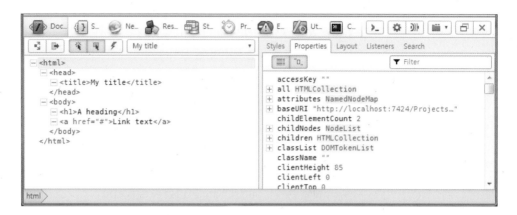

DOM을 이용해 우리는 무엇을 할 수 있을까? 우리는 자바스크립트를 사용하여 DOM 트리를 순회하면서 페이지 안 요소의 내용이나 속성, CSS 스타일을 우리 마음대로 변경할 수 있다. 즉 동적으로 웹 페이지의 내용과 스타일을 변경할 수 있는 것이다. 또 각각의 요소에서 발생하는 이벤트에 반응하는 코드를 작성할 수 있다.

■ DOM과 BOM

자바스크립트에서는 HTML 문서와 웹 브라우저를 객체로 간주하여 처리하게 된다. HTML 문서를 객체로 표현한 것을 DOM이라 하고 웹 브라우저를 객체로 표현한 것을 BOM(Browser Object Model)이라고 한다. DOM과 BOM을 그림으로 그려보면 다음과 같다.

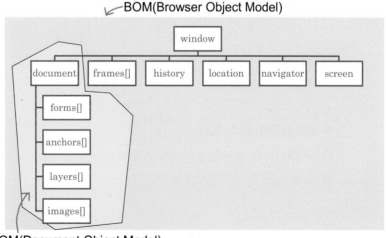

그림에서 알 수 있듯이 BOM이 DOM을 포함하고 있다. 트리의 최상위 노드는 window 객체로서, window 객체는 브라우저 그 자체를 표현한다. 모든 객체는 window 객체 아래에 있다. window 객체 안에는 많은 자식 객체가 있는데 그 중의 하나가 document 객체이다.

브라우저에 있는 모든 것이 객체로 표현되어 있기 때문에 자바스크립트에서는 객체의 속성을 변경하고 객체의 메서드를 호출해주면 웹 브라우저에 대한 거의 모든 것을 제어할 수 있다.

■ 노드의 종류

DOM에 존재하는 노드는 다음과 같이 분류할 수 있다.

- DOCUMENT_NODE - DOM 트리의 루트 노드이며 HTML 문서를 나타낸다. window. document가 바로 DOCUMENT_NODE 타입의 노드이다.
- ELEMENT_NODE - HTML 요소를 나타내는 노드이다. 즉 〈body〉, 〈a〉, 〈p〉, 〈script〉, 〈style〉, 〈html〉, 〈h1〉 등을 나타내는 노드이다.
- ATTRIBUTE_NODE - 속성을 나타내는 노드이다. 즉 class="myClass"와 같은 속성을 나타내는 노드이다.
- TEXT_NODE- 요소 안에 들어 있는 텍스트를 나타내는 노드이다.

10-02 HTML 요소 찾기

자바스크립트를 이용해 HTML 요소(element)를 조작하여 동적인 웹 페이지를 작성하려면 먼저 원하는 요소를 찾아야 한다. 다음과 같은 방법이 있다.

- id로 찾기
- 태그 이름으로 찾기

■ id로 HTML 요소 찾기

DOM에서 HTML 요소를 찾는 가장 쉬운 방법은 요소의 id를 이용하는 것이다. 다음과 같은 문장은 id="main"을 가지는 요소를 찾는다.

```
var x = document.getElementById("main");  ← 문서 안에서 id가 "main"인
                                             요소를 찾아서 반환한다.
```

만약 요소가 발견되면 getElementById()는 요소를 객체 형태로 반환한다. 요소가 발견되지 않으면 x는 null이 된다.

여기서 주의할 점은 getElementById()는 요소가 가지고 있는 내용을 반환하는 것이 아니라 요소 자체를 반환한다는 점이다. 따라서 요소의 내용을 추출하려면 속성 innerHTML을 사용해야 한다. innerHTML은 요소가 가지고 있는 콘텐츠를 가져온다. 따라서 innerHTML을 이용해 〈div id="main"〉이 가지고 있는 콘텐츠를 추출할 수 있다.

```
alert(document.getElementById("main").innerHTML);
                                         ↑
             문서 안에서 id가 "main"인 요소의 내용을 출력한다.
```

getElementById() 메서드를 이용해 입력 양식 안에서 입력 필드의 값을 읽어보자.

get_elem.html

```html
<!DOCTYPE html>
<html>
<head>
    <script>                       id가 "target"인 요소를 찾는다.
        function process() {              ↓
            var obj = document.getElementById("target");
            alert(obj.value);
        }                ↑
    </script>      그 요소의 속성 value를 출력한다.
</head>
<body>
    <form name="myform">
        <input type="text" id="target" name="text1">
        <input type="submit" value="제출" onclick="process()">
    </form>
</body>
</html>
```

위의 코드에서는 버튼이 클릭되면 process()가 호출되고 process()에서는 getElementById() 메서드를 이용해 id가 "target"인 요소를 찾은 후에 요소의 속성 value를 출력한다. 입력 요소이기 때문에 innerHTML이 아니고 value 속성을 참조해야 한다.

■ 입력 양식 찾기

입력 요소를 찾을 때, 많이 사용하는 방법이 하나 더 있다. 앞의 DOM 트리에서 보면 document 객체 안에 forms라는 배열 객체를 찾을 수 있다. forms 객체는 배열 형태로 document 객체의 하단에 존재하는 객체이다. 사실 HTML 문서 안 모든 입력 양식(form)은 이 배열 안에 전부 들어 있다. 따라서 이 배열 안에서 원하는 입력 양식을 찾아도 된다.

HTML 문서 안에 입력 양식이 많다면 forms 배열 안에 어떤 순서대로 들어가 있을까? 배열에는 HTML 내에서 기술된 순서대로 입력 양식이 들어가 있다. 예를 들어 다음과 같이 입력 양식이 하나만 포함되어 있다고 하면 오른쪽과 같이 참조할 수 있다.

```
<form> ← document.forms[0]
    <input type="text" value=''> ← document.forms[0].elements[0]
    <input type="text" value=''> ← document.forms[0].elements[1]
    <input type="submit">
</form>
```

만약 입력 양식과 입력 필드에 name 속성이 지정되어 있다면 요소를 찾기는 더욱 쉽다. 자바스크립트에서 배열의 요소는 이름으로 찾을 수도 있게 되어 있다. 자바스크립트에서 배열은 연관배열로 구현되어 있기 때문이다. 즉 '키(key)'와 '값(value)'의 형태로 저장된다는 의미이다. 따라서 키로도 값을 찾을 수 있다.

```
<form name="myform"> ← document.myform
    <input type="text" id="target1" name="text1"> ← document.myform.text1
    <input type="text" id="target2" name="text2"> ← document.myform.text2
    <input type="submit">
</form>
```

따라서 찾기는 더욱 쉬워진다. 위의 방법으로 앞의 예제를 다시 작성해 보자.

```
<!DOCTYPE html>
<html>
<head>
    <script>
        function process() {
            var obj = document.myform.text1;
            alert(obj.value);
        }
    </script>
</head>
<body>
    <form name="myform">
        <input type="text" id="target" name="text1">
        <input type="submit" value="제출" onclick="process()">
    </form>
</body>
</html>
```

document 안 myform 안의 text1 객체

그 요소의 속성 value를 출력한다.

■ 태그 이름으로 HTML 요소 찾기

비슷한 메서드로 getElementsByTagName() 메서드가 있다. 이 메서드는 태그의 이름을 인수로 받아서 이 태그를 사용하는 모든 요소를 배열에 넣어서 반환한다.

```
var eleArray = document.getElementsByTagName("div");
```

배열로 반환된다. 첫 번째 요소는 eleArray[0]이다.　　문서 안 <div> 태그를 모두 찾아서 반환한다.

getElementByTagName() 메서드를 이용해 리스트 항목을 전부 출력하는 예제를 작성하여 보자.

```
<!DOCTYPE html>
<html>
<head>
    <title></title>
```

```
</head>
<body>
    <ul>
        <li>List item 1</li>
        <li>List item 2</li>
        <li>List item 3</li>
        <li>List item 4</li>
        <li>List item 5</li>
    </ul>
    <script>
        var list = document.getElementsByTagName('ul')[0];
        var allItems = list.getElementsByTagName('li');

        for (var i = 0, length = allItems.length; i < length; i++) {
            alert(allItems[i].firstChild.data);
        }

    </script>

</body>
</html>
```

먼저 문서 내의 첫 번째 <ul> 요소를 찾는다.

list 안에서, 즉 첫 번째 <ul> 안에서
<li> 요소를 전부 찾는다.

for 반복 루프를 이용해 첫 번째 자식
노드의 data 필드를 출력한다.
첫 번째 자식 노드는 텍스트 데이터를
가지고 있는 노드이다.

여기서 주의할 점이라면 어떤 노드가 텍스트 데이터를 가지고 있으면, 텍스트 데이터는 첫 번째 자식 노드로 저장된다는 점이다. 다음의 DOM 트리를 참조하도록 하자.

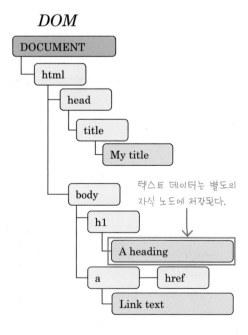

DOM

텍스트 데이터는 별도의
자식 노드에 저장된다.

요소의 속성을 관찰하려면 오페라의 요소 검사 창을 이용하는 것도 방법이다.

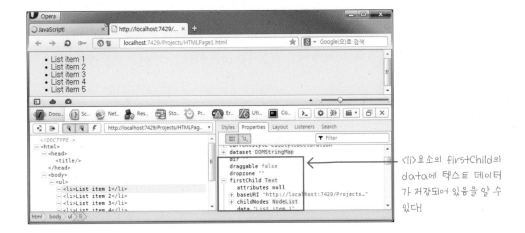

<li>요소의 *firstChild*의 *data*에 텍스트 데이터가 저장되어 있음을 알 수 있다!

■ DOM 트리 순회

두 번째 방법은 자식 노드와 부모 노드 관계를 이용하여 한 노드씩 방문하는 방법이다. 이 방법은 childNodes[], nextSibling[], parentNode[]를 이용한다.

- childNodes: 한 요소의 모든 자식 요소에 접근할 수 있다. 배열이 반환된다.
- firstChild: 'childNodes' 배열의 첫 번째 자식 노드가 반환된다. 'childNodes[0]'와 같다.
- lastChild: 'childNodes' 배열의 마지막 자식 노드가 반환된다. 'childNodes[childNodes. length-1]'와 같다.
- parentNode: 현재 노드의 부모 노드를 반환한다.
- nextSibling: 현재 노드의 다음 형제 노드를 반환한다.
- previousSibling: 현재 노드의 이전 형제 노드를 반환한다.

오른쪽 그림을 참고한다.

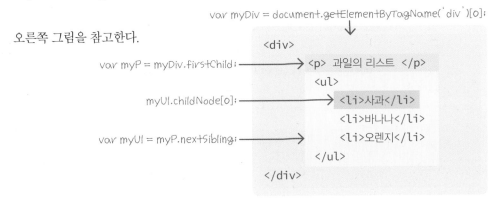

10-03 HTML 변경하기

자바스크립트를 이용하여 HTML 문서의 DOM을 변경하는 것도 다음의 3가지 경우로 나눌 수 있다. HTML 문서가 직접 변경되는 것은 아니고 DOM만 변경된다는 것을 잊지 말자.

- 요소의 내용 변경하기
- 요소의 속성 변경하기
- 요소의 스타일 변경하기

■ 요소의 내용 변경하기

DOM을 사용하면 자바스크립트로 HTML 요소의 내용을 쉽게 변경할 수 있다. 만약 특정 HTML 요소의 내용을 변경하고 싶으면 어떻게 해야 할까? HTML 요소의 내용을 변경하는 가장 쉬운 방법은 innerHTML 속성을 사용하는 것이다. innerHTML은 요소의 시작 태그와 종료 태그 사이에 놓여진 모든 HTML 코드와 텍스트를 의미한다.

```
<div id="main">이것이 div 요소입니다.</div>
```
시작 태그   여기가 바로 <div> 요소의   종료 태그
                              innerHTML이다.

일반적으로 innerHTML 속성은 (텍스트)만 가지고 있을 수도 있고 (HTML+텍스트)일 수도 있다. 예를 들어 〈strong〉 태그가 들어갈 수도 있는 것이다.

따라서 어떤 요소의 콘텐츠를 변경하려면, 즉 시작 태그와 종료 태그 사이의 내용을 변경하려면 innerHTML 속성에 원하는 내용을 대입해 주면 된다.

```
document.getElementById("main").innerHTML = "웹 페이지가 작성되었습니다.";
```

```
<div id="main">
이것이 div 요소입니다.
</div>
```

```
<div id="main">
웹 페이지가 작성되었습니다.
</div>
```

위의 HTML 문서는 id="main"인 〈div〉 요소를 포함하고 있다. HTML DOM을 이용해 id="main"인 요소를 찾는다. 자바스크립트가 요소의 내용(innerHTML)을 변경한다.

```
dom_elem_mod.html

<!DOCTYPE html>
<html>
<head>
    <title></title>
    <script>
                                                        요소의 내용 출력
                                                            ↓
        function get() {
            var val = document.getElementById("ex").innerHTML;
            alert(val);
        }
        function set(v) {
            document.getElementById("ex").innerHTML = v;          ← 요소의 내용 변경
        }
    </script>
</head>
                              이 〈div〉 요소의 내용이 변경된다.
<body>                                ↓
    <div id="ex">여기가 div로 선언되었습니다.</div>
    <a href="#" onclick="get()">div 요소 내용 출력하기</a><br />
    <a href="#" onclick="set('변경되었습니다.')">div 요소 내용 변경하기</a>
</body>
</html>
```

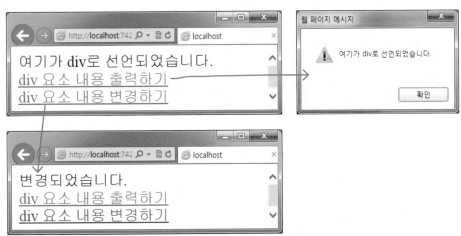

■ 요소의 속성 변경하기

앞에서는 요소의 내용(콘텐츠)을 동적으로 변경해 보았다. 이번에는 요소가 가진 속성을 동적으로 변경하여 보자. HTML 요소의 속성을 변경하려면 다음과 같은 문법을 사용한다.

document.getElementById("image").src = "poodle.png";
                          ↑   ↑
                        속성 이름   새로운 속성값

위의 문장에서는 id가 "image"인 요소를 찾아서 〈img〉 요소의 src 속성을 변경한다.

---

dom_elem_mod1.html

```
<!DOCTYPE html>
<html>
<body>
                         여기가 변경된다.
                              ↓
    <img id="image" src="pome.png" width="120" height="100">
    <script>
        function changeImage() {
            document.getElementById("image").src = "poodle.png"; ← id가 "image"인 요소의
        }                                                            src 속성을 변경한다.
    </script>
    <input type="button" onclick="changeImage()" value="눌러보세요" />
</body>
</html>
```

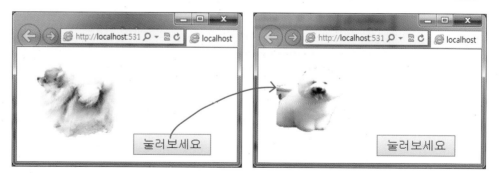

HTML 문서는 id="image"인 〈img〉 요소를 포함한다. DOM을 이용해 id="image"인 요소를 얻는다. 버튼이 눌려지면 자바스크립트가 요소의 src 속성을 "pome.png"에서 "poodle.png"로 변경한다.

■ 요소의 스타일 변경하기

DOM과 자바스크립트를 사용하면 HTML 요소의 스타일도 얼마든지 동적으로 변경할 수 있다.

document.getElementById("p2").style.color="blue";

반드시 style을 붙인다.   속성 이름   새로운 속성값

첫 번째 예제로 〈p〉 요소의 스타일을 변경하여 보자.

dom_elem_mod2.html

```
<!DOCTYPE html>
<html>
<body>
                  여기가 변경된다.
<p id="p1">This is a paragraph.</p>
<script>
                                          id가 "p1"인 요소의 CSS 속성을 변경한다.
    function changeStyle() {
        document.getElementById("p1").style.color = "red";
        document.getElementById("p1").style.fontFamily = "Century Schoolbook";
        document.getElementById("p1").style.fontStyle = "italic";
    }
</script>
    <input type="button" onclick="changeStyle()" value="눌러보세요" />
</body>
</html>
```

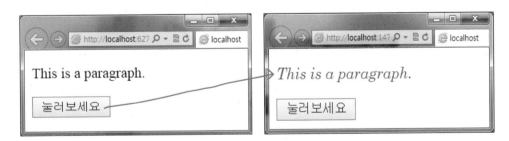

두 번째 예제로 버튼을 누르면 요소를 화면에서 사라지게 하는 예제를 살펴보자.

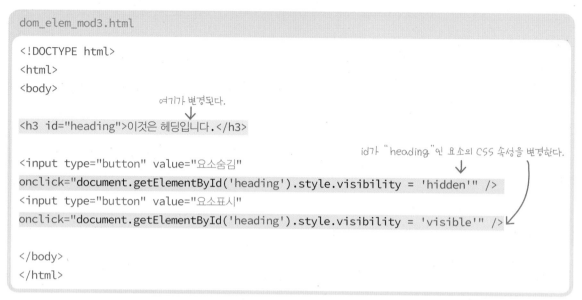

```
dom_elem_mod3.html

<!DOCTYPE html>
<html>
<body>
                        여기가 변경된다.
                            ↓
<h3 id="heading">이것은 헤딩입니다.</h3>
                                              id가 "heading"인 요소의 CSS 속성을 변경한다.
<input type="button" value="요소숨김"                 ↓
onclick="document.getElementById('heading').style.visibility = 'hidden'" />
<input type="button" value="요소표시"
onclick="document.getElementById('heading').style.visibility = 'visible'" />

</body>
</html>
```

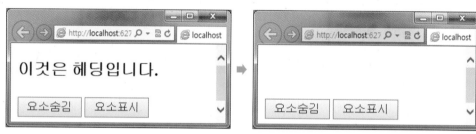

10-04 DOM 노드 삭제와 추가

■ 새로운 HTML 요소 생성

동적으로 웹 페이지에 새로운 요소를 만들어서 추가할 수 있을까? 자바스크립트를 사용하면 가능하다.

1. 첫 번째 단계는 추가하기를 원하는 노드를 생성한다.

2. 두 번째 단계는 문서 내에서 추가할 위치를 찾는다.

3. 세 번째 단계에서는 새로운 노드를 기존의 노드에 연결한다.

노드를 생성하는 것은 어렵지 않다. document 객체의 createTextNode() 메서드를 호출하면
된다. document.createTextNode()는 텍스트 데이터를 가진 노드를 생성하여 반환한다.

```
var node = document.createTextNode("동적으로 추가된 노드");
```
텍스트 데이터를 가진 노드를 생성한다.

노드가 생성되면 문서 트리에서 노드를 추가할 위치를 찾아야 한다. 가장 많이 사용되는 방법
이 id를 이용해서 탐색하는 방법이다. id로 찾으려면 document.getElementById()를 호출한다.
이 메서드는 객체를 반환한다.

```
var parent = document.getElementById("target") ;
```
id가 "target"인 요소를 찾아서 반환한다.

노드를 다른 노드에 자식노드로 추가하려면 appendChild()를 사용한다.

```
parent.appendChild(node);
```

위의 과정을 예제로 만들어 보자.

dom_append.html

```
<script>
    function addtext(t) {          이 기능이 지원되는지를 검사한다.
        if (document.createTextNode) {
            var node = document.createTextNode(t);  ← 노드 생성
            document.getElementById("target").appendChild(node);  ← 노드 추가
        }
    }
</script>
<div id="target" onclick="addtext('동적으로 텍스트가 추가됩니다.')"
     style="font: 20px bold;">여기를 클릭하세요.</div>
```

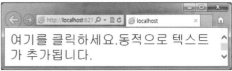

앞의 예제를 실행하면 새로운 노드는 ⟨div⟩ ... ⟨/div⟩ 안에서 ⟨/div⟩ 종료 태그 바로 앞에 추가
된다.

> ⟨div ...⟩여기를 클릭하세요.⟨/div⟩
>
> 새로운 노드 추가 위치

만약 ⟨div⟩ 태그의 바로 뒤에 첫 번째 자식 노드를 추가하고 싶으면, 다음과 같은 문장을 사용한다.

```
insertBefore(node, document.getElementById('target').firstChild);
```

■ 기존의 HTML 요소 삭제

HTML 요소를 삭제하려면 부모 노드를 알아야 한다. 부모 노드도 id를 알면 찾을 수 있다. 간단
한 예제를 작성하여 보자.

dom_remove.html

```
<!DOCTYPE html>
<html>
    <head>
    <script>
        function removeNode() {               부모노드를 찾는다.
            var parent = document.getElementById("target");
            var child = document.getElementById("p1");  ← 자식 노드를 찾는다.
            parent.removeChild(child);  ← 부모 노드를 통하여
        }                                    자식 노드를 삭제한다.
    </script>
    </head>
<body>
    <div id="target">
        <p id="p1">첫 번째 단락</p>
        <p id="p2">두 번째 단락</p>
    </div>
    <button onclick="removeNode()">누르세요!</button>
</body>
</html>
```

이 예제는 인터넷 익스플로러에서는 실행되지 않는다. 크롬과 오페라에서는 정상 작동한다.

위의 예제에서는 HTML 문서가 두 개의 자식 ⟨p⟩ 요소를 가지는 ⟨div⟩ 요소를 포함하고 있다. 먼저 id="target"을 가진 요소를 찾는다. ⟨div⟩ 요소가 반환될 것이다. 이어서 id="p1"을 가진 ⟨p⟩ 요소를 찾는다. ⟨div⟩ 요소로부터 removeChild() 메서드를 이용하여 ⟨p⟩ 요소를 삭제한다.

부모 요소를 찾을 필요 없이 원하는 요소를 삭제할 수 있으면 좋을 것이다. 하지만 DOM의 구조상 반드시 삭제하고자 하는 요소와 그 부모 요소를 알아야 한다.

webprogramming
10-05 브라우저 객체 모델

■ 브라우저 객체 모델

브라우저 객체 모델(BOM: Browser Object Model)은 웹 브라우저가 가지고 있는 모든 객체를 의미한다. 다음 그림에서 보듯이 최상위 객체는 window이고 그 아래로 navigator, location, history, screen, document, frames 객체가 있다.

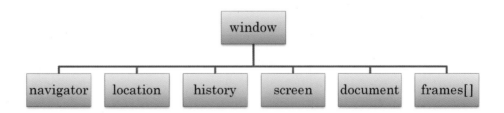

우리가 지금까지 많이 사용하였던 document 객체도 사실은 window 객체의 자식 객체이다. 브라우저 객체 모델에 대한 공식적인 표준은 없다. 하지만 최근 브라우저는 자바스크립트를 위해 거의 동일한 메서드와 속성을 구현하였기 때문에 모든 브라우저에서 거의 유사하게 되었다. 이들 객체는 브라우저에 대한 모든 것을 표시하고 있다고 볼 수 있다.

- window - 메인 브라우저 윈도우
- window.navigator - 브라우저에 대한 정보(버전 번호와 같은 정보들)
- window.screen - 사용자 화면
- window.history - 사용자가 방문한 URL 저장
- window.location - 현재 URL
- window.frames - 브라우저 윈도우를 차지하고 있는 프레임들
- window.document - 메인 브라우저에 표시된 HTML 문서

■ Window 객체

window 객체는 BOM에서 최상위 객체로서 웹 브라우저 윈도우를 나타내고 있다. 모든 전역 자바스크립트 객체, 함수, 변수는 자동적으로 window 객체의 멤버가 된다. 예를 들어 우리가 자주 사용하였던 alert(), prompt() 등이 window 객체의 메서드이다. 모든 전역 변수는 윈도우 객체의 속성이다. 모든 전역 함수는 윈도우 객체의 메서드이다.
다음 2개의 문장은 동일하다. 왜냐하면 alert() 함수가 window 객체의 메서드이기 때문이다.

```
alert("Hello World!");   ↔   window.alert("Hello World!");
```

window 객체는 어마어마한 속성과 메서드를 가지고 있다. 이 중에서 많이 사용되는 것만 살펴보자.

● open()과 close()
open() 메서드는 새로운 브라우저 윈도우를 오픈한다. 다음과 같은 매개 변수를 가진다.

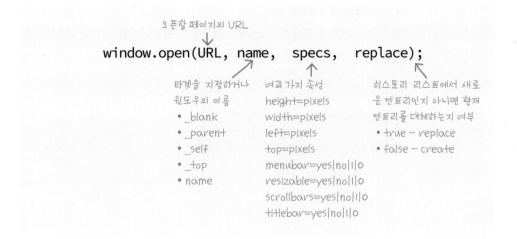

```
window.open(URL, name, specs, replace);
```

오픈할 페이지의 URL

타겟을 지정하거나
윈도우의 이름
- _blank
- _parent
- _self
- _top
- name

여러 가지 속성
height=pixels
width=pixels
left=pixels
top=pixels
menubar=yes|no|1|0
resizable=yes|no|1|0
scrollbars=yes|no|1|0
titlebar=yes|no|1|0

히스토리 리스트에서 새로운 엔트리인지 아니면 현재 엔트리를 대체하는지 여부
- true - replace
- false - create

버튼을 누르면 새로운 윈도우를 오픈하는 예제를 작성하여 보자.

bom_open.html

```html
<!DOCTYPE html>
<html>
<head></head>
<body>
    <form>
        <input type="button" value="구글창 열기"
        onclick="window.open('http://www.google.com', '_blank', 'width=300,
height=300', true)">
    </form>
</body>
</html>
```

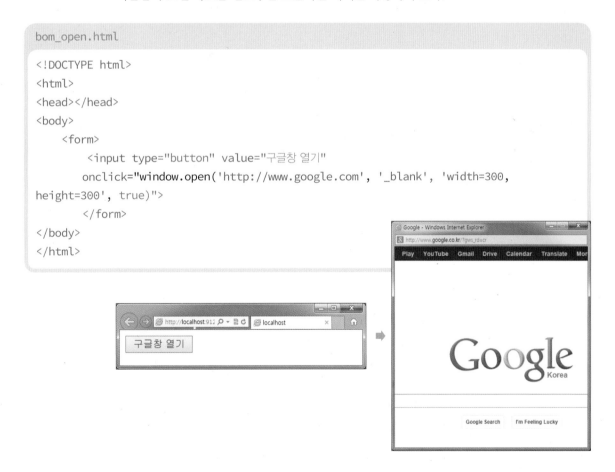

● setTimeout(), setInterval()

아주 중요한 함수들이다. setTimeout() 메서드는 일정한 시간이 지난 후에, 인수로 전달된 함수를 딱 한 번만 호출한다. 시간의 단위는 밀리초이다.

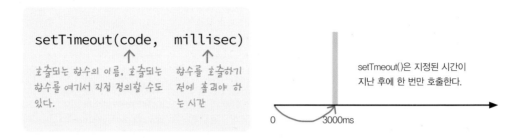

버튼을 누르면 3초 후에 경고 윈도우를 오픈하는 예제를 작성하여 보자.

bom_settimeout.html

```html
<!DOCTYPE html>
<html>
<head>
    <script>
        function showAlert() {
            setTimeout(function () { alert("setTimeout()을 사용하여 표시됩니다.") }, 3000);
        }
    </script>
</head>
<body>
    <p>버튼을 누르면 3초 후에 경고 박스가 화면에 표시됩니다. </p>
    <button onclick="showAlert()">눌러보세요</button>
</body>
</html>
```

setInterval() 메서드는 일정한 시간마다 주기
적으로 함수를 호출한다. setInterval()은 반드
시 개발자가 종료시켜야 한다. 시간의 단위는
밀리초이다.

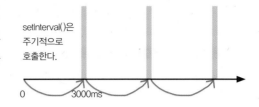

예를 들어 시계를 만든다면 setInterval()을 이용하여 1000밀리초에 한 번씩 화면에 현재 시간
을 출력하도록 만들면 된다. 주기적인 호출을 종료하려면 clearInterval()을 호출한다.

하나의 예로 사용자가 "중지" 버튼을 누를 때까지 글자를 깜빡이는 프로그램을 작성하여 보자.

bom_setinterval.html

```
<!DOCTYPE html>
<html>
<head>
    <script>
        var id;
        function changeColor() {
            id = setInterval(flashText, 500);    ← 정지시키려면 반환값을 저장한다.
        }
        function flashText() {
            var elem = document.getElementById("target");
            elem.style.color = (elem.style.color == "red") ? "blue" : "red";
            elem.style.backgroundColor =
                (elem.style.backgroundColor == "green") ? "yellow" : "green";
        }
        function stopTextColor() {
            clearInterval(id);    ← 반환값을 이용하여 주기적 호출을 중지한다.
        }
    </script>
</head>

<body onload="changeColor();">
    <div id="target">
        <p>This is a Text.</p>
    </div>
    <button onclick="stopTextColor();">중지</button>
</body>
</html>
```

● moveTo(), moveBy()

자바스크립트를 이용하면 윈도우를 이동하는 것도 가능하다. 절대적인 위치로 이동하는 것은 moveTo()를 사용하고 상대적으로 이동하려면 moveBy()를 사용한다.

bom_move.html

```
<!DOCTYPE html>
<html>
<head>
<script>
    var w;
    function openWindow() {
        w = window.open(' ', ' ', 'width=200, height=100');
        w.document.write("<p>오늘 다음과 같은 상품을 싸게 팝니다.</p>");
        w.moveTo(0, 0);
    }

    function moveWindow() {
        w.moveBy(10, 10);          ← 한 번 누를 때마다 화면에서 (10, 10)씩 이동한다.
        w.focus();
    }
</script>
</head>
<body>
<input type="button" value="윈도우 생성" onclick="openWindow()" /> <br>
<input type="button" value="윈도우 생성" onclick="moveWindow()" />
</body>
</html>
```

원도우의 크기를 변경하려면 resizeTo(), resizeBy()를 사용한다. 또 focus()는 특정 원도우로 키보드 포커스를 이동시킨다. 원도우 스크롤 위치를 이동시킬 때는 scrollTo()와 scrollBy()를 사용한다.

■ screen 객체

속성	설명
availHeight	화면의 높이를 반환(원도우에서 태스크 바를 제외한 영역)
availWidth	화면의 너비를 반환(원도우에서 태스크 바를 제외한 영역)
colorDepth	컬러 팔레트의 비트 깊이를 반환
height	화면의 전체 높이를 반환
pixelDepth	화면의 컬러 해상도(bits per pixel)를 반환
width	화면의 전체 너비를 반환

availHeight, availWidth 속성은 자바스크립트를 이용해 원도우의 태스크 바를 가리지 않으면서 최대 크기로 원도우를 오픈할 때 사용된다.

bom_screen.html

```
<script>
    function maxopen(url, winattributes) {
        var maxwindow = window.open(url, "", winattributes)
        maxwindow.moveTo(0, 0);
        maxwindow.resizeTo(screen.availWidth, screen.availHeight)
    }

</script>
<a href="#" onClick="maxopen('http://www.google.
com', 'resize=1, scrollbars=1, status=1'); return
false">전체 화면 보기</a>
```

■ location 객체

location 객체는 현재 URL에 대한 정보를 가지고 있다. location 객체는 window 객체의 일부로서 window.location을 통하여 접근된다.

location 객체의 속성은 다음과 같다.

속성	설명
hash	URL 중에서 앵커 부분을 반환한다. (#section1과 같은 부분)
host	URL 중에서 hostname과 port를 반환
hostname	URL 중에서 hostname을 반환
href	전체 URL을 반환
pathname	URL 중에서 경로(path)를 반환
port	URL 중에서 port를 반환
protocol	URL 중에서 protocol 부분을 반환
search	URL 중에서 쿼리(query) 부분을 반환

location 객체의 메서드는 다음과 같다.

메서드	설명
assign()	새로운 문서를 로드한다.
reload()	현재 문서를 다시 로드한다.
replace()	현재 문서를 새로운 문서로 대체한다.

bom_location.html

```
<script>
    function replace() {
        location.replace("http://www.google.com")
    }
</script>
<a href="#" onClick="replace()">이동하기</a>
```

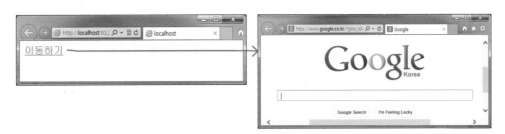

■ navigator 객체

navigator 객체는 브라우저에 대한 정보를 가지고 있다.

속성	설명
appCodeName	브라우저의 코드 네임
appName	브라우저의 이름
appVersion	브라우저의 버전 정보
cookieEnabled	브라우저에서 쿠키가 활성화되어 있는지 여부
onLine	브라우저가 인터넷에 연결되어 있으면 true
platform	브라우저가 컴파일된 플랫폼
userAgent	브라우저에서 서버로 가는 user-agent 헤더

navigator 객체의 메서드는 다음과 같다.

메서드	설명
JavaEnabled()	자바가 사용 가능한지 여부
taintEnabled()	브라우저에서 data tainting이 가능한지 여부

navigator 객체의 전체 속성을 출력하여 보면 다음과 같다.

bom_nav.html

```
<script>
    for (var key in navigator) {
        value = navigator[key];
        document.write(key + ": " + value + "<br>");
    }
</script>
```

```
appCodeName: Mozilla
appMinorVersion: 0
browserLanguage: ko-KR
cookieEnabled: true
cpuClass: x86
mimeTypes: [object MSMimeTypesCollection]
msManipulationViewsEnabled: false
msMaxTouchPoints: 0
msPointerEnabled: true
plugins: [object MSPluginsCollection]
systemLanguage: ko-KR
userLanguage: ko-KR
msDoNotTrack: 1
geolocation: [object Geolocation]
appName: Microsoft Internet Explorer
appVersion: 5.0 (compatible; MSIE 10.0; Windows NT 6.1; WOW64; Trident/6.0;
SLCC2; .NET CLR 2.0.50727; .NET CLR 3.5.30729; .NET CLR 3.0.30729; Media
Center PC 6.0; InfoPath.3; .NET4.0C; .NET4.0E)
platform: Win32
userAgent: Mozilla/5.0 (compatible; MSIE 10.0; Windows NT 6.1; WOW64;
Trident/6.0; SLCC2; .NET CLR 2.0.50727; .NET CLR 3.5.30729; .NET CLR
3.0.30729; Media Center PC 6.0; InfoPath.3; .NET4.0C; .NET4.0E)
onLine: true
msSaveBlob: function msSaveBlob() { [native code] }
msSaveOrOpenBlob: function msSaveOrOpenBlob() { [native code] }
javaEnabled: function javaEnabled() { [native code] }
taintEnabled: function taintEnabled() { [native code] }
```

웹 페이지에서 상호작용이 발생하면 이벤트가 일어난다. 예를 들어 사용자가 HTML 요소를 클릭하거나 특정 요소 위로 마우스를 가져가면 이벤트가 발생한다. 이벤트는 또한 브라우저에 의해서도 발생할 수 있는데, 웹 페이지나 이미지의 로드가 끝났다거나, 사용자가 페이지를 스크롤하면 이벤트가 발생한다.

- 마우스 클릭
- 웹 페이지 로딩
- 호버링(hovering)으로 마우스를 어떤 요소 위에서 움직이는 것
- HTML 입력 양식에서 입력 박스를 선택하는 것
- 키보드의 키를 누르는 것

이벤트가 발생하였을 때, 특정 동작을 하고 싶으면 어떻게 해야 하는가? 예를 들어 이미지를 클릭하면 이미지 원본이 표시되게 하려면 어떻게 해야 하는가? 바로 자바스크립트를 사용해야 한다.

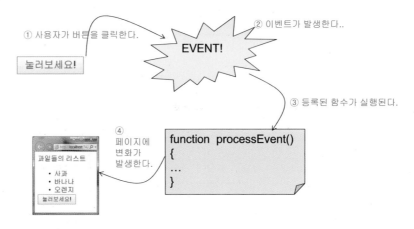

지금부터 많이 사용되는 이벤트를 살펴보자.

■ onclick 이벤트

onclick은 가장 많이 사용되는 이벤트이고 지금까지 많이 등장하였다. 자바스크립트를 사용하면 사용자가 버튼을 클릭하는 것과 같은 이벤트가 발생하면 미리 정해놓은 코드가 실행되

도록 할 수 있다. 예를 들어 사용자가 HTML 요소인 〈h1〉을 클릭했을 때 함수 change()가 실행되도록 하려면 다음과 같은 코드를 HTML 속성에 추가하면 된다.

```
<h1 onclick="change()">이것은 클릭 가능한 헤딩입니다.</h1>
```
↑
헤딩이 클릭되면 여기에 등록된 함수 change()가 호출된다.

예제로 라디오 버튼 요소에 onclick 이벤트를 설정하여 보자. 사용자가 라디오 버튼을 클릭하면 〈body〉 요소의 색상이 변경되도록 한다.

evt_onclick.html

```
<!DOCTYPE html>
<html>
<head>
    <script>
        function changeColor(c) {
            document.getElementById("target").style.backgroundColor = c;
        }
    </script>
</head>
<body id="target">
    <form method="POST">
        <input type="radio" name="C1" value="v1"
            onclick="changeColor('lightblue')">파랑색
        <input type="radio" name="C1" value="v2"
            onclick="changeColor('lightgreen')">녹색
    </form>
</body>
</html>
```
↑
id가 "target"인 요소의 배경색을 주어진 색상으로 변경한다.

→버튼이 클릭되면 여기에 등록된 함수 changeColor()가 호출된다.

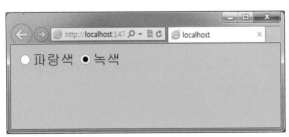

■ onload와 onunload 이벤트

사용자가 웹 페이지에 진입하거나 웹 페이지를 떠나면 각각 onload와 onunload 이벤트가 발생된다. onload 이벤트를 이용하면 방문자의 브라우저 종류나 브라우저 버전을 알 수 있어서 적절한 버전의 웹 페이지를 로드할 수 있다. onload와 onunload 이벤트는 쿠키를 처리하는 데도 사용될 수 있다. 하나의 예제로 페이지가 로드되면 경고 대화상자를 띄우고 페이지의 배경색을 빨간색으로 변경하여 본다.

evt_onload.html

```
<!DOCTYPE html>
<html>
<head>              문서가 로드되면 이 함수가 호출된다.
    <script>        <body> 요소의 배경색을 빨간색으로 변경한다.
                          ↓
        function onLoadDoc()
        {
            alert("문서가 로드되었습니다.");
            document.body.style.backgroundColor = "red";
        }
    </script>
</head>
<body onload="onLoadDoc();">
</body>
</html>
```

■ onchange 이벤트

onchange 이벤트는 입력 필드를 검증할 때 종종 사용된다. 다음 예제에서 사용자가 입력 필드의 내용을 변경하면 upperCase() 함수가 호출된다.

```
<!DOCTYPE html>
<html>
<head>
<script>
    function sub()          <input> 요소의 내용이 변경되면 호출된다. 키보드 포커스가
                            입력 필드를 벗어나면 변경 여부를 검사하여 호출한다.
    {
        var x = document.getElementById("name");
        x.value = x.value.toLowerCase();
    }
</script>
</head>
<body>
    영어단어: <input type="text" id="name" onchange="sub()">
<p>입력필드를 벗어나면 소문자로 변경됩니다.</p>
</body>
</html>
```

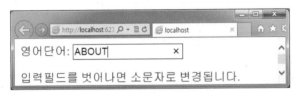
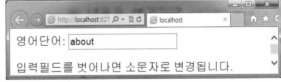

■ **onmouseover 이벤트**

onmouseover와 onmouseout 이벤트는 사용자가 HTML 요소 위에 마우스를 올리거나 요소를 떠날 때 발생된다. 간단한 예제를 작성하여 보면 다음과 같다.

```
<html>
<head>
                    마우스가 들어오면 경계선을 두껍게 칠한다.
                            ↓
    <script>
        function OnMouseIn(elem)
        {
            elem.style.border = "2px solid red";
```

```
        }
        function OnMouseOut(elem) ← 마우스가 나가면 경계선을 없앤다.
        {
            elem.style.border = "";
        }
    </script>
</head>
<body>
    <div style="background-color: yellow; width: 200px"
        onmouseover="OnMouseIn (this)" onmouseout="OnMouseOut (this)">
        마우스를 이 요소 위에 이동하세요.
    </div>
</body>
</html>
```

■ onmousedown, onmouseup, onclick 이벤트

onmousedown, onmouseup, onclick 이벤트는 모두 마우스 클릭과 관련된 이벤트이다. 먼저 마우스 버튼이 클릭되면 onmousedown 이벤트가 발생한다. 이어서 마우스 버튼이 떼어지면 onmouseup 이벤트가 발생하고 마지막으로 마우스 클릭이 완료되면서 onclick 이벤트가 발생한다.

evt_mousedown.html

```
<html>
<head>
                    마우스 버튼이 눌려지면 버튼의 색상을 빨간색으로 변경한다.
                         ↓
    <script>
        function OnButtonDown(button) {
            button.style.color = "#ff0000";

        }
```

```
        function OnButtonUp(button) {  ← 마우스 버튼이 떨어지면 버튼의 색상을 검정색으로 변경한다.
            button.style.color = "#000000";
        }
    </script>
</head>
<body>
    <button onmousedown="OnButtonDown (this)" onmouseup="OnButtonUp (this)">눌러보세
요!</button>
</body>
```

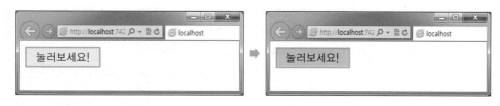

 **예제** **계산기 예제**

간단한 계산기를 작성하여 보자. 소스를 간단하게 하기 위해 스타일을 지정하지 않았다.

evt_calculator.html

```
<html>
<head>
    <script>
        var expression="";

        function add(character) {  ← 버튼이 눌려지면 버튼 위의 문자를 변수 expression에 추가한다.
            expression = expression + character;
            document.getElementById("display").value = expression;
        }
                                              사용자가 "Compute" 버튼을 누르면 eval() 함수를
        function compute() {                  이용해 전체 수식을 계산한다.
            document.getElementById("display").value = eval(expression);
        }
        function clearDisplay() {
            expression = "";
```

```
                    document.getElementById("display").value = "0";
            }
        </script>

</head>
<body>
    <form>
        display <input id="display" value="0" size="30">
        <br>
        <input type="button" value="    7    " onclick="add('7')">
        <input type="button" value="    8    " onclick="add('8')">
        <input type="button" value="    9    " onclick="add('9')">
        <input type="button" value="    /    " onclick="add('/')">
        <br>
        <input type="button" value="    4    " onclick="add('4')">
        <input type="button" value="    5    " onclick="add('5')">
        <input type="button" value="    6    " onclick="add('6')">
        <input type="button" value="    *    " onclick="add('*')">
        <br>
        <input type="button" value="    1    " onclick="add('1')">
        <input type="button" value="    2    " onclick="add('2')">
        <input type="button" value="    3    " onclick="add('3')">
        <input type="button" value="    -    " onclick="add('-')">
        <br>
        <input type="button" value="    0    " onclick="add('0')">
        <input type="button" value="    +    " onclick="add('+')">
        <br>
        <input type="button" value="  Clear  " onclick="clearDisplay()">
        <input type="button" value="   Enter   " name="enter" onclick="compute()">
    </form>
</body>
</html>
```

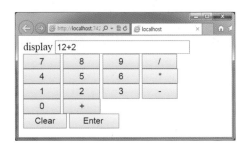

모든 버튼이 클릭되면 버튼에 쓰여 있는 문자를 expression 변수에 추가한다. 예를 들어 사용자가 "1", "+", "2" 버튼을 차례대로 눌렀다면 expression 변수에는 "1+2"가 저장된다. 이 문자열을 인수로 하여 eval() 함수를 호출하면 수식의 계산값을 얻을 수 있다. eval() 함수는 문자열 형태의 자바스크립트 소스를 받아서 동적으로 실행한 후에 결과값을 반환한다. 우리 소스에서는 수식을 계산하는 데 사용되지만 다양한 용도로도 사용이 가능하다.

id가 "display"인 요소의 value 속성을 변경하기 위해 다음과 같은 문장을 사용하였다.

```
document.getElementById("display").value = expression;
```

10-07 폼의 유효성 검증

자바스크립트는 HTML 폼 안의 데이터를 서버로 보내기 전에 검증하는 데 많이 사용된다. 그러면 과연 무엇을 검증한다는 것인가? 사람은 항상 실수를 하기 마련이다. 예를 들어 다음과 같은 회원 가입 페이지에서 아이디를 입력할 때 정해진 문자 수를 초과할 수도 있고, 이메일 주소를 잘못 입력할 수도 있다.

form_val.html

```html
<h3>회원가입</h3>
<form>
    이름: <input type='text' id='name' /><br />
    주소: <input type='text' id='addr' /><br />
    생일: <input type='date' id='birthday' /><br />
    아이디(6-8 문자):
    <input type='text' id='username' /><br />
    이메일: <input type='email' id='email' /><br />
    휴대폰: <input type='tel' id='phone' /><br />
    <input type='submit' value='확인' /><br />
</form>
```

자바스크립트가 사용자의 실수를 수정한 다음에 서버로 보낸다면 서버의 부하를 덜어줄 수 있다. 또한 웹 애플리케이션을 보다 신뢰할 수 있게 만든다. 그러면 과연 무엇을 검증한다는 것인가? 다음과 같은 사항을 검증할 수 있다.

• 사용자가 필수적인 필드를 채웠는가?
• 사용자가 유효한 길이의 텍스트를 입력하였는가?
• 사용자가 유효한 이메일 주소를 입력하였는가?
• 사용자가 유효한 날짜를 입력하였는가?
• 사용자가 숫자 필드에 텍스트를 입력하지 않았는가?

■ 폼 데이터 접근

사용자가 입력한 폼 데이터에 접근하기 위해서는 폼 안에 있는 필드의 id나 name 속성을 이용해야 한다.

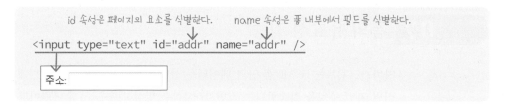

id 속성을 이용하려면 getElementById()를 사용해 요소를 찾으면 된다. 반면에 name 속성을 이용하려면 form 객체에서 name을 찾으면 된다. form 객체는 배열이고 각 배열 요소는 form["name"]과 같이 name 속성으로 접근할 수 있다.

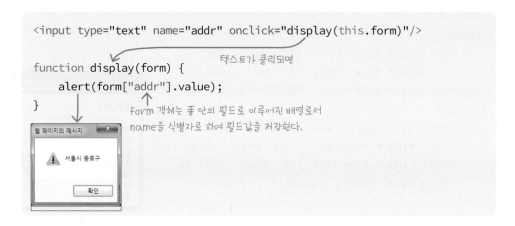

폼 객체를 유효성 검사 함수로 전달하는 것은 장점이 있는데, 예를 들어 하나의 필드 값을 검증할 때, 다른 필드의 값이 필요할 경우도 있기 때문이다.

■ 언제 데이터를 검증할 것인가?

여기서는 언제 데이터를 검증할 것인지를 고민하여 보자. 먼저 입력 필드와 관련해서 어떤 이벤트가 발생될까? 사용자가 입력 필드를 마우스로 선택하면 그 순간 onfocus 이벤트가 발생된다. 그리고 사용자가 데이터를 입력한 후에 입력 필드를 떠나면 onblur 이벤트가 발생한다. 필드를 떠날 때 입력 내용이 변경되면 onchange 이벤트가 발생된다.

자 그럼 이들 이벤트 중에서 어떤 이벤트를 처리해야 하는가? 먼저 onchange 이벤트는 필드가 비어 있으면 발생되지 않는다. 우리는 사용자가 필수적인 필드를 비워놓는 경우도 검사해야 되기 때문에 onchange 이벤트는 부적절하다. 따라서 우리는 필드가 비어 있어도 발생되는 onblur 이벤트를 처리하도록 하자.

■ 공백 검증

가장 기초적인 데이터 검증은 필드가 비어 있는지를 체크하는 것이다. 사용자가 아무것도 입력하지 않은 경우를 체크하는 코드를 작성하여 보자.

form_val_empty.html

```
<script>
    function checkNotEmpty(field) {
        if (field.value.length == 0) {
            alert("필드가 비어있네요!");
            field.focus();
            return false;
        }
        return true;
    }
</script>
```

문자열의 length 속성이 0이면 문자가 하나도 없다는 의미이다.

```
<form>
    이름:    <input type='text' id='user' />
    <input type='button'
        onclick="checkNotEmpty(document.getElementById('user'))"
        value='확인' />
</form>
```

버튼을 누르면 checkNotEmpty()를 호출한다.

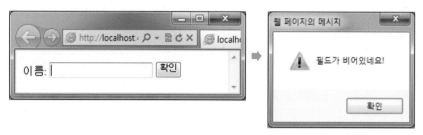

■ 데이터 길이 검증

사용자가 정해진 개수의 문자만을 입력하도록 하는 경우도 많다. 예를 들어 주민등록번호는 13자리이다. 아래 예제에서 checkLength() 함수는 텍스트 필드와 2개의 숫자를 인수로 받는다. 첫 번째 숫자는 사용자가 입력해야 하는 최소 개수이고 두 번째 숫자는 사용자가 입력할 수 있는 최대 개수이다.

form_val_leng.html

```
<script>
    function checkLength(elem, min, max) {
        var s = elem.value;
        if (s.length >= min && s.length <= max) {
            return true;
        } else {
            alert(min + " 문자와 " + max + " 문자 사이로 입력해주세요!");
            elem.focus();
            return false;
        }
    }
</script>
<form>
    이름(6-8 문자): <input type='text' id='name' />
```

```
<input type='button'
    onclick="checkLength(document.getElementById('name'), 6, 8)"
    value='확인' />
</form>
```

■ 정규식

이제 좀 더 복잡한 검증해 보자. 이것을 위해 정규 표현식을 사용할 것이다. **정규식**(regular expression)이란 특정한 규칙을 가지고 있는 문자열을 표현하는 수식이다. 정규식은 많은 텍스트 에디터와 프로그래밍 언어에서 문자열의 검색과 치환을 위해 사용되고 있다 (특히 UNIX 계열의 운영체제에서 그렇다.).

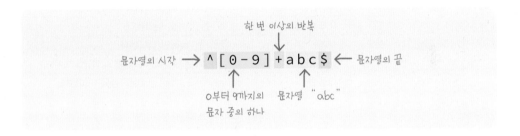

먼저 정규 표현식은 /와 / 내부에 위치한다. 자바스크립트에서 사용되는 정규식에서 사용되는 **메타문자**의 의미를 요약하면 다음과 같다.

식	기능	설명
^	시작	문자열의 시작을 표시
$	끝	문자열의 끝을 표시
.	문자	한 개의 문자와 일치
\d	숫자	한 개의 숫자와 일치
\w	문자와 숫자	한 개의 문자나 숫자와 일치
\s	공백 문자	공백, 탭, 줄 바꿈, 캐리지 리턴 문자와 일치

식	기능	설명
[]	문자 종류, 문자 범위	[abc]는 a 또는 b 또는 c를 나타낸다. [a-z]는 a부터 z까지 중의 하나, [1-9]는 1부터 9까지 중의 하나를 나타낸다.

몇 가지 예를 들어보자.

- /abc/   정확히 "abc"와만 일치된다.
- /./   한 자리의 문자, 예를 들어 "A", "1", "$"
- /\d\d\d/   3자리의 숫자, 예를 들어 "001", "123"
- /[a-z]/   a부터 z사이의 한 글자와 일치
- /\w/   한 자리 문자나 숫자, 예를 들어 "8", "A"
- /^\d/   문자열의 시작이 한 자리의 숫자, 예를 들어 "123", "2nd"
- /\d\d$/   끝에 2자리의 숫자가 있는 문자열, 예를 들어 "car01", "product82"

정규 표현식에는 메타문자 뒤에 **수량 한정자(quantifier)**를 붙일 수 있다. 수량 한정자는 문자가 몇 번 반복되느냐를 나타낸다.

수량 한정자	기능	설명
*	0회 이상 반복	"a*"는 "", "a", "aa", "aaa"를 나타낸다.
+	1회 이상	"a+"는 "a", "aa", "aaa"를 나타낸다.
?	0 또는 1회	"a?"는 "", "a"를 나타낸다.
{m}	m회	"a{3}"는 "aaa"만 나타낸다.
{m, n}	m회 이상 n회 이하	"a{1, 3}"는 "a", "aa", "aaa"를 나타낸다.
(ab)	그룹화	(ab)*은 "", "ab", "abab" 등을 나타낸다.

- /.+/   어떤 문자가 1회 이상 반복
- /\w*/   어떤 문자나 숫자로 이루어진 문자열
- ^[1-9][0-9]*$ 처음 숫자가 0이 아니고 전체가 숫자(예를 들면 가격)
- /^\d{6}-\d{7}$/   중간에 -이 있는 주민등록번호
- /(Good)?Bye/   "GoodBye" 또는 "Bye"

자 그렇다면 어떻게 정규 표현식을 이용해 검증할 수 있을까? 만약 계좌번호를 검증한다고 가정하자. 계좌번호는 10자리의 숫자로 되어 있다고 가정하자. 이것은 정규식 /^\d{10}$/으로 나타낼 수 있다. 즉 숫자 10개만으로 구성된 문자열이다. 자바스크립트에서 정규 표현식은 RegExp 객체에 의하여 표현된다. 다음과 같은 코드를 사용하면 된다.

```
var exp = /^\d{10}$/; ← 이 리터럴은 RegExp 객체를 생성한다.
if( !exp.test(field.value) ){
    alert("오류!!");        ↑
    return false;    RegExp 객체의 test() 메서드는 일치하면 true를 반환한다.
```

일단 간단한 예로 2013/06/01과 같은 날짜 표기법을 검증할 수 있는 정규 표현식은 어떻게 될까? /^\d{4}\/\d{2}\/\d{2}/가 된다. 만약 2013/6/1과 같이 한 자리 수로 월과 일을 표기하는 것을 허용하려면 어떻게 수정해야 하는가? /^\d{4}\/\d{1,2}\/\d{1,2}/와 같이 한다.

■ 숫자나 문자 입력 검증

사용자가 신용카드 번호, 전화번호, 우편번호와 같은 정보를 입력하면 웹 페이지는 이들이 모두 숫자로 되어 있다는 것을 검증해야 한다. 숫자로만 된 데이터를 검증하는 가장 좋은 방법은 정규 표현식을 사용하는 것이다. /^[0-9]+$/은 문자열이 모두 숫자로만 되어 있어야 일치한다.

form_reg_exp.html

```
<script>
    function checkNumeric(elem, msg) {
        var exp = /^[0-9]+$/;
        if (elem.value.match(exp)) {
            return true;
        } else {
            alert(msg);
            elem.focus();
            return false;
        }
    }
</script>
<form>
전화번호(-없이 입력): <input type='text' id='phone'/>
<input type='button'
        onclick="checkNumeric(document.getElementById('phone'), '숫자만 입력하세요!')"
        value='확인' />
</form>
```

비슷하게 문자로만 된 입력을 검사하려면 위의 코드에서 정규 표현식을 /^[a-zA-Z]+$/로 교체하면 된다. 또 문자와 숫자로만 된 입력을 검사하려면 정규 표현식을 /^[0-9a-zA-Z]+$/로 교체한다.

■ 이메일 검증

폼 검증에서 단골로 등장하는 경우가 바로 이메일 주소 검사이다. 이메일 주소는 상당히 복잡한 체계를 가지고 있다. 이것을 완전하게 검증한다는 것은 쉬운 일이 아니다. 우리는 이메일 주소에서 몇 가지만 체크하도록 하자.

- @gmail.com - @ 앞에 문자가 전혀 없다.
- ho!ng@gmail.com - 허용되지 않는 문자 !가 포함되어 있다.
- hong@g_mail.com - 도메인 이름에는 _가 허용되지 않는다.

이것을 체크하는 정규 표현식도 여러 가지로 만들 수 있다. 그 중에 몇 가지만 소개하여 보자.

- var exp = /^[\w\-\.\+]+\@[a-zA-Z0-9\.\-]+\.[a-zA-z0-9]{2,}$/;
- var exp = /^([a-zA-Z0-9_.-])+@(([a-zA-Z0-9_.-])+\.([a-zA-Z])+([a-zA-Z])+/;
- var exp = /^([a-zA-Z0-9_\.\-])+\@(((a-zA-Z0-9\-])+\.)+([a-zA-Z0-9]{2,})+$/;

나머지 소스는 앞과 거의 동일하다.

■ 선택 검증

HTML select 필드에서 사용자가 선택을 했는지 검증하려면 약간의 트릭이 필요하다. 즉 첫 번째 옵션을 도움말로 두는 것이다. 예를 들어 "선택하세요"라고 둔다. 만약 사용자가 선택을 하지 않았다면 이 문구가 반환될 것이다.

```
form_reg_exp1.html

<script>
    function checkSelection(elem, msg) {
        if (elem.value == 0) {
            alert(msg);
            elem.focus();
            return false;
        } else {
            return true;
        }
    }
</script>
<form>
과일선택 <select id="fruits" class="required">
<option value="0">선택하세요</option>
<option value="1">사과</option>
<option value="2">배</option>
<option value="3">바나나</option>
</select>
<input type='button'
        onclick="checkSelection(document.getElementById('fruits'), '하나를 선택하여야 합니
다.')"
        value='확인' />
</form>
```

[**참고**] HTML5와 입력 검증

HTML5에서는 〈input〉 태그에 새로운 url, email, date, tel 타입이 추가되었고 입력 검증이 어느 정
도 지원된다. 하지만 이것에 만족하지 못하는 사람들도 많다. 예를 들어 〈input type="email"〉이 "aaa
bbb"@google.com과 같은 이메일 주소를 통과시키지 않는다. 따라서 이런 경우에는 차라리 type을 text
로 지정하고 정규식으로 검증하는 것도 좋다.

1 웹 브라우저 객체 모델인 BOM에 존재하는 객체 중에서 최상위 객체는? (   )

① navigator   ② window   ③ frame   ④ document

2 HTML 문서 안의 요소 중에서 id를 가지고 찾을 때, 사용하는 메서드는? (   )

① getElementById( )   ② getElementsByTag( )

③ getElementUsingId( )   ④ getElementForId( )

3 버튼이 눌렸을 때 process() 함수가 호출되도록 하려면 다음 중 어떤 방법이 올바른 방법인가? 정답이 하나 이상이면 모두 선택하시오.

① 〈input type="button" onlick="process()" /〉   ② 〈input type="button" onlick=process() /〉

③ 〈input type="button" onlick="process" /〉   ④ 〈input type="button" onlick=process /〉

4 어떤 요소 위에 마우스 커서가 오면 발생하는 이벤트는 무엇인가? (   )

① onmousedown   ② onmouseover   ③ onmouseup   ④ onmouseout

5 다음 화면과 같이 버튼이 눌리면 경고 대화상자를 표시하는 자바스크립트 프로그램을 작성하라.

6 다음 화면과 같이 버튼이 눌리면 HTML 요소의 내용을 조작하는 자바스크립트 프로그램을 작성하라.

7 다음 화면과 같이 사용자가 입력한 값이 올바른지를 검사하는 자바스크립트 프로그램을 작성하라.

[힌트] 숫자가 아니라면 isNaN(n)이 참이 된다.

8 다음 화면과 같이 자바스크립트를 사용해 HTML 〈image〉 요소의 속성 src를 동적으로 변경하는 자바스크립트 프로그램을 작성하라. 적당한 이미지를 사용한다.

9 다음 화면과 같이 회원 신청서를 받는 웹 페이지를 작성하여 본다. 입력 필드에서 받은 문자열을 대상으로 정규식을 이용해 입력을 검증하도록 하라.

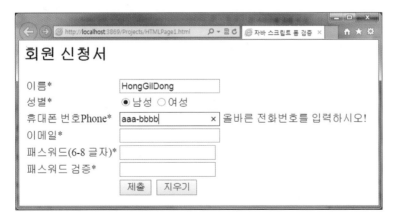

11

자바스크립트와 캔버스로 게임 만들기

학·습·목·표
- HTML5에 추가된 캔버스 요소를 살펴본다.
- 자바스크립트를 이용해서 간단한 도형을 그리는 방법을 학습한다.
- 자바스크립트를 이용해서 간단한 게임을 작성해 본다.

11-01 캔버스 요소

최근까지도 웹 페이지에서 그림을 그리거나 애니메이션을 생성하는 것은 아주 힘들었다. 따라서 개발자는 플래시(flash)와 같은 외부 플러그인을 사용해야 했다. 하지만 HTML5에서는 웹 페이지 위에 직접 그림을 그릴 수 있는 요소를 가지고 있다. 바로 〈canvas〉 요소이다. 캔버스 요소를 자바스크립트와 함께 사용하면 상당히 정교한 그림을 웹 페이지 위에 그릴 수 있다.

(출처: http://www.html5canvastutorials.com/labs)

■ 캔버스 생성

캔버스는 〈canvas〉 요소로 생성된다. 캔버스는 HTML 페이지 상에서 사각 형태의 영역이다. 〈canvas〉 요소는 디폴트 값으로 경계를 가지지 않는다. 〈canvas〉 요소는 단순히 그래픽을 위한 컨테이너이다. 실제 그림은 자바스크립트를 통하여 코드로 그려야 한다.

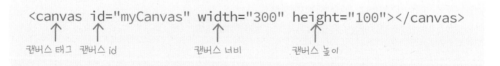

```
<canvas id="myCanvas" width="300" height="100"></canvas>
```
캔버스 태그   캔버스 id   캔버스 너비   캔버스 높이

항상 id 속성을 지정해야 한다. 왜냐하면 id속성이 있어야 자바스크립트에서 참조할 수 있다. 또 가로와 세로 크기도 꼭 설정하도록 하자. 경계를 추가하려면 style 속성을 사용한다.

```
<canvas id="myCanvas" width="300" height="100"
        style="border:1px dotted red;">
</canvas>
```

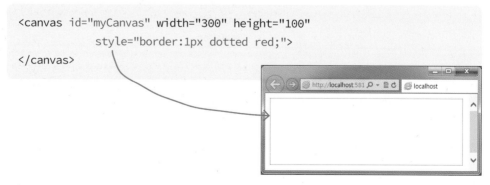

■ 캔버스 좌표계

캔버스는 픽셀이 들어 있는 2차원 그리드(격자)이다. 캔버스 좌측 상단의 좌표가 (0, 0)이다. 우측 하단의 좌표는 캔버스의 크기에 따라서 결정된다.

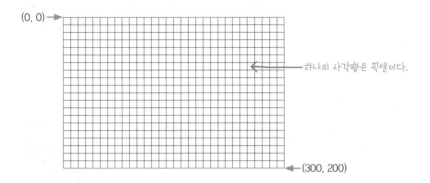

■ 컨텍스트 객체

우리가 도화지에 그림을 그리려면 어떤 준비물이 필요할까? 물론 도화지가 있어야 한다. 도화지는 캔버스 요소라고 할 수 있다. 또 필요한 것은 없을까? 바로 물감과 붓이 필요하다. 자바스크립트에서 물감과 붓을 모아놓은 객체가 있다. 바로 **컨텍스트(context) 객체**이다.

캔버스 요소   컨텍스트 객체

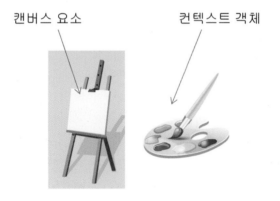

컨텍스트 객체는 캔버스에서 다음과 같이 얻을 수 있다.

```
var canvas = document.getElementById("myCanvas"); ← 먼저 캔버스 요소를 찾는다.
var context = canvas.getContext("2d"); ← 캔버스에서 컨텍스트를 얻는다.
```

■ 간단한 그림 그리기

웹 페이지 위에 캔버스 요소를 생성하고 캔버스에 녹색의 사각형을 그리는 예제를 살펴보면서 그림을 그리는 기본적인 구조에 대하여 살펴보자.

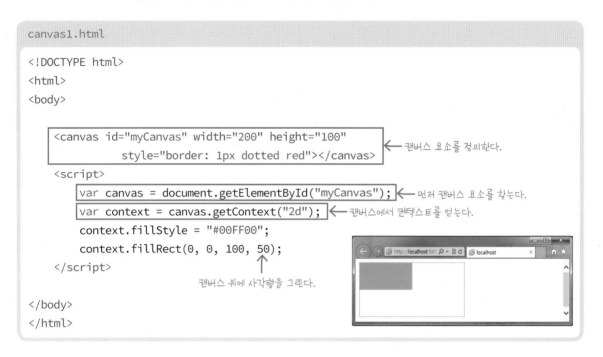

● var canvas = document.getElementById("myCanvas");

위와 같은 문장을 이용해 HTML 문서 중에서 〈canvas〉 요소를 찾는다.

● var context = canvas.getContext("2d");

캔버스의 getContext() 메서드를 호출해서 컨텍스트 객체를 얻는다. 이때 인수로 "2d"를 전달해야 한다. "2d"는 2차원 그래픽을 의미한다. getContext()가 반환하는 컨텍스트 객체는 HTML5에 내장된 객체로 그림을 그리는 많은 메서드를 가지고 있다.

● context.fillStyle = "#00FF00";

fillStyle 속성은 채우기 속성을 정의한다. 채우기 속성은 색상이나 그라디언트, 또는 패턴이 될 수 있다. "#00FF00"은 물론 녹색을 의미한다.

● context.fillRect(0, 0, 100, 50);

fillRect(x, y, width, height) 메서드는 현재의 채우기 속성을 가지고 사각형을 화면에 그린다. fillRect() 메서드는 (0, 0, 100, 50)을 인수로 가지는데 이것의 의미는 좌측 상단에서 시작해 100×50 픽셀의 사각형을 그리라는 의미이다.

> **[참고] 자바스크립트의 위치**
>
> 캔버스에 그림을 그릴 때는 자바스크립트를 〈body〉 요소의 맨 끝에 두어야 한다. 캔버스가 생성되기 전에 자바스크립트가 실행되면 오류가 발생한다. 즉 〈head〉에 자바스크립트를 두면 오류가 발생하는 것이다! 다른 방법으로는 문서의 로드가 끝난 후에 실행되도록 해도 된다.
>
> ```
> <head>
>   <script>
>     function drawOnCanvas() {
>                 ...
>     }
>     window.addEventListener('load', drawOnCanvas, true);
>   </script>
> </head>
> ```

> **[참고] 캔버스와 컨텍스트**
>
> 캔버스를 사용할 때, 캔버스 요소와 캔버스 컨텍스트를 잘 구별해야 한다. 캔버스 요소는 실제 DOM 요소로서 HTML 페이지 안에 포함된다. 캔버스 컨텍스트는 캔버스 요소 안에서 그림을 그리는 데 사용할 수 있는 속성과 메서드를 가지고 있는 객체이다. 각 캔버스 요소는 오직 하나의 컨텍스트만을 가질 수 있다. getContext() 메서드를 여러 번 호출하더라도 동일한 객체에 대한 참조값을 반환한다.

■ 직선 그리기

캔버스에는 직선, 경로, 곡선, 사각형, 원, 이미지, 텍스트를 그릴 수 있다. 이 책에서 이 모든 도형에 대하여 전부 설명하는 것은 불가능하다. 가장 기본적인 직선, 원, 곡선 정도만 소개하고자 한다.

캔버스에 직선을 그리기 위해 다음의 2가지 메서드를 사용한다.
- moveTo(x, y)는 직선의 시작점을 정의한다.
- lineTo(x, y)는 직선의 끝점을 정의한다.

```html
<!DOCTYPE html>
<html>
  <head>
    <style>
      body {
        margin: 0px;
        padding: 0px;
      }
    </style>
  </head>
  <body>
    <canvas id="myCanvas" width="300" height="200"></canvas>
    <script>
        var canvas = document.getElementById('myCanvas');
        var context = canvas.getContext('2d');

        context.beginPath();   ← 경로를 초기화 한다
        context.moveTo(0, 0);
        context.lineTo(100, 100);
        context.lineTo(150, 50);
        context.lineTo(200, 100);
        context.stroke();
    </script>
  </body>
</html>
```

경로를 형성해서 그릴 때는 마지막에 항상 stroke()을 호출해 주어야 그림이 실제로 그려진다.

■ 사각형 그리기

사각형을 캔버스에 그리려면 rect() 메서드를 이용하면 된다.

• rect(x, y, w, h)는 (x, y)를 왼쪽 모서리로 하고 가로와 세로가 각각 w, h인 사각형을 그린다.

```
canvas_rect.html

...
    <script>
        var canvas = document.getElementById('myCanvas');
        var context = canvas.getContext('2d');

        context.beginPath();
        context.rect(10, 10, 100, 100);
        context.rect(50, 50, 100, 100);
        context.stroke();
    </script>
...
```

만약 채워진 사각형을 그리고 싶으면 stroke() 대신에 fill()을 호출하면 된다.

```
canvas_rect1.html

...
    <script>
        var canvas = document.getElementById('myCanvas');
        var context = canvas.getContext('2d');
        context.beginPath();
        context.rect(10, 10, 100, 100);
        context.fillStyle="yellow";    ← 채우기 속성을
        context.fill();                   노란색으로 지정한다.
    </script>
...
```

■ 원 그리기

캔버스에 원을 그리기 위해서는 다음의 메서드를 사용한다.

• arc(x, y, radius, startAngle, endAngle, antiClockwise) - (x, y)를 중심으로 하여 반지름이 radius인 원을 그린다. start는 시작 각도이고 end 는 종료 각도이다.

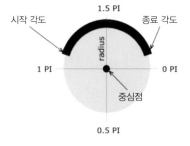

arc() 메서드에서 각도는 상수 PI를 이용하여 앞의 그림처럼 표시한다. 원은 startAngle에서 endAngle까지만 그려진다. antiClockwise는 반시계 방향인지 아니면 시계 방향인지를 true와 false를 이용하여 나타낸다.

원호를 그린 후에 시작점과 종료점을 연결하여 그리고 싶으면 closePath()를 호출한다. closePath()는 경로를 닫게 된다.

canvas_arc.html

```
<script>
    var canvas = document.getElementById('myCanvas');
    var context = canvas.getContext('2d');

    context.beginPath();
    context.arc(100, 100, 80, 0, 2.0 * Math.PI, false);
    context.strokeStyle = "red";
    context.stroke();

    context.beginPath();
    context.arc(100, 100, 60, 0, 1.5 * Math.PI, false);
    context.closePath();
    context.strokeStyle = "blue";
    context.stroke();

    context.beginPath();
    context.arc(100, 100, 40, 0, 1.5 * Math.PI, false);
    context.strokeStyle = "green";
    context.stroke();

</script>
```

■ 곡선 그리기

베지어 곡선 같은 3차 곡선도 그릴 수 있다. 베지어 곡선은 4개의 제어점 안에 그려지는 3차 곡선이다.

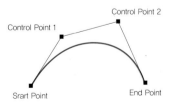

```
canvas_curve.html

<script>
        var canvas = document.getElementById('myCanvas');
        var context = canvas.getContext('2d');

        context.beginPath();
        context.moveTo(90, 130);
        context.bezierCurveTo(140, 10, 288, 10, 288, 130);
        context.lineWidth = 10;

        context.strokeStyle = 'black';
        context.stroke();
</script>
```

■ 일반적인 도형 그리기

일반적인 도형은 경로(path)를 형성해서 그리면 된다. 경로는 beginPath() 호출에서 시작해 closePath() 호출에서 종료된다.

```
canvas_path.html

...
<script>
    var canvas = document.getElementById('myCanvas');
    var context = canvas.getContext('2d');

    context.beginPath();
    context.moveTo(50, 100);
    context.lineTo(75, 50);
    context.lineTo(100, 100);
    context.closePath();
    context.fillStyle = "green";
    context.fill();
</script>
```

beginPath()를 호출한 후에 moveTo(), lineTo(), quadricCurveTo(), bezierCurveTo(), arcTo(), arc()를 호출해서 경로를 실제로 생성한다. 경로가 생성된 후에는 closePath()를 호출해서 경로를 닫고 stroke()을 호출하여 경로의 외곽선을 그리거나 fill()을 호출하여 경로 안을 채워서 그리면 된다.

■ 텍스트 그리기

캔버스에 텍스트를 그리기 위해서는 다음과 같은 속성과 메서드를 사용한다.

- font : 텍스트를 그리는데 사용되는 폰트 속성을 정의한다.
- fillText(text,x,y) : 캔버스에 채워진 텍스트를 그린다.
- strokeText(text,x,y) : 캔버스에 텍스트의 외곽선만을 그린다.

예를 들어 30픽셀 높이의 Arial 폰트로 채워진 텍스트를 그리는 코드는 다음과 같다.

canvas_text.html

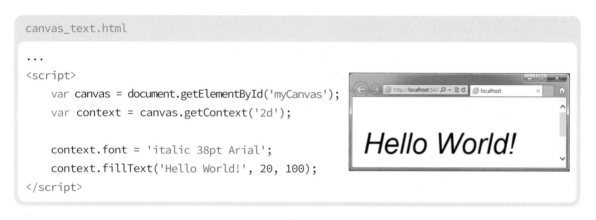

```
...
<script>
    var canvas = document.getElementById('myCanvas');
    var context = canvas.getContext('2d');

    context.font = 'italic 38pt Arial';
    context.fillText('Hello World!', 20, 100);
</script>
```

만약 fillText() 대신에 strokeText()를 사용하였다면 출력은 다음과 같다.

11-02 도형의 속성

■ 선 그리기 속성

선을 그릴 때도 여러 가지 속성을 지정할 수 있다.

- context.lineWidth : 선의 두께를 지정한다.
- context.strokeStyle : 선의 색상을 지정한다.
- context.lineCap : 선의 양쪽 끝점의 모양을 지정한다.
  butt, round, square 중의 하나이다.

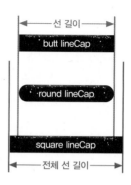

canvas_line_prop.html

```
<script>
    var c = document.getElementById("myCanvas");
    var ctx = c.getContext("2d");

    ctx.beginPath();
    ctx.lineWidth = 20;
    ctx.lineCap = "round";
    ctx.moveTo(20, 20);
    ctx.lineTo(200, 20);
    ctx.stroke();
</script>
```

■ 도형 채우기

도형의 내부는 단일 색상, 그라디언트, 패턴 등으로 채울 수 있다.

● 단일 색상으로 채우기

단일 색상으로 채우려면 다음과 같이 컨텍스트의 fillStyle을 설정하면 된다.

```
context.fillStyle = 'red';
```

● 그라디언트로 채우기

그라디언트(Gradients)도 사각형이나 원, 텍스트를 채우는 데 사용할 수 있다.
2가지 종류의 그라디언트가 존재한다.

- createLinearGradient(x, y, x1, y1) - 선형 그라디언트를 생성한다.
- createRadialGradient(x, y, r, x1, y1, r1) - 원형 그라디언트를 생성한다.

그라디언트 객체가 생성되면 거기에다가 2개 이상의 종료 색상(color stop)을 반드시 추가해야 한다. addColorStop() 메서드는 종료 색상과 위치를 지정한다. 그리디언트 위치는 0과 1 사이의 실수로 지정된다.

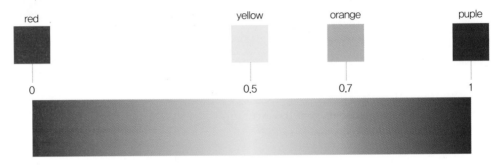

그라디언트를 사용하려면 fillStyle 속성이나 strokeStyle 속성을 그라디언트 객체로 지정하고 도형을 그리면 된다. 선형 그라디언트를 사용한 예제를 살펴보자.

canvas_gra.html

```
<script>
    var canvas = document.getElementById('myCanvas');
    var context = canvas.getContext('2d');

    var gradient = context.createLinearGradient(0, 0, 200, 0);
    gradient.addColorStop(0, "white");
    gradient.addColorStop(1, "red");

    context.fillStyle = gradient;
    context.fillRect(10, 10, 180, 90);
</script>
```

원형 그라디언트를 사용하는 예제는 다음과 같다.

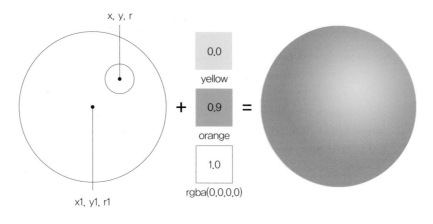

```
canvas_gra1.html

...
  <script>
      var canvas = document.getElementById('myCanvas');
      var context = canvas.getContext('2d');

                                              (x, y, r)    (x1, y1, r1)
                                                 ↓            ↓
      var gradient = context.createRadialGradient(70, 50, 10, 80, 60, 120);
      gradient.addColorStop(0, "white");
      gradient.addColorStop(1, "red");

      context.fillStyle = gradient;
      context.fillRect(10, 10, 180, 90);
  </script>
```

● 패턴으로 채우기

패턴으로 캔버스를 채우기 위해서는 먼저 createPattern()을 이용해 패턴 객체를 생성한다. 다음으로 컨텍스트의 fillStyle 속성을 패턴 객체로 설정한다. 최종적으로 fill() 메서드를 호출해서 도형의 내부를 패턴으로 채우면 된다. createPattern() 메서드는 이미지 객체와 repeat 옵션을 요구한다. repeat 옵션은 "repeat", "repeat-x", "repeat-y", "no-repeat" 중의 하나가 될 수 있다. 지정되지 않으면 repeat 옵션은 디폴트로 "repeat"로 설정된다. 즉 x, y 방향으로 모두 반복하라는 의미가 된다.

```
...
    <script>
        var canvas = document.getElementById ("myCanvas");
        var context = canvas.getContext("2d");

        var image = new Image();
        image.src = "pattern.png";
        image.onload = function () {
            var pattern = context.createPattern(image, "repeat");

            context.rect(0, 0, canvas.width, canvas.height);
            context.fillStyle = pattern;
            context.fill();
        };
    </script>
...
```

■ 이미지 그리기

캔버스에 이미지를 그리기 위해 다음의 메서드를 사용한다.

- drawImage(image, x, y) - 화면 (x, y) 위치에 이미지를 그린다.

이미지를 캔버스에 그리기 위해서는 drawImage() 메서드를 사용한다. drawImage()는 image 객체와 좌표를 필요로 한다. 좌표는 이미지의 좌측 상단이 위치하는 곳이다.

drawImage() 메서드가 객체를 요구하기 때문에 우리는 먼저 image 객체를 생성한 후에 drawImage()를 호출하기 전에 이미지가 로드되기를 기다린다. 이것은 image 객체의 onload 속성을 이용하면 된다.

```
...
<body>
    <canvas id="myCanvas" width="600" height="400"></canvas>
    <script>
        var canvas = document.getElementById("myCanvas");
        var context = canvas.getContext("2d");
        var image = new Image();
        image.src = "html5_logo.png";

        image.onload = function () {
            context.drawImage(image, 0, 0);
        };

    </script>   이미지가 로드된 후에 이미지를 그린다.
</body>
...
```

11-03 도형 변환

HTML5에서는 기본적인 2차원 변환인 평행 이동(translation), 신축(scaling), 회전(rotation)을 비롯한 모든 변환을 지원한다. 밀림(shear), 반사(mirror)와 같은 추가적인 변환도 지원된다. 일반적으로는 행렬을 이용해 자신이 원하는 변환을 생성하여 적용할 수도 있다.

■ 평행 이동

평행 이동(translation)은 캔버스를 수평이나 수직으로 이동하는 것이다. Canvas 클래스의 translate() 메서드는 캔버스 좌표 공간의 원점을 평행 이동한다. 예를 들어 복잡한 그림이 캔버스에 그려져 있다고 가정하자. 이 그림을 상하좌우로 이동한다고 가정하자. 그림을 새로운 위치에 다시 그리는 것보다 좌표 공간을 이동하는 것이 훨씬 간단하다. 좌표 공간이 평행 이동되면 동일한 값을 주어서 도형을 그려도 화면에서 도형의 위치가 달라진다.

통상적으로 그래픽스에서 평행 이동과 같은 모든 변환은 내부적으로 행렬(matrix)을 사용한다. (x, y) 좌표에 1을 추가한 동차 좌표를 만든 후에 다음과 같은 행렬식을 이용해 변환된 좌표를 계산한다.

$$[\, x'\ y'\ 1\,] = [x\ y\ 1] \begin{bmatrix} 1 & 0 & 0 \\ 0 & 1 & 0 \\ T_x & T_y & 1 \end{bmatrix}$$

여기서는 캔버스를 평행 이동한 후에, (0, 0) 위치에 그림을 그려보자. 평행 이동되었기 때문에 도형의 위치는 달라진다.

---

canvas_trans.html

```
...
<body>
    <canvas id="myCanvas" width="600" height="400"></canvas>
    <script>
        var canvas = document.getElementById('myCanvas');
        var context = canvas.getContext('2d');

        context.fillStyle = "blue";
        context.fillRect(0, 0, 100, 100);

        context.translate(50, 50);          좌표계를 평행
                                            이동시킨다.
        context.fillStyle = "red";
        context.fillRect(0, 0, 100, 100);
    </script>
</body>
...
```

■ 회전

좌표 공간을 회전시키려면 rotate()를 사용한다. rotate(float degree)는 (0, 0)을 기준으로 좌표 공간을 회전시킨다. 만약 다른 위치를 기준으로 회전시키려면 rotate(float degree, float px, float py)를 사용한다. (px, py)가 회전의 중심점이 된다. 앞의 소스에서 중간 부분만 변경해서 실행하여 보자.

```
        ...
context.translate(50, 50);
context.rotate(Math.PI/4);
        ...
```

■ 신축

캔버스의 신축 비율을 설정하려면 scale() 메서드를 사용한다. 평행 이동 소스를 다음과 같이
변경한다.

```
context.translate(50, 50);
context.scale(0.5, 0.5);
```

■ 일반 변환

기본적인 변환 이외의 일반적인 변환은 직접 변환 행렬의 값을 지
정하면 된다. transform() 메서드를 사용하고 매개 변수 a에서 f까지
를 직접 설정하면 된다.

$$\begin{bmatrix} x' \\ y' \\ 1 \end{bmatrix} = \begin{bmatrix} a & c & e \\ b & d & f \\ 0 & 0 & 1 \end{bmatrix} \begin{bmatrix} x \\ y \\ 1 \end{bmatrix}$$

앞의 평행 이동 소스에서 다음과 같이 수정한 후에 실행시키면 오른쪽 결과가 나온다.

```
// 변환행렬
// 1  0  tx
// 0  1  ty
// 0  0  1
context.transform(1, 0, 0, 1, 50, 50);
```

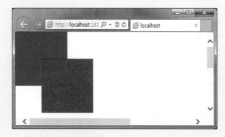

웹 페이지에서 애니메이션 효과를 내려면 많은 기법이 있다. 제일 먼저 떠오르는 것은 CSS3를 이용한 애니메이션이다. 또 캔버스와 자바스크립트를 사용하는 애니메이션이 있다. 여기서는 후자의 경우를 살펴보자. 즉 캔버스를 만들고 여기에 자바스크립트로 그림을 순차적으로 그려주는 것이다.

■ Bouncing Ball 예제

사각형 안에서 반사되면서 움직이는 공은 아주 기본적인 애니메이션 예제이다. 여기서는 HTML5와 자바스크립트를 이용해 웹 페이지 위에서 실행되는 애니메이션을 작성하여 보자.

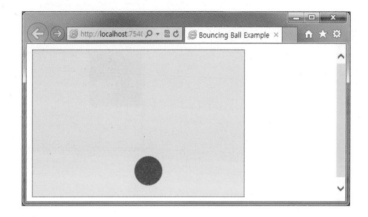

애니메이션을 작성하는 순서는 어디서나 항상 동일하다.

1. 캔버스를 지운다.
2. (x,y) 위치에 그림을 그린다.
3. 위치를 업데이트한다.
4. 위의 절차(1부터 3까지)를 반복한다.

각 단계를 어떻게 구현할 것인지를 생각하면서 코드를 작성하여 보자.

■ STEP #1 캔버스 지우기

HTML5 캔버스를 지우기 위해서는, clearRect() 메서드를 사용하면 된다. 이 방법은 다른 방법(즉 캔버스의 크기를 조정하는 방법, 또는 캔버스 객체를 다시 생성하는 방법)보다 훨씬 빠르다.

```
context.clearRect(0, 0, 300, 200);
```

캔버스를 지우지 않으면 이전 그림이 남아 있어서 현재 그림과 동시에 보이게 된다.

■ STEP #2 캔버스에 그림 그리기

이것은 앞에서 학습했던 대로 웹 페이지 안에 캔버스 요소를 생성하고 여기에 자바스크립트로 그림을 그리면 된다. 우리는 빨간색 원을 그리는 것으로 하자.

```
context.beginPath();
context.fillStyle = "red";
context.arc(x, y, 20, 0, Math.PI * 2, true);
context.closePath();
context.fill();
```

그림을 그리기 전에 반드시 beginPath()를 호출해 주어야 한다. fill()을 호출하면 모든 경로를 전부 칠하게 되는데 beginPath()를 호출하지 않으면 경로가 초기화되지 않아서 이전 경로까지 모두 칠해지게 된다.

■ STEP #3 위치를 업데이트하기

애니메이션은 근본적으로 무엇인가가 시간에 따라서 변화되는 것이다. 일반적으로 도형의 위치나 크기가 변경된다. 여기서는 볼의 위치를 변화시키도록 하자. 볼의 위치는 (x, y) 변수에 저장되어 있다. 따라서 (x, y)를 적절하게 변경시키면 된다.

```
x += dx;
y += dy;
```

여기서 dx, dy는 볼이 한 번에 움직이는 거리로서 5로 초기화되어 있다.

바운드되는 볼을 만들려면 볼이 벽에 부딪치면 반사되도록 해야 한다. 이것은 x, y 위치가 벽에 닿으면 dx, dy를 반전하면 된다. dx, dy가 반전되면 움직이는 방향이 반대로 될 것이다. 따라서 위의 코드 앞에 반사시키는 코드를 추가해야 한다.

```
        if (x < (0 + 20) || x > (300 - 20))
            dx = -dx;
        if (y < (0 + 20) || y > (200 - 20))
            dy = -dy;
        x += dx;
        y += dy;
```

■ STEP #4 위의 절차를 반복하기

모든 애니메이션은 반복해야 한다. 한 번만 그리고 종료된다면 애니메이션이라 할 수 없다. 자바스크립트에서 어떻게 코드를 반복하게 하는가? 방법은 이전 방법과 동일하다. 다음과 같은 함수 중에서 하나를 사용하면 된다.

```
setTimeout(doSomething, 500);  // 500밀리초 후에 doSomething()을 호출한다.
setInterval(doSomething, 500);  // 매 500밀리초마다 doSomething()을 호출한다.
```

여기서는 setInterval() 함수를 사용하였다. 10밀리초마다 draw()가 호출된다.

```
setInterval(draw, 10);
```

■ 전체 예제 소스

canvas_ball.html

```
<!DOCTYPE html>
<html>
<head>
    <title>Bouncing Ball Example</title>
    <style>
        canvas {
            background: yellow;
            border: 1px dotted black;
        }
    </style>
    <script>
```

```
        var context;
        var dx = 5;
        var dy = 5;
        var y = 100;
        var x = 100;
        function draw() {
            var canvas = document.getElementById('myCanvas');
            var context = canvas.getContext('2d');
            context.clearRect(0, 0, 300, 200);
            context.beginPath();
            context.fillStyle = "red";
            context.arc(x, y, 20, 0, Math.PI * 2, true);  ←공을 그린다.
            context.closePath();
            context.fill();
            if (x < (0 + 20) || x > (300 - 20))
                dx = -dx;                                  ←공이 벽에 닿으면 반사시킨다.
            if (y < (0 + 20) || y > (200 - 20))
                dy = -dy;
            x += dx;
            y += dy;
        }
        setInterval(draw, 10);  ←10 밀리초마다 draw()를 호출한다.
    </script>
</head>
<body>
    <canvas id="myCanvas" width="300" height="200"></canvas>
</body>
</html>
```

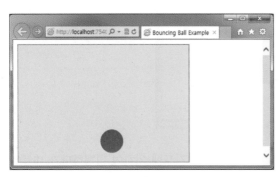

11-05 게임 제작

최근에 HTML5와 자바스크립트를 이용한 게임이 많이 등장하고 있다. 단적인 예가 스마트폰 게임인 Angry Birds가 웹 브라우저에서도 실행된다. chrome.angrybirds.com에 가보면 앵그리 버드를 웹 브라우저에서도 실행할 수 있다.

물론 위의 게임은 크롬 브라우저에 최적화되었지만 인터넷 익스플로러에서도 잘 실행된다. 우리도 여기서 아주 간단한 게임을 제작하여 보자. 앵그리 버드와 유사한 다음과 같은 게임을 제작해 보고자 한다.

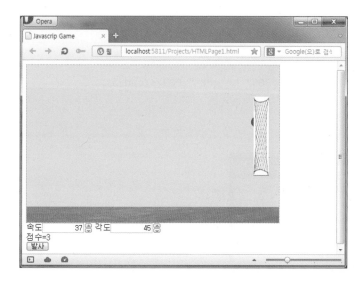

"발사" 버튼을 누르면 왼쪽에 놓인 공이 발사되고 속도와 각도에 의하여 비행하다가 네트에 맞으면 점수가 올라간다.

■ HTML 요소 생성하기

먼저 게임에 필요한 HTML 요소를 생성해야 한다. 필요한 요소는 그림을 그리기 위한 〈canvas〉 요소, 사용자로부터 숫자를 입력받을 수 있는 〈input〉 요소, 버튼 등이 필요하다. 이 것을 먼저 생성하고 테스트하자.

canvas_game.html

```html
<html>
<head>
    <title>Javascript Game</title>
    <style>
        canvas {
            border: 1px dotted red;
            background-color: #fcff00;
        }
    </style>
</head>

<body>
    <canvas id="canvas" width="500" height="300"></canvas>
    <div id="control">
        속도<input id="velocity" value="30" type="number" min="0" max="100" step="1" />
        각도<input id="angle" value="45" type="number" min="0" max="90" step="1" />
        <div id="score">점수 = 0</div>
        <button>발사</button>
    </div>
</body>
</html>
```

오른쪽과 같은 화면이 등장해야 한다.

■ 배경 만들기

배경은 두 개의 이미지만을 가지고 만들자. 하나는 잔디밭(lawn.png)이고 또 하나는 그물망 (net.png)이다. 적절한 이미지를 생성하여 자바스크립트에서 이것을 그려준다.

```html
<html>
<head>
        ...
    <script>
        var image = new Image();
        image.src = "lawn.png";
        var backimage = new Image();
        backimage.src = "net.png";

        function drawBackground() {
            context.drawImage(image, 0, 270);
            context.drawImage(backimage, 450, 60);
        }

        function draw() {
            context.clearRect(0, 0, 500, 300);
            drawBackground();
        }

        function init() {
            context = document.getElementById('canvas').getContext('2d');
            draw();
        }
    </script>
</head>

<body onload="init()">
        ...
</body>
</html>
```

먼저 init() 함수를 작성한다. 여기서는 여러 초기화를 담당한다. 변수에 값을 대입하고 캔버스 객체로부터 컨텍스트 객체를 얻어놓는다. 또 배경을 그려준다.

init() 함수가 작성되면 어디선가 호출되어야 한다. 어디서 호출하는 것이 좋을까? 〈body〉 태그의 onload 이벤트에 연결해놓자. 문서가 완전히 로드된 후에 호출되어야 하기 때문이다. 이미지도 완전히 로드가 되어 있어야 한다.

게임의 화면을 그려줄 때는 먼저 화면을 지워야 한다. 화면을 지우지 않으면 새로운 그림과 이전 그림이 섞이게 된다. 화면은 다음과 같은 문장으로 지울 수 있다.

```
context.clearRect(0, 0, 500, 300);
```

이미지를 화면에 그릴 때는 다음과 같은 문장을 사용한다.

```
context.drawImage(image, 0, 270);
```

■ 움직이는 공 만들기

이 게임의 주인공은 움직이는 공이다. 따라서 공에 대한 많은 변수가 필요하다. 다음과 같은 변수를 선언하였다.

- var ballV; – 공의 속도이다.
- var ballVx; – 공의 x 방향 속도이다.
- var ballVy; – 공의 y 방향 속도이다.
- var ballX; – 공의 현재 x좌표이다.
- var ballY; – 공의 현재 y좌표이다.
- var ballRadius; – 공의 반지름이다.

위의 변수 선언을 보고 갑자기 객체가 떠오를지도 모르겠다. 사실 게임에서 주인공이나 악당 캐릭터는 객체로 선언하는 것이 깔끔하다. 하지만 여기서는 복잡도를 줄이기 위해 단순 변수 여러 개를 사용하였다.

이 게임은 공이 움직인다. 공의 움직임을 어떻게 계산해야 하는가? 모든 게임에는 물리 엔진이 필요하다. 물리 엔진이란 물리학적인 법칙에 따라서 여러 가지 계산을 해주는 자바스크립트 라이브러리를 말한다. 가장 대표적인 자바스트립트 물리 엔진으로 Box2D가 있다. Box2D 에서는 2D 강체 시뮬레이션을 할 수 있다. 하지만 우리 게임은 너무 단순해서 이러한 엔진을 사용할 필요가 없다. 여러분도 고등학교 물리 시간에 학습하였듯이 날아가는 공에는 현재 속도가 있고 속도는 x방향과 y방향 속도로 나누어진다.

공의 y 방향 속도는 공기의 영향을 받지 않는 것으로 가정한다. 물론 실제 상황에서는 공기의 저항을 받겠지만 이것은 무시하도록 하자. 공의 y 방향 속도는 중력 가속도 때문에 점점 느려질 것이다.

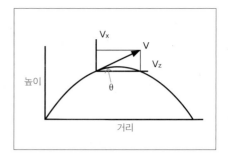

- ballVx: 초기 속도에서 변하지 않는다.
- ballVy: 초기 속도에서 중력 가속도만큼 점점 느려진다.

따라서 시간이 흘러가면 ballVy에서 중력 가속도만큼을 빼주면 된다. 중력 가속도는 원래 $9.8m/sec^2$이지만 게임에서는 단위 시간이 초가 아니기 때문에 적당한 값을 빼주면서 실험해 보면 된다.

```
ballVx = ballVx;
ballVy = ballVy + 1.98;
```

자바스크립트에서는 y좌표가 위에서 아래로 가면서 증가하게 된다. 따라서 일반적인 수학 좌표와는 반대이다. 속도를 계산할 때도 중력 가속도를 빼주는 것이 아니고 더해주어야 한다.

공의 현재 위치는 어떻게 계산하면 될까? 현재 위치는 이전 위치에 속도×시간을 더하면 된다. 시간은 단위시간 1이 흘렀다고 가정하면 다음과 같이 단순히 현재 위치에 속도를 더하면 된다.

```
ballX = ballX + ballVx;
ballY = ballY + ballVy;
```

그리고 또 아주 중요한 부분이 남아 있다. 단위 시간마다 속도를 다시 계산하고 공을 화면에 다시 그려야 한다. 즉 주기적으로 어떤 함수를 호출해야 한다. 이것은 setInterval() 함수를 사용하면 된다. setInterval() 함수는 일정한 시간이 흐른 뒤에 특정한 함수를 호출할 수 있다.

```
timer = setInterval(calculate, 100);
```

점수 계산은 현재 공의 위치가 목표 안에 있으면 점수를 1만큼 증가하면 된다.

```
if ((ballX >= 450) && (ballX <= 480) && (ballY >= 60) && (ballY <= 210)) {
    score++;
    document.getElementById("score").innerHTML = "점수=" + score;
    clearInterval(timer);
}
```

clearInterval()은 주기적인 호출을 중단하는 함수이다. 공이 목표물에 맞았으면 더 이상 게임을 계속할 필요가 없기 때문에 주기적인 호출을 중단해야 한다.

■ 공의 초기 속도

공의 초기 속도는 사용자가 입력한 속도와 각도에 따라서 설정되어야 한다. 간단한 삼각함수를 사용하면 된다.

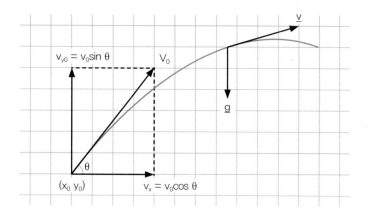

```
// id가 velocity인 요소에서 값을 읽어서 숫자로 변환한다.
velocity = Number(document.getElementById("velocity").value);

// id가 angle인 요소에서 값을 읽어서 숫자로 변환한다.
angle = Number(document.getElementById("angle").value);

// 각도 단위를 도에서 라디안으로 바꾼다.
var angleR = angle * Math.PI / 180;

// 공의 초기 x방향 속도와 초기 y방향 속도를 계산한다.
ballVx = velocity * Math.cos(angleR);
ballVy = -velocity * Math.sin(angleR);
```

```
canvas_game.html

<html>
<head>
    <title>Javascript Game</title>
    <style>
        canvas {
            border: 1px dotted red;              /* 캔버스에 경계선을 그려준다. */
            background-color: #fcff00;            /* 캔버스의 배경색을 지정한다. */
        }
    </style>
    <script>
        var context;                             /* 컨텍스트 객체*/
        var velocity;                            /* 사용자가 입력한 공의 초기 속도 */
        var angle;                               /* 사용자가 입력한 공의 초기 각도 */
        var ballV;                               /* 공의 현재 속도 */
        var ballVx;                              /* 공의 현재 x방향 속도 */
        var ballVy;                              /* 공의 현재 y방향 속도 */
        var ballX = 10;                          /* 공의 현재 x방향 위치 */
        var ballY = 250;                         /* 공의 현재 y방향 위치 */
        var ballRadius = 10;                     /* 공의 반지름 */
        var score = 0;                           /* 점수 */
        var image = new Image();                 /* 이미지 객체 생성 */
        image.src = "lawn.png";                  /* 이미지 파일 이름 설정 */
        var backimage = new Image();
        backimage.src = "net.png";
        var timer;                               /* 타이머 객체 변수 */

        /* 공을 화면에 그린다. */
        function drawBall() {
            context.beginPath();
            context.arc(ballX, ballY, ballRadius, 0, 2.0 * Math.PI, true);
            context.fillStyle = "red";
            context.fill();
        }

        /* 배경을 화면에 그린다. */
```

```javascript
function drawBackground() {
    context.drawImage(image, 0, 270);
    context.drawImage(backimage, 450, 60);
}
/* 전체 화면을 그리는 함수 */
function draw() {
    context.clearRect(0, 0, 500, 300);       /* 화면을 지운다. */
    drawBall();
    drawBackground();
}
/* 초기화를 담당하는 함수 */
function init() {
    ballX = 10;
    ballY = 250;
    ballRadius = 10;
    context = document.getElementById('canvas').getContext('2d');
    draw();
}


/* 사용자가 발사 버튼을 누르면 호출된다. */
function start() {
    init();
    velocity = Number(document.getElementById("velocity").value);
    angle = Number(document.getElementById("angle").value);
    var angleR = angle * Math.PI / 180;

    ballVx = velocity * Math.cos(angleR);
    ballVy = -velocity * Math.sin(angleR);

    draw();
    timer = setInterval(calculate, 100);
    return false
}
/* 공의 현재 속도와 위치를 업데이트한다. */
function calculate() {
    ballVy = ballVy + 1.98;

    ballX = ballX + ballVx;
```

```
                    ballY = ballY + ballVy;

                    /* 공이 목표물에 맞았으면 */
                    if ((ballX >= 450) && (ballX <= 480) && (ballY >= 60) && (ballY <= 210)) {
                        score++;
                        document.getElementById("score").innerHTML = "점수=" + score;
                        clearInterval(timer);
                    }
                    /* 공이 경계를 벗어났으면 */
                    if (ballY >= 300 || ballY < 0) {
                        clearInterval(timer);
                    }
                    draw();
                }
        </script>
</head>

<body onload="init();">
    <canvas id="canvas" width="500" height="300"></canvas>
    <div id="control">
        속도<input id="velocity" value="30" type="number" min="0" max="100" step="1" />
        각도<input id="angle" value="45" type="number" min="0" max="90" step="1" />
        <div id="score">점수 = 0</div>
        <button onclick="start()">발사</button>
    </div>
</body>
</html>
```

1 캔버스에서 좌표원점은 어디인가? (   )

① 좌측 상단   ② 좌측 하단   ③ 우측 상단   ④ 우측 하단

2 다음 코드에서 잘못된 부분은 무엇인가? 그림이 그려지는가?

```
var canvas=document.getElementById("mycanvas");
canvas.fillRect(50,50,100,200);
```

3 다음과 같은 그림을 그리는 프로그램을 작성하라.

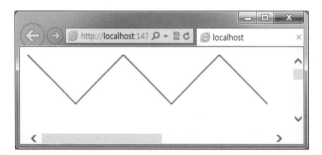

4 다음과 같이 자바스크립트만을 이용해 화면에 이미지를 그리는 프로그램을 작성하라.

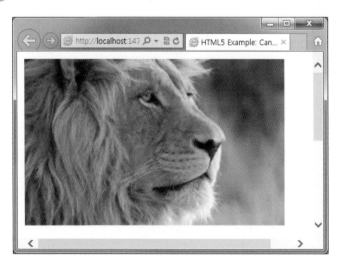

5 다음과 같은 아날로그 시계를 작성해 보자. 캔버스와 자바스크립트만 사용한다. Date 객체로부터 현재 시간을 읽는다.

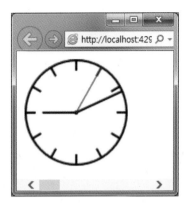

6 다음과 같이 캔버스와 자바스크립트만을 이용해 벽돌깨기 게임을 작성해 보자.

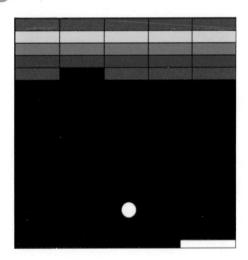

12.

jQUERY, Ajax, JSON

학·습·목·표

- jQuery의 개요를 살펴본다.

- jQuery를 이용한 DOM을 변경하는 방법을 살펴본다.

- jQuery를 이용한 이벤트 처리, 애니메이션을 살펴본다.

- jQuery의 대표적인 사용 예제를 살펴본다.

12-01 jQuery

jQuery는 일종의 자바스크립트 라이브러리
이다. jQuery를 사용하면 자바스크립트 프
로그래밍의 양을 상당히 줄일 수 있다. 오른
쪽의 jQuery 로고 그림에서 "write less, do
more"라는 슬로건이 이것을 함축적으로 말해준다. 그리고 무엇보다도 jQuery는 배우기 쉽다.
게다가 무료이다. 설치 과정도 필요 없이 그냥 한 줄만 소스에 추가하면 된다. 사용하지 않을
이유가 있는가?

똑같은 동작을 하는 자바스크립트 코드와 jQuery 코드를 서로 비교해 보자.

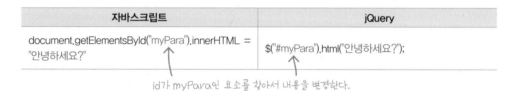

자바스크립트	jQuery
document.getElementsById("myPara").innerHTML = "안녕하세요?"	$("#myPara").html("안녕하세요?");

id가 myPara인 요소를 찾아서 내용을 변경한다.

위의 표에서 jQuery가 사용하는 문법이 CSS와 유사한 것을 알 수 있다. 실제로 jQuery는 CSS
의 선택자 문법을 사용하여 특정한 요소를 선택한다.

jQuery는 웹 페이지에서 자바스크립트를 사용하는 것을 쉽게 하기 위하여 만들어졌다.
jQuery를 사용하면 자바스크립트의 여러 줄을 한 줄로 줄일 수 있다. 또 jQuery는 Ajax 호출이
나 DOM 조작도 훨씬 간단하게 할 수 있다. jQuery로 쉽게 할 수 있는 작업을 나열해 보면 다
음과 같다.

- HTML 문서에서 특정 요소를 쉽게 찾을 수 있다.
- HTML 콘텐츠를 쉽게 변경할 수 있다.
- 이벤트를 쉽게 처리할 수 있다.
- 페이지 상의 콘텐츠를 쉽게 애니메이트할 수 있다.
- 네트워크를 통하여 새로운 콘텐츠를 쉽게 가져올 수 있다. (Ajax, JSON)
- 브라우저의 종류나 브라우저의 버전을 따질 필요가 없다. 모든 차이점은 jQuery 안에서 해
  결한다.

jQuery를 사용하면 웹 페이지의 내용이나 스타일을 동적으로 쉽게 바꿀 수 있다. 하지만 물론 HTML 문서와 CSS 파일을 변경하는 것이 아니라 브라우저 메모리에 저장된 웹 페이지의 DOM(문서 객체 모델)을 변경한다.

▪ jQuery의 역사

jQuery는 존 레식(John Resig)이 2006년에 BarCamp NYC에서 발표하였다. jQuery는 현재 가장 인기 있는 자바스크립트 라이브러리이다. 많이 방문되는 사이트의 65%가 jQuery를 사용한다. jQuery는 MIT 라이센스 하에 배포되는 자유 오픈 소프트웨어이다.

▪ jQuery를 웹 페이지에서 사용하기

jQuery를 웹 사이트에서 사용하려면 다음과 같은 2가지의 방법이 있다.

- jQuery.com에서 jQuery 파일을 다운로드하는 방법
- 실행 시마다 구글이나 마이크로소프트에서 jQuery 파일을 포함하는 방법

▪ jQuery 다운로드

jQuery는 http://www.jquery.com에서 다운로드받을 수 있다.

다운로드 버튼을 누른다.

위의 화면에서 "Download jQuery" 버튼을 누른다.

현재 2가지 버전이 제공된다. 1.9 버전과 2.0 버전이다. 2.0 버전이 물론 새로운 버전이지만 인터넷 익스플로러 6, 7, 8을 지원하지 않는다. 따라서 우리는 1.9 버전을 다운로드하도록 하자.

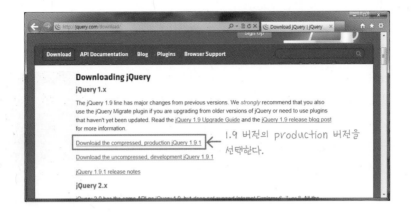

또 1.9 버전에도 2가지가 있다.

- production 버전 - 소스를 압축해서 웹 서버에서 보다 빠르게 실행되도록 최소화한 버전이다.
- development 버전 - 테스트와 디버깅을 위한 버전으로 압축되어 있지 않아서 개발자가 소스를 읽기 쉽다.

우리는 production 버전을 다운로드 받아서 적절한 폴더 안에 저장한다. development 버전은 jQuery 소스를 확장하여 사용하고자 하는 개발자에게 알맞다.

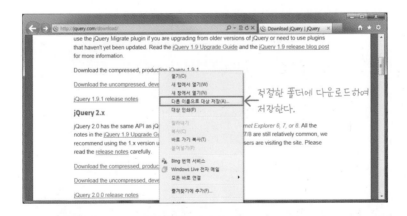

jQuery 라이브러리는 하나의 자바스크립트 파일로서 이것을 HTML 페이지 안에서 사용하려면 〈script〉 태그 안에서 지역 파일로 참조하면 된다.

```
<head>
<script src="jquery-1.9.1.min.js"></script>
</head>
```

이때, 웹 페이지와 동일한 디렉토리에 다운로드된 jQuery 파일을 저장하면 된다.

■ 다운로드하지 않고 jQuery를 사용하는 방법

jQuery는 공개 서버로부터 네트워크를 통하여 웹 페이지를 실행할 때마다 다운로드받을 수도 있다. jQuery는 많은 CDN(Content Delivery Network)을 가지고 있다. Google, Microsoft 등 이 CDN을 제공한다. 만약 구글 서버를 사용한다면 다음과 같은 코드를 추가하면 된다.

```
<head>
<script src="http://code.jquery.com/jquery-1.10.1.min.js"></script>
</head>
```

구글이나 마이크로소프트에서 jQuery를 다운로드받아서 사용하는 경우, 보통 속도가 느리다고 생각하기 쉽다. 그렇지만 많은 사용자가 사이트를 방문하면서 이미 jQuery를 다운로드받았을 수도 있기 때문에 인터넷 캐시에 jQuery가 저장되어 있을 수 있다. 따라서 생각보다 훨씬 빠르게 다운로드된다. 또 대부분의 CDN은 사용자로부터 가장 가까운 서버를 자동으로 찾아준다.

> [참고]
> http://learn.jquery.com/events/에 가보면 jQuery Learning Center라고 하여서 jQuery에 대한 학습자 센터가 있다. 많은 문서와 FAQ가 있어서 가급적 들러보는 것이 좋다.
> http://try.jquery.com/에도 상당히 좋은 비디오와 자료가 있다.

12-02 첫 번째 jQuery 프로그램

먼저 간단한 jQuery 프로그램을 작성하여 실행시켜 보자. Visual Studio for Web을 실행해서
다음과 같은 HTML 페이지를 작성한다.

jq1.html

```html
<!DOCTYPE html>
<html>
<head>
```
jQuery 파일을 네트워크를 통하여 다운로드 받는다.
↓
```html
<script src="http://code.jquery.com/jquery-1.10.1.min.js">
</script>
<script>
    $(document).ready(function () {
        $("h2").click(function () {
            $(this).hide();
        });
    });
</script>
</head>
<body>
<h2>클릭하면 사라집니다.</h2>
</body>
</html>
```

이것이 jQuery 코드이다. 문서가 준비되면 <h2>요소를 찾아서
<h2>요소가 클릭되면 그 요소를 화면에서 감춘다.

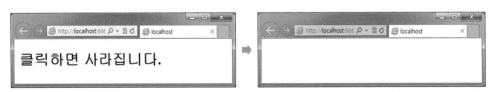

작성이 끝났으면 실행시켜본다. 화면에 〈h2〉 제목이 등장하고 이것을 클릭하면 화면에서 사
라진다. 물론 이것은 jQuery를 이용하여 이벤트를 처리하는 예제이다. 단순한 자바스크립트
만 가지고 처리할 때보다 훨씬 코드가 간단한 것을 알 수 있다.

위의 코드에서는 네트워크를 통하여 jQuery 파일을 다운로드받았다. 하지만 jQuery 파일을
미리 다운로드하여 파일로 저장시킨 후에 이것을 src 속성으로 지정해도 결과는 동일하다.

12-03 jQuery 문장의 구조

jQuery 문장을 살펴보면 $("p")와 같이 $ 기호가 많이 등장한다. $은 무엇을 의미할까? $ 기호는 jQuery라는 의미이다. $(...) 안에 선택자를 넣어서 원하는 요소를 선택하고, 선택된 요소에 대하여 여러 가지 조작을 하는 구조로 되어 있다.

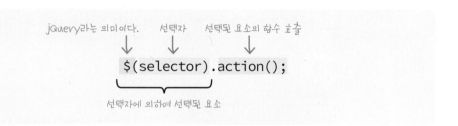

- $ 기호는 jQuery를 사용한다는 의미이다. $ 대신에 jQuery라고 적어도 된다.
- $(selector)는 특정한 HTML 요소를 선택한다.
- 선택된 요소에 어떤 동작(action)이 수행된다.

jQuery 문장의 의미는 HTML 요소를 선택하여(또는 찾아서), 선택된 요소에 어떤 동작(action)을 시키는 것이다. 예를 들어 $("h1")은 페이지에 있는 〈h1〉 요소를 모두 찾아서 갖다 달라는 의미이다.

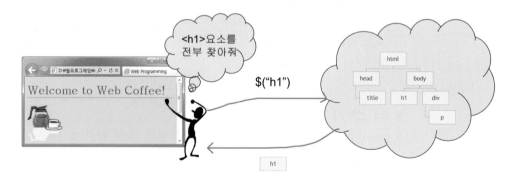

몇 개의 예를 들어보자.

- $("p").show() - 모든 〈p〉 요소를 찾아서 화면에 표시한다.
- $(".group1").slideup() - class=group1인 요소를 슬라이드업 방식으로 표시한다.
- $("#id9").hide() - id=id9인 요소를 화면에서 감춘다.

■ 선택자

jQuery에서 선택자는 아주 중요하다. 선택자는 HTML 요소를 선택할 때, 사용된다. jQuery에서는 선택자로 CSS 표기법을 사용한다. CSS 선택자 형식 중에서 많이 사용되는 것은 다음과 같이 3가지이다.

● 타입 선택자

요소의 이름을 적어서 요소를 선택한다. 예를 들어 〈p〉라고 하면 페이지 안의 모든 〈p〉 요소가 선택된다.

```
<body>
<p>이것은 문단입니다.</p>
<p>이것도 문단입니다.</p>
</body>
```
$("p").hide();

● .class 선택자

요소를 정의할 때 요소에 클래스 이름을 줄 수 있다. .class와 같은 형식으로 특정한 클래스 이름을 가지는 요소를 선택할 수 있다.

```
<body>
<h1>제목</h1>
<p class="menu">1. 구입</p>
<p>2. 결제</p>
</body>
```
$(".menu").slideup();

● #id 선택자

요소를 정의할 때 요소에 id 속성을 부여할 수 있다. #id와 같은 형식으로 특정한 아이디를 갖는 요소를 선택할 수 있다.

```
<body>
<h1>제목</h1>
<p>문단입니다.</p>
<p id="check">문단입니다.</p>
</body>
```
$("#check").show();

● 그 외의 선택자

물론 앞의 3가지 선택자가 많이 사용되지만 다른 CSS 선택자도 얼마든지 jQuery에서 사용이
가능하다. 몇 가지만을 요약하였다.

형식	설명
$("*")	모든 요소를 선택한다.
$(this)	현재 요소를 선택한다.
$("p.myClass")	⟨p⟩ 요소 중에서 class="myClass"인 요소
$("p:first")	첫 번째 ⟨p⟩ 요소
$("div span")	⟨div⟩ 안에 포함된 ⟨span⟩ 요소
$(":button")	버튼과 버튼 타입 요소를 모두 선택, 즉 ⟨button⟩⟨/button⟩ 혹은 ⟨input type="button" /⟩ 이 모두 선택된다.

■ 일반적인 jQuery 구조

많은 jQuery 소스가 다음과 같은 구조 안에 기술된다. 이 구조는 무엇을 의미할까?

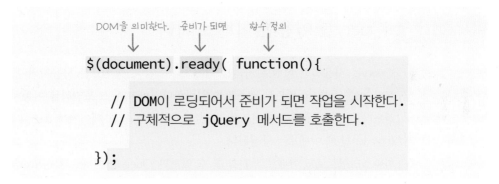

위의 구조를 사용하는 이유는 문서가 완전히 로드되기 전에 jQuery 코드가 실행하는 것을 방
지하기 위해서이다. 우리는 항상 문서가 완전하게 준비되었을 때, 비로소 jQuery 작업을 시작
해야 한다.

만약 문서가 완전히 로드되지 않은 상태에서 jQuery 메서드가 실행되면 어떤 일이 발생할까?
오류가 발생한다. 예를 들어 아직 생성되지도 않은 요소의 색상을 변경하려고 하면 오류가 발
생한다.

jQuery도 자바스크립트 소스이므로 별도의 파일로 저장할 수 있다. 웹 페이지가 많은 페이지로 이루어져 있다면 복잡도를 줄이기 위하여 jQuery 함수를 별도의 독립적인 파일에 저장하는 것도 좋다. 이때 반드시 파일의 확장자는 .js이어야 한다.

```
<head>
    <script src="http://code.jquery.com/jquery-1.10.1.min.js">
</script>
    <script src="my_file.js"> ← jQuery 외부 파일
</script>
</head>
...
```

12-04 jQuery를 이용한 이벤트 처리

jQuery를 사용하면 이벤트 처리를 쉽게 할 수 있다. 이벤트는 사용자의 동작에 의하여 발생한다. 예를 들면 폼 필드로 텍스트를 입력한다거나 마우스 포인터를 이동시키면 이벤트가 발생된다. 또 브라우저도 이벤트를 발생하는데 예를 들면 페이지를 로드(load)하거나 언로드(unload)할 때 이벤트가 발생된다.

자바스크립트로도 이벤트 처리를 할 수 있지만 jQuery는 이벤트 처리도 쉽게 만든다. 예를 들면 다음과 같은 것이 이벤트이다.

- 요소를 마우스로 클릭한다. → click 이벤트 발생
- 키보드의 키를 누른다. → keypress 이벤트 발생
- 사용자가 입력필드에 값을 입력한다. → change 이벤트 발생

■ 이벤트의 종류

jQuery로 처리할 수 있는 이벤트는 아주 많다. 따라서 완전한 리스트는 jQuery의 레퍼런스 문서를 보아야 한다(http://api.jquery.com/category/events/). 중요한 이벤트만을 그림으로 표시하면 다음과 같다.

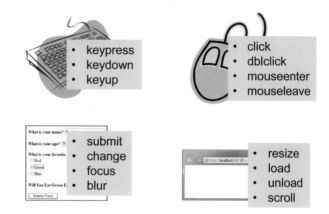

■ jQuery 이벤트 메서드의 구문

HTML의 대부분 이벤트를 jQuery는 처리할 수 있다.

```
id가 button1인 요소에        클릭 이벤트가 발생하면
$("#button1").click( function() {
    $("#box").show();   ← id가 "box"인 요소를 찾아서 화면에 표시한다.
});
```

예를 들어 위의 코드는 HTML요소 중에 id가 "button1"인 요소를 찾아서 그 요소가 클릭되면 id가 box인 요소를 화면에 나타나게 한다.

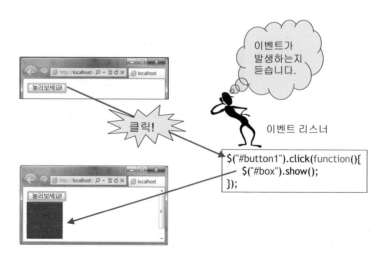

■ 이벤트 등록 방법

이벤트 처리 함수를 요소에 등록할 때는 다음과 같이 2가지 방법이 가능하다.

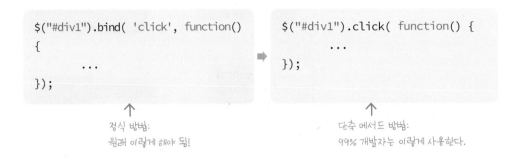

```
$("#div1").bind( 'click', function()
{
        ...
});
```

```
$("#div1").click( function() {
        ...
});
```

정식 방법:
원래 이렇게 해야 됨!

단축 메서드 방법:
99% 개발자는 이렇게 사용한다.

단축 메서드 방법은 이미 DOM 트리 안에 요소가 생성되어 있을 때만 가능하다. 동적으로 추가된 요소에서는 정식 방법을 사용해야 한다.

■ 마우스 이벤트

요소 안으로 마우스가 진입하면 mouseenter 이벤트가 발생한다. 반대로 마우스가 요소를 빠져나가면 mouseleave 이벤트가 발생한다. mousedown 이벤트는 왼쪽 마우스 버튼이 눌려지면 발생한다. mouseup 이벤트는 왼쪽 마우스 버튼이 떼어지면 발생한다. mouseover 이벤트는 마우스가 특정 요소 위에 있으면 발생한다.

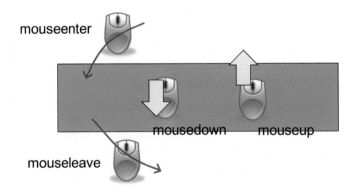

〈div〉 태그로 사각형을 만들고 마우스 커서가 사각형 안으로 넘어오면 변수의 값을 증가시켜 화면에 출력하는 프로그램을 작성하여 보자.

```
<!DOCTYPE html>
<html>
<head>
    <style>
        div.out {
            width: 200px;
            height: 60px;                    ← 사각형의 스타일 정의
            background-color: yellow;
        }
    </style>
    <script src="http://code.jquery.com/jquery-1.10.1.min.js"></script>
</head>                              ↑
                              jQuery 라이브러리 참조
<body>
    <div class="out">
        <p>마우스를 여기로 움직이세요.</p>
        <p>0</p>
    </div>
    <script>
                    out 클래스의 <div>에서 mouseover 이벤트가 발생하면
        var i = 0;              ↓
        $("div.out").mouseover(function () {
            $("p:first", this).text("mouse over");← 첫 번째 <p>요소의 내용을
            $("p:last", this).text(++i);              "mouse over"로 변경한다.
        });                            ↑
    </script>       마지막 <p>요소에 증가된 변수 i의 값을 출력한다.
</body>
</html>
```

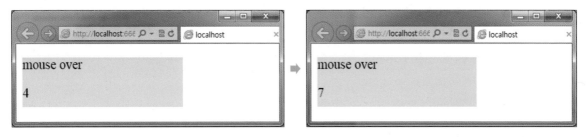

■ focus와 blur 이벤트

focus 이벤트는 입력 필드가 키보드 포커스를 얻으면 발생한다. 반대로 입력 필드가 키보드 포커스를 잃으면 blur 이벤트가 발생한다. 하나의 예제로 입력 필드를 만들고 포커스를 얻으면 입력 필드의 배경색을 노란색으로 변경해보고 포커스를 잃으면 흰색으로 변경해 보자.

focus_event.html

```
<!DOCTYPE html>
<html>
<head>
    <script src="http://code.jquery.com/jquery-1.10.1.min.js">
    </script>
    <script>
        $(document).ready(function () {          // 포커스를 얻으면
            $("input").focus(function () {
                $(this).css("background-color", "yellow");   // 배경색을 노란색으로 변경한다.
            });          // 포커스를 잃으면
            $("input").blur(function () {
                $(this).css("background-color", "white");   // 배경색을 흰색으로 변경한다.
            });
        });
    </script>
</head>
<body>
    아이디:<input type="text" name="name"><br>
</body>
</html>
```

[참고]
하나의 요소에서 여러 개의 이벤트를 처리한다면 다음과 같이 할 수도 있다.

```
$( "div" ).on({
    mouseenter: function() {
        console.log( "hovered over a div" );
    },
    mouseleave: function() {
        console.log( "mouse left a div" );
    },
    click: function() {
        console.log( "clicked on a div" );
    }
});
```

■ **이벤트 처리기 함수 안에서 사용 가능한 정보**

모든 이벤트 처리 함수는 이벤트 객체를 전달받는다. 이벤트 객체는 많은 속성과 메서드를 가지고 있는데 그 중에서 유용한 것은 다음과 같다.

- pageX, pageY - 이벤트가 발생했을 당시의 마우스 위치
- type - 이벤트의 종류(예를 들어 "click")
- which - 눌려진 마우스 버튼이나 키

---

event_info.html

```
<!DOCTYPE html>
<html>
<head>
    <style>
        body {            background-color: #eef;        }
        div  {            padding: 20px;                 }
    </style>
    <script src="http://code.jquery.com/jquery-1.10.1.min.js"></script>
</head>
<body>
```

```
    <div id="log"></div>          매개변수 e를 추가할 수 있다. e는 이벤트 객체이다.
    <script>                                    ↓
        $(document).mousemove( function (e) {
            $("#log").text("e.pageX: " + e.pageX + ", e.pageY: " + e.pageY);
        });                                        ↑              ↑
    </script>                       e 안에는 마우스의 위치와 같은 정보가 들어 있다.
</body>
</html>
```

e.pageX: 317.03704833984375, e.pageY: 89.62963104248047

12-05 jQuery를 이용한 애니메이션 효과

jQuery는 웹 페이지에 애니메이션을 추가하는 여러 가지 함수를 제공한다. 많이 사용되는 간단하고 표준적인 애니메이션부터 정교한 커스텀 효과도 만들 수 있다. 이들 애니메이션을 이용해 멋진 메뉴를 만들 수 있다.

■ show()와 hide()

가장 기본적인 함수이다. show()는 선택된 요소를 화면에 표시하는 것이고 hide()는 선택된 요소를 화면에서 감춘다.

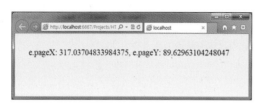

```
                    요소를 표시한다.
                          ↓
        $(selector).show( duration, complete );
              ↑            ↑              ↑
           선택자      duration은 "slow", "fast",   complete는 콜백함수로서
                      또는 밀리초 단위로 지정할 수   show() 메서드가 완료된 후에
                      있다.                       호출되는 메서드를 지정한다.
```

우리는 show()와 hide()를 이용하여 버튼을 누르면 이미지가 서서히 화면에 표시되도록 하자.

```html
jq_show.html

<!DOCTYPE html>
<html>
<head>
    <script src="http://code.jquery.com/jquery-1.10.1.min.js"></script>

</head>
<body>
    <button>Show it</button>
    <img id="dog" src="dog.png"
        alt="" width="120" height="100" style="display: none" />
    <script>
  $(document).ready(function () {
      $("button").click(function () {
          $("#dog").show("slow");
      });
  });
    </script>
</body>
</html>
```

처음에는 이미지를 화면에서 감춘다.

버튼이 클릭되면 이미지가 느리게 나타낸다.

■ **toggle()**

toggle()도 가장 기본적인 효과 중의 하나이다. toggle()은 요소가 감추어져 있으면 표시하고, 표시되어 있으면 감춘다. 위의 코드를 다음과 같이 수정하면 이미지가 나타났다 사라지기를 반복한다.

```
...
$(document).ready(function () {
    $("button").click(function () {
        $("#dog").toggle();
    });
});
...
```

■ animate()

animate()는 가장 일반적인 애니메이션을 작성할 때 사용하는 함수이다. 어디로나 이동이 가능하고 어떤 효과도 가능하다. CSS 속성을 변경해서 애니메이션을 만든다.

선택자
↓
애니메이트될 CSS 속성, 목표값을 여기에 적는다.
↓

$(selector).animate(properties, duration, easing, complete)
↑ ↑
요소를 애니메이트한다.   speed는 "slow", "fast", 또는 밀리초 단위로 지정할 수 있다.

$(selector).animate(properties, ...);와 같은 형식을 가지며 properties 안에 CSS 형식으로 원하는 속성을 넣으면 된다. 예제에서는 〈div〉 요소를 왼쪽에서 100px 떨어진 위치로 이동한다.

```
<!DOCTYPE html>
<html>
<head>
    <script src="http://code.jquery.com/jquery-1.10.1.min.js">
    </script>
    <script>
        $(document).ready(function () {
            $("button").click(function () {
                $("#dog").animate({ left: '100px' });    ← left 속성을 100px로 만든다.
            });
```

```
        });
    </script>
</head>

<body>
    <img id="dog" src="dog.png"
        alt="" width="120" height="100" style="position: relative" /><br />
    <button>animate()</button>
</body>
</html>
```

position이 static이면 이동되지 않는다.
↓

properties에는 위치뿐만 아니라 여러 가지 다른 속성들도 지정할 수 있다. 예를 들어 투명도나 크기가 변경되도록 할 수도 있다.

```
$("#dog").animate({
    left: '100px',
    opacity: '0.5',
    width: '150px',
});
```

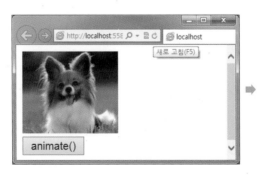

■ stop()

모든 애니메이션을 중간에 중단하려면 stop() 메서드를 사용한다. 예를 들어 id=stop인 버튼이 클릭되었을 때, 애니메이션을 중지하려면 다음과 같은 코드를 추가한다.

```
$("#stop").click(function () {
        $("#dog").stop();
});
```

■ fadeIn()/ fadeOut()

요소를 표시할 때, 영화처럼 천천히 등장하게 하거나 빠르게 등장하게 할 수 있다.

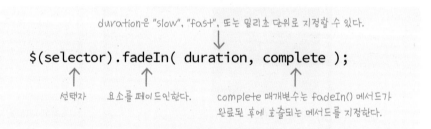

duration은 "slow", "fast", 또는 밀리초 단위로 지정할 수 있다.

$$(selector).fadeIn(duration, complete);$$

선택자   요소를 페이드인한다.   complete 매개변수는 fadeIn() 메서드가 완료된 후에 호출되는 메서드를 지정한다.

jq_fadein.html

```
<!DOCTYPE html>
<html>
<head>
    <script src="http://code.jquery.com/jquery-1.10.1.min.js">
    </script>
    <script>
        $(document).ready(function () {
            $("#fadeIn").click(function () {        ← 클릭되면 사진을 페이드인한다.
                $("#dog").fadeIn("slow");
            });
            $("#fadeOut").click(function () {
                $("#dog").fadeOut("slow");
            });
        });
    </script>
```

```
</head>
<body>
    <button id="fadeIn">fadeIn()</button>
    <button id="fadeOut">fadeOut()</button><br />
    <img id="dog" src="dog.png"
        alt="" width="120" height="100" style="display: none; position: relative;" />
</body>
</html>
```

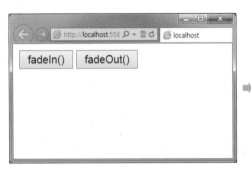 

■ slideUp(), slideDown()

slideUp(), slideDown()은 요소를 밀어올리거나 밀어내린다.

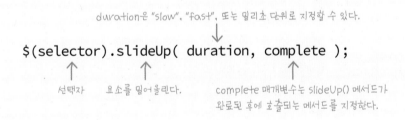

앞의 소스에서 다음과 같이 변경한다.

jq_slide.html

```
...
$(document).ready(function () {
    $("#slideDown").click(function () {
        $("#dog").slideDown("slow");
```

```
        });
        $("#slideUp").click(function () {
            $("#dog").slideUp("slow");
    });
});
...
```

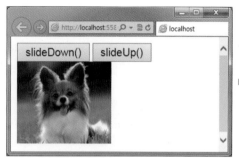 

■ 메서드 체이닝

이제까지는 한 번에 하나의 jQuery 문장만을 작성하였다. jQuery에서는 동일한 요소에 대한 여러 개의 메서드를 하나로 연결해서 실행할 수 있다. 이것을 메서드 체이닝(method chaining)이라고 한다. 체이닝을 사용하면 동일한 요소에 대한 여러 개의 jQuery 메서드를 하나의 문장으로 실행할 수 있다.

아래의 예제에서는 "#dog" 요소에 대한 show(), fadeOut(), slideDown() 메서드를 연결해서 호출하고 있다. "#dog" 요소는 화면에 나타나고 이어서 페이드아웃, 슬라이드다운된다.

jq_chaining.html

```
<!DOCTYPE html>
<html>
<head>
    <script src="http://code.jquery.com/jquery-1.10.1.min.js">
    </script>
    <script>
        $(document).ready(function () {
            $("button").click(function () {
```

```
                    $("#dog").show().fadeOut("slow").slideDown("slow");
        });
    });
    </script>
</head>

<body>
    <button>메소드 체이닝 시작</button>
    <img id="dog" src="dog.png"
        alt="" width="120" height="100" style="display: none" />
</body>
</html>
```

페이드아웃한 후에 슬라이드다운한다.

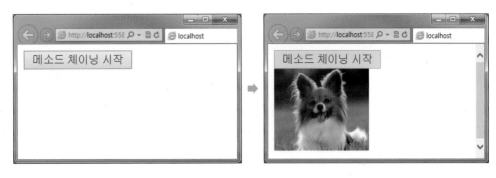

12-06 jQuery를 이용한 DOM 변경

jQuery에서는 DOM 트리에 접근해서 노드의 내용을 가져온다거나 내용을 변경할 수 있고 동적으로 노드를 추가하거나 삭제할 수도 있다. 우리가 앞에서 자바스크립트로 하였던 작업을 더 쉽게 할 수 있다.

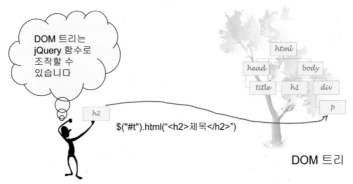

DOM 트리는 jQuery 함수로 조작할 수 있습니다

$("#t").html("<h2>제목</h2>")

DOM 트리

jQuery를 이용해 할 수 있는 작업을 나열해 보면 다음과 같다.

- 요소의 내용을 가져오거나 변경할 수 있다. - text(), html()
- 요소의 속성을 가져오거나 변경할 수 있다. - attr()
- 요소의 스타일 속성을 가져오거나 변경할 수 있다. - css()
- 요소를 추가하거나 삭제할 수 있다. - append(), remove()

하나의 예를 들어보자. 아래 그림에서 왼쪽의 HTML 문서를 웹 브라우저가 받으면 오른쪽과 같은 DOM 트리를 생성한다.

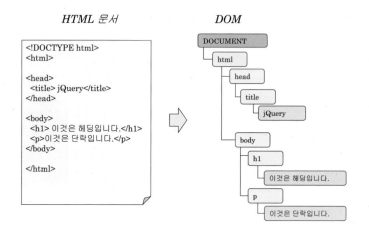

jQuery에서는 DOM 트리에 있는 특정한 요소의 모든 정보를 가져오고 변경할 수 있다. 대표적인 함수가 text()이다. text()는 선택된 요소가 가지고 있는 텍스트를 반환한다. 예를 들어 $("h1").text()라고 호출하면 "h1" 요소가 가지고 있는 텍스트를 반환한다.

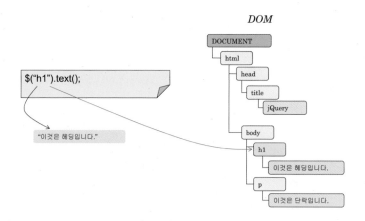

jQuery를 이용하여 요소의 내용을 변경하는 절차도 비슷하다. 동일한 함수를 사용하지만 이 번에는 우리가 변경하고 싶은 내용을 인수로 전달한다.

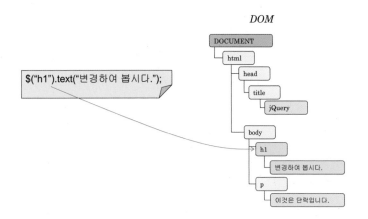

앞의 예에서는 단순히 텍스트를 변경하였지만 뭐든지 가져오고 변경할 수 있다. 즉 요소의 콘텐츠, 속성, 스타일 등을 가져오거나 변경할 수 있다. 다음의 표에 대표적인 메서드를 보였다.

함수	설명
text()	선택된 요소의 텍스트를 반환한다.
html()	선택된 요소의 HTML 태그가 포함된 콘텐츠를 반환한다.
val()	입력 필드의 값을 반환한다.
css()	요소의 스타일 속성을 반환한다.
attr()	요소의 속성을 반환한다.
position()	요소의 위치를 반환한다.

이제부터 하나씩 살펴보기로 한다.

■ **요소의 콘텐츠 가져오기**

jQuery에서 특정 요소의 내용(콘텐츠)을 얻으려면 다음과 같은 메서드를 사용한다.

요소를 선택하는 선택자 → $("#target").text(); ← id가 "target"인 요소의 텍스트를 가져온다.

예를 들어 위의 코드는 HTML 요소 중에 id가 "target"인 요소의 텍스트를 가져오는 문장이다.

text()와 html()은 모두 선택된 요소의 콘텐츠를 가져오는 메서드이다. 차이점은 html()은 콘텐츠 안에 포함된 HTML 태그들도 함께 반환한다는 점이다. text()는 단순히 텍스트만을 반환한다.

다음 예제에서는 버튼이 눌려지면 id="target"인 요소의 text()와 html()을 경고 상자로 출력한다. 두 개의 함수가 반환하는 값을 비교하여 보자.

```
jq_dom1.html
<!DOCTYPE html>
<html>
<head>
    <script src="http://code.jquery.com/jquery-1.10.1.min.js">
    </script>
    <script>
        $(document).ready(function () {
            $("#text").click(function () {          ← 눌려지면 id가 target인 요소의
                alert($("#target").text());           텍스트를 표시한다.
            });
            $("#html").click(function () {          ← 눌려지면 id가 target인 요소의
                alert($("#target").html());           HTML 태그를 표시한다.
            });
        });
    </script>
</head>

<body>
    <p id="target">이것은 <strong>하나의</strong> 단락입니다.</p>
    <button id="text">text()</button>
    <button id="html">html()</button>
</body>
</html>
```

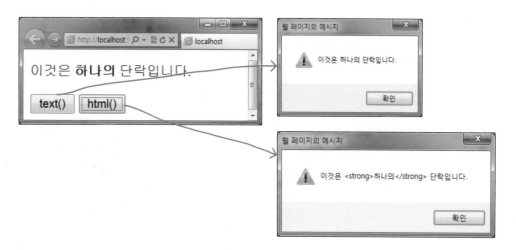

■ **요소의 콘텐츠 변경하기**

만약 반대로 요소의 콘텐츠를 변경하고 싶으면 원하는 콘텐츠를 인수로 전달하면 된다.

id가 "target"인
요소를 선택한다. → **$("#target").text("안녕하세요?");** ← 선택된 요소의
콘텐츠를 변경한다.

이때도 텍스트만 설정하고 싶으면 text() 메서드를 사용하고 HTML 태그가 들어있는 문장으로 설정할 때는 html() 메서드를 사용하면 된다.
앞의 예제에서 다음과 같이 변경하여 실행해 보자.

jq_dom2.html

```
<script>
    $(document).ready(function () {
        $("#text").click(function () {
            $("#target").text("안녕하세요?");
        });
        $("#html").click(function () {
            $("#target").html("<b>안녕하세요?</b>");
        });
    });
</script>
```

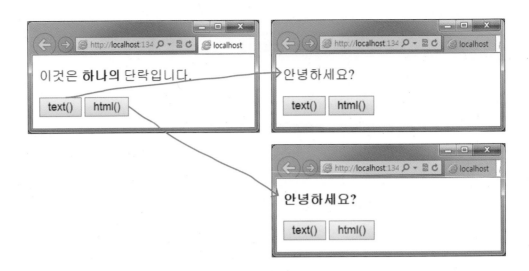

■ 입력 필드의 값 읽어오기

입력 양식 안에 포함된 입력 요소의 값을 읽어올 때는 val() 함수를 사용한다. value()가 아니라 val()인 것에 유의한다. 사용자가 입력 필드에 입력한 값을 읽어올 때, 사용하면 좋다. 아래 예제에서 $("#target").val()은 id="target"인 입력 필드 요소의 값을 가져온다.

jq_val.html

```
<!DOCTYPE html>
<html>
<head>
    <script src="http://code.jquery.com/jquery-1.10.1.min.js">
    </script>
<script>
    $(document).ready(function () {
        $("button").click(function () {
            alert( $("#target").val() );
        });
    });
</script>
</head>

<body>
    이름: <input type="text" id="target" value =""><br />
```

```
    <button id="text">val()</button>
</body>
</html>
```

입력 필드의 값을 변경하려면 어떻게 할까? $("#target").val("다시 입력하세요!")와 같이 적어
준다.

■ 요소의 속성 가져오기

attr() 메서드는 선택된 요소의 속성 값을 가져온다. attr() 인수로 값을 알고 싶은 속성 이름을
적어준다.

값을 알고 싶은 속성의 이름
$$\$(selector).attr(\ attributeName\ );$$

예를 들어 $("#myImage").attr("src")라고 하면 id="myImage"인 요소의 "src" 속성값을 가져온
다. 즉 이미지의 파일 이름을 가져온다. $("#target").attr("href")은 id="target"인 요소의 "href"
속성을 가져온다.

jq_attr.html

```
<!DOCTYPE html>
<html>
<head>
    <script src="http://code.jquery.com/jquery-1.10.1.min.js">
    </script>
    <script>
        $(document).ready(function () {
            $("button").click(function () {
                alert($("#dog").attr("src"));
            });
        });
    </script>
</head>

<body>
```

```
    <img id="dog" src="dog.png"
        alt="" width="120" height="100" /><br />
    <button>attr()</button>
</body>
</html>
```

속성의 값을 변경하고 싶으면 $("#dog").attr("alt", "Best Dog");와 같이 한다.

■ DOM에 요소 추가하기

jQuery를 사용하면 DOM 트리의 기존 요소 아래에 새로운 콘텐츠를 추가할 수 있다. 즉 HTML에 새로운 콘텐츠를 추가할 수 있는 것이다. 가장 대표적인 메서드가 append()이다.

id가 "target"인 요소를 선택한다.

$("#target").append("<p>Test</p>");

<p>요소를 id="target"인 끝에 삽입한다.

jQuery에서 새로운 콘텐츠를 추가할 때 사용되는 4개의 메서드가 있다.

- append() - 선택된 요소의 끝(end)에 새로운 콘텐츠를 추가한다.
- prepend() - 선택된 요소의 처음(beginning)에 새로운 콘텐츠를 추가한다.
- after() - 선택된 요소의 뒤에 콘텐츠를 삽입한다.
- before() - 선택된 요소의 앞에 콘텐츠를 삽입한다.

간단한 예제를 작성해서 이것을 살펴보자.

jq_append.html

```
<!DOCTYPE html>
<html>
<head>
    <script src="http://code.jquery.com/jquery-1.10.1.min.js">
    </script>
    <script>
        $(document).ready(function () {
```

```
            $("#button1").click(function () {
                $("p").append("<b style='color:red'>Hello! </b>.");
            });
            $("#button2").click(function () {
                $("p").prepend("<b style='color:red'>Hello! </b>.");
            });
        });
    </script>
</head>

<body>
    <p>I would like to say: </p>
    <button id="button1">append()</button>
    <button id="button2">prepend()</button>
</body>
</html>
```

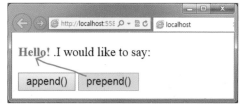

위의 예제에서는 ⟨p⟩ 요소를 선택했으므로 HTML 문서 내의 모든 ⟨p⟩ 요소 안에 새로운 콘텐츠가 추가된다.

append()는 선택된 요소의 끝에 추가하는 것이고 after()는 선택된 요소의 뒤에 추가하는 것이다. 어떤 차이가 있을까? append()는 선택된 노드의 마지막 자식 노드로 새로운 콘텐츠를 추가한다.

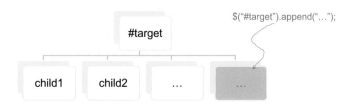

반면에 after()는 선택된 노드의 형제 노드로 새로운 노드를 추가한다. 다음의 그림을 참고하라.

$("#target").after("...");

■ 콘텐츠 삭제하기

jQuery를 사용하면 특정 요소를 DOM에서 삭제할 수 있다. 요소를 삭제하려면 다음과 같은 2개의 메서드를 사용한다.

- remove() - 선택된 요소와 그 자식 요소를 삭제한다.
- empty() - 선택된 요소의 자식 요소를 삭제한다.

jq_remove.html

```html
<!DOCTYPE html>
<html>
<head>
    <script src="http://code.jquery.com/jquery-1.10.1.min.js">
    </script>
    <style>
        p{  background-color:yellow;           }
        .container {      height: 80px; width: 200px;  border: 1px dotted red; }
    </style>
    <script>
        $(document).ready(function () {
            $("#button1").click(function () {
                $(".container").remove();
            });
        });
        $(document).ready(function () {
            $("#button2").click(function () {
                $(".container").empty();
            });
        });
    </script>
```

```
</head>
<body>

    <button id="button1">remove()</button>
    <button id="button2">empty()</button><br />
    <div class="container">
        <p class="hello">Hello</p>
        <p class="goodbye">Goodbye</p>
    </div>
    <br />
</body>
</html>
```

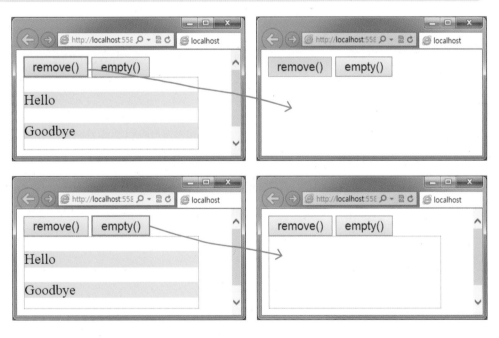

여기서도 remove()와 empty()의 차이점에 유의하자. remove()는 선택된 요소와 함께 자식
요소들도 전부 삭제한다. empty()는 선택된 요소는 그대로 두고 자식 요소들만 삭제한다.

12-07 jQuery를 이용한 CSS 조작

jQuery를 이용하면 선택된 요소의 CSS 스타일도 마음대로 설정하거나 가져올 수 있다. jQuery 에서 스타일 조작에 관계된 기본적인 메서드는 다음과 같다.

- css() - 선택된 요소의 스타일 속성을 설정하거나 반환한다.
- addClass() - 선택된 요소에 하나 이상의 클래스를 추가한다.
- removeClass() - 선택된 요소에 하나 이상의 클래스를 삭제한다.

■ css()

선택된 요소의 CSS 속성을 가져오려면 다음과 같은 문장 형식을 사용한다.

$$\$("\#target").css("color");$$

id가 "target"인 요소를 선택한다.   선택된 요소의 color 속성을 가져온다.

반대로 선택된 요소에 어떤 CSS 속성을 지정하려면 다음과 같은 문장을 사용한다.

$$\$("\#target").css("color", "blue");$$

id가 "target"인 요소를 선택한다.   선택된 요소의 color 속성을 "blue"로 지정한다.

jq_css.html

```
<!DOCTYPE html>
<html>
<head>
    <style>
        div {       width: 60px;        height: 60px;       }
    </style>
    <script src="http://code.jquery.com/jquery-1.10.1.min.js"></script>
</head>
<body>
    <div id="div1" style="background-color: blue;"></div>
```

```
        <script>
            $(document).ready(function () {
                $("#button1").click(function () {
                    var color = $("#div1").css("background-color");
                    $("#result").text("background-color: " + color);
                });
                $("#button2").click(function () {
                    $("#div1").css("background-color", "red");
                });
            });
        </script>
        <button id="button1">css(element)</button>
        <button id="button2">css(element,style)</button>
        <p id="result">여기에 결과가 표시됩니다.</p>
    </body>
</html>
```

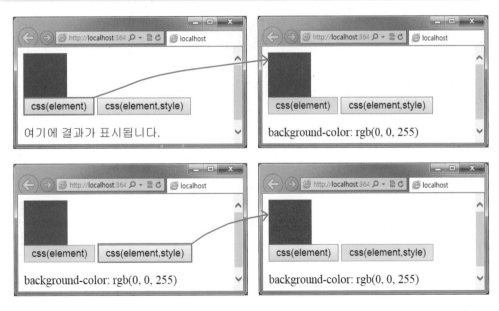

■ addClass(), removeClass()

addClass()는 선택된 요소에 CSS 클래스를 적용하는 것이다. 따라서 기존 요소의 스타일을 어떤 클래스 스타일로 순식간에 변경할 수 있다. 물론 클래스는 CSS에서 미리 정의되어 있어야 한다. removeClass()는 선택된 요소로부터 CSS 클래스를 삭제하는 것이다.

```html
<!DOCTYPE html>
<html>
<head>
    <script src="http://code.jquery.com/jquery-1.10.1.min.js">
    </script>
    <script>
        $(document).ready(function () {
            $("button").click(function () {
                $("#div1").addClass("warning");
            });
        });
    </script>
    <style>
        .warning {
            border: 1px solid black;
            background-color: yellow;
        }
    </style>
</head>
<body>
    <div id="div1">
        <p>예제 단락입니다.</p>
    </div>
    <br>
    <button>addClass()</button>
</body>
</html>
```

버튼이 눌러지면 #div 요소에 "warning" 클래스 속성을 추가한다.

■ 요소의 크기 알기

jQuery를 사용하면 아주 쉽게 요소의 크기를 알 수 있다. 가장 기본적인 메서드는 width()와 height()이다.

- width() - 요소의 가로 크기를 반환한다.
- height() - 요소의 세로 크기를 반환한다.

width() 메서드는 요소의 가로 크기를 반환한다. 여기에는 패딩, 경계, 마진은 들어가지 않는다. height() 메서드는 요소의 세로 크기를 반환한다. 예를 들어 다음 코드는 선택된 〈div〉 요소의 가로와 세로 크기를 반환한다.

```
$("button").click(function () {
    alert($("#div1").width());// 가로 크기
    alert($("#div1").height());// 세로 크기
});
```

우리는 브라우저의 폭이나 HTML 문서 전체의 폭도 알 수 있다.

```
$(window).width();   // 브라우저 뷰포트의 폭
$(document).width(); // HTML 문서의 폭
```

만약 패딩이나 경계, 마진을 포함한 가로, 세로 크기를 구하고자 하면 다음과 같은 메서드를 사용한다.

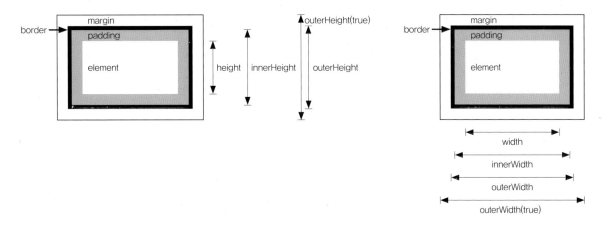

하나의 예제로 〈div〉로 몇 개의 사각형을 만들고 사각형을 누를 때마다, 사각형의 너비가 8픽셀만큼 줄어드는 코드를 작성하여 보자(http://api.jquery.com/width/ 예제).

```
jq_width.html

<!DOCTYPE html>
<html>
<head>
    <style>
        div {
            width: 70px;
            height: 50px;
            float: left;
            margin: 5px;
            background: red;
        }
        .next {            background: blue;        }
    </style>
    <script src="http://code.jquery.com/jquery-1.10.1.min.js"></script>
</head>
<body>
    <div>1</div>
    <div>2</div>
    <div>3</div>
    <div>4</div>
    <div>5</div>
    <script>
        $(document).ready(function () {
            var modWidth = 50;
            $("div").click(function () {
                $(this).width(modWidth).addClass("next");
                modWidth -= 8;
            });
        });
    </script>
</body>
</html>
```

버튼이 눌릴 때마다 요소의 너비를 줄인다.

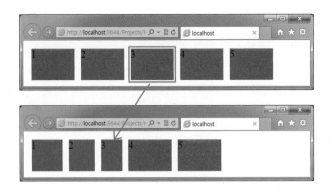

많은 흥미로운 jQuery 메서드가 남아 있지만 안타깝게도 jQuery에 대한 설명은 여기서 마치기로 한다. 전체 jQuery 메서드에 대한 참고 문헌은 http://api.jquery.com/을 참고하도록 하자.

12-08 Ajax 개요

Ajax(Asynchronous JavaScript and XML)는 서버와 데이터를 교환하는 기술의 하나이다. Ajax는 클라이언트가 서버와 적은 양의 데이터를 교환하여 비동기적으로 HTML 페이지를 업데이트할 수 있다. 이것은 전체 페이지를 다시 적재하지 않고 웹 페이지의 일부를 업데이트할 수 있다는 것을 의미한다. 따라서 Ajax는 빠르고 동적인 대화형 웹 페이지를 만드는 데 유용하다.

어디서 Ajax가 사용될까? 일단은 구글에서 제공하는 지도 서비스인 구글 맵(Google Map)이 대표적이다. 구글 맵에서 새로운 위치로 마우스 커서를 드래그하면 구글 맵은 Ajax 기술을 이용하여 지도 타일을 동적으로 서버에서 받아서 화면에 표시한다. 구글 맵은 액티브X나 애플릿을 사용하지 않고도 모든 표준을 준수하면서도 Ajax를 이용해 혁신적인 지도 서비스를 제공하고 있다.

이외에도 Ajax를 이용하면 혁신적인 메일 서비스, 게시판 서비스, 블로그 서비스 등이 가능하다. Gmail, 유튜브, 페이스북이 모두 Ajax를 사용하고 있다. 우리가 구글로 검색할 때 몇 자만 입력하면 검색 단어를 추천해주는 서비스도 Ajax를 이용하고 있다. 사용자가 Google의 검색 상자에서 입력을 시작할 때 자바스크립트는 서버에 문자를 전송한다. 서버는 제안 목록을 반환하고 이것을 화면에 표시하는 것이다.

Ajax는 새로운 프로그래밍 언어가 아니라 다음과 같은 기존의 표준 기술을 현명하게 사용하는 새로운 기술이다.

- HTML(콘텐츠)
- CSS (스타일)
- 자바스크립트, DOM (동적인 출력과 상호작용 담당)
- XML (데이터를 전송하기 위한 형식으로 사용)
- XMLHttpRequest 개체 (서버와 비동기적으로 데이터를 교환하기 위해 사용)

● **Ajax 외 기존 방법의 비교**

기존의 웹 브라우저는 서버로부터 **페이지 단위**로만 받을 수 있었다. 반면에 Ajax를 사용하면 **XML 파일 조각 단위**로 받을 수 있다. 따라서 전체 페이지를 다시 로드하지 않아도 XML파일 조각을 자바스크립트가 처리해서 페이지 일부를 동적으로 업데이트할 수 있다.

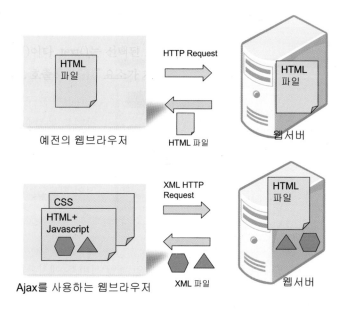

● Ajax 동작 원리

Ajax의 중심에 있는 기능은 페이지와 상호작용하는 사용자를 방해하지 않으면서 비동기적으로 웹 서버와 통신할 수 있는 기능이다. XMLHttpRequest 객체를 사용하면 이것이 가능해진다. Ajax에 의하여 우리는 전체 페이지의 업데이트 없이 특정 DOM 객체를 새로 업데이트할 수 있다. 사용자가 HTTP 요청을 제출할 때 실제로 무슨 일이 일어나는지 살펴보자.

● Ajax 애플리케이션의 단계

아래 그림은 HTML 페이지와 Ajax 웹 응용 프로그램에서 작업의 단계를 설명한다.

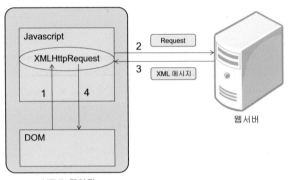

① 클라이언트 컴퓨터에서 사용자가 문자를 입력하는 것과 같은 이벤트가 발생하면 자바스크립트 함수가 호출된다. 함수에서 XMLHttpRequest 객체의 인스턴스가 생성된다.
② XMLHttpRequest 객체는 현재 HTML 페이지의 상태를 가지고 있는 XML 메시지를 구성하여, 웹 서버로 보낸다.
③ XMLHttpRequest 객체는 웹 서버에서 응답 XML 메시지를 수신한다.
④ 웹 서버에서 반환된 메시지를 파싱해서 DOM 객체를 업데이트한다.

● Ajax 예제

어떻게 Ajax가 동작되는지를 알기 위하여 가장 대표적이면서 간단한 Ajax 예제 애플리케이션을 작성하여 보자. 사용자가 "GET DATA" 버튼을 누르면 여기서는 서버로부터 데이터를 받아서 표시한다.

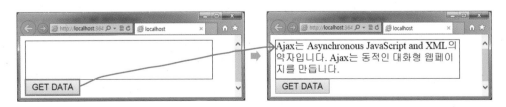

로컬 컴퓨터에서 "testfile1.txt" 파일에 다음과 같은 내용이 담겨있다고 가정하자.

Ajax는 Asynchronous JavaScript and XML의 약자입니다.
Ajax는 동적인 대화형 웹 페이지를 만듭니다.

ajax.html

```html
<!DOCTYPE html>
<html>
<head>
    <script>
        function getFromServer() {
            var req;
            if (window.XMLHttpRequest) {// code for IE7+, Firefox, Chrome, Opera, Safari
                req = new XMLHttpRequest();
            }
            else {// code for IE6, IE5
                req = new ActiveXObject("Microsoft.XMLHTTP");
            }
            req.onreadystatechange = function () {
                if (req.readyState == 4 && req.status == 200) {
                    document.getElementById("target").innerHTML = req.responseText;
                }
            }
            req.open("GET", "testfile1.txt", true);
            req.send();
        }
    </script>
</head>
<body>
    <div id="target" style="width: 300px; height: 60px; border: solid; 1px black;">
    </div>
    <button type="button" onclick="getFromServer()">GET DATA</button>

</body>
</html>
```

Ajax는 필수적으로 웹서버가 필요하다. VS Express for Web을 이용하여서 ajax.html 파일을 오픈한 후에 [파일]→[브라우저에서 보기]를 선택하여 실행하여야 한다. VS Express for Web 은 자체적으로 웹서버를 운용한다. testfile1.txt 파일도 같은 디렉토리에 있어야 한다.

● Ajax 코드 위치

앞의 Ajax 애플리케이션은 하나의 div 섹션과 하나의 버튼을 가진다. div 섹션은 서버로부터 오는 정보를 표시하기 위하여 사용된다. 사용자가 버튼을 클릭하면 getFromServer() 메서드 가 호출된다.

```
<div id="target" style="width: 300px height: 60px border: solid 1px
black">
</div>
<button type="button" onclick="getFromServer()">GET DATA</button>
```

페이지 헤드 섹션에 있는 getFromServer() 함수에 Ajax 코드가 포함된다.

```
<script>
    function getFromServer() {
        ... // 여기에 Ajax 코드가 포함된다.
    }
</script>
```

● XMLHttpRequest 객체

Ajax의 핵심은 XMLHttpRequest 객체이다. 최신의 웹 브라우저는 XMLHttpRequest 객체를 지 원한다. XMLHttpRequest 객체는 배경에서 서버와 데이터를 주고받을 때 사용된다. 이것은 즉 전체 페이지를 다시 로드하지 않아도 웹 페이지의 일부를 업데이트하는 것이 가능하다는 의 미이다. 데이터의 형식은 XML이 된다.

XMLHttpRequest 객체를 생성하는 구문은 다음과 같다.

```
req = new XMLHttpRequest();
```

예전 버전의 인터넷 익스플로러는 (IE5 and IE6) ActiveX 객체를 사용한다.

```
req = new ActiveXObject("Microsoft.XMLHTTP");
```

IE5와 IE6를 포함한 모든 웹 브라우저를 처리하기 위하여 먼저 브라우저가 XMLHttpRequest 객체를 지원하는지를 체크한다. 만약 지원하면 XMLHttpRequest 객체를 생성하면 된다. 그렇지 않으면 ActiveXObject를 생성한다.

● 서버로 요청 보내기

서버로 요청(request)을 보내기 위하여 우리는 XMLHttpRequest 객체의 open()과 send() 메서드를 사용한다.

```
req.open("GET", "textfile1.txt", true);
req.send();
```

open()은 XMLHttpRequest 객체를 필요한 값으로 초기화한다. 즉 요청의 종류, url, 비동기 여부 등을 설정한다.

요청의 타입("GET" 또는 "POST")   서버에서 파일의 위치

```
req.open(method, url, async);
```

비동기여부(true 또는 false)

send()는 요청을 서버로 전송한다.

● GET 요청

위의 예제에서는 단순히 텍스트 파일을 요청하였다. 하지만 일반적으로는 서버 컴퓨터에서 실행되는 스크립트 파일을 요청하게 된다. "test.jsp"를 요청하는 GET 요청을 작성하여 보면 다음과 같다.

```
req.open("GET", "test.jsp", true);
req.send();
```

일반적인 경우에 GET 방식이 POST 방식보다 간단하며 빠르지만, 캐시된 결과를 얻을 수도 있고 데이터가 큰 경우에는 힘들다. 또 보안성이 약하다.

● POST 요청

"test.jsp"를 요청하는 POST 요청을 작성하여 보면 다음과 같다.

```
req.open("POST", "test.jsp", true);
req.send();
```

HTML 폼 데이터를 POST 방식으로 보내기 위해서는 setRequestHeader()를 이용하여 HTTP 헤더를 추가한다. send() 메서드 안에서 보내고 싶은 데이터를 지정한다.

```
req.open("POST", "test.jsp", true);
req.setRequestHeader("Content-type", "application/x-www-
form-urlencoded");
req.send("input1=Kim&input2=ChulSoo");
```

● url 지정

open()의 url 매개 변수는 서버 상의 파일 주소이다.

```
req.open("GET", "test.jsp", true);
```

파일은 어떤 종류라도 상관없다. 즉 .txt and .xml, 또는 서버 스크립트 파일인 .jsp, .asp, .php 등의 어떤 종류도 가능하다. 스크립트 파일을 선택하면 응답을 보내기 전에 서버에서 어떤 동작을 수행한 후에 결과를 HTML 파일로 작성하여 보낼 것이다.

● 비동기화 여부

Ajax가 비동기 자바스크립트와 XML의 약자이기 때문에 XMLHttpRequest 객체가 Ajax처럼 동작하려면 open() 메서드의 async 매개 변수는 당연히 true로 설정되어야 한다.

```
req.open("GET", "test.jsp", true);
```

비동기 요청을 보낼 수 있다는 것은 웹 개발자에게는 커다란 진전이다. 왜냐하면 서버에서 실행되는 많은 작업은 상당한 시간을 요하기 때문이다. Ajax가 등장하기 전에는 이들 작업 시간 때문에 웹 페이지가 사용자의 입력에 반응하지 않았다.

Ajax의 도입에 따라서 자바스크립트는 서버의 응답을 기다릴 필요가 없다. 대신에 다른 스크립트를 실행할 수 있다. 서버가 응답이 준비되었을 때 응답을 처리한다.

● async로 true를 설정한 경우

async로 true를 사용하는 경우, 응답이 준비되면 onreadystatechange 이벤트가 발생하게 되고 코드에서는 이 이벤트를 처리하는 함수를 만들어 놓으면 된다.

```javascript
req.onreadystatechange = function () {
    if (req.readyState == 4 && req.status == 200) {
        document.getElementById("target").innerHTML = req.
responseText;
    }
}
```

● async로 false를 설정한 경우

async로 false를 사용하려면, open()의 3번째 매개 변수를 false로 변경한다.

```javascript
req.open("GET", "testfile1.txt", false);
```

async로 false를 사용하는 것은 권장되지 않는다. 하지만 필요하다고 판단되면 사용할 수 있다. 다만 자바스크립트는 서버에서 응답이 준비될 때까지 계속 실행하지 않는다는 점을 명심해야 한다. async로 false를 사용하는 경우, onreadystatechange 함수를 작성할 필요가 없다. 그대로 send() 문장 아래에 다음 문장을 추가하면 된다.

```javascript
req.open("GET", "testfile1.txt", false);
req.send();
document.getElementById("target").innerHTML = req.responseText;
```

● onreadystatechange 이벤트

서버로부터 응답이 오면 Onreadystatechange 이벤트가 발생한다. Onreadystatechange 이벤트는 readyState가 변경될 때마다 발생된다. ReadyState 속성은 XMLHttpRequest의 현재 상태를 가지고 있다.

XMLHttpRequest 객체의 세 가지 중요한 속성은 다음과 같다.

속성	설명
onreadystatechange	readyState 상태가 변경될 때마다 자동으로 호출되는 함수를 저장한다.
readyState	XMLHttpRequest의 4가지 상태를 저장한다. 0에서 4로 순차적으로 변화된다. 0: 요청이 초기화되지 않았다. 1: 서버 연결이 이루어졌다. 2: 요청이 수신되었다. 3: 요청을 처리 중이다. 4: 요청 처리가 종료되고 응답이 준비되었다.
status	200: "OK" 404: 페이지가 발견되지 않았다.

따라서 ReadyState가 4가 되고 status가 200이면 응답이 준비되었고 이상이 없는 것이다.

```
req.onreadystatechange = function () {
    if (req.readyState == 4 && req.status == 200) {
        document.getElementById("target").innerHTML = req.
responseText;
    }
}
```

여기서 주의할 사항은 실제로 Onreadystatechange 이벤트는 5번 발생한다는 점이다. 즉 readyState가 0에서 4까지 변경될 때마다 한 번씩 발생하는 것이다. 따라서 반드시 readyState 의 값을 체크해야 한다.

● 서버 응답

서버에서 응답을 얻으려면 XMLHttpRequest 객체의 responseText 또는 responseXML 속성을 사용한다. responseText는 응답이 텍스트 형식일 경우에 사용한다. responseXML은 응답이 XML일 경우에 사용한다.

만약 서버에서의 응답이 XML이면, responseXML 속성을 구문 분석해서 필요한 정보를 꺼내야 한다. 간단한 예를 들어 보면 다음과 같다.

```
    doc=xmlhttp.responseXML;
    x=doc.getElementsByTagName("NAME");
    document.getElementById("target").innerHTML=x[0].childNodes[0].
nodeValue + "<br>"
```

12-09 jQuery를 이용하여 Ajax 사용하기

앞에서는 자바스크립트를 사용하는 Ajax를 살펴보았다. jQuery를 사용하면 좀 더 쉽게 Ajax
를 사용할 수 있다. jQuery는 Ajax의 기능을 사용할 수 있는 여러 가지 메서드를 제공한다. 이
러한 Ajax 메서드를 사용하면 원격 서버로부터 HTTP Get이나 HTTP Post를 사용하여 텍스트,
HTML, XML, JSON을 요청할 수 있으며 이러한 외부 데이터를 웹 페이지의 특정 요소로 로드
할 수 있다.

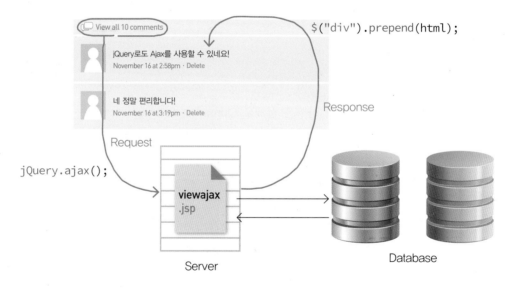

만약 jQuery를 사용하지 않는다면 Ajax 코딩은 약간 어려워진다. 왜냐하면 서로 다른 브라우
저는 Ajax 구현을 다르게 하기 때문이다. 따라서 개발자는 여러 가지 브라우저를 처리하기 위
하여 추가적인 코드를 작성해야 한다. 그러나 jQuery는 이것을 라이브러리 안에서 처리한다.
따라서 우리는 단 한 줄의 코드를 사용해 Ajax 기능을 사용할 수 있다.

■ get()

jQuery의 get()과 post() 메서드는 HTTP GET 또는 POST 요청 방법을 사용해 서버로부터 데이터를 요청할 수 있는 메서드이다. get()과 post()는 선택자를 가지지 않는다. 따라서 jquery. get()으로 표기하거나 $.get()으로 표기한다.

$.get() 메서드는 HTTP GET request를 사용해 서버로부터 데이터를 요청한다. 다음과 같은 형식을 가진다.

서버로부터 로드를 원하는 URL ↓   ↓ get()이 완료된 후에 호출되는 함수
$.get(URL, callback);

예를 들어 서버로부터 파일을 가져오는 코드는 다음과 같다.

```
$("button").click(function(){
    $.get("test.jsp", function(data, status){
        alert("데이터: " + data + "상태: " + status);
    });
});
```

첫 번째 매개 변수 URL은 "test.asp"의 주소이다. 두 번째 매개 변수는 콜백 함수이다. 콜백 함수의 첫 번째 매개 변수는 요청된 페이지의 콘텐츠를 가지고 있다. 콜백 함수의 두 번째 매개 변수는 요청의 상태를 반환한다.

jQuery get()을 이용한 몇 개의 문장을 더 살펴보자.

```
// test.jsp 페이지를 요청하고 몇 개의 데이터를 보낸다. 결과는 무시한다.
$.get("test.jsp", { name: "Hong", age: "21" } );
```

```
// test.jsp 페이지를 요청하고 몇 개의 데이터를 보낸다. 결과는 출력한다.
$.get("test.jsp", { name: "Hong", age: "21" } )
.done(function(data) {
    alert("데이터: " + data);
});
```

```
// test.jsp 페이지를 요청하고 받은 데이터를 <body> 요소에 추가한다.
$.get("test.jsp",
    function(data) {
        $('body').append( "Name: " + data.name ) // Hong
                 .append( "Age: " + data.age ); //  21
}, "json");
```

■ post()

$.post() 메서드도 아주 유사한 형태를 가지고 있다. $.post() 메서드는 HTTP POST request
명령을 이용해 서버로부터 데이터를 요청한다.

서버로부터 로드를 원하는 URL ↓   ↓ 요청이 성공한 후에 실행되는 함수
$.post(URL, data, callback);
                    ↑
         request 요청과 함께 보내지는
         "key/value" 형태로 되어 있는 쿼리 문자열

다음 예제에서는 요청과 함께 데이터를 보내기 위하여 $.post() 메서드를 사용한다.

```
$("button").click(function(){
    $.post("test.jsp",
    {
        name:"Hong",
        age:"21"
    },
    function(data, status){
        alert("데이터: " + data + "상태: " + status);
    });
});
```

■ load() 메서드

load() 메서드는 간단하지만 강력한 Ajax 메서드이다. load() 메서드는 서버로부터 데이터를
로드해서 선택된 요소에 반환된 데이터를 집어 넣는다.

로드를 원하는 URL

load()가 완료된 후에 호출되는 함수

$$\$(\text{selector}).\text{load(URL, data, callback)};$$

request 요청과 함께 보내지는
"key/value" 형태로 되어 있는 쿼리 문자열

load()는 서버로부터 데이터를 가져오는 가장 간단한 방법으로 \$.get(url, data, success)와 유사하다. 성공적인 응답이 이루어지면 .load()는 선택된 요소의 HTML 콘텐츠를 반환된 데이터로 설정한다.

앞의 Ajax 예제와 동일한 결과를 출력하는 예제를 jQuery로 작성하여 보자. 로컬 컴퓨터에서 "testfile1.txt" 파일에 다음과 같은 내용이 담겨있다고 가정하자.

---

testfile1.txt

Ajax는 Asynchronous JavaScript and XML의 약자입니다.
Ajax는 동적인 대화형 웹 페이지를 만듭니다.

---

jq_ajax.html

```html
<!DOCTYPE html>
<html>
<head>
    <script src="http://code.jquery.com/jquery-1.10.1.min.js">
    </script>
    <script>
        $(document).ready(function () {
            $("button").click(function () {
                $("#target").load("testfile1.txt");
            });
        });
    </script>
</head>
<body>

    <div id="target" style="width: 300px; height: 60px; border: solid 1px black;">
    </div>
    <button>Get Data</button>
</body>
</html>
```

앞의 방법에 비하여
너무 간편하다!

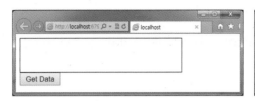 

jQuery 선택자를 이용해 서버에 있는 sample.html 파일 중에서 id=myPara인 요소의 콘텐츠만을 로딩할 수도 있다.

```
$("#target").load("sample.html #myPara");
```

12-10 JSON

JSON(JavaScript Object Notation)은 텍스트-기반의 데이터 교환 형식이다. 이 형식은 사람도 읽을 수 있으며 컴퓨터도 쉽게 분석할 수 있다. JSON은 자바스크립트 언어에서 유래하였다. 즉 자바스크립트에서 배열과 객체를 표현하는 양식에 토대를 두고 있다. JSON 형식은 Douglas Crockford에 의하여 처음으로 지정되었으며, RFC 4627에 기술되어 있다. 공식적인 인터넷 미디어 타입은 application/json이며 파일 이름 확장자는 .json이다.
일단 간단한 JSON으로 표현된 객체 예제를 살펴보자. 이 객체는 사람에 대한 정보를 표현하고 있다.

```
{
    "name": "HongGilDong",
    "age": 25,
    "address": {
        "nation": "Korea",
        "city": "Seoul",
        "postalCode": "123-456"
    },
    "특기": ["검술", "무술"],
    "phone": "010-123-4567"
}
```

비록 JSON이 자바스크립트에서 유래되었지만 JSON은 근본적으로 언어에 독립적이다. 즉 C, C++, C#, Java, JavaScript, Perl, Python 등의 어떤 언어에서도 읽고 쓰는 데 문제가 없다. 이러한 특성 때문에 최근에 JSON은 데이터 교환 언어로 상당한 인기를 얻고 있다. 특히 웹 서버와 웹 애플리케이션 사이에서 XML의 대체 형식으로 많이 사용되고 있다. 프로그래밍 언어와 플랫폼에 독립적이므로, 서로 다른 시스템 간에 객체를 교환하기에 이상적이다. JSON은 이해하기 쉽다.

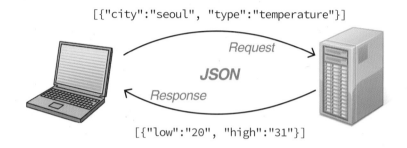

▪ JSON과 XML

JSON과 XML은 경쟁자나 마찬가지이다. 먼저 JSON과 XML의 유사성을 따져보자. 둘 다 일반 텍스트로 되어 있어서 누구나 쉽게 읽을 수 있다(컴퓨터이건 사람이건). 또 둘 다 계층적으로 데이터를 구성할 수 있으며 프로그램으로 비교적 쉽게 구문 분석할 수 있다.

이번에는 차이점을 보자. XML과 달리 JSON은 종료 태그를 써줄 필요가 없다. 아주 작은 차이지만 JSON이 XML보다 간결하다. 따라서 빠르게 읽고 쓰는 것이 가능하다. 자바스크립트에서는 eval()을 사용해 쉽게 파싱할 수 있다. 배열도 사용할 수 있다.

▪ JSON의 구문

가장 기본적으로 JSON 데이터는 이름/값 쌍으로 기록된다.

이름 ↓   ↓ 값
"name" : "Hong"

위와 같은 "이름/값"을 많이 모으면 JSON 데이터가 된다. 여러 개의 "이름/값"을 묶는 방법으로 JSON은 자바스크립트에 있는 두 개의 구조를 기본으로 사용한다. 바로 객체와 배열이다.

- 객체(object) : 이름(name)/값(value) 형태를 갖는 쌍의 집합이다. 중괄호를 사용한다.
- 배열(array) : 값의 순서화된 리스트이다. 대괄호를 사용한다.

● 객체

객체는 이름(name)과 값(value) 쌍의 집합이다. 객체는 {로 시작하고 }로 종료된다. 각 이름 뒤에 :을 붙인다. 객체는 이름/값 쌍의 집합으로, 중괄호{ }를 사용한다. 이름은 문자열이기 때문에 반드시 따옴표를 하며, 값은 기본자료형이거나 배열, 객체이다. 각 쌍은 쉼표(,)로 구별된다. 각 쌍이 나오는 순서는 의미가 없다.
JSON 객체는 중괄호 안에 작성된다. 객체는 여러 이름/값 쌍을 포함할 수 있다.

이름↓   ↓값   이름↓   ↓값
{ "name":"Hong" , "age":"21" }

● 배열

배열은 대괄호[ ]로 나타낸다. 배열의 각 요소는 기본자료형이거나 배열, 객체이다. 각 요소는 쉼표(,)로 구별된다. 각 요소가 나타나는 순서에는 의미가 있다.

배열의 요소
배열의 시작 → **[**
     ↓
     { "name": "Hong","age":"21" },
     { "name": "Kim","age":"22" },
     { "name": "Park","age":"23" }
배열의 끝 → **]**

위의 예제에서 배열은 3개의 객체를 포함하는 배열이다. 주의할 점은 배열 안에 객체가 포함될 수 있고 반대로 객체 안에 배열이 포함될 수도 있다.

■ JSON의 처리

JSON의 가장 일반적인 용도 중 하나는 웹 서버에서 JSON 데이터를 가져오는 것이다. 애플리케이션은 JSON 데이터를 자바 객체로 변환하고 웹 페이지에 표시할 때는 자바 객체를 사용한다. 편의상, 파일 대신 문자열을 입력으로 사용하여 설명하자.

JSON은 자바스크립트의 문법을 채용했기 때문에, 서버로부터 받은 문자열을 자바스크립트에서 eval 명령으로 곧바로 처리할 수 있다. 이런 특성은 자바스크립트를 자주 사용하는 웹 환경에서 유리하다. 하지만 eval 명령을 사용하면 외부에서 악성 코드가 유입될 수 있다. 이 방법보다는 최신 웹 브라우저가 지원하고 있는 JSON 전용 파서를 사용하는 것이 안전하다. 우리는 2가지 방법을 모두 살펴보자.

● eval()을 사용하는 처리 방법

JSON 텍스트 포맷은 JavaScript 객체를 생성하기 위한 코드와 구문적으로 동일하다. 이 유사성 때문에, 전용 파서를 사용하는 대신에 자바 프로그램에 내장된 eval() 함수를 사용할 수 있다. 간단한 예를 살펴보자. 일단은 서버로부터 JSON 데이터가 문자열 형태로 도착했다고 가정하자. 문자열에서 바로 데이터를 추출할 수는 없으므로 이것을 eval() 함수에 넣어서 배열이나 객체로 변환한다.

json.html

```
<!DOCTYPE html>
<html>
<body>
    <h4>학생  명단</h4>
    <p style="background-color: yellow">
            이름: <span id="name"></span> 
            나이: <span id="age"></span>
    </p>

<script>
    var s = '[' +
 '{"name":"Hong","age":"21" },' +
 '{"name":"Kim","age":"22" },' +
 '{"name":"Park","age":"23" }]';
```

```
        var students = eval("(" + s + ")");  ←  eval() 함수는 자바스크립트 컴파일러를 사용하여서 JSON
                                                텍스트를 구문 분석하고 자바스크립트 객체를 생성한다. 구문
                                                오류를 방지하려면 텍스트는 괄호 안에 싸여 있어야 한다.
        students[1].name = "Lee";
        document.getElementById("name").innerHTML = students[1].name;
        document.getElementById("age").innerHTML = students[1].age;
    </script>

</body>
</html>
```

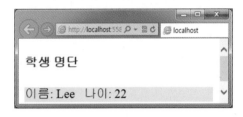

● 전용 파서를 사용하는 처리 방법

eval() 함수는 JSON 데이터 형식뿐만 아니라 모든 자바스크립트 문장을 컴파일하고 실행할 수 있다. 따라서 이것은 잠재적인 보안 문제를 일으킬 수 있다.

따라서 보다 안전한 방법은 전용 JSON 파서를 사용하여 JSON 텍스트를 자바스트립트 객체로 변환하는 것이다. JSON 파서는 JSON 텍스트만을 인식하고 따라서 다른 문장은 컴파일하지 않는다. 또 일반적인 경우, eval()보다 JSON 전용 파서가 더 빠르다.

```
        var students = JSON.parse(s);
```

앞의 예제에서 eval("(" + s + ")");을 JSON.parse(s)로 바꾸면 된다.

```
json_eval.html
<!DOCTYPE html>
<html>
<body>
    <h4>학생  명단</h4>
```

```
<p style="background-color: yellow">
        이름: <span id="name"></span> 
        나이: <span id="age"></span>
  </p>

<script>
    var s = '[' +
 '{"name":"Hong","age":"21" },' +
 '{"name":"Kim","age":"22" },' +
 '{"name":"Park","age":"23" }]';  ← JSON 전용 파서를 사용한다. 보다 안전하다.

    var students = JSON.parse(s);

    students[1].name = "Lee";
    document.getElementById("name").innerHTML = students[1].name;
    document.getElementById("age").innerHTML = students[1].age;
</script>

</body>
</html>
```

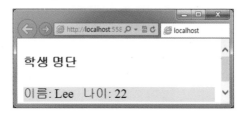

1 다음과 같은 화면을 가지는 jQuery 소스를 작성하라.

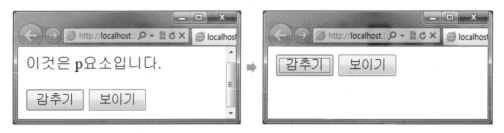

2 다음과 같은 화면을 가지는 jQuery 소스를 작성하라. 사용자가 글자를 입력할 때마다 글자를 읽어와서 화면에 표시한다.

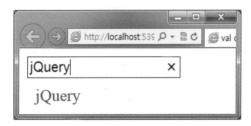

3 animate() 함수를 이용해 다음과 같은 결과를 생성하는 jQuery 코드를 작성하라.

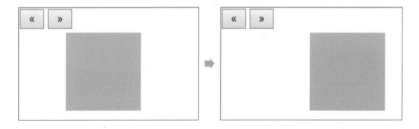

4 animate() 함수를 이용해 다음과 같은 결과를 생성하는 jQuery 코드를 작성하라.

13

HTML5
위치 정보와
드래그와 드롭

HTML5는 인라인 SVG를 지원한다. SVG(Scalable Vector Graphics)는 XML-기반의 벡터 이미지 포맷이다. SVG는 웹에서 벡터-기반의 그래픽을 정의하는 데 사용된다. SVG는 상호작용과 애니메이션도 지원한다. SVG 규격은 1999년부터 W3C에 의하여 표준이 되었다.

SVG 이미지와 관련된 동작은 XML 텍스트 파일에 저장된다. 이것은 즉 SVG 파일이 검색, 인덱싱, 압축이 가능하다는 것을 의미한다. 또 어떤 텍스트 에디터로도 생성이 가능하지만 Inkscape와 같은 전용 그리기 프로그램을 사용하는 것이 편리하다.

모질라, IE10, 크롬, 오페라, 사파리 등은 모두 SVG를 지원하며 SVG 마크업을 직접 그릴 수 있다. SVG에 대한 참고 문헌은 http://www.w3.org/Graphics/SVG/에서 찾으면 된다.

■ SVG의 장점

흔히 그래픽에서는 래스터와 벡터의 차이점을 이야기한다. 래스터(raster) 그래픽은 픽셀이 모여서 그림을 이루는 방식이다. 간단하고 직관적이지만 확대/축소 시에 품질이 나빠지는 결정적인 약점이 있다. 벡터(vector) 그래픽은 직선이나 곡선, 원, 사각형과 같은 도형을 이용하여 그래픽을 정의하는 방법이다. 벡터 그래픽은 그리는 데 시간이 많이 걸리지만 확대/축소해도 품질의 저하가 없다. 오른쪽 그림을 참조해 보자.

Raster
.jpeg .gif .png

Vector
.svg

(그림 출처: 위키피디아)

JPEG나 GIF 같은 이미지 형식에 비하여 SVG의 장점을 정리하여 보면 다음과 같다.
- SVG 그래픽은 확대되거나 크기가 변경되어도 품질이 손상되지 않는다.
- SVG 파일에서 모든 요소와 속성은 애니메이션이 가능하다.
- SVG 이미지는 어떤 텍스트 에디터로도 생성하고 편집할 수 있다.
- SVG 이미지는 검색이 가능하고, 인덱싱, 스크립트화, 압축이 가능하다.
- SVG 이미지는 크기 변경이 가능하다.

- SVG 이미지는 어떤 해상도의 프린터에서도 고품질로 출력될 수 있다.
- SVG 이미지는 품질의 저하 없이 확대할 수 있다.

 예제 **SVG로 원 그리기**

SVG를 이용하여 원을 정의해 보자.

svg1.html

```
<!DOCTYPE html>
<html>
<body>
    <svg xmlns="http://www.w3.org/2000/svg" version="1.1">
        <circle cx="100" cy="100" r="50" stroke="black"
            stroke-width="3" fill="red" />
    </svg>
</body>
</html>
```

SVG 코드는 〈svg〉 태그로 시작한다. xmlns 속성은 SVG 이름 공간을 정의한다. 〈circle〉 요소는 원을 그리는 데 사용된다. cx와 cy 속성은 원의 중심 좌표를 정의한다. r 속성은 원의 반지름을 정의한다. stroke과 stroke-width 속성은 도형의 윤곽선이 표시되는 방법을 지정한다. 우리는 원의 경계선 속성으로 3픽셀 두께의 검정색 선을 지정하였다. fill 속성은 원을 채우는 색상을 나타낸다.

각각의 도형을 그리는 코드를 살펴보자.

■ **사각형**

svg_rect.html

```
<svg xmlns="http://www.w3.org/2000/svg" version="1.1">
    <rect width="300" height="100"
        style="fill: rgb(255,0, 0); stroke-width: 3; stroke:
    rgb(128, 128, 128)" />
</svg>
```

■ 타원

SVG에서는 원을 위해서 ⟨circle⟩ 태그를 사용하고 타원을 위해서는 ⟨ellipse⟩를 사용한다.

svg_circle.html

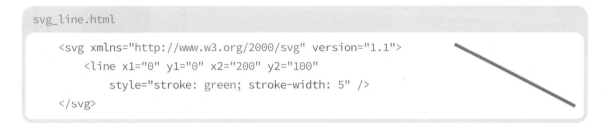

```
<svg xmlns="http://www.w3.org/2000/svg" version="1.1">
    <ellipse cx="100" cy="50" rx="100" ry="50"
        style="fill:blue; stroke:black; stroke-width:2"/>
</svg>
```

■ 직선

직선을 그리는 데는 ⟨line⟩ 태그를 사용한다.

svg_line.html

```
<svg xmlns="http://www.w3.org/2000/svg" version="1.1">
    <line x1="0" y1="0" x2="200" y2="100"
        style="stroke: green; stroke-width: 5" />
</svg>
```

■ 폴리라인

폴리라인(polyline)은 선을 여러 개 그리는 것이다. ⟨polyline⟩ 태그를 사용한다.

svg-polyline.html

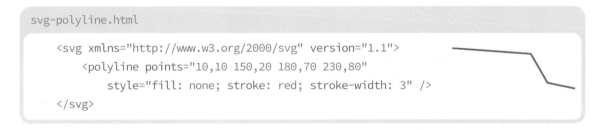

```
<svg xmlns="http://www.w3.org/2000/svg" version="1.1">
    <polyline points="10,10 150,20 180,70 230,80"
        style="fill: none; stroke: red; stroke-width: 3" />
</svg>
```

■ 다각형

다각형을 그리는 태그는 ⟨polygon⟩이다. 꼭지점의 좌표를 나열하면 된다.

```
<svg xmlns="http://www.w3.org/2000/svg" version="1.1">
    <polygon points="100,20 250,160 60,210"
        style="fill: red; stroke: black; stroke-width: 3" />
</svg>
```

■ 텍스트

텍스트는 〈text〉 태그로 지원하고 있다.

```
<svg xmlns="http://www.w3.org/2000/svg" version="1.1">
<text x="20" y="30"
    font-family="Arial" font-size="30" fill="green">
Hello, out there
</text>
</svg>
```

Hello, out there

■ SVG 애니메이션

SVG는 XML-기반이기 때문에 SVG의 모든 요소가 SVG DOM 안에 있다. 따라서 각 요소에 이벤트 처리기를 붙일 수 있고, 각 요소에 애니메이션을 지정할 수도 있다.

SVG를 이용한 애니메이션은 〈animate〉 요소를 통하여 구현된다. 단 인터넷 익스플로러에서는 아직 지원하지 않는다. 구글에서 실행하여 보자.

```
<svg xmlns="http://www.w3.org/2000/svg" version="1.1">
    <rect width="100" height="100" fill="red">
        <animate attributeName="height" from="0" to="100" dur="10s" />
    </rect>
</svg>
```

앞의 코드에서 우리는 〈rect〉 요소 안에 〈animate〉를 추가하였다. 〈animate〉 요소는 다음과 같은 속성을 포함한다.

- attributeName – 이 속성은 애니메이션에서 변화되는 속성을 지정한다.
- from – 속성이 시작되는 값을 지정한다.
- to – 속성이 끝나는 값을 지정한다. 이 예제에서 사각형의 높이는 증가된다.
- dur – 이 속성은 애니메이션의 지속 시간을 지정한다. 예를 들어, 01:30은 1분 30초 동안을 나타낸다. 2s는 2초, 2h는 2시간을 의미한다.

앞의 예제는 구글 크롬 브라우저에서 실행시켜야 한다.

만약 2개 이상의 속성을 동시에 변화시키려면 다음과 같이 한다.

svg_anim1.html

```
<svg xmlns="http://www.w3.org/2000/svg" version="1.1">
    <circle r="100" cx="200" cy="110" fill="slategrey" stroke="#000" stroke-width="7">
        <animate attributeName="r" from="0" to="100" dur="3s" />
        <animate attributeName="cx" from="100" to="200" dur="3s" />
    </circle>
</svg>
```

13-02 드래그와 드롭

드래그(drag)와 드롭(drop)은 애플 컴퓨터나 윈도우에서 아주 많이 사용하는 사용자 인터페이스 중의 하나이다. 사용자는 객체를 마우스로 끌어서 다른 애플리케이션에 놓을 수 있다. 예를 들어 구글 캘린더에서 끌어다 놓기 기능을 이용하여 할 일 목록을 다른 날짜로 이동할 수도 있고 웹 하드 애플리케이션에서 파일을 업로드할 때도 사용할 수 있다.

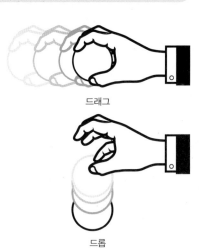

드래그

드롭

과거에 웹개발자는 드래그와 드롭을 구현하기 위해 다른 라이브러리를 사용해야 했다. 하지만 드래그와 드롭은 아주 많이 사용되는 특징이다. 따라서 이러한 것은 HTML에서 직접 지원하는 것이 바람직하다. HTML5는 드래그와 드롭 기능을 HTML5 표준의 일부로 지원한다. HTML5에서는 어떤 객체도 드래그할 수 있다. HTML5에서는 자바스크립트를 이용해 드래그와 드롭 과정에서 발생하는 이벤트를 처리하게 된다.

■ 끌어다 놓기 과정

끌어다 놓기 과정에서는 많은 이벤트가 발생한다. 이들 이벤트를 전부 이해하였으면 드래그와 드롭을 전부 이해한 것이다. 그림으로 그려보면 다음과 같다.

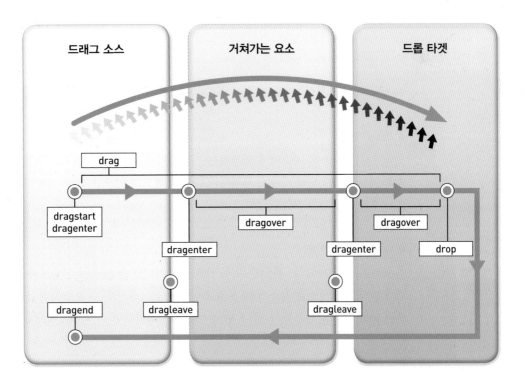

제일 먼저 해야 할 작업은 드래그되는 요소의 속성 draggable을 true로 설정하는 일이다. draggable 속성이 false로 되어 있으면 드래그할 수 없다. 따라서 요소를 정의할 때, draggable을 true로 설정해야 한다. 이미지 요소 같으면 다음과 같이 설정한다.

```
<img id="img1" src="tv.png" draggable="true">
```

이후부터는 이벤트만 처리해주면 된다. 이벤트를 발생하는 순서대로 살펴보자.

● dragstart 이벤트

dragstart 이벤트는 사용자가 드래그를 시작할 때, 발생한다. 이때 해야 하는 가장 중요한 작업은 dataTransfer 객체에 setData() 호출을 통하여 데이터를 설정하는 작업이다. 즉 어떤 형식의 어떤 데이터가 이동되는지를 설정하는 것이다. dataTransfer 객체가 이동되는 데이터를 가지고 간다. 만약 텍스트 형식의 id를 보낼 거라면 다음과 같이 작성한다.

```
function handleDragStart(e)
{
        e.dataTransfer.setData("Text", e.target.id);
}
```

이 경우 데이터 형식이 "Text"이고 이동되는 데이터는 드래그되는 요소의 id이다.

● drag 이벤트

드래그하는 도중에 계속해서 발생하는 이벤트이다. 사용자가 마우스 버튼을 누른 상태에서 계속 이동시키면 드래그 소스 객체에서 drag 이벤트가 발생한다. 이 이벤트가 발생했을 때 반드시 수행해야 하는 작업은 없다.

● dragenter 이벤트

마우스로 드래그하다가 새로운 요소 안으로 들어가면 dragenter 이벤트가 발생한다. 이 이벤트가 발생하면 새로운 요소가 타겟 요소인지를 검사해서 타겟 요소이면 drop 이벤트를 처리하는 콜백 함수를 설정할 수 있다. 만약 미리 설정하였다면 이 이벤트에서도 할 일은 없다.

● dragleave 이벤트

마우스로 드래그하다가 요소를 빠져나가면 dragleave 이벤트가 발생한다. 역시 특별한 경우가 아니면 처리할 필요는 없다.

● dragover 이벤트

dragover 이벤트는 드래그 동작 도중에 마우스가 다른 요소 위에 있다는 것을 의미한다. 이 이벤트는 마우스가 현재 놓여 있는 요소에서 발생한다. 만약 타겟 요소에서 dragover 이벤트가 발생하였다면 드롭을 허용하는 처리를 해야 한다. 디폴트로 요소 위에서 다른 요소가 드롭될 수 없다. 따라서 드롭을 허용하려면, 이러한 디폴트 처리를 방지해야 한다. 디폴트 처리를 방지하려면 event.preventDefault() 메서드를 호출하면 된다.

```
function allowDrop(e) {
    e.preventDefault();
}
```

● drop 이벤트

반드시 처리해야 하는 이벤트가 등장하였다. drop 이벤트는 사용자가 마우스 버튼을 놓았을 때, 발생한다. dataTransfer 객체에서 getData() 메서드를 이용해 필요한 데이터를 꺼내면 된다.

 예제 **쇼핑 카트 예제**

웹 페이지 위에 상품을 드래그하여 쇼핑 카트에 넣을 수 있도록 웹 페이지를 작성하여 보자.

dragdrop.html

```
<!DOCTYPE HTML>
<html>
<head>
    <style>
        #shopping_cart {
            width: 450px;
            height: 100px;
            padding: 10px;
            border: 1px dotted red;
        }
    </style>
    <script>
        function allowDrop(e) {
            e.preventDefault();
        }
```

```
        function handleDragStart(e) {
            e.dataTransfer.effectAllowed = 'move';
            e.dataTransfer.setData("Text", e.target.id);   ←── 드래그에 id를 싣는다.
        }

        function handleDrop(e) {
            e.preventDefault();
            var src = e.dataTransfer.getData("Text");            드래그에서 데이터를 꺼내서
            e.target.appendChild(document.getElementById(src));  ←── 자식노드로 추가한다.
        }
    </script>
</head>
<body>
    <p>원하는 물건을 끌어서 옮기세요.</p>
    <div id="shopping_cart"
        ondrop="handleDrop(event)" ondragover="allowDrop(event)"></div>
    <br>
    <img id="img1" src="tv.png" draggable="true"
        ondragstart="handleDragStart(event)"  width="150" height="100">
    <img id="img2" src="audio.png" draggable="true"
        ondragstart="handleDragStart(event)"  width="150" height="100">
    <img id="Img3" src="camera.png" draggable="true"
        ondragstart="handleDragStart(event)"  width="150" height="100">
</body>
</html>
```

먼저 어떤 요소를 드래그가 가능하게 하려면 draggable 속성을 true로 설정한다.

```
<img id="img1" src="tv.png" draggable="true">
```

다음 단계는 요소가 드래그되었을 때 어떤 작업을 해야 되는지를 기술하면 된다. 요소가 드래그되면 ondragstart 이벤트가 발생한다. 이 이벤트를 처리하는 함수를 작성하고 연결시키면 된다. 위의 예제에서는 ondragstart 이벤트가 발생하면 handleDragStart(event) 함수를 호출한다. 이 함수는 어떤 데이터가 드래그되는지를 지정한다. dataTransfer.setData() 메서드는 드래그되는 데이터의 유형과 값을 설정한다.

```
function handleDragStart(e)
{
        e.dataTransfer.setData("Text", e.target.id);
}
```

이 경우 데이터 형식이 "Text"이고 값은 드래그 소스의 id이다. 데이터 형식은 MIME 형식을 사용한다.

ondragover 이벤트가 타겟 요소 위에서 발생하면 드롭하기 위한 사전 준비를 해야 한다. 디폴트로는 하나의 요소가 다른 요소 위에서 드롭될 수 없다. 드롭을 허용하려면, 디폴트 처리를 방지해야 한다. 디폴트 처리를 방지하려면 event.preventDefault() 메서드를 호출하면 된다.

```
function allowDrop(e) {
    e.preventDefault();
}
```

드래그된 데이터가 드롭되면 drop 이벤트가 발생한다. 위의 예제에서 ondrop 속성은 함수 handleDrop(event)을 호출한다.

```
function handleDrop(e) {
    e.preventDefault();
    var src = e.dataTransfer.getData("Text");
    e.target.appendChild(document.getElementById(src));
}
```

호출하는 데이터 브라우저의 디폴트 처리를 방지하기 위해 preventDefault()를 호출한다. dataTransfer.getData("Text") 메서드로 드래그된 데이터를 얻는다. 이 메서드는 setData() 메서드에서 동일한 형식으로 설정된 모든 데이터를 반환한다. 드래그된 데이터는 드래그된 요소의 id("img1")이다. 쇼핑 카트 요소에 드래그된 요소를 추가한다.

13-03 HTML5 위치 정보

위치 정보(Geolocation)는 자신의 위치를 웹 사이트와 공유하는 것이다. 우리가 위치를 공개하면 지도에서 자신의 위치를 볼 수 있으며, 현재 지역의 날씨, 유명한 맛집 등의 정보를 제공받을 수 있다. 스마트폰에서는 GPS가 있어서 더욱 정확한 위치 정보를 받을 수 있으며 이것을 바탕으로 내비게이션 애플리케이션도 얼마든지 작성할 수 있다.

HTML5 위치 정보 API는 사용자의 지리적 위치를 가져오는 데 사용된다. 위치 정보는 사용자의 개인 정보이기 때문에 사용자가 승인하지 않으면 자바스크립트에서 가져갈 수 없다. 인터넷 익스플로러 9+, 파이어 폭스, 크롬, 사파리, 오페라는 위치 정보를 지원하고 있다.

위치 정보는 navigator 객체가 가지고 있는 geolocation 객체를 통하여 얻을 수 있다. 위치 정보를 가지고 있는 변수는 다음과 같이 생성할 수 있다.

```
var geolocation = navigator.geolocation;
```

geolocation 객체는 다음과 같은 메서드를 가지고 있다.

메서드	설명
getCurrentPosition()	사용자의 현재 위치 정보를 반환한다.
watchPosition()	장치의 현재 위치에 대한 정보를 주기적으로 반환한다.
clearWatch()	현재 진행 중인 watchPosition() 실행을 중지한다.

■ getCurrentPosition() 메서드

getCurrentPosition() 메서드는 위치 정보를 가져올 때 사용하는 메서드이다. 위치 정보를 처리하는 함수를 인수로 전달한다. 예를 들어 다음과 같이 사용할 수 있다.

```
function getLocation() {
    var geolocation = navigator.geolocation;
    geolocation.getCurrentPosition(showLocation, errorHandler);
}
```

여기서 showLocation()은 위치 정보를 처리하는 콜백 메서드이고 errorHandler()는 오류를 처리하는 콜백 메서드이다. 오류를 처리하는 메서드는 옵션이므로 없어도 된다. 왜 위치 정보는 즉시 반환하지 않고 콜백 메서드를 사용할까? 위치 정보를 추출하는 데 상당한 시간이 걸리기 때문이다.

콜백 메서드 showPosition()은 다음과 같이 정의할 수 있다.

```
function showLocation( position ) {
  var latitude = position.coords.latitude;
  var longitude = position.coords.longitude;
  ...
}
```

여기서 position 인수가 결국은 위치 정보를 가지고 있는 객체이다. postion 인수는 Position 객체의 변수이다. Position 객체는 많은 속성을 가지고 있는데 그 중에서 중요한 것만 표로 정리하였다.

속성	타입	설명
coords	objects	장치의 위치 정보를 가지고 있는 객체이다.
coords.latitude	Number	위도 정보이다. 단위는 도(decimal degree)이다. 범위는 [−90.00, +90.00]
coords.longitude	Number	경도 정보이다. 단위는 도(decimal degree)이다. 범위는 [−180.00, +180.00]
coords.altitude	Number	고도 정보이다. 단위는 미터이다.
coords.heading	Number	북쪽으로부터 시계 방향으로 방위각이다.
coords.speed	Number	장치의 현재 속도이다.
timestamp	date	위치 정보가 반환된 시각이다.

■ 사용자의 위치 정보 얻기

HTML5에서는 GetCurrentPosition() 메서드를 사용하여 사용자의 위치를 얻을 수 있다. 아래의 예제는 사용자 위치의 경도 및 위도를 반환하는 간단한 지리적 위치 예제이다.

geoloc.html

```html
<!DOCTYPE html>
<html>
<body>
    <button onclick="getGeolocation()">위치 정보 얻기</button>
    <div id="target"></div>
    <script>
        var myDiv = document.getElementById("target");
        function getGeolocation() {
            if (navigator.geolocation) {
                navigator.geolocation.getCurrentPosition(showLocation);
            }
        }
        function showLocation(location) {
            myDiv.innerHTML = "(위도: " + location.coords.latitude +
            ", 경도: " + location.coords.longitude + ")"
        }
    </script>
</body>
</html>
```

위치 정보 얻기
(위도: 36.7836, 경도: 127.004204)

예제를 설명하여 보자. 먼저 다음과 같은 문장으로 위치 정보가 지원되는지를 검사한다.

```
if (navigator.geolocation) {
    navigator.geolocation.getCurrentPosition(showLocation);
}
```

지원된다면 getCurrentPosition() 메서드를 실행한다. getCurrentPosition() 메서드가 위치 정보를 얻는 데 성공하면 showLocation() 함수가 호출되고 인수로 좌표 객체를 가지고 있는 Position 객체가 반환된다. showGeolocation() 함수는 Position 객체에서 위도 및 경도를 추출해서 화면에 표시한다.

```
function showLocation(location) {
    myDiv.innerHTML = "(위도: " + location.coords.latitude +
    ", 경도: " + location.coords.longitude + ")"
}
```

■ 오류 처리

위의 예는 아무런 오류를 하지 않는 아주 기본적인 스크립트 코드이다. 오류 처리를 하려면 getCurrentPosition() 메서드의 두 번째 매개 변수로 오류를 처리하는 콜백 메서드를 넘겨주어야 한다. 이 메서드는 사용자의 위치를 얻는 데 실패하는 경우, 오류 원인을 출력한다.

```
function printError(error) {
    switch (error.code) {
        case error.PERMISSION_DENIED:
            msg = "사용자 거부";
            break
        case error.POSITION_UNAVAILABLE:
            msg = "지리 정보를 얻을 수 없음";
            break
        case error.TIMEOUT:
            msg = "시간 초과";
            break
        case error.UNKNOWN_ERROR:
```

```
                    msg = "알 수 없는 오류 발생";
                    break
            }
        }
```

■ 지도에 위치 표시하기

지도에 결과를 표시하기 위해서는, 구글 맵(Google Map)처럼 위도 및 경도를 사용할 수 있는 지도 서비스에 대한 액세스가 필요하다.

geoloc1.html

```html
<!DOCTYPE html>
<html>
<body>
    <button onclick="getGeolocation()">지도 보이기</button>
    <script>
        var myDiv = document.getElementById("target");
        function getGeolocation() {
            if (navigator.geolocation) {
                navigator.geolocation.getCurrentPosition(showGeolocation);
            }
        }
        function showGeolocation(position) {
            var pos = position.coords.latitude + "," + position.coords.longitude;
            var url = "http://maps.googleapis.com/maps/api/staticmap?center="
                    + pos + "&zoom=14&size=500x300&sensor=false";
            window.open(url);
        }

    </script>
</body>
</html>
```

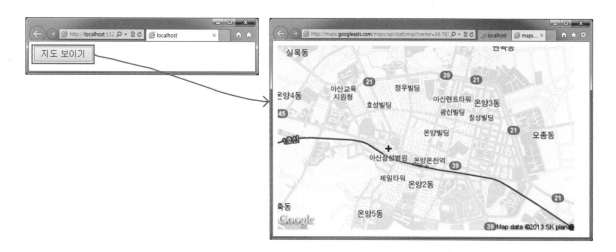

위의 예제에서 우리는 현재 위치의 위도 및 경도 데이터를 사용하여 구글 서비스에서 정적 이미지 형태로 새로운 윈도우에서 보여주었다. 구글 지도 상에 직접 마커를 표시하려면 상당한 추가 작업이 필요하다.

■ 이동하면서 위치 정보를 얻는 방법

사용자가 이동하면서 주기적으로 위치 정보를 얻으려면 이전과는 다른 방법을 사용해야 한다. geolocation 객체의 watchPosition()을 호출하여 콜백 메서드를 등록한다. 콜백 메서드가 주기적으로 호출되면서 업데이트된 위치 정보를 얻을 수 있다. clearWatch()를 호출해야만이 주기적인 호출을 중지할 수 있다.

- watchPosition() - 사용자의 현재 위치를 연속하여 출력한다. 자동차처럼 사용자가 이동하고 있으면 계속 업데이트된 위치를 반환한다.
- clearWatch() - watchPosition() 메서드를 중지한다.

다음 예제에서는 watchPosition() 메서드를 사용하였다. 스마트폰처럼 정밀한 GPS 장치를 가지고 있다면 이동 중에 변환되는 위치가 출력된다.

geoloc2.html

```
<!DOCTYPE html>
<html>
<body>
```

```
<button onclick="startGeolocation()">위치 정보 시작</button>
<button onclick="stopGeolocation()">위치 정보 중지</button>
<div id="target"></div>
<script>
    var id;
    var myDiv = document.getElementById("target");
    function startGeolocation() {
        if (navigator.geolocation) {
            id = navigator.geolocation.watchPosition(showGeolocation);
        }
    }
    function showGeolocation(location) {
        myDiv.innerHTML = "(위도: " + location.coords.latitude +
        ", 경도: " + location.coords.longitude + ")";
    }
    function stopGeolocation() {
        if (navigator.geolocation) {
            navigator.geolocation.clearWatch(id);
        }
    }
</script>
</body>
</html>
```

위치 정보 시작   위치 정보 중지
(위도: 36.7836, 경도: 127.004204)

13-04 HTML5 웹 워커

가끔은 자바스크립트에서 시간이 많이 걸리는 작업을 할 때가 있다. 예를 들면 영상을 처리한다거나 대용량의 텍스트 데이터에서 원하는 정보를 추출할 수도 있다. 이런 작업을 자바스크립트에서 한다면 웹 페이지는 스크립트가 완료될 때까지 응답하지 않게 된다.

이런 경우에 사용할 수 있는 메커니즘이 웹 워커이다. **웹 워커**(web worker)는 자바스크립트에 백그라운드에서 실행되는 스레드

(thread)를 도입한 것이다. 웹 워커는 페이지의 성능에 영향을 주지 않고 백그라운드에서 실행되는 자바스크립트이다. 시간이 많이 걸리는 작업을 웹 워커에게 위임한다면 사용자는 웹 페이지에서 자신이 원하는 작업을 계속할 수 있다.

■ 웹 워커 예제

http://www.w3.org/의 소수(prime number : 1보다 큰 정수에서 1과 그 자신 외에는 약수를 가지지 않는 수) 예제를 조금 변형해서 살펴보자. 웹 워커의 가장 간단한 사용은 사용자 인터페이스를 방해하지 않고 계산-중심적인 작업을 하는 것이다. 예를 들어 가장 큰 소수를 지속적으로 찾는 작업을 웹 워커로 작성하여 보자. 일반적으로 웹 워커는 별도의 자바스크립트 파일로 작성된다. 먼저 worker.js 파일을 다음과 같이 작성한다.

worker.js

```javascript
// 소수를 찾는 자바스크립트 소스
var n = 1;
search: while (true) {
    n += 1;
    for (var i = 2; i <= Math.sqrt(n) ; i += 1)
        if (n % i == 0)
            continue search;
    // 소수를 발견할 때마다 바로 웹 페이지로 전달한다.
    postMessage(n);
}
```

이제는 웹 워커를 사용하는 웹 페이지를 작성하여 보자.

webworker.html

```html
<!DOCTYPE HTML>
<html>
<head>
    <title>웹 워커 예제</title>
</head>
<body>
    <button onclick="startWorker()">웹 워커 시작</button>
    <button onclick="stopWorker()">웹 워커 종료</button>
    <p>현재까지 발견된 가장 큰  소수는
```

```
        <output id="result"></output>
    </p>
    <script>
        var w;

        function startWorker() {
            if (typeof (Worker) !== "undefined") {
                if (typeof (w) == "undefined") {
                    w = new Worker("worker.js");   ← 여기서 웹 워커 객체를 생성한다.
                }
                w.onmessage = function (event) {
                    document.getElementById("result").innerHTML = event.data;
                };
            }
            else {
                document.getElementById("result").innerHTML = "웹 브라우저가 웹 워커를 지원
하지 않음";
            }
        }

        function stopWorker() {
            w.terminate();
        }
    </script>
</body>
</html>
```

위의 코드를 각 단계별로 살펴보자.

● 웹 작업자 지원 확인

웹 워커를 생성하기 전에 사용자의 브라우저가 웹 워커를 지원하는지를 확인한다.

```
if (typeof (Worker) !== "undefined")
{
    // 웹 워커 지원
else {
    // 웹 워커 지원하지 않음!
}
```

● 웹 작업자 파일 만들기

이제, 외부 자바스크립트로 웹 워커를 만든다. 여기서는 가장 큰 소수를 지속적으로 발생시켜서 웹 페이지로 보내는 스크립트를 생성한다. 스크립트는 "worker.js" 파일로 저장된다.

```javascript
// 소수를 찾는 자바스크립트 소스
var n = 1;
search: while (true) {
    n += 1;
    for (var i = 2; i <= Math.sqrt(n) ; i += 1)
        if (n % i == 0)
            continue search;
    // 소수를 발견할 때마다 바로 웹 페이지로 전달한다.
    postMessage(n);
}
```

위의 코드의 중요한 부분은 바로 postMessage() 메서드이다. 이 메서드는 웹 워커에서 데이터를 웹 페이지로 보내는 데 사용된다.

● 웹 작업자 객체 만들기

우리는 웹 워커 파일을 작성하였다. 이제 HTML 페이지에서 그 파일을 호출하면 된다. 다음의 코드에서 웹 워커가 이미 존재하는지를 체크한다. 웹 워커가 없다면 새로운 웹 작업자 객체를 만들고 "worker.js" 파일 안의 코드를 실행한다.

```javascript
if (typeof (w) == "undefined") {
        w = new Worker("worker.js");
}
```

이제부터는 웹 페이지에서 웹 워커에게 메시지를 보낼 수 있고 수신할 수도 있다. 웹 워커로부터 메시지를 수신하기 위해 웹 워커의 "onmessage" 이벤트에 리스너를 추가한다.

```javascript
w.onmessage = function (event) {
        document.getElementById("result").innerHTML = event.data;
};
```

웹 워커가 메시지를 송신하면 이벤트 리스너 내의 코드가 실행된다. 웹 워커에서 오는 데이터는 event.data에 저장된다.

● 웹 작업자 종료

웹 작업자 객체가 생성되면 객체가 종료될 때까지 메시지 수신을 계속한다. 웹 워커를 종료하고 브라우저와 컴퓨터의 자원을 모두 해제하려면 terminate() 메서드를 사용한다.

```
function stopWorker() {
    w.terminate();
}
```

● 웹 워커와의 데이터 송수신

만약 웹 페이지가 웹 워커로 데이터를 보내고 싶으면 postMessage()를 사용한다.

```
w.postMessage(value);
```

웹 워커에서도 데이터를 수신하려면 onmessage 이벤트를 사용한다.

```
onmessage = function (event) {
    value = event.data;
};
```

■ 웹 워커 용도

- 영상 처리(image processing) - 캔버스나 비디오 요소에서 추출된 데이터를 사용해 어떤 영상 처리를 수행할 수 있다. 이때는 이미지를 여러 개의 작은 조각으로 나누어서 각 조각을 웹 워커에게 줄 수도 있다. 멀티-코어 CPU라면 물리적으로도 웹 워커가 동시에 수행될 수 있다.
- 대용량 데이터 처리 - XMLHTTPRequest 호출 후에 파싱해야 할 대용량 데이터가 존재하는 경우에 사용할 수 있다.
- 텍스트 분석 - 사용자가 입력하는 즉시 텍스트를 사전에서 검색한다. 자동적인 오류 수정 등이 가능하다.
- 데이터베이스 요청 동시 수행 - 로컬 데이터베이스에 대한 요청을 동시에 수행한다.

1 위치 정보를 사용하기 위해 이용해야 하는 객체는? (   )

① window   ② geolocation   ③ location   ④ document

2 Geolocation 객체의 3개의 메서드 중에서 주기적으로 위치 정보를 얻고 싶을 때 사용해야 하는 것은? (   )

① getCurrentPosition()

② watchPosition()

③ clearPosition()

④ multiplePosition()

3 사용자의 동의 없이 위치 정보가 추출될 수 있는가? (   )

① Yes   ② No

4 Position 객체를 통하여 위치 정보가 제공된다. Position 객체를 통하여 제공되는 정보 중에서 3가지만 설명해 보라.

_____

_____

_____

5 드래그와 드롭을 사용할 때, 발생하는 이벤트를 순서대로 정리해 보라.

_____

_____

_____

6 웹 워커의 용도 중에서 2가지만 설명해 보자.

_____

_____

_____

7 메인 프로그램과 웹 워커 사이에서 통신하는 데 사용되는 메서드는? (　　)

① sendMessage(msg)

② sendMsg(msg)

③ postMessage(msg)

④ postMsg(msg)

8 다음 그림처럼 버튼을 〈div〉 안으로 드래그하여 드롭하는 웹 페이지를 작성해 보자.

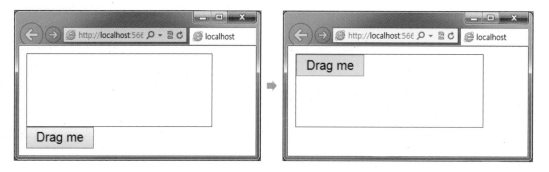

9 숫자를 카운팅하는 웹 워커를 생성하고 이것을 웹 페이지에서 받아서 화면에 표시하는 프로그램을 작성해 보라.

10 SVG를 이용해 다음과 같은 화면을 생성하여 보자.

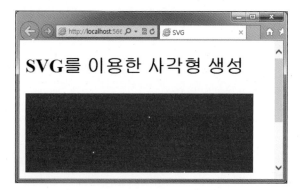

14

HTML5
웹 스토리지,
파일 API, 웹 소켓

학·습·목·표
- HTML5 API 중에서 네트워크와 저장에 관련된 기능을 살펴본다.
- 웹 스토리지로 클라이언트 컴퓨터에 데이터를 저장하는 방법을 살펴본다.
- 파일 API를 이용해서 로컬 파일에 접근할 수 있는 방법을 살펴본다.
- 웹 소켓을 통하여 실시간으로 양방향 통신을 할 수 있는 방법을 학습한다.
- 애플리케이션 캐시로 오프라인에서도 웹 페이지 실행이 가능하게 하는 방법을 살펴 본다.
- 서버 전송 이벤트로 주기적으로 서버로부터 데이터를 받을 수 있는 절차를 살펴본다.

웹 페이지를 요즘은 웹앱(WebApp)이라고 한다. 즉 웹 페이지를 애플리케이션처럼 사용할 수 있다는 것이다. 애플리케이션은 클라이언트 컴퓨터에 무엇인가를 저장할 필요가 가끔은 있다. 즉 자신이 방문한 횟수나 예전에 사용자가 입력했던 정보를 저장할 필요가 있는 것이다. 이전에는 이것을 쿠키(cookie)로 해결하였다. 근본적으로 웹 서버는 클라이언트 컴퓨터의 상태를 기억하지 못한다(단순히 페이지를 요청만 할 수 있다.). 따라서 이제까지 쿠키를 사용해 웹 사이트에서 로그인 성공 사용자인지 아닌지를 구별하여 왔다. 하지만 쿠키는 한 개당 4KB만 저장할 수 있고 쿠키의 개수도 20개 정도로 제한된다. 또 쿠키는 보안에도 취약하다.

HTML5는 클라이언트 컴퓨터에 데이터를 저장하는 메커니즘으로 웹 스토리지(web storage)를 제공하고 있다. 웹 스토리지는 쿠키보다 안전하고 속도도 빠르다. 쿠키는 서버로 요청할 때마다 매번 HTTP 요청 헤더에 붙여서 전송해야 한다. 이 때문에 네트워크에 상당한 부담이 된다. 웹 스토리지는 그럴 필요가 없다. 또한 웹 사이트의 성능에 영향을 주지 않고 많은 양의 데이터를 저장할 수 있다. 약 5MB 정도까지 저장이 가능하다.

웹 스토리지 안에서 데이터는 키/값(key/value)의 쌍으로 저장된다. 웹 스토리지의 데이터는 웹 페이지만 액세스할 수 있다. 웹 스토리지에 대한 최신 스펙은 http://www.w3.org/TR/2013/REC-webstorage-20130730/에서 찾을 수 있다.

■ localStorage와 sessionStorage

웹 스토리지에는 데이터를 저장하기 위한 두 종류의 객체가 있다.

- localStorage : localStorage 객체는 만료 날짜가 없는 데이터를 저장한다. 데이터는 브라우저가 닫힐 때, 삭제되지 않으며 1년 동안이라도 사용할 수 있다. 도메인이 다르면 서로의 로컬 스토리지에 접근할 수 없다. 즉 구글의 웹 페이지에서 네이버 웹 페이지의 로컬 스토리지에 접근할 수는 없다. 하지만 같은 도메인은 로컬 스토리지를 공유한다.
- sessionStorage : 각 세션(하나의 윈도우)마다 데이터가 별도로 저장된다. 해당 세션이 종료되면 데이터가 사라진다. 세션 스토리지의 경우, 같은 도메인에 연결했어도 브라우저 윈

도우가 다르면 서로 다른 영역을 사용한다. 즉 새로 윈도우를 열어서 동일한 도메인(예를 들어 네이버)에 접속하더라도 세션 스토리지는 서로 다르다.

로컬 스토리지와 세션 스토리지는 저장 공간만 차이가 있을 뿐 다른 것은 동일하다. 따라서 로컬 스토리지 중심으로 설명하기로 하자.

■ localStorage의 사용 방법

localStorage를 사용하는 방법은 아주 간단하다. 전역 변수인 localStorage 객체에 .을 붙이고 원하는 변수 이름을 적은 후에 값을 저장하면 된다.

$$\text{localStorage.pageLoadCount = 0;}$$

전역 변수로서 로컬 스토리지를 나타낸다.   자신이 원하는 변수 이름을 적어준다.

값을 꺼내 사용할 때도 마찬가지 형태를 사용하면 된다. 물론 다른 복잡한 방법이 있지만 이 방법이 가장 간단하다.

아주 간단한 예로 사용자가 페이지를 방문한 횟수를 로컬 스토리지에 저장해 보자.

local_sto.html

```html
<!DOCTYPE html>
<html>
<head></head>
<body>
    <p>
        페이지 방문 횟수: <span id="count"> </span>번
    </p>
    <script>
        if (!localStorage.pageLoadCount)
            localStorage.pageLoadCount = 0;
        localStorage.pageLoadCount = parseInt(localStorage.pageLoadCount) + 1;
        document.getElementById('count').textContent = localStorage.pageLoadCount;
    </script>
</body>
</html>
```

앞의 웹 페이지를 실행시키고 "새로고침" 버튼을 눌러보면 페이지 방문 횟수가 계속해서 증가됨을 알 수 있다. 또 브라우저를 종료하고 다시 들어가도 그 값이 유지되고 있음을 알 수 있다. 페이지 방문 횟수를 로컬 스토리지에 저장하였기 때문이다.

자바스크립트에서 먼저 localStorage.pageLoadCount가 null인지 검사한다. null이면 변수가 아직 생성되지 않은 것이므로 localStorage.pageLoadCount = 0;으로 변수를 생성하면서 0으로 초기화한다.

다음 문장에서는 로컬 스토리지에 저장된 pageLoadCount 변수를 정수로 변환해서 1을 더한다.

```
localStorage.pageLoadCount = parseInt(localStorage.pageLoadCount) + 1;
```

업데이트된 값을 가지고 id가 "count"인 〈span〉 요소의 텍스트 콘텐츠를 변경한다.

```
document.getElementById('count').textContent = localStorage.pageLoadCount;
```

■ 로컬 스토리지 API

localStarge 객체는 다음과 같은 메서드를 가지고 있다.

속성/메서드	설명
length	저장된 변수의 개수
setItem(key, value)	key/value를 로컬 스토리지에 저장한다.
getItem(key)	key와 연관된 값을 반환한다.
removeItem(key)	key/value를 로컬 스토리지에서 삭제한다.
clear()	모든 key/value를 삭제한다.

위의 API에서 보면 알겠지만 정식으로 로컬 스토리지에 값을 저장하는 문장은 다음과 같다.

```
localStorage.setItem("pageLoadCount", 0);
```

하지만 로컬 스토리지는 "키/값" 쌍으로 저장되는 연관 배열이기 때문에 다음과 같은 문장도 동일한 효과를 가진다.

```
localStorage["pageLoadCount"] = 0;
localStorage.pageLoadCount = 0;
```

우리는 가장 간단한 마지막 문장을 사용하도록 하자.

■ 로컬 스토리지 지원 여부 검사

로컬 스토리지는 비교적 빠른 시기에 거의 모든 브라우저가 지원하고 있다. 하지만 구버전의 브라우저에서는 작동이 되지 않을 수 있다. 따라서 로컬 스토리지를 사용하기 전에 지원 여부를 검사해야 한다. 다음과 같은 코드로 지원 여부를 검사할 수 있다.

```
if (('localStorage' in window) && window['localStorage'] !== null) {
    // 마음껏 사용한다.
}
else {
    alert("브라우저가 웹 스토리지를 지원하지 않습니다.");
}
```

하지만 앞에서 언급했듯이 인터넷 익스플로러마저도 8.0부터는 웹 스토리지를 지원하고 있다. 따라서 비교적 안심하고 사용해도 된다.

 예제 localStorage 예제

사용자가 버튼을 클릭한 횟수를 localStorage에 저장하는 예제를 작성한다.

local_sto1.html

```
<!DOCTYPE html>
<html>
<head></head>
<body>
    <p>
        <button onclick="incrementCounter()" type="button">눌러보세요!</button>
    </p>
    <div id="target"></div>
```

```
<script>
    function incrementCounter() {
        if (('localStorage' in window) && window['localStorage'] !== null) {
            if (localStorage.count) {
                localStorage.count++;
            }
            else {
                localStorage.count = 1;
            }
            document.getElementById("target").innerHTML =
                localStorage.count + "번 클릭하였습니다.";
        }
        else {
            document.getElementById("target").innerHTML =
                    "브라우저가 웹 스토리지를 지원하지 않습니다.";
        }
    }
</script>
</body>
</html>
```

브라우저를 닫고 다시 시작해도 카운터의 이전 값이 사라지지 않음을 알 수 있다. 카운터의 값은 사용자가 명시적으로 삭제하기 전까지 보존된다.

웹 스토리지를 사용하기 전에 확인 localStorage 및 sessionStorage에 대한 브라우저 지원을 확인해야 한다.

예제 sessionStorage 예제

앞의 예제에서 localStorage를 sessionStorage로 변경하여 실행하여 보자. 즉 다음과 같이 코드가 수정된다.

```
...
    <script>
        function incrementCounter() {
            if (('sessionStorage' in window) && window['sessionStorage'] !== null) {
                if (sessionStorage.count) {
                    sessionStorage.count++;
                }
                else {
                    sessionStorage.count = 1;
                }
                document.getElementById("target").innerHTML =
                    sessionStorage.count + "번 클릭하였습니다.";
            }
            else {
                document.getElementById("target").innerHTML =
                "브라우저가 웹 스토리지를 지원하지 않습니다.";
            }
        }
    </script>
```

sessionStorage 객체는 단지 하나의 세션에서만 데이터를 저장한다는 점을 제외하고는 localStorage 객체와 동일하다. 데이터는 사용자가 브라우저 창을 닫을 때 삭제된다.

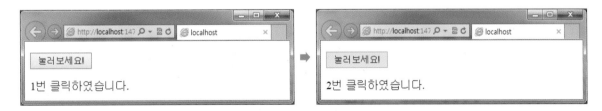

그러나 브라우저 윈도우를 닫았다가 다시 열면 값은 1로 초기화된다.

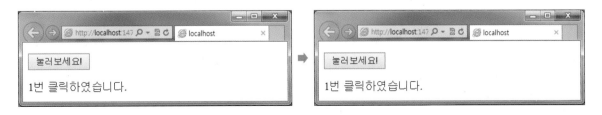

구글의 개발자 도구를 열어보면 Session Storage 아래에 count 값이 저장되어 있는 것을 볼 수 있다.

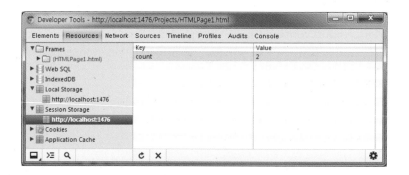

14-02 파일 API

파일 API는 웹 브라우저가 사용자 컴퓨터에 있는 로컬 파일을 읽어올 수 있도록 해주는 API 이다. 만약 로컬 파일을 읽어서 어떤 조작을 한 후에 화면에 표시할 수 있다면 PC에서 실행되는 일반적인 프로그램처럼 동작할 수 있게 된다. 이쯤 되면 웹 애플리케이션이라고 불러도 손색이 없다. 즉 온라인 상태가 아닌 오프라인 상태에도 동작할 수 있는 웹 애플리케이션을 작성할 수 있다. 그러나 파일 API의 가장 전형적인 응용 분야는 아무래도 사용자가 파일을 선택해서 원격 서버로 전송하는 작업일 것이다. 그리고 보안상의 문제로 현재는 사용자가 〈input〉요소를 통하여 선택한 파일 또는 드래그 앤 드롭 방식을 이용해 사용자가 선택한 파일로 한정된다.

파일 API에서 사용되는 객체는 File, FileReader이다. File 객체는 로컬 파일 시스템에서 얻어지는 파일 데이터를 나타낸다. FileReader 객체는 이벤트 처리를 통하여 파일의 데이터에 접근하는 메서드를 제공하는 객체이다. 사용자가 입력 양식을 통하여 파일 이름을 입력하면 이것에서 File 객체를 추출하고 FileReader 객체를 통하여 파일의 내용을 읽는다.

■ File 객체

파일 객체는 파일에 대한 정보를 가지고 있다. 그 중에서 중요한 속성은 다음과 같다.

속성	설명
name	파일의 이름
size	파일의 크기(단위: 바이트)
type	파일의 타입(MIME type)
lastModifiedDate	최종 변경 날짜

여기서는 이들 API를 이용해서 파일의 특성을 읽어오거나, 파일의 내용을 읽는 작업을 기술한다.

 **예제** **파일 표시 예제**

일단 가장 중요한 작업은 사용자가 선택한 파일의 내용을 읽어서 웹 페이지에 표시하는 것이다. 예제를 살펴보면서 설명하기로 하자.

file_api.html

```
<!DOCTYPE html>
<html>
<head>
    <title>HTML File API </title>
    <script>
        function readFile() {
            if (!window.File || !window.FileReader) {
                alert('File API가 지원되지 않습니다.');
                return
            }
            var files = document.getElementById('input').files;
            if (!files.length) {
                alert('파일을 선택하시오!');
                return;
            }
            var file = files[0];
            var reader = new FileReader();
            reader.onload = function () {
                document.getElementById('result').value = reader.result;
            };
```

```
            reader.readAsText(file, "euc-kr");
        }
    </script>
</head>
<body>
    <input type="file" id="input" name="input">
    <button id="readfile" onclick="readFile()">파일 읽기</button><br />
    <textarea id="result" rows="6" cols="60"> </textarea>
</body>
</html>
```

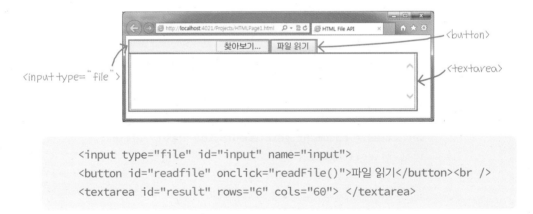

지금부터 각 단계별로 살펴보자.

● 사용자 인터페이스 부분 작성

다음과 같은 사용자 인터페이스를 작성한다. 사용자로 하여금 파일을 선택하도록 하는 가장 간단한 방법은 타입이 "file"인 〈input〉 요소를 사용하는 것이다.

```
<input type="file" id="input" name="input">
<button id="readfile" onclick="readFile()">파일 읽기</button><br />
<textarea id="result" rows="6" cols="60"> </textarea>
```

사용자가 파일을 선택하고 버튼을 누르면 readFile()이 호출된다.

● 웹 브라우저가 파일 API를 지원하는지 확인

readFile() 함수에서 먼저 제일 먼저 체크해야 될 사항은 현재 브라우저가 파일 API를 지원하느냐이다. 이것은 window.File 객체가 존재하는지 아니면 null인지를 검사하면 된다.

```
if (!window.File || !window.FileReader) {
    alert('File API가 지원되지 않습니다.');
    return;
}
```

● 선택된 파일 정보 추출

사용자가 선택한 파일 객체를 추출해야 한다. 먼저 id가 "input"인 요소의 files를 읽어온다. files는 파일 객체가 여러 개 모여 있는 배열이다. 배열을 사용하는 이유는 사용자가 여러 개의 파일을 선택할 수도 있기 때문이다. files 배열의 length가 0이면 사용자가 파일을 선택하지 않고 버튼을 누른 것이다. 따라서 파일을 선택하라고 경고 상자를 표시한다.

```
var files = document.getElementById('input').files;
if (!files.length) {
    alert('파일을 선택하시오!');
    return;
}
var file = files[0];
```

사용자가 파일을 하나만 선택하였다면 배열 중에서 맨 처음 요소만 가져오면 된다.

● 파일 내용 읽기

파일 내용은 FileReader 객체를 통하여 읽는다. 파일을 읽는 동작도 상당한 시간이 걸리기 때문에 계속 기다리지 않고 이벤트를 이용하게 된다. 즉 파일 읽기가 완료되면 onload 이벤트가 발생하게 되고 우리는 이때 파일의 내용을 가져올 수 있다. onload 이벤트에 처리 함수를 연결한다. 파일의 내용은 reader.result에 들어 있다. 이것을 〈textarea〉의 value로 복사하면 된다.

```
var reader = new FileReader();
reader.onload = function () {
    document.getElementById('result').value = reader.result;
};
reader.readAsText(file, "euc-kr");
```

실제 파일을 읽는 메서드는 readAsText()이다. 이 메서드를 사용할 때는 문자 엔코딩 방법을 지정해야 한다. 우리는 평범하게 "euc-kr"로 하였다. 만약 utf-8을 사용하였다면 "utf-8"을 지정해야 한다. 이진 파일을 읽을 때는 readAsBinaryString() 메서드를 사용한다.

예제 파일 정보 표시 예제

파일 정보를 파일 객체에서 추출하면 된다. 앞의 예제에서 〈textarea〉에 파일의 내용 대신에 파일 정보를 표시하게끔 수정하면 다음과 같은 결과가 나온다.

file_api1.html

```
...
    <script>
        function readFile() {
            var files = document.getElementById('input').files;
            output = "";
            for (var i = 0, f; f = files[i]; i++)
            {
                output += f.name + "\n";            /* f.name - Filename  */
                output += f.type  + "\n" ;           /* f.type - File Type */
                output += f.size + "bytes\n";        /* f.size - File Size */
                output += f.lastModifiedDate + "\n"; /* f.lastModifiedDate */
            }
            document.getElementById('result').value = output;
        }
...
```

```
intro.html
text/html
141bytes
Sat Jul 6 20:46:45 UTC+0900 2013
```

■ **복수의 파일 선택**

여러 개의 파일을 선택하거나 아니면 특별한 유형의 파일을 선택하고 싶으면 〈input type="file"〉 요소를 정의할 때, 속성을 정의한다.

```
<input type="file" id="input" multiple ← 여러 개의 파일 선택
          accept="image/*" onchange="handleFiles(this.files)">
```
↑ 모든 이미지 파일 유형, MIME 타입으로 지정   ↑ 입력 필드의 내용이 변경되면 호출된다.

14-03 애플리케이션 캐시

HTML5를 사용하면 웹 페이지로 웹 애플리케이션을 만들 수 있다고 하였다. 웹 애플리케이션이 되려면 온라인 상태뿐만 아니라 오프라인 상태에서도 실행되어야 한다. HTML5을 사용하면 웹 애플리케이션의 오프라인 버전을 만들기 쉽다. 애플리케이션이 사용하는 파일을 클라이언트의 캐시(cache)에 저장하면 된다. 이것을 애플리케이션 캐시(application cache)라고 한다. HTML5는 웹 애플리케이션이 캐시되어서, 인터넷에 연결하지 않고 실행될 수 있도록 애플리케이션 캐시를 도입하였다.

애플리케이션 캐시는 다음과 같은 세 가지 장점을 제공한다.

- 오프라인 상태일 때도 사용자는 웹 애플리케이션을 사용할 수 있다
- 캐시된 파일은 더 빨리 로드되어서 그만큼 속도가 빨라진다.
- 서버 부하가 감소된다. 즉 웹 브라우저는 서버로부터 변경된 파일만을 다운로드하면 되기 때문이다.

 예제 **시계 예제**

도대체 어떤 경우에 캐시가 필요한가? 먼저 www.whatwg.org 사이트에 등장하는 시계 애플리케이션을 살펴보자. 말 그대로 간단한 시계를 구현한 웹 페이지이다. 간단한 웹 페이지이지만 HTML 파일, 자바스크립트 파일, CSS 파일로 나누어져 있다고 가정하자. 파일을 나누어야만 캐시를 테스트할 수 있다. 이 3개의 파일은 서버에 존재한다고 가정하자.

```
clock.html
```

```html
<!DOCTYPE HTML>
<html>
<head>
    <title>Clock</title>
    <script src="clock.js"></script>
    <link rel="stylesheet" href="clock.css">
</head>
<body>
```

```
    <button onclick="setClock()">시계시작 </button>
    <br />
    <output id="clock"></output>
</body>
</html>
```

clock.css

```
output {
    font: 2em sans-serif
}
```

clock.js

```
function setClock() {
    var now = new Date();
    document.getElementById('clock').innerHTML = now;
    setTimeout('setClock()', 1000);
}
```

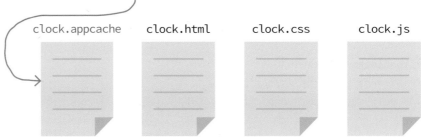

위의 웹 페이지는 버튼이 눌려지면 현재 시간을 읽어서 화면에 표시한다. 문제는 만약 인터넷 연결이 끊어졌을 때 위의 웹 페이지를 열면 화면이 올바르게 표시되지 않는다는 점이다. 왜냐 하면 서버에 있는 clock.js 파일과 clock.css 파일을 가져올 수 없기 때문이다.

이때는 애플리케이션 캐시를 이용하면 좋다. 서버와의 연결이 끊어졌을 경우에도, 로컬 컴퓨 터의 캐시에 있는 파일을 사용할 수 있기 때문이다. 캐시를 추가하기 위해서는 일단 "clock. appcache"라는 이름으로 캐시 매니페스트 파일을 3개의 파일에 추가한다.

HTML 파일에는 다음과 같이 캐시 매니페스트 파일을 연결한다. 응용 프로그램 캐시를 활성화하려면 문서의 〈html〉 태그에서 manifest 속성을 포함해야 한다.

```
<!DOCTYPE HTML>
<html manifest="clock.appcache">
<body>
...
</body>
</html>
```

매니페스트 속성이 설정된 모든 페이지는 사용자가 방문할 때 캐시된다. 매니페스트 속성을 지정하지 않은 경우에는 페이지가 캐시되지 않는다. 매니페스트 파일의 권장된 파일 확장명은 ".appcache"이다.

매니페스트 파일은 웹 서버에서 인식할 수 있어야 한다. 캐시 매니페스트 파일의 MIME 형식은 "text/cache-manifest"이다. 이것을 처리할 수 있도록 웹서버에 커스텀 파일 타입으로 추가한다. 예를 들어 아파치 서버의 경우, 다음과 같은 줄을 config 파일에 추가한다.

```
AddType text/cache-manifest .appcache
```

● 매니페스트 파일의 구조

매니페스트 파일은 단순한 텍스트 파일이다. 여기에는 캐시해야 될 것을 브라우저에 지시한다.

clock.appcache

```
CACHE MANIFEST
clock.html
clock.css
clock.js
```

첫 번째 줄은 반드시 CACHE MANIFEST이어야 한다. 다음 줄부터 캐시하고 싶은 파일을 나열하면 된다. 위의 매니페스트 파일은 3개의 리소스를 나열한다. HTML 파일, CSS 파일과 자바스크립트 파일이다. 매니페스트 파일을 로드하는 시점에 웹 브라우저는 웹 사이트의 루트 디렉터리에서 3개의 파일을 다운로드한다. 차후에 사용자가 인터넷에 연결되지 않더라도, 언제든지 이들 리소스는 캐시에서 접근이 가능하다.

약간 복잡한 매니페스트 파일의 예를 보자.

```
sample.appcache

CACHE MANIFEST
# 2010-06-18:v2

# 반드시 캐시해야 할 파일
CACHE:
index.html
stylesheet.css
images/logo.png
scripts/main.js

# 사용자가 반드시 온라인이어야 하는 리소스
NETWORK:
login.php

# 만약 main.jsp가 접근될 수 없으면 static.html로 서비스한다.
# 다른 모든 .html 파일 대신에 offline.html로 서비스한다.
FALLBACK:
/main.jsp /static.html
*.html /offline.html
```

"#"으로 시작하는 라인은 주석 라인이다. 매니페스트 파일은 CACHE, NETWORK, FALLBACK 이라는 3개의 섹션을 가진다.

- CACHE: 이 헤더 아래에 나열된 파일은 처음으로 다운로드된 후에 명시적으로 캐시된다. CACHE MANIFEST 아래에 나열해도 된다.
- NETWORK: 이 섹션 아래에 나열된 파일은 반드시 서버에 연결해야 접근이 가능한 리소스이다. 이 파일에 대한 요청은 오프라인이더라도 캐시를 바이패스한다. 예제에서 NETWORK 섹션은 "login.asp" 파일이 캐시될 수 없음을 지정한다. 따라서 오프라인으로 제공되지 않는다.
- FALLBACK: 이 헤더 아래에 나열된 파일은 페이지를 액세스할 수 없는 경우에 대체되는 페이지이다. *기호와 같은 와일드 카드를 사용할 수 있다. 첫 번째 URI는 리소스이고, 두 번째는 대체 리소스이다.

■ 캐시 업데이트

일단 애플케이션이 오프라인이 되면 다음 중 하나가 발생할 때까지 캐시 상태를 유지한다.

- 사용자가 브라우저의 캐시를 지운다.
- 매니페스트 파일이 수정된다. 매니페스트 파일 안에 리스트된 파일이 변경됐다고 해서 다시 캐시하지 않는다. 반드시 매니페스트 파일 자체가 변경되어야 한다. 이런 경우에 매니페스트 파일의 주석 줄이 이용될 수 있다. 주석 줄에서 날짜와 버전을 업데이트하면 브라우저가 파일을 다시 캐시한다.
- 애플리케이션 캐시가 프로그램으로 업데이트된다.

[참고]

캐시를 사용할 때는 주의할 점이 있다. 일단 파일이 캐시되면, 서버에서 파일이 변경되더라도 브라우저는 캐시된 버전을 계속하여 보여준다. 따라서 브라우저가 캐시를 업데이트하도록 하려면 매니페스트 파일을 변경해야 한다.

[참고]

웹 브라우저(일부 웹 브라우저는 사이트 당 5MB 제한)마다 캐시된 데이터에 대한 크기 제한이 다를 수 있다.

14-04 웹 소켓

웹 소켓(Web Socket)은 웹 애플리케이션을 위한 차세대 양방향 통신 기술이다. 웹 소켓은 하나의 소켓 위에서 동작하며 HTML5에서 자바스크립트를 통하여 사용할 수 있다. 웹 소켓을 사용하게 되면 에플리케이션은 HTTP의 답답한 구속에서 벗어나서 TCP/IP가 제공하는 모든 기능을 사용할 수 있다. 이제는 웹 애플리케이션에서도 양방향 TCP/IP 통신을 유지하면서 다양한 서버와 실시간 통신을 할 수 있다. HTTP는 근본적으로 페이지 다운로드밖에는 못하는 통신 프로토콜이었던 것을 기억해야 한다. 채팅과 같은 실시간 응용 프로그램을 웹 애플리케이션으로 구현하려면 정말 많은 편법을 사용해야 했다. 왜냐하면 HTTP에서는 근본적으로 클라이언트 컴퓨터가 요청해서 서버로부터 받는 것만 허용하기 때문이다. HTTP는 기본적으로 하이퍼 링크를 통한 문서 연결 및 전달 기능만을 가지고 있기 때문이다. 그러나 최근에는 웹 애플리케이션에서 상호작용과 동적인 면이 강조되고 있다. 예를 들어 채팅, 게임, 실시간 주식

거래 프로그램과 같은 분야에서도 웹 애플리케이션이 사용되고 있다. 이러한 분야에서는 웹 환경에서 실시간으로 양방향 통신을 할 수 있는 웹 소켓이 적당하다.

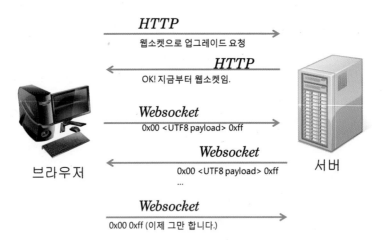

웹 애플리케이션이 웹 소켓을 통하여 일단 웹 서버에 연결되면 애플리케이션은 send() 메서드를 호출하여 브라우저에서 서버로 데이터를 보낼 수 있다. 또 onmessage 이벤트 처리기를 통하여 서버에서 데이터를 받을 수 있다. 한마디로 통상적인 자바 애플리케이션이 사용하는 TCP/IP 통신 기능을 웹 페이지에서도 얼마든지 사용할 수 있는 것이다.

웹 소켓을 사용할 때 가장 중요한 클래스는 WebSocket이다.

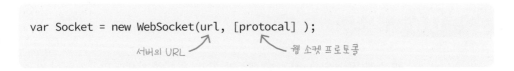

```
var Socket = new WebSocket(url, [protocal] );
```
서버의 URL   웹 소켓 프로토콜

여기서 url은 연결하고 싶은 서버의 URL이다. 서버의 주소를 적을 때 "http:"로 시작하면 안 된다. 반드시 "ws:"로 시작해야 한다. "ws"는 웹 소켓 프로토콜을 나타낸다.

예제 **웹 소켓 기본 예제**

웹 소켓을 연결하고 데이터를 주고받는 기초적인 예제를 자세히 살펴본다.

```
<!DOCTYPE HTML>
<html>
<head>
    <script>
        var ws;
        function open() {
            if ("WebSocket" in window) {
                ws = new WebSocket("ws://echo.websocket.org");
                ws.onopen = function () {
                    alert("웹 소켓 오픈 성공");
                };
                ws.onmessage = function (evt) {
                    var msg = evt.data;
                    document.getElementById("result").innerHTML = msg;
                };
                ws.onclose = function () {
                    alert("웹 소켓 연결 해제");
                };
            }
            else {
                alert("웹 소켓이 지원되지 않음!");
            }
        }
        function send() {
            ws.send(document.getElementById("data").value);
        }
        function quit() {
            ws.close();
        }
    </script>
</head>
<body>
    <button onclick="open()">웹 소켓 연결</button>
    <button onclick="quit()">웹 소켓 연결 종료</button><br />
    <input type="text" id="data" />
    <button onclick="send()">데이터송신</button><br />
```

```
    에코 서버로부터 받은 데이터:
    <output id="result"></output>
</body>
</html>
```

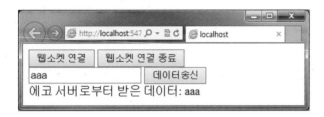

● 웹 서버 연결하기

웹 서버에 연결하기 위해서는 먼저 서버와 연결이 되어야 한다. HTML5가 제공하는
WebSocket 객체를 통해 서버에 연결한다. 2가지의 통신 프로토콜을 사용할 수 있는데, 일반
통신은 ws, 보안 통신은 wss 프로토콜을 이용하면 된다.

```
ws = new WebSocket("ws://echo.websocket.org");
```

여기서 //echo.websocket.org는 WebSocket.org 사이트에서 테스트용으로 제공하는 에코 서
버이다. 즉 클라이언트가 보낸 데이터를 다시 돌려준다.

● 데이터 수신

서버에서 전송하는 데이터를 받으려면 웹 소켓 객체의 message 이벤트 처리기를 구현하면
된다.

```
ws.onmessage = function (evt) {
    var msg = evt.data;
    document.getElementById("result").innerHTML = msg;
};
```

예제에서는 이벤트를 통하여 들어온 데이터를 id가 "result"인 요소에 복사한다.

● 웹 소켓의 이벤트

웹 소켓 객체에서 발생하는 이벤트는 다음과 같이 3가지가 있다.

이벤트	설명
onopen	소켓 연결이 확립되면 발생한다.
onclose	연결이 종료되면 발생한다.
onerror	통신에서 오류가 있을 때 발생한다.
onmessage	서버로부터 데이터가 도착하면 발생한다.

● 데이터 송신

서버와 연결이 되면 데이터를 주고받을 수 있다. WebSocket 객체의 send 함수를 사용하면
된다.

```
ws.send(document.getElementById("data").value);
```

● 웹 소켓의 메서드

이벤트	설명
send(data)	웹 소켓을 통하여 데이터를 보낸다.
close()	연결을 해제한다.

14-05 서버 전송 이벤트

서버 전송 이벤트(Server-Sent Event: SSE)는 웹 페이지가 서버로부터 자동적으로 데이터
를 전달받을 수 있는 기법이다. 서버 전송 이벤트는 서버가 주기적으로 보내주는 주식 가격 업
데이트, 뉴스 피드, 스포츠 결과, 트위터 업데이트 등을 받을 때 사용된다. 일종의 **푸시**(push)
기술이다. 이러한 기능은 이전에도 일부 가능하였지만, 웹 페이지는 업데이트가 있는지 서버
에 항상 문의해야 했다. 서버 전송 이벤트를 사용하면 업데이트가 자동으로 진행된다.

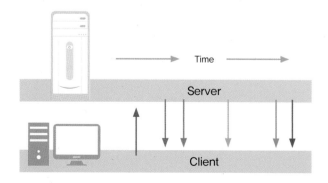

서버 전송 이벤트의 개략적인 절차는 다음과 같다.

- 클라이언트는 HTTP를 통하여 웹 페이지를 요청한다.
- 요청받은 웹 페이지의 자바스크립트가 서버로 연결을 오픈한다.
- 서버는 주기적으로 새로운 정보가 있다고 클라이언트에게 이벤트로 통보한다.

 예제 서버 전송 이벤트 예제

먼저 서버 전송 이벤트는 기본적으로 서버가 필요하다. 우리는 15장에서 본격적으로 서버를 다룰 것이다. 하지만 서버를 먼저 설치해 두는 것도 방법이다. 15장을 참조하여서 Apache Tomcat을 설치하면 된다. 톰캣은 비교적 설치가 간단하다. 톰캣의 설치 디렉토리/webapps/ROOT 아래에 다음 두 파일을 작성해 두어야 한다.

server_event.html

```html
<!DOCTYPE html>
<html>
<head>
    <script>
        window.onload = function () {
            if (typeof (EventSource) !== "undefined") {
                var source = new EventSource("test.jsp");
                source.onmessage = function (event) {
                    document.getElementById("result").innerHTML += event.data + "<br>"
                };
            }
            else {
                alert("웹 브라우저가 서버 전송 이벤트를 지원하지 않음!");
            }
        }
    </script>

</head>
<body>
    <h1>서버 전송 이벤트</h1>
```

```
    <output id="result"></output>
</body>
</html>
```

test.jsp

```
<%@ page import="java.util.Date" %>
<%
response.setContentType("text/event-stream;charset=utf-8");
Date time = new Date();
%>
data:<%= time %>
```

현재 서버 전송 이벤트는 오페라에서만 실행되는 것으로 보인다. 오페라 웹 브라우저를 실행하고 주소란에 http://localhost:8080/server-event.html을 입력한다. 위와 같은 화면이 등장하면서 서버에서 보내오는 데이터가 주기적으로 출력된다. 서버는 주기적으로 서버의 현재 시간을 웹 브라우저에게 보내고 웹 브라우저는 이것을 화면에 표시한다. 지금부터 각 단계를 자세히 살펴보자.

● 서버 전송 이벤트 지원 여부 확인

항상 맨 처음 해야 할 일은 웹 브라우저가 서버 전송 이벤트를 지원하는지 확인하는 것이다. 서버 전송 이벤트는 EventSource 객체를 통하여 구현되기 때문에 이 객체가 존재하는지 체크하면 된다.

```
if (typeof (EventSource) !== "undefined") {
    ...
}
else {
    alert("웹 브라우저가 서버 전송 이벤트를 지원하지 않음!");
}
```

● 데이터 받기

서버 전송 이벤트의 핵심적인 코드를 살펴보자. 서버 전송 이벤트를 사용하려면 EventSource 객체를 생성해야 한다. 이 객체는 인수로 주어진 URL에 접속해 데이터를 주기적으로 받는다.

```
var source = new EventSource("test.jsp");
source.onmessage = function (event) {
    document.getElementById("result").innerHTML += event.data + "<br>"
};
```

먼저 새로운 EventSource 객체를 만들고, 업데이트를 전송하는 페이지의 URL을 지정한다. 우리 예제에서는 "test.jsp"이다. 서버로부터 데이터를 받을 때마다 onmessage 이벤트가 발생한다. onmessage 이벤트가 발생하면 id="result"인 요소에, 서버로부터 수신된 데이터를 추가한다.

여기서 EventSource 객체의 이벤트를 살펴보고 지나가자.

이벤트	설명
onopen	서버로 연결이 이루어지면 발생
onmessage	메시지가 수신되면 발생
onerror	오류가 일어나면 발생

● 서버 측 코드 설명

앞의 예제가 동작되려면 데이터 업데이트를 보낼 수 있는 서버가 필요하다. 서버 측에 데이터를 보내는 스크립트를 만들어 주어야 한다. 스크립트는 PHP, ASP, JSP 어떤 것으로든 작성할 수 있으나 우리는 JSP를 사용하도록 하자.

서버 쪽 이벤트 스트림 구문은 간단하다. "Content-type" 헤더를 "text/event-stream"으로 설정한 후 이벤트 스트림을 보내면 된다.

```
<%@ page import="java.util.Date" %>
<%
    response.setContentType("text/event-stream;charset=utf-8");
    Date time = new Date();
%>
data:<%= time %>
```

먼저 응답 객체의 "Content-Type" 헤더를 "text/event-stream"으로 설정한다. 현재 시간을 받아서 변수 time에 저장한다. 클라이언트로 데이터를 출력한다. 서버가 보내는 데이터는 항상 data:로 시작한다. 따라서 data: 뒤에 현재 시간을 출력한다.

1 실시간으로 주식 시세가 변경되는 웹 애플리케이션을 작성하고자 한다. 가장 많이 사용해야 하는 HTML5 기능은? (   )

   ① 웹 스토리지   ② 파일 API   ③ 웹 소켓   ④ 애플리케이션 캐시

2 웹 스토리지에서 데이터를 저장하는 방법으로 잘못된 것은? (   )

   ① sessionStorage.setItem("key", 0);

   ② sessionStorage["key"]=0;

   ③ sessionStorage.key = 0;

   ④ sessionStorage.getItem("key");

3 로컬 스토리지와 세션 스토리지의 차이점은 무엇인가?

_____

4 HTML5 파일 API에서 파일의 내용을 읽을 때 사용하는 객체는? (   )

   ① File   ② FileReader   ③ FileWriter   ④ Blob

5 이번 장에서 학습한 HTML5 API 중에서 오프라인 웹 애플리케이션을 작성하는 데 참고할 수 있는 내용은 무엇인가? (   )

   ① 웹 스토리지   ② 파일 API   ③ 웹 소켓   ④ 애플리케이션 캐시

6 다음과 같은 웹 애플리케이션을 작성해 본다. 웹 스토리지를 이용해 사용자가 입력한 문자열을 로컬 스토리지와 세션 스토리지에 저장했다가 "조회" 버튼을 누르면 다시 조회하도록 한다.

7 HTML5 파일 API를 이용하여 사용자가 선택한 이미지 파일을 보여주는 웹 애플리케이션을 작성하여 보자. 이미지는 〈img〉 태그를 이용하여 HTML 문서 안에서 표시한다.

15

JSP

■ 서버와 클라이언트

이제까지 우리는 클라이언트-사이드(client-side) 프로그래밍만을 학습하였다. 클라이언트-사이드 프로그래밍이란 주로 인터넷에서 클라이언트 컴퓨터 쪽에서 실행되는 프로그램만 작성하는 것이다. 하지만 인터넷에는 서버 컴퓨터도 있다. 이번 장에서는 서버-사이드(server-side) 프로그래밍 기법에 대하여 살펴보자.

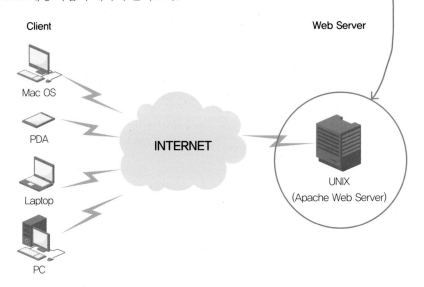

먼저 서버와 클라이언트의 상호작용에 대하여 복습해 보자. 클라이언트는 서버에게 웹 페이지를 요구하고 웹 서버는 웹 페이지를 찾아서 클라이언트에게 전달해 주는 것이 기본이다.

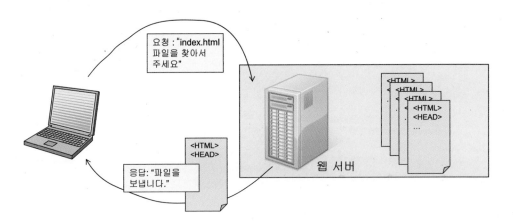

하지만 웹 서버가 찾아주는 웹 페이지는 정적인 페이지이다. 사용자는 내용이 변하지 않는 페이지에는 금방 흥미를 잃는다. 따라서 동적인 페이지(dynamic web page)가 필요하다. 동적인 웹 페이지는 사용자의 요청에 따라서 웹 페이지의 내용이 달라진다. 대표적인 동적인 웹 페이지에는 게시판, 블로그, 방명록 등이 있다. 동적인 페이지는 어떻게 작성할 수 있을까?

(출처: stackoverflow.com)

이러한 동적인 웹 페이지를 작성하려면 어떻게 해야 하는가? 웹 서버 S/W 안에 이러한 기능을 내장시킨다는 것은 문제가 많다. 기능이 달라지면 웹 서버 S/W를 다시 컴파일해야 하는데 이것은 불가능한 일이다. 이런 경우에는 도우미 프로그램을 사용하면 된다. 서버 컴퓨터 안에 도우미 프로그램을 작성해놓고 필요할 때마다 실행시켜 결과를 얻은 후에 이것을 클라이언트 컴퓨터로 돌려주면 된다.

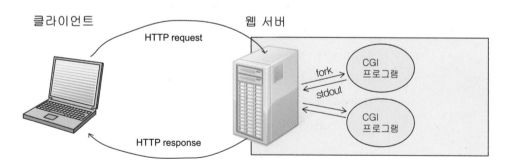

이러한 서버 쪽 도우미 프로그램은 CGI(Common Gateway Interface) 프로그램이라고 불리었고 Perl, C, Python, PHP, ASP 등이 많이 사용되고 있다. 하지만 이러한 CGI 프로그램은 클라이언트 요청이 있을 때마다 새로운 CGI 프로세스를 생성하여 처리해야 한다. 따라서 1초에도 수많은 요청이 들어오는 웹 서버의 경우, 상당한 부담이 된다.

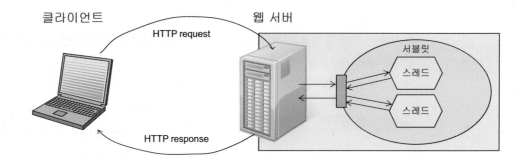

최근에 웹 서버 쪽에서도 자바 언어가 폭넓게 채용되고 있다. 자바 언어는 플랫폼에 독립적이고 스레드를 사용할 수 있어서 효율적이며 풍부한 라이브러리가 강점이다. 자바를 서버 쪽에 사용하는 기술로는 서블릿(Servlet)이 있다. 서블릿은 장점이 많다. 일단 몇 가지만을 다음에 나열하였다.

- 효율적이다 : CGI는 클라이언트 요청이 있을 때마다 새로운 프로세스를 생성하여 서비스하므로 서버의 자원을 많이 사용한다. 서블릿은 스레드(thread)를 생성하여 각 요청을 서비스하므로 보다 효율적이다.
- 편리하다 : 이미 자바 언어를 알고 있는 개발자는 새로운 서버 스크립트언어(Perl 등)를 학습할 필요가 없다.
- 강력하다 : 자바 서블릿을 사용하면 기존의 CGI 프로그램으로는 아주 어려웠던 여러 가지 작업을 쉽게 처리할 수 있다. 예를 들면 서블릿은 웹 서버와 직접 통신이 가능하다. 기존 CGI는 이것이 불가능하다.
- 이식성이 있다 : 서블릿은 자바 언어를 사용하고 표준화되어 있는 라이브러리를 사용한다. 자바 자체가 바이트 코드로 작성된 코드를 가상 기계 위에서 실행하는 방식이므로 서블릿도 플랫폼의 종류에 상관없이 실행할 수 있다. 예를 들어 서버 Apache에서 실행되는 서블릿은 Microsoft IIS 서버에서도 변경 없이 실행 가능하다.

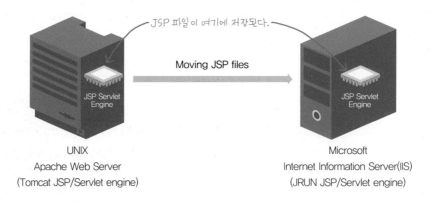

하지만 서블릿은 자바 언어 안에 HTML 코드를 넣어야 하므로 어려운 점이 있었다. 구체적으로 자바 개발자는 HTML을 모르고 디자이너는 자바를 모르기 때문이다. 또 HTML 코드를 "..." 안에 삽입하여 정확하게 출력하는 것도 쉬운 일은 아니다.

```
...
public class Hello extends HttpServlet {
  public void doGet(HttpServletRequest request,  HttpServletResponse response)
                    throws ServletException, IOException {
    response.setContentType("text/html");
    PrintWriter out = response.getWriter();
    out.println("<!DOCTYPE HTML PUBLIC \"-//W3C//DTD HTML 4.0 " +
                        "Transitional//EN\">\n" +

        "<HTML>\n" +
        "<HEAD><TITLE>Hello WWW</TITLE></HEAD>\n" +
        "<BODY>\n" +
        "<H1>Hello WWW</H1>\n" +
        "</BODY></HTML>");
  }
}
```

코드 안에 HTML 태그들을 넣어야 함!

JSP(JavaServer Pages)는 이러한 문제점을 해결하기 위해 개발되었다. JSP는 자바를 기반으로 동적인 웹 페이지를 구축할 수 있는 서버-사이드 스크립트(server-side script) 언어로서 자바 서블릿을 기반으로 한다. JSP는 서블릿과는 반대로, HTML 문서 안에 필요할 때만 자바 코드가 들어간다. 개발자는 HTML 페이지 안에 필요할 때마다 〈%.. %〉를 이용해 삽입할 수 있다.

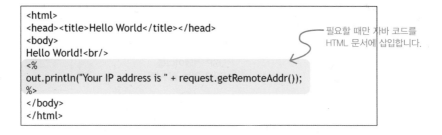

```
<html>
<head><title>Hello World</title></head>
<body>
Hello World!<br/>
<%
out.println("Your IP address is " + request.getRemoteAddr());
%>
</body>
</html>
```

필요할 때만 자바 코드를 HTML 문서에 삽입합니다.

웹 서버가 JSP 페이지를 처리하려면 JSP 엔진을 갖고 있어야 한다. JSP 엔진이란 결국 JSP를 처리하는 컨테이너이다. JSP 컨테이너는 JSP 페이지에 대한 요청을 받는다. 이 책에서는 아파치 톰캣이라는 웹 서버를 사용하는데, 아파치 톰캣은 JSP 컨테이너를 내장하고 있다.

JSP 컨테이너는 JSP가 필요로 하는 실행 환경과 다른 서비스를 제공하기 위해 웹 서버와 함께 작업한다. JSP 컨테이너는 JSP에 속하는 요소(element)를 처리하게 된다. 다음 그림을 참조하라.

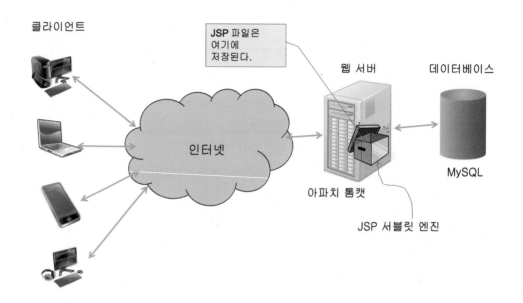

■ JSP 처리 과정

클라이언트가 URL을 통하여 JSP 페이지를 요청하면 웹 서버가 이것을 서블릿 컨테이너로 전송한다. 서블릿 컨테이너는 요청된 JSP 페이지를 검색해 이것을 자바 파일로 변환한 후에 컴파일하여 서블릿 객체를 생성한다. 이 객체가 서블릿 컨테이너에 로딩되어서 실행된다. 실행된 결과는 웹 서버를 통하여 클라이언트에 응답의 형태로 전달된다.

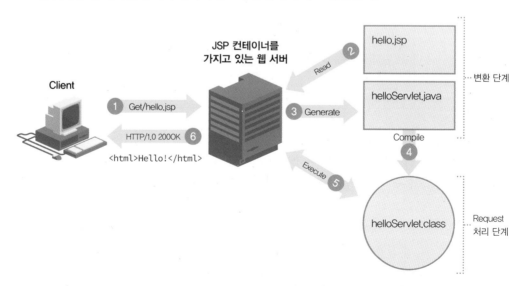

이러한 변환은 한 번만 일어난다. 따라서 속도는 느려지지 않는다.

15-02 톰캣 설치

JSP를 학습하기 위해서는 JSP가 가능한 웹 서버 또는 애플리케이션 서버를 설치해야 한다. 많은 서버가 있지만 무료로 설치할 수 있는 것도 있다. 많이 사용되는 것은 다음과 같다.

- Apache 사의 TomCat (약 6 MB)
- Desiderata Software 사의 Blazix (1.5 MB)
- BEA Systems 사의 WebLogic(약 40 MB)
- IBM 사의 WebSphere(약 100 MB)

우리는 이 중에서 가장 많이 사용되는 아파치 톰캣을 설치하여 보자. 톰캣 안에는 자그마한 웹 서버도 내장되어 있어 별도로 아파치 웹 서버를 설치하지 않고도 여러 가지 테스트를 할 수 있다. 물론 본격적으로 웹 서비스를 하고자 하면 아파치 웹 서버도 설치하고 톰캣과 연동해야 한다. 이 책에서는 톰캣만을 설치한다. 이것으로 충분하다.

먼저 http://tomcat.apache.org/를 방문한다. 귀여운 고양이 그림이 등장하고 왼쪽에 보면 "Download"가 있고 "Tomcat 7.0"이 있다.

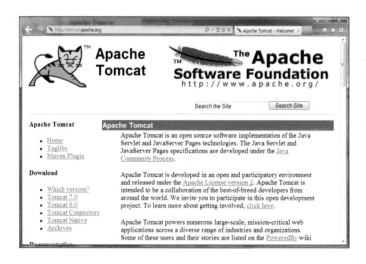

다음 화면을 스크롤 다운하여 Binary Distributions 아래에 Core: 32-bit/64-bit Windows Service Installer (pgp, md5)를 선택한다.

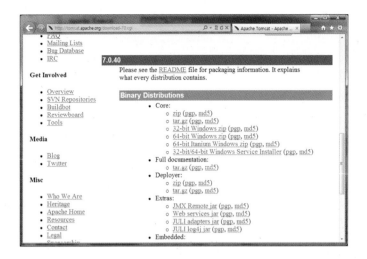

이 링크를 클릭해서 설치를 시작한다.

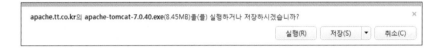

설치 후 서비스가 제대로 실행되는지 확인하려면 주소 http://localhost:8080을 웹 브라우저에서 입력해 본다.

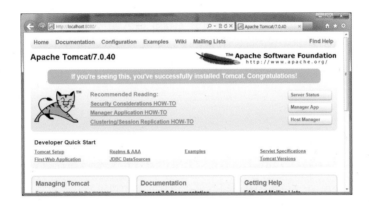

■ 톰캣 한글 설정

톰캣을 사용하다 보면 한글이 깨져서 표시되는 경우가 있다. 이럴 때는 톰캣의 server.xml 파일을 수정해야 한다.

위와 같은 디렉토리로 가보면 server.xml 파일이 있다. server.xml 파일 중에서 다음과 같이 URIEncoding="UTF-8"을 추가한다.

```
...
 <Connector port="8080" protocol="HTTP/1.1"
            connectionTimeout="20000"
            redirectPort="8443" URIEncoding="UTF-8"/>
...
```
이 부분을 추가한다.

15-03 첫 번째 JSP 프로그램

자, 이제 첫 번째 JSP 프로그램을 작성하여 실행할 때가 되었다. 한 가지 양해를 구할 사항은 여기서 설명하는 방법은 메모장을 사용하는 아주 초보적인 방법이라는 점이다. 만약 전문적으로 개발하려면 Java EE 버전의 이클립스(eclipse)를 통하여 JSP 프로그램을 개발하는 편이 좋을 것이다.

■ Step 1: 아파치 톰캣을 시작한다.

아파치 톰캣이 실행되고 있지 않으면 [시작]→[모든 프로그램]→[APACHE TOMCAT]→[MONITOR TOMCAT]을 실행하여 "Start" 버튼을 누른다.

 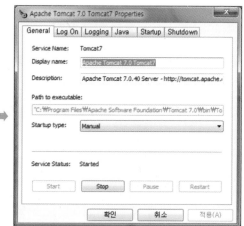

■ Step 2: 애플리케이션 폴더를 생성한다.

먼저 C:/Programs Files/Apache Software Foundation/tomcat/webapps 폴더로 간다. 여기가 바로 응용 프로그램이 모여 있는 곳이다. 여기에 새로운 폴더 Hello를 생성한다.

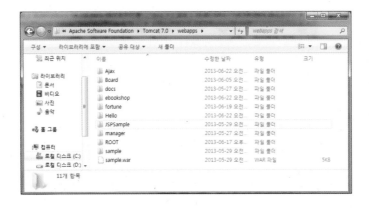

■ Step 3: WEB-INF를 복사한다.

애플리케이션 폴더에 반드시 있어야 하는 파일이 있다. WEB-INF 폴더가 있어야 하고 이 폴더 안에 web.xml이 있어야 한다. 우리는 단순히 tomcat/root 안에 있는 WEB-INF 폴더를 통째로 폴더 Hello로 복사한다.

■ Step 4: hello.jsp 파일을 작성한다.

메모장을 이용하여 텍스트 파일을 작성하고 hello.jsp로 저장한다.

hello.jsp

```
<html>
<head>
<title>Hello World</title>
</head>
<body>
안녕하세요? 현재 시각은 <%= new java.util.Date() %>입니다.
</body>
</html>
```

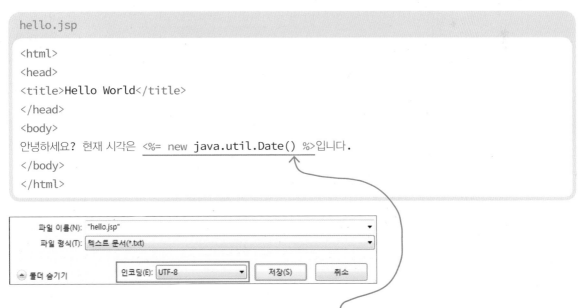

위의 파일은 HTML tags를 가지고 있으며 JSP 코드를 〈%= ... %〉 안에 가지고 있다. 이 코드는 사용자가 이 파일을 요청하면 실행된다. 여기서 저장할 때는 반드시 "hello.jsp"라고 큰따옴표로 둘러싸야 한다. 그렇지 않으면 hello.jsp.txt로 저장된다. 그리고 인코딩도 UTF-8로 변경하자. 이제까지 우리는 euc-kr만을 사용해왔다. 이번 장에서는 utf-8 코드를 사용해야 한다. 왜냐하면 웹 서버와 MySQL에서 utf-8 형식을 기본으로 지원하기 때문이다.

> **[참고] 한글 코드**
>
> JSP 프로그래밍을 하다 보면 의외로 한글 코드 문제에 부딪치기 쉽다. 웹 프로그래밍에 사용되는 한글 코드는 2가지 방식이 있다. 바로 euc-kr과 utf-8이다.
>
> - euc-kr은 KSC5601에 기반을 둔 대표적인 완성형 코드이다. 즉 영어와 한글을 2바이트로 표현하는 방식으로 초창기부터 사용해온 방식이다. 한글이 많이 사용되는 경우에 적은 메모리 공간을 차지하고 호환성이 좋다. 한글과 영문만 사용하는 웹 페이지라면 euc-kr이 적당하다. 하지만 다국적 문자를 표현하는 데는 문제가 있다.
> - utf-8은 유니코드의 일종으로 가변길이 문자 인코딩 방법이다. 일반적으로 영어는 1바이트, 한글은 3바이트로 표현한다. 따라서 영어를 많이 사용하는 경우, utf-8이 메모리 공간을 적게 차지한다. 또 모든 한글 문자를 표현할 수 있고, 다른 나라의 운영체제에서도 폰트없이 한글을 볼 수 있다. 우리나라에서는 아직도 euc-kr을 많이 사용하지만 점차 utf-8로 바뀌는 추세에 있다.

■ Step 5: 웹 브라우저로 실행한다.

이제 웹 브라우저를 통하여 방금 작성한 jsp 파일을 실행해 보자. 웹 브라우저의 주소란에 http://localhost:8080/Hello/hello.jsp라고 입력한다. http://localhost:8080/은 무슨 의미일까? 다들 예측했겠지만 localhost는 내가 사용하고 있는 컴퓨터를 나타내고 8080은 포트번호이다. 톰캣을 설치할 때 주었던 포트 번호를 그대로 적어주어야 한다. hello.jsp가 실행되어 다음과 같은 화면이 나타나면 성공이다.

브라우저에서 "View Source" 옵션을 선택해 응답 메시지를 체크한다. 다음과 같이 나와야 정상이다.

```
<html>
<head>
<title>Hello World</title>
</head>
```

```
<body>
안녕하세요? 현재 시각은 Tue Jun 18 21:38:01 KST 2013입니다.
</body>
</html>
```

한 가지 중요한 사실은 사용자는 우리가 입력하였던 원래의 JSP 소스를 볼 수 없다는 점이다. 개발자의 소스는 보호된다. 사용자는 단순히 스크립트에 의해 생성된 소스만을 볼 수 있다.

■ 톰캣 폴더에 대한 설명

톰캣의 설치 폴더 아래에는 webapps 폴더가 있다. 여기에 톰캣 서버에서 실행되는 모든 웹 애플리케이션이 모여 있게 된다. 각각의 웹 애플리케이션은 자신만의 폴더를 webapps 아래에 가진다. 따라서 개발자는 항상 자신의 애플리케이션을 위한 디렉토리를 〈TOMCAT-ROOT〉/webapps/〈MY-WEBAPP-DIR〉와 같이 생성해야 한다. JSP 페이지는 바로 이 폴더 아래에 저장하면 된다.

애플리케이션 폴더에는 다른 폴더가 있어야 하는데 바로 WEB-INF 폴더이다. 이 폴더는 web. xml 파일을 가지고 있는데, 이 파일에는 개발자의 웹 애플리케이션에 대한 여러 가지 구성 정보가 들어 있다. 즉 애플리케이션을 위한 welcome 파일, 서블릿 매핑, 필터 등의 정보를 저장할 수 있다.

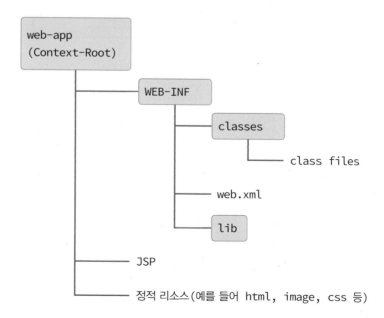

WEB-INF 폴더 아래에는 classes 폴더를 생성할 수 있다. 여기는 웹 애플리케이션에 필요한 자바 클래스를 모아놓은 장소이다. 자바 클래스는 패키지를 반영한 트리 구조를 유지하면서 저장되어야 한다. 예를 들어 패키지가 com.xyz인 클래스 파일 MyClass는 〈TOMCAT-ROOT〉/webapps/〈MY-WEBAPP-DIR〉/WEB-INF/classes/com/xyz/MyClass.class로 저장되어야 한다. 또 다른 방법으로는 클래스 파일을 하나의 압축된 jar 파일로 묶는 것이다. jar 파일은 WEB-INF 아래에 있는 lib에 저장할 수 있다. 예를 들어 myLibrary.jar이 있다면 이 파일은 〈TOMCAT-ROOT〉/web-apps/〈MY-WEBAPP-DIR〉/WEB-INF/lib/myLibrary.jar로 저장한다. 클래스 파일을 이 폴더에 저장하면 톰캣은 자동적으로 이들 폴더가 CLASSPATH에 있는 것처럼 애플리케이션을 실행한다.

또 한 가지 방법은 JSP 파일과 이들 폴더를 모아서 하나의 WAR 파일을 생성하는 것이다. 이 WAR 파일을 톰캣 매니저를 통하여 서버에 올릴 수 있다. 톰캣 매니저는 웹 브라우저를 통하여 접근이 가능하다.

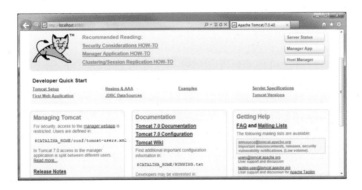

기본적인 JSP

■ JSP 수식(expression)

어떤 HTML 파일도 확장자만 .jsp로 변경하면 JSP 파일로 변환될 수 있다. 물론 단순히 확장자만 바꾼다면 JSP의 장점을 전혀 이용하지 못하는 것이다. 이번에는 자바를 HTML 파일 안에 내장하여 보자. 앞에서 등장하였던 다음과 같은 소스를 분석해 보자.

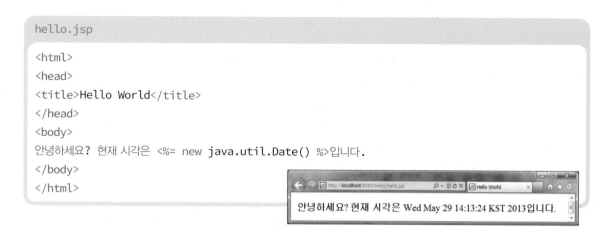

```
hello.jsp

<html>
<head>
<title>Hello World</title>
</head>
<body>
안녕하세요? 현재 시각은 <%= new java.util.Date() %>입니다.
</body>
</html>
```

이 파일을 브라우저로 로딩할 때마다 화면에는 현재 시간이 표시된다. 〈%=와 %〉 안에 들어 있는 것은 바로 자바 수식이고 이 수식은 실행할 때마다 새롭게 계산된다. 따라서 JSP를 사용하면 동적으로 변화되는 웹 페이지를 생성할 수 있다.

JSP 수식(expression)은 다음과 같은 형식을 가진다.

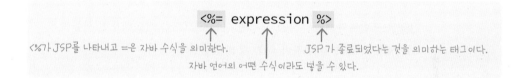

〈%=와 %〉 사이에 있는 수식은 실행 시간에 계산된 후에 String 객체로 변환되어서 수식이 나타나는 위치에 삽입된다. 수식의 계산값이 자동으로 String 객체로 변환된다는 점에 유의하자. 수식은 Java 언어에서 유효한 수식이면 어떤 것이나 가능하며 문장의 끝에 ;을 적어주면 안 된다.

그렇다면 서버 측에서는 어떤 일이 벌어지는 것일까? JSP 파일이 최초로 사용되면 톰캣은 JSP를 서블릿으로 변환하고 서블릿을 컴파일해서 서블릿을 실행한다. 이 서블릿 코드는 톰캣의 "work\Catalina\localhost\Hello" 디렉토리에서 찾을 수 있다. 이름은 hello_jsp.java로 되어 있다.

```
hello_jsp.java

...
out.write("<html>\r\n");
```

```
out.write("<head>\r\n");
out.write("<title>Hello World</title>\r\n");
out.write("</head>\r\n");
out.write("<body>\r\n");
out.write("안녕하세요? 현재 시각은 ");
out.print( new java.util.Date() );
out.write("입니다.\r\n");
out.write("</body>\r\n");
out.write("</html>");
...
```

잠깐 살펴보자.

1. HTML 문장은 out.write()를 이용해 그대로 출력됨을 알 수 있다.
2. JSP 수식 〈%= ... %〉은 out.print() 안에 놓여진다. 따라서 수식은 계산되고 계산의 결과값이 response 메시지의 일부로 출력된다.

JSP 스크립트와 내부적으로 생성된 서블릿 코드를 비교해보면 서블릿은 "자바 안의 HTML"이고 JSP는 "HTML 안의 자바"라는 것을 실감할 수 있다.

동일한 JSP 파일을 다시 사용할 때는 아주 속도가 빨라진다. 왜냐하면 미리 변환된 서블릿 코드가 바로 실행되기 때문이다. 즉 JSP-to-servlet 변환과 서블릿 컴파일이 생략된다.

■ 스크립틀릿

〈%=와 %〉 안에 자바 수식을 내장할 수 있지만 많은 코드를 넣을 수는 없다. 하지만 JSP는 JSP 안에 상당히 많은 분량의 자바 코드 블록을 작성할 수 있도록 허용한다. 코드 블록은 〈%와 %〉 사이에 넣으면 된다. 즉 자바 수식과 비슷하지만 =은 없다. 이러한 코드 블록은 스크립틀릿 (scriptlets)으로 알려져 있다. 스크립틀릿의 형식은 다음과 같다.

스크립틀릿에 포함된 자바 코드는 JSP가 호출될 때마다 실행된다. 예를 들어 앞의 코드를 스크립틀릿으로 다시 작성해 보면 다음과 같다.

scriptlet.jsp

```
<!DOCTYPE html>
<HTML>
<BODY>
    <%
    java.util.Date date = new java.util.Date();
    %>
    안녕하세요? 현재 시각은 <%= date %>입니다.
</BODY>
</HTML>
```

위의 소스에서는 아직도 JSP 수식을 사용한다. 이번에는 JSP 수식을 전혀 사용하지 않는 소스로 작성하여 보자.

scriptlet1.jsp

```
<!DOCTYPE html>
<HTML>
<BODY>
    <%
    System.out.println( "날짜를 출력하여 본다." );
    java.util.Date date = new java.util.Date();
    %>
    안녕하세요? 현재 시각은
    <%
    out.println( String.valueOf( date ));
    %>
    입니다.
</BODY>
</HTML>
```

여기서 우리는 JSP 수식을 사용하는 대신, out 변수를 사용해서 HTML을 직접 출력하였다. out 변수는 Javax.servlet.jsp.JspWriter 타입 변수이다.

또 하나의 아주 유용한 내장 변수가 request이다. request는 javax.servlet.http.HttpServletRequest 타입 변수로서 request는 브라우저와 서버 사이의 상호작용을 참조한다. 만약 사용자가 URL을 클릭하면 브라우저는 URL을 포함한 request 객체를 생성해 서버로 보낸다. 서버가 데이터를 반환하면 브라우저는 화면에 표시한다. "request"의 일부로 다양한 데이터가 포함되어 있다. 여기에는 브라우저가 서버로부터 원하는 파일도 들어 있다. 만약 request가 "SUBMIT" 버튼을 눌러서 발생하였다면 여기에 사용자가 입력한 정보가 들어 있다.

JSP의 "request" 변수는 브라우저가 보낸 요청에서 정보를 얻을 때, 사용된다. 예를 들어 클라이언트 호스트 이름이나 ip 주소를 알 수도 있다.

---

scriptlet2.jsp

```
<!DOCTYPE html>
<HTML>
<BODY>
    <%
        java.util.Date date = new java.util.Date();
    %>
    안녕하세요? 현재 시각은
    <%
        out.println( date );
        out.println( "<BR>이고 ip주소는 " );
        out.println( request.getRemoteAddr());
    %>
    입니다.
</BODY>
</HTML>
```

안녕하세요? 현재 시각은 Wed May 29 15:17:59 KST 2013
이고 ip주소는 0:0:0:0:0:0:0:1 입니다.

유사한 변수로 response가 있다. response 변수는 브라우저에게 보내는 응답을 작성할 때, 사용된다. 예를 들어 브라우저는 다른 URL을 로딩해야 한다는 응답을 보내기 위해 response.sendRedirect(anotherUrl);이라고 작성할 수 있다. 이 응답은 실제로 브라우저로 간다. 브라우저는 다시 anotherURL에 대한 요청을 할 것이다.

■ 스크립틀릿과 HTML을 같이 사용하기

우리는 out 변수를 사용해 스크립틀릿 안에서 HTML 출력을 생성할 수 있다. 하지만 더 복잡한 HTML을 위해 이것을 줄곧 사용하는 것은 JSP 프로그래밍의 장점을 해치는 행위이다. 이때는 스크립틀릿과 HTML을 혼합하는 것이 더 간단하다.

예를 들어 HTML 안에서 테이블을 생성해야 한다고 하자. 실제로 이것은 흔히 발생하는 예제로서 데이터베이스나 파일로부터 테이블을 생성하게 된다. 여기에서는 간단하게 하기 위해 1부터 N까지를 가지고 있는 테이블을 생성한다.

scriptlet3.jsp

```
<HTML>
<BODY>
<TABLE BORDER=2>
        <%
        int n=3;
        for ( int i = 0; i < n; i++ ) {
        %>
        <TR>
        <TD>Number</TD>
        <TD><%= i+1 %></TD>
        </TR>
        <%
        }
        %>
</TABLE>
</BODY>
</HTML>
```

물론 이 코드를 실행하기 전에 변수 n을 초기화해야 한다. 그러면 이 코드는 "n" 행을 가진 테이블을 출력한다.

여기서 중요한 점은 for 루프 안에서 %〉와 〈% 문자가 등장한다는 점이다. %〉은 HTML로 돌아가게 하고, 〈%은 스크립틀릿으로 돌아가게 한다.

개념은 간단하다. 개발자는 스크립틀릿을 빠져나와서 HTML 코드를 작성할 수 있다. 그리고 다시 스크립틀릿으로 돌아갈 수 있다. for나 while과 같은 제어문, if와 같은 조건문은 HTML도 제어할 것이다. 만약 HTML이 루프의 중간에 있으면 한 번 반복할 때마다 출력된다.

시작 중괄호와 종료 중괄호를 올바르게 추적하여 사용하는 것은 약간 어려울 수 있다.

■ JSP 주석

JSP 안에서도 주석을 만들 수 있다. 주석은 코드를 설명하는 글로써 코드의 동작에는 영향을
주지 않는다. 일반적인 형식은 다음과 같다.

간단한 예는 다음과 같다.

```
jsp_comment.jsp

<!DOCTYPE html>
<html>
<head><title>주석 테스트</title></head>
<body>
<h2>주석을 테스트합니다.</h2>
<%-- 이 주석은 보이지 않습니다. --%>
</body>
</html>
```

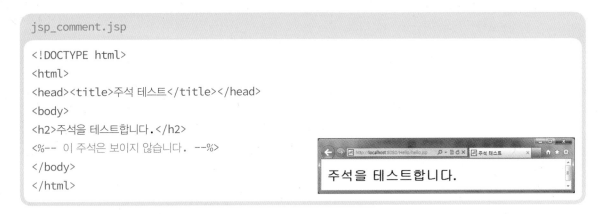

주석 또는 특별한 문자를 화면에 표시하려면 다음과 같이 한다.

형식	설명
〈%-- comment --%〉	JSP 주석
〈!-- comment --〉	HTML 주석
〈\%	〈% 글자를 나타낸다.
%\〉	%〉 글자를 나타낸다.
\'	작은따옴표 자체
\"	큰따옴표 자체

■ JSP 지시어

우리는 이전에 Date 클래스를 사용할 때 java.util.Date와 같이 완전한 이름을 사용하였다. 아마 왜 java.util.*를 포함하지 않았는지 의아해 할지도 모른다. JSP에서도 필요한 클래스를 import 키워드를 사용해 포함시킬 수 있다. 하지만 그 형식은 Java 언어와 약간 다르다. 다음의 예제를 살펴보자.

jsp_direct.jsp

```
<!DOCTYPE html>
<%@ page import="java.util.*" %>
<HTML>
<BODY>
<%
    Date date = new Date();
%>
안녕하세요? 현재 시간은 <%= date %> 입니다.
</BODY>
</HTML>
```

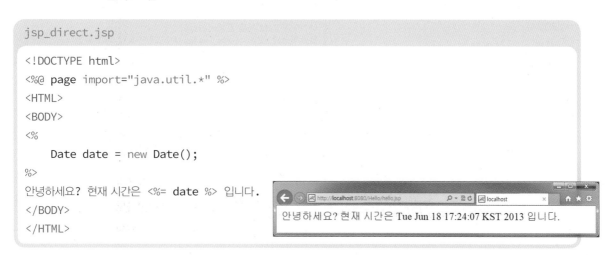

위 코드의 첫 번째 문장은 지시어(directive)라고 불린다. JSP 지시어는 항상 〈%@fh로 시작한다. 특별히 이 문장은 지시어 중에서도 페이지 지시어이다. 페이지 지시어는 포함된 패키지의 리스트를 가질 수 있다. 하나 이상의 패키지를 포함하기 위해서는 패키지 이름을 콤마로 분리한다.

```
<%@ page import="java.util.*" %>
```

지시어의 시작
페이지에 관한 지시어이다.
페이지를 읽어들인다.
지시어의 끝

JSP에는 상당히 많은 지시어가 있다. 이 중에서 가장 유용한 것으로는 include와 taglib이 있다. page 지시어를 페이지의 콘텐츠 종류와 문자집합을 정의하는 데 사용할 수도 있다.

```
<%@ page contentType="text/html; charset=utf-8" %>
```

include 지시어는 물리적으로 다른 파일의 내용을 포함할 때, 사용된다. HTML 파일 또는 JSP 파일이 포함될 수 있다. 결과는 원래 JSP 파일에 실제로 포함된 것과 동일하다.

```
jsp_direct1.jsp

<!DOCTYPE html>
<HTML>
<BODY>
아래에서 hello.jsp을 포함시킵니다. <BR>
<%@ include file="hello.jsp" %>
</BODY>
</HTML>
```

아래에서 hello.jsp을 포함시킵니다.
안녕하세요? 현재 시간은 Tue Jun 18 17:29:59 KST 2013 입니다.

위의 파일을 브라우저로 보면 원래의 hello.jsp가 새로운 JSP 파일에 포함된 것을 볼 수 있다.

■ JSP 선언

개발자가 작성하는 JSP는 하나의 클래스로 변환된다. 개발자가 작성하는 모든 스크립틀릿은 이 클래스 속 하나의 메서드 안에 위치된다. 개발자는 필요한 변수와 메서드 선언을 이 클래스에 추가할 수 있다. 선언된 변수와 메서드는 나중에 사용할 수 있다.

변수나 메서드를 클래스에 추가하기 위해서는 반드시 변수나 메서드 선언을 〈%! 와 %〉 사이에 해야 한다. 이것을 JSP 선언이라 하고 다음과 같은 형식을 사용한다.

<%! Date date;... %>

〈%!가 선언의 시작을 알린다.   %〉가 선언의 끝을 알린다.

변수 선언이나 메서드의 정의가 들어간다.

```
jsp_decla.jsp

<!DOCTYPE html>
<HTML>
<BODY>
<%@ page import="java.util.*" %>
<%!
    Date date = new Date();
    Date getDate()
    {
```

```
        return date;
    }
%>
안녕하세요? 현재 시각은 <%= getDate() %> 입니다.
</BODY>
</HTML>
```

이 예제는 변수와 메서드 선언을 보여주기에는 약간 부자연스럽다. 우리는 Date 변수인 date 와 메서드 getDate()를 선언하고 있다. 이는 모두 스크립틀릿과 JSP 수식에서 바로 사용 가능하다.

그러나 웹 페이지 상의 시간은 더 이상 변경되지 않는다. 페이지를 아무리 다시 로딩하더라도 날짜는 항상 같을 것이다. 이것은 이들 선언이 페이지가 로드될 때 한 번만 계산(평가)되기 때문이다. 이것은 클래스를 선언하고 그 안에 변수를 선언/초기화한 것과 동일하다.

> [참고]
> 일반적으로 JSP 선언을 사용해 변수를 선언하는 것은 좋은 생각이 아닐 수도 있다. JSP는 일반적으로 멀티 스레드 형태로 실행된다. 따라서 여러 개의 스레드는 한 개의 변수를 사용하기 위해 다툴 수도 있다. 물론 동기화시켜 사용할 수 있으나 그렇게 되면 성능이 나빠진다. 서로 다른 페이지끼리 데이터를 공유하려면 session 객체나 request 객체를 이용하는 것이 좋다. 하지만 스크립틀릿 안에서 선언하는 변수는 지역 변수이기 때문에 얼마든지 마음놓고 사용해도 된다. 예를 들어 〈% int i = 6; %〉과 같은 변수는 지역 변수로 취급된다.

> [참고]
> JSP에서 제공되는 9개의 내장 객체는 request, response, out, session, application, config, pageContext, page, exception이다.

15-05 JSP 제어문

JSP 파일에는 완전한 Java 언어의 제어문을 사용할 수 있다. 즉 조건문과 반복문을 제한없이 사용할 수 있다.

■ 조건문

예를 들어 if-else 문장은 다음과 같이 사용할 수 있다.

jsp_if.jsp

```
<%! int day = 3; %>
<html>
<head><title>if/else 예제</title></head>
<body>
<% if (day == 1 | day == 7) { %>
     <p> 오늘은 주말입니다.</p>
<% } else { %>
     <p> 오늘은 주말이 아닙니다.</p>
<% } %>
</body>
</html>
```

오늘은 주말이 아닙니다.

switch 구조는 다음과 같이 사용 가능하다.

jsp_switch.jsp

```
<%! int day = 2; %>
<html>
<head><title>switch 예제</title></head>
<body>
<%
switch(day) {
case 0:
   out.println("오늘은 일요일입니다.");
   break;
case 1:
```

```jsp
        out.println("오늘은 월요일입니다.");
        break
case 2:
        out.println("오늘은 화요일입니다.");
        break
case 3:
        out.println("오늘은 수요일입니다.");
        break
case 4:
        out.println("오늘은 목요일입니다.");
        break
case 5:
        out.println("오늘은 금요일입니다.");
        break
case 6:
        out.println("오늘은 토요일입니다.");
        break
default:
        out.println("잘못된 요일입니다.");
}
%>
</body>
</html>
```

■ 반복문

물론 반복 구조도 얼마든지 사용이 가능하다. for, while, do...while 등의 구조를 사용할 수 있다.

jsp_for.jsp

```jsp
<%! int fontSize; %>
<html>
<head><title>반복 구조 예제</title></head>
<body>
<%for ( fontSize = 1; fontSize <= 6; fontSize++){ %>
    <font color="red" size="<%= fontSize %>">
```

```
    안녕하세요?
    </font><br />
<%}%>
</body>
</html>
```

15-06 JSP 예제

■ 배열 예제

JSP에서도 얼마든지 배열을 사용할 수 있다.

jsp_array.jsp

```jsp
<%@ page contentType="text/html; charset=utf-8" language="java" %>
<%
String[] array={"홍길동","김철수","김영희"};
%>

<html>
<body>
    <%
    int i=0;
    for(i=0;i<array.lengthi++)
    {
     out.print("배열 요소: "+array[i]+"<br/>");
    }
    %>
</body>
</html>
```

추가적으로 자바 컬렉션에 있는 ArrayList와 같은 객체도 얼마든지 사용이 가능하다. 예제를
보자.

```jsp
<%@ page contentType="text/html; charset=utf-8" language="java" %>
<%@ page import="java.util.ArrayList" language="java" %>

<%
ArrayList ar=new ArrayList();
ar.add("홍길동");
ar.add("김철수");
ar.add("김영희");

%>

<html>
<body>
    <%
     int i=0;
     for(i=0;i<ar.size();i++)
     {
      out.print("배열 요소: "+ar.get(i)+"<br/>");
     }
    %>
</body>
</html>
```

배열 요소: 홍길동
배열 요소: 김철수
배열 요소: 김영희

■ 난수 예제

간단한 JSP 예제로 시작해 보자. 우리는 "fortune"이라고 불리는 웹앱을 작성한다. 다음과 같은 코드를 입력하여 "fortune.jsp"로 저장한다. 이때 디렉토리는 톰캣의 "webapps\fortune"으로 한다.

fortune.jsp

```jsp
<html>
<head><title>fortune 예제</title></head>
<body>
  <%
    double r = Math.random();
```

```
    if (r > 0.60) {
%>
    <h2 style="color:red">오늘은 행운의 날입니다!</h2><p>확률: <%= r %></p>
<%
  } else {
%>
    <h2>오늘은 평범한 날입니다.</h2><p>확률: <%= r %></p>
<%
  }
%>
  <a href="<%= request.getRequestURI() %>"><h3>다시 시도</h3></a>
</body>
</html>
```

위의 JSP 스크립트를 실행시키는 것은 간단하다. 톰캣 서버를 시작하고 웹 브라우저로 다음과 같은 주소 http://localhost:8080/fortune/fortune.jsp를 입력하면 된다.

1. JSP 스크립트는 정상적인 HTML 페이지인데 안에 자바 프로그램을 가지고 있다. 이것은 서블릿이 자바프로그램인데 HTML을 포함하고 있는 것과 대비된다.
2. JSP 스크립틀릿은 〈% ... %〉은 자바 문장을 포함하기 위해 사용된다.
3. JSP 수식은 〈%= ... %〉 한 개의 자바 수식을 계산하고 결과를 표시할 때, 사용한다.
4. request.getRequestURI() 메서드는 현재 페이지의 URL을 추출할 때, 사용된다. 이것은 앵커 태그 〈a〉 안에서 사용되는데, 다른 난수를 얻기 위해 페이지를 갱신할 때 필요하다.

■ HTTP 요청 매개 변수를 출력

사용자가 폼에 데이터를 채워서 서버로 제출하면 서버가 데이터를 검사하는 작업도 JSP가 많이 하게 된다. 여기서는 사용자가 제출하는 데이터를 출력하는 간단한 예제를 작성하여 본다.

```
jsp_form.jsp
```

```html
<html>
<head>
  <title>request 매개변수 출력 예제</title>
</head>
<body>
  <h3>좋아하는 과일을 선택하시오(복수 선택 가능):</h3>
  <form method="get">
    <input type="checkbox" name="fruit" value="Apple">Apple
    <input type="checkbox" name="fruit" value="Banana">Banana
    <input type="checkbox" name="fruit" value="Strawberry">Strawberry
    <input type="submit" value="제출">
  </form>

<%
String[] fruits = request.getParameterValues("fruit");
if (fruits != null) {
%>
  <h3>당신이 선택한 과일은: </h3>
  <ul>
<%
  for (int i = 0; i < fruits.length; ++i) {
%>
    <li><%= fruits[i] %></li>
<%
  }
%>
  </ul>
  <a href="<%= request.getRequestURI()
%>">다시 시도</a>
<%
}
%>
</body>
</html>
```

1. 이 HTML 페이지는 3개의 체크박스를 가지는 폼으로 되어 있다. 체크박스의 "name=value"는 "fruits=apple"과 같은 형식으로 되어 있다. "action" 속성이 지정되지 않았으므로 제출 버튼을 누르면 현재 페이지가 다시 방문된다. 즉 쿼리가 현재 페이지로 보내진다.

2. JSP 스크립틀릿은 먼저 쿼리 매개 변수 "fruit"가 존재하는지 체크한다. 처음 방문되었을 때는 "fruit"가 없다. 사용자가 폼을 채워서 제출하였다면 "fruit"가 HTTP 요청에 있을 것이다.

3. request.getParameterValues()를 호출해 쿼리 매개 변수의 모든 값을 추출할 수 있다. 값은 정렬되지 않은 리스트로 반환된다.

■ 사인 함수 테이블

테이블을 이용해 몇 개의 각도에서 사인 함수값을 계산하여 화면에 표시한다.

jsp_sine.jsp

```jsp
<%@page import="java.util.*, java.lang.*"%>
<html>
<head>
<title>싸인함수 테이블</title>
</head>
<body>
	<h1 align="center">
	싸인함수
	</h>
	<table border="1" align="center"><%!int angles[] = { 0, 30, 60, 90 };%><th>각도</th>
	<th>싸인값</th>
	<%
	for (int i = 0; i < 4; i++) {
	%>
	<tr>
	<td><%=angles[i]%></td>
	<td><%=Math.sin(Math.toRadians(angles[i]))%>
	</tr>
	<%} %>
	</table>
</body>
<html>
```

각도	싸인값
0	0.0
30	0.49999999999999994
60	0.8660254037844386
90	1.0

최종적으로 간단한 게시판을 작성하여 보자. 게시판을 구현하려면 데이터베이스가 설치되어 있어야 한다. 별도로 데이터베이스 서버를 두기도 하지만 간단한 구현에서는 웹 서버 하드웨어 안에 데이터베이스 서버도 함께 설치되는 경우가 많다.

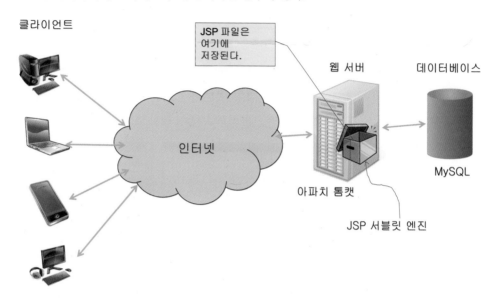

우리는 시중에서 구할 수 있는 무료 데이터베이스 서버 중에서 가장 널리 사용되는 MySQL을 설치하도록 하자.

■ MySQL 설치

MySQL은 www.mysql.com에서 다운로드 받을 수 있다. Community 버전을 받아서 설치하면 된다. 설치 프로그램이 제공되므로 누구나 쉽게 설치할 수 있다.

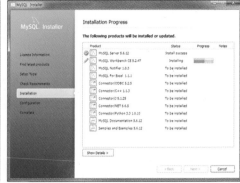

설치 시에 물어보는 것은 대부분 기본 옵션을 선택하면 되고 만약 개인 방화벽을 사용하고 있는 경우라면, 다음과 같이 TCP 포트 3306에 대한 접근을 허용해야 한다.

또한 MySQL에서는 기본적으로 utf-8 유니코드를 사용한다. 만약 이것이 다른 프로그램과 맞지 않으면 한글이 깨져서 나온다.

MySQL은 다음과 같은 명령어 행 클라이언트를 가지고 있다. 앞으로 우리는 이것을 이용해 여러 가지 작업을 할 것이다. 명령어 행 클라이언트도 2종류가 있는데 여기서 utf-8 버전을 선택해야 한다.

```
mysql> status
--------------
C:\Program Files\MySQL\MySQL Server 5.6\bin\mysql.exe  Ver 14.14 Distrib 5.6.12,
for Win64 (x86_64)

Connection id:          4
Current database:
Current user:           root@localhost
SSL:                    Not in use
Using delimiter:        ;
Server version:         5.6.12 MySQL Community Server (GPL)
Protocol version:       10
Connection:             localhost via TCP/IP
Server characterset:    utf8
Db     characterset:    utf8
Client characterset:    utf8
Conn.  characterset:    utf8
TCP port:               3306
Uptime:                 15 min 45 sec

Threads: 1  Questions: 6471  Slow queries: 0  Opens: 111  Flush tables: 1  Open
tables: 79  Queries per second avg: 6.847
--------------

mysql>
```

■ SQL 개요

SQL은 관계형 데이터베이스에서 사용하기 위해 설계된 언어이다. 표준적인 SQL 명령어가 있으며 이것은 모든 관계형 데이터베이스에 의하여 지원된다. SQL 명령어는 두 가지 카테고리로 나누어진다. 데이터 정의 명령어(Data Definition Language)는 테이블을 생성하거나 변경한다. 데이터 조작 명령어(Data Manipulation Language)는 데이터를 추출, 추가, 삭제, 수정한다. 많이 사용되는 SQL 명령어를 요약하면 다음과 같다.

구분	명령어	설명
데이터 정의 명령어 (Data Definition Language)	CREATE	사용자가 제공하는 컬럼 이름을 가지고 테이블을 생성한다. 사용자는 컬럼의 데이터 타입도 지정해야 한다. 데이터 타입은 데이터베이스에 따라 달라진다. CREATE TABLE은 보통 DML보다 적게 사용된다. 왜냐하면 이미 테이블이 만들어져 있는 경우가 많기 때문이다.
	ALTER	테이블에서 컬럼을 추가하거나 삭제한다.
	DROP	테이블의 모든 레코드를 제거하고 테이블의 정의 자체를 데이터베이스로부터 삭제하는 명령어이다.
	USE	어떤 데이터베이스를 사용하는지 지정한다.
데이터 조작 명령어 (Data Manipulation Language)	SELECT	데이터베이스로부터 데이터를 쿼리하고 출력한다. SELECT 명령어는 결과 집합에 포함시킬 컬럼을 지정한다. SQL 명령어 중에서 가장 자주 사용된다.
	INSERT	새로운 레코드를 테이블에 추가한다. INSERT는 새롭게 생성된 테이블을 채우거나 새로운 레코드를 이미 존재하는 테이블에 추가할 때 사용된다.
	DELETE	지정된 레코드를 테이블로부터 삭제한다.
	UPDATE	테이블에서 레코드에 존재하는 값을 변경한다.

■ 데이터베이스 생성하기

데이터베이스에 데이터를 저장하기 전에 당연히 데이터베이스부터 생성해야 한다. 여기서는 MySQL 명령어인 CREATE를 사용해 데이터베이스를 생성해보기로 하자. CREATE는 다음과 같은 구문을 가진다.

> **CREATE TABLE** 테이블이름 (컬럼이름1 자료형1, ...);
> ↑ 테이블 생성 명령어　↑ 테이블 이름　↑ 필요한 컬럼이름과 자료형을 적어준다.

책에 대한 데이터베이스를 생성하기 위해 다음과 같은 명령어를 작성하였다.

```
DROP DATABASE book_db;
CREATE DATABASE book_db;
USE book_db;
CREATE TABLE book_table (
        id INT NOT NULL auto_increment,
        title VARCHAR(50),
        author VARCHAR(20),
        price INT,
        qty INT,
        PRIMARY KEY(id)
);
```

- 먼저 같은 이름의 데이터베이스가 이미 있을 수도 있으므로 book_db 데이터베이스를 삭제한다.
- book_db라는 데이터베이스를 생성한다.
- 지금부터 book_db 데이터베이스를 사용한다는 의미이다.
- book_db 안에 books라는 테이블을 생성한다. book_id와 title, publisher, year, price 등이 모두 컬럼이 된다. 컬럼 이름 다음에는 컬럼의 타입을 적어준다. 많이 사용되는 컬럼 타입은 INT, DECIMAL(n, d), CHAR(n), VARCHAR(n), DATE 등이 있다. CHAR(n)은 글자 개수가 일정한 필드를 나타내고 VARCHAR(n)은 글자 개수가 가변적일 때 사용한다.
- book_id 컬럼의 데이터 타입은 INT이다. 이 컬럼은 NULL이 되면 안 된다. 또 이 컬럼 값은 레코드가 추가될 때마다 자동으로 증가한다.
- book_id 컬럼이 주요키(primary key)가 된다. 주요키는 테이블에서 각각의 레코드를 구별할 수 있는 유일한 값이다. 모든 테이블은 주요키를 가져야 한다.

작성된 테이블을 확인하려면 desc books; 명령어를 사용한다. desc은 테이블의 명세를 확인할 때 사용하는 명령어이다.

■ 레코드 추가하기

데이터베이스를 생성했으면 다음 작업은 레코드를 추가하는 것이다. 레코드 추가는 INSERT 명령어를 사용한다. INSERT 문장 형식은 먼저 데이터를 삽입하기 원하는 컬럼을 나열하고 실제 데이터를 나열하면 된다.

INSERT INTO 테이블이름 [(컬럼이름1, ...)] VALUES (값1, ...);

데이터 추가 명령어   테이블 이름   컬럼 이름을 적어준다.   컬럼의 값을 적어준다.

```
INSERT INTO book_table (title, author, price, qty) VALUES
        ("검술의 기초", "홍길동", 20000, 30),
...
```

■ 레코드 검색하기

SELECT 문장은 쿼리(query)라고 불리는데 테이블에서 정보를 얻어내기 위해 사용된다. 이 명령어는 출력하고 싶은 컬럼과 테이블을 지정한다.

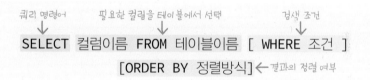

쿼리 명령어   필요한 컬럼을 테이블에서 선택   검색 조건

SELECT 컬럼이름 FROM 테이블이름 [WHERE 조건]

[ORDER BY 정렬방식] ← 결과의 정렬 여부

다음의 SELECT 명령어는 books라는 테이블에서 title, publisher, price 컬럼을 출력한다. FROM 절은 테이블을 지정한다.

```
mysql> SELECT title, publisher, price FROM books;
+---------------------------+----------------+-------+
| title                     | publisher      | price |
+---------------------------+----------------+-------+
| Operating System Concepts | Wiley          | 30700 |
| Head First PHP and MYSQL  | OReilly        | 58000 |
| C Programming Language    | Prentice-Hall  | 35000 |
| Head First SQL           | OReilly        | 43000 |
+---------------------------+----------------+-------+
```

SELECT 명령어의 결과로 나오는 레코드의 집합을 결과 집합(result set)이라고 한다. 다음 코드는 테이블 안의 모든 레코드를 포함하는 결과 집합을 생성한다. 왜냐하면 모든 컬럼을 요청하고 있고 조건이 없기 때문이다. 여기서 SELECT * 는 모든 컬럼을 선택함을 의미한다.

```
mysql> SELECT * from books;
+---------+-------------------------+---------------+------+-------+
| book_id | title                   | publisher     | year | price |
+---------+-------------------------+---------------+------+-------+
|       1 | Operating System Concepts | Wiley       | 2003 | 30700 |
|       2 | Head First PHP and MYSQL | OReilly      | 2009 | 58000 |
|       3 | C Programming Language   | Prentice-Hall | 1989 | 35000 |
|       4 | Head First SQL          | OReilly       | 2007 | 43000 |
+---------+-------------------------+---------------+------+-------+
```

SELECT를 사용할 때 선택을 위한 조건을 명시할 수 있다. 이런 경우에는 결과 집합이 제시된 조건을 만족하는 레코드가 된다. WHERE 절은 레코드를 선택하는 기준을 제공한다. 예를 들어 title이 'Head First'로 시작되는 레코드만 선택하려면 다음과 같이 한다.

```
mysql> SELECT * FROM books WHERE title LIKE 'Head First%';
+---------+-------------------------+-----------+------+-------+
| book_id | title                   | publisher | year | price |
+---------+-------------------------+-----------+------+-------+
|       2 | Head First PHP and MYSQL | OReilly  | 2009 | 58000 |
|       4 | Head First SQL          | OReilly   | 2007 | 43000 |
+---------+-------------------------+-----------+------+-------+
```

키워드 LIKE는 문자열을 비교할 때 사용된다. 이것은 와일드 카드(wildcard)를 가지고 있는 패턴을 사용할 수 있다. 'Head First%'에서 퍼센트(%) 기호는 문자열 'Head First'에다 0개 이상의 문자를 더하는 것을 의미한다. 따라서 'Head First PHP' 또는 'Head First SQL'이 매칭 된다. 그러나 'Head'는 안 된다. 다른 와일드 카드로는 언더라인 (_)이 있다. 이것은 하나의 글자 대신 사용할 수 있다.

WHERE 절에서 등호와 부등호를 사용하면 숫자를 비교할 수 있다. 다음 문장은 가격이 30000원보다 높고 50000원보다 낮은 책을 선택한다.

```
mysql> SELECT * FROM books WHERE price > 30000 and price < 50000;
+---------+--------------------------+---------------+------+-------+
| book_id | title                    | publisher     | year | price |
+---------+--------------------------+---------------+------+-------+
|       1 | Operating System Concepts | Wiley        | 2003 | 30700 |
|       3 | C Programming Language    | Prentice-Hall | 1989 | 35000 |
|       4 | Head First SQL            | OReilly       | 2007 | 43000 |
+---------+--------------------------+---------------+------+-------+
```

레코드를 정렬하여 출력하려면 ORDER BY를 사용한다. 아래 문장은 모든 책을 발행연도 순으로 정렬하여 출력한다.

```
mysql> SELECT * FROM books ORDER BY year;
+---------+----------------------------+---------------+------+-------+
| book_id | title                      | publisher     | year | price |
+---------+----------------------------+---------------+------+-------+
|       3 | C Programming Language     | Prentice-Hall | 1989 | 35000 |
|       1 | Operating System Concepts  | Wiley         | 2003 | 30700 |
|       4 | Head First SQL             | OReilly       | 2007 | 43000 |
|       2 | Head First PHP and MYSQL   | OReilly       | 2009 | 58000 |
+---------+----------------------------+---------------+------+-------+

4 rows in set (0.03 sec)
```

15-08 데이터베이스 예제 : 온라인 서점

자 이제부터 데이터베이스를 JSP 안에서 접근하여 보자. 먼저 온라인 서점 사이트를 구축한다고 가정하자. 서점에 있는 책의 재고 현황이 MySQL로 저장되어 있다.

■ MySQL 데이터베이스 드라이버 복사

먼저 MySQL Connector/J 드라이버 파일을 톰캣의 "lib"로 복사한다. 즉 MySQL Connector/J 드라이버 파일은 MySQL 사이트에 있으며 mysql-connector-Java-5.1.xx-bin.jar와 같이 이름이 붙여진다. 이것을 (톰캣 설치 디렉토리)/lib로 복사한다.

■ 데이터베이스 생성

먼저 다음과 같은 데이터베이스와 테이블을 생성한다. 이때 utf-8 버전의 명령어 행 클라이언트를 사용해야 한다.

다음과 같은 SQL 스크립트를 사용한다.

```
create database if not exists ebookshop;
use ebookshop;

drop table if exists books;
create table books (
    id      int,
    title   varchar(50),
    author  varchar(50),
    price   float,
    qty     int,
    primary key (id));

insert into books values (1, '검술의 기초', '홍길동', 20000, 30);
insert into books values (2, '도술 express', '홍길동', 30000, 20);
insert into books values (3, '맨 오브 스틸', '수퍼맨', 25000, 50);
insert into books values (4, '다크 나이트', '배트맨', 27000, 10);
insert into books values (5, '아이언맨3', '아이언맨', 35000, 60);
```

select로 올바르게 입력되었는지 확인해 본다.

■ 웹 애플리케이션 생성

(톰캣 설치 디렉토리)/webapps에 ebookshop이라는 디렉토리를 생성한다. "WEB-INF" 서브 디렉토리를 생성하고 예전처럼 ../ROOT/WEB-INF/에서 복사해 온다.

■ 데이터베이스 쿼리 화면

사용자에게 책 제목을 입력받고 데이터베이스에서 일치하는 책을 추출한 후에 책 리스트를 화면에 보여주어 사용자가 선택하도록 하는 페이지를 작성하여 보자.

```
order.jsp
```

```jsp
<%@ page import="java.util.*, java.lang.*"%>
<%@ page import="java.sql.*"%>
<%@ page language="java" contentType="text/html;charset=utf-8"
              pageEncoding="utf-8"%>
<% request.setCharacterEncoding("utf-8"); %>

<html>
<head>
<title>온라인 서점 예제</title>
</head>
<body>
<h1>인터넷 프로그래머 문고</h1>
<h3>제목을 입력하세요:</h3>
<form method="post">
책 제목: <input type="text" name="title"><br> <input type="submit" value="검색">
</form>

<%
    String title = request.getParameter("title");

    if (title != null) {
%>
<%
    Class.forName("com.mysql.jdbc.Driver");    ← mysql 드라이버를 찾는다.
      Connection conn = DriverManager.getConnection(
          "jdbc:mysql://localhost:3306/book_db", "root", "1234");    ← MySQL 서버에 접속한다.
```

```
        Statement stmt = conn.createStatement();

        String sqlStr = "SELECT * FROM book_table WHERE title LIKE "
                sqlStr += "'%" + title +"%'";
        sqlStr += "ORDER BY title ASC";
        ResultSet rset = stmt.executeQuery(sqlStr);
    %>
<hr>
<form method="post" action="orderproc.jsp">
<table border=1 cellpadding=5>
<tr>
<th>주문</th>
<th>저자</th>
<th>제목</th>
<th>가격</th>
<th>남아있는 수량</th>
</tr>
<%
        while (rset.next()) {
            int id = rset.getInt("id");
    %>
<tr>
<td><input type="checkbox" name="id" value="<%= id %>"></td>
<td><%= rset.getString("author") %></td>
<td><%= rset.getString("title") %></td>
<td><%= rset.getInt("price") %>원</td>
<td><%= rset.getInt("qty") %>권</td>
</tr>
<%
        }
    %>
</table>
<br> <input type="submit" value="주문"> <input type="reset" value="초기화">
</form>
<a href="<%= request.getRequestURI() %>"><h3>다시 주문하기</h3></a>
<%
        rset.close();
```

SQL 문자열을 생성한다.

결과 집합의 값들을 꺼내어
테이블을 작성한다.

```
        stmt.close();
        conn.close();
    }
  %>
</body>
</html>
```

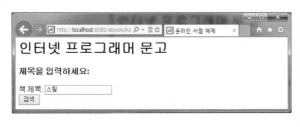

먼저 웹 프로그래밍에서 한글을 사용할 때는 한글 코드에 주의해야 한다. 많이 사용되는 한글 코드는 euc-kr과 utf-8이다. utf-8이 보다 국제규격에 잘 맞지만 대부분의 에디터는 euc-kr로 저장한다. 따라서 웹 페이지에서도 한 가지 코드 규격으로 통일해야 한다. 여기서는 데이터베이스에 저장할 때도 utf-8을 사용하였고 웹 페이지에서도 utf-8을 사용하고 있다.

```
<%@ page language="java" contentType="text/html;charset=utf-8"
pageEncoding="utf-8"%>
<% request.setCharacterEncoding("utf-8"); %>
```

또 한 가지 폼을 보낼 때는 get과 post 중에서 선택해야 한다. get 방식이 간단하지만 한글 코드가 흔히 잘못 전달되는 약점도 있다. 따라서 여기서는 post 방식을 사용하기로 하자.

```
<form method="post">
책 제목: <input type="text" name="title"><br> <input type="submit" value=
"검색">
</form>
```

위의 프로그램을 순서대로 설명하여 보자.

1. 이 HTML 페이지는 1개의 입력 박스가 포함된 폼을 가지고 있다. 입력 박스의 "action" 속성은 지정되지 않았다. 따라서 사용자가 제목을 입력하고 검색 버튼을 누르면 다시 현재의 페이지로 돌아온다. 처리 스크립트는 현재 페이지 안에 기술되어 있다.

2. request.getParameter("title") 메서드가 쿼리 매개 변수인 "title"이 존재하는지 체크하기 위해 사용된다. "title"은 페이지의 첫 번째 참조에서는 없다.

3. 〈%@ page .. %〉 지시어는 JSP "page" 지시어를 가지고 있는데 java.sql 패키지를 포함하기 위해서이다.

4. 스크립틀릿은 데이터베이스 쿼리 연산을 수행한다. 단계는 다음과 같다.

    a. java.sql.Connection 객체를 통하여 데이터베이스 연결을 확립한다.

    b. 연결된 상태에서 java.sql.Statement 객체를 할당한다.

    c. SQL SELECT 문자열을 준비한다.

    d. executeQuery() 메서드를 이용해 SQL SELECT 문장을 실행한다. 쿼리의 결과는 java.sql.ResultSet 객체에 담겨서 반환된다.

    e. ResultSet.next()를 통하여 ResultSet을 행 단위로 처리한다.

    f. 자원을 해제하고 연결을 닫는다.

5. 쿼리 결과는 HTML 테이블로 만들어진다. 테이블의 HTML 태그와 JSP 코드가 혼합되어 있다.

■ 주문 처리 화면

주문 처리 화면은 사용자로부터 받은 주문을 처리한다. 이때 데이터베이스 레코드를 적절하게 업데이트한다.

```
order_proc.jsp

<html>
<head>
<title>주문처리화면</title>
</head>

<body>
<h1>인터넷 프로그래머 서점</h1>
<h2>주문해주셔서 감사합니다.</h2>

<%
```

```jsp
    String[] ids = request.getParameterValues("id");
    if (ids != null) {
%>
<%@ page import="java.sql.*"%>

<%

    Class.forName("com.mysql.jdbc.Driver");
    Connection conn = DriverManager.getConnection(
        "jdbc:mysql://localhost:3306/book_db", "root", "1234");
    Statement stmt = conn.createStatement();
    String sqlStr;
    int recordUpdated;
    ResultSet rset;
%>
<table border=2>
<tr>
<th>저자</th>
<th>제목</th>
<th>가격</th>
<th>수량</th>
</tr>
<%
    for (int i = 0; i < ids.length; ++i) {
      sqlStr = "UPDATE book_table SET qty = qty - 1 WHERE id = " + ids[i];
      recordUpdated = stmt.executeUpdate(sqlStr);
      sqlStr = "SELECT * FROM book_table WHERE id =" + ids[i];
      rset = stmt.executeQuery(sqlStr);
      while (rset.next()) {
%>
<tr>
<td><%= rset.getString("author") %></td>
<td><%= rset.getString("title") %></td>
<td><%= rset.getInt("price") %>원</td>
<td><%= rset.getInt("qty") %></td>
</tr>
<%    }
        rset.close();
```

```
        }
        stmt.close();
        conn.close();
    }
    %>
</table>
<a href="order.jsp"><h3>주문화면으로 돌아가기</h3></a>
</body>
</html>
```

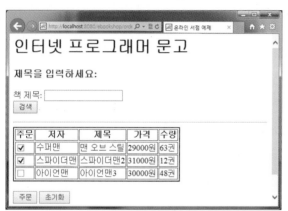

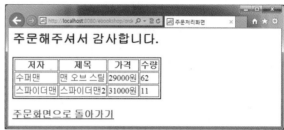

15-09 게시판 작성

웹에서 가장 기본적인 애플리케이션은 게시판이다. 게시판에는 우리가 지금까지 학습한 모든 내용이 담겨있다. HTML, CSS, 데이터베이스, 웹 서버, JSP 등이 사용된다. 게시판을 직접 만들어보면 웹 프로그래밍을 좀 더 잘 이해할 수 있으며, 자신감을 갖게 될 것이다.

게시판을 구현하는 기술도 많이 진화하였다. 예전에는 PHP나 ASP를 이용해 많이 구현하였지만 현재는 자바-기반의 게시판이 많이 이용되고 있다. 또 최근에는 자바-기반 기술 중에서도 JSTL, Ajax, Spring 등의 기술이 이용되고 있는 추세이다. 하지만 우리는 가장 기초적인 게시판만을 구현하여 볼 것이다. 즉 HTML, 자바, 자바스크립트, JSP, 톰캣, 데이터베이스 등의 기초 기술만을 이용한다. 그리고 MVC(Model-View-Controller) 형태의 Model2 방식이 아닌 Model1 방식으로 구현할 것이다. Model1이란 JSP 페이지 안에서 바로 Java 메서드를 호출하여 쿼리 실행 후 데이터를 가져오는 방식이다. 하나의 소스 안에 모든 것을 넣어서 구현하는 방식으로 간단하긴 하지만 나중에 유지 관리가 힘든 방법이다. 하지만 간단하다는 것이 큰 장점으로 우리는 이 방식으로 게시판을 구현한다.

우리는 톰캣 안에서 자바를 통하여 MySQL을 사용한다. 따라서 톰캣이 MySQL에 접근할 수 있도록 자바 라이브러리를 제공해야 한다. http://dev.mysql.com/downloads/connector/j/를 방문하면 mysql-connector-java-5.1.25.zip을 받아서 압축을 푼 후 mysql-connector-java-5.1.25-bin.jar를 톰캣 홈 lib 폴더에 넣어준다. 그리고 톰캣을 중지하였다가 다시 시작한다. 이 과정을 생략하면 com.mysql.jdbc.Driver를 찾을 수 없다는 오류가 발생한다.

■ 데이터베이스 생성

가장 먼저 해야 할 작업은 물론 데이터베이스를 생성하는 것이다. 먼저 MySQL 5.6 Command Line Client(utf-8 버전)를 실행하여 다음과 같은 문장을 순차적으로 실행한다. 전부 복사해서 붙여넣기 해도 된다.

```
create database if not exists board;
use board;

drop table if exists message;
create table message(
        subject char(60),
        name char(20),
        time char(60),
        memo text,
        email char(40),
        id int not null auto_increment,
        primary key(id));
```

desc 명령어를 이용해 올바르게 테이블이 생성되었는지를 확인한다.

■ 게시글 리스트 페이지

게시판하면 당연히 게시글을 보여주는 화면이 있어야 한다. 게시글은 어디에 저장이 되어 있을까? 물론 데이터베이스이다. 따라서 데이터베이스에 연결한 후 데이터를 가져와서 화면에 보여주어야 할 것이다.

먼저 톰캣 webapps 폴더 안에 Board라는 폴더를 생성한다. Board 안에는 WEB-INF 폴더를 생성하고 ../ROOT/WEB-INF 안에 있는 web.xml을 복사한다. 그리고 메모장으로 다음과 같은 소스를 입력하여 저장한다.

```
list.jsp
```

```jsp
<%@ page import="java.sql.*"%>
<%@ page language="java" contentType="text/html;charset=utf-8"
        pageEncoding="utf-8"%>
<% request.setCharacterEncoding("utf-8"); %>


<html>
<head>
<title>게시판</title>
</head>
<body>
        <h3>게시글 리스트</h3>
        <table border="2">
                <tr>
                        <td>번호</td>
                        <td>제목</td>
                        <td>작성자</td>
```

```jsp
      <td>날짜</td>
      <td>이메일</td>
</tr>

<%
```

데이터베이스 드라이버를 찾아서
데이터베이스 서버에 로그인한다.

```jsp
      Connection con = null;
      Statement stmt = null;
      try {
            Class.forName("com.mysql.jdbc.Driver");
            String url = "jdbc:mysql://localhost:3306/board"
            con = DriverManager.getConnection(url, "root", "1234");
      } catch (Exception e) {
            out.println("데이터베이스 접속에 문제가 있습니다.<hr>");
            out.println(e.getMessage());
            e.printStackTrace();
      }
```

SQL 쿼리를 작성하여 실행한다.

```jsp
      stmt = con.createStatement();
      String sql = "select * from message order by id asc ";
      ResultSet rs = stmt.executeQuery(sql);

      if (rs != null) {
            while (rs.next()) {
                  int id = Integer.parseInt(rs.getString("id"));
%>

<tr>

      <td><%=id%></td>
      <td><a href="display.jsp?id=" <%=id%>>
          <%=rs.getString("subject")%></a></td>
      <td><%=rs.getString("name")%></td>
      <td><%=rs.getString("time")%></td>
      <td><%=rs.getString("email")%></td>
</tr>

<%

            }
      }
%>
```

```
        </table>

        <a href="write.jsp"> 게시글 쓰기 </a>
        <%
                if (stmt != null)
                        stmt.close();
                if (con != null)
                        con.close();
        %>
</body>
</html>
```

현재 데이터베이스에는 아무것도 없기 때문에 다음과 같이 나오면 정상이다.

만약 한글이 깨져 나온다면 어딘가에서 한글 코드가 맞지 않은 것이다. 전체를 utf-8로 하였는지 다시 한 번 점검해 본다.

■ 게시글 입력 페이지

게시글의 입력도 비슷한 방법으로 하면 된다.

write.jsp

```
<%@ page language="java" contentType="text/html;charset=utf-8"
            pageEncoding="utf-8"%>
<% request.setCharacterEncoding("utf-8"); %>
<html>
<head>
<title>게시글 입력</title>
```

```
</head>
<body>
        <h3>게시글 입력 화면</h3>
        <form action="insert.jsp" method="post">
                <table border="2">
                        <tr>
                                <td>제목</td>
                                <td><input type="text" name="subject" size="60"></td>
                        </tr>
                        <tr>

                                <td>작성자</td>
                                <td><input type="text" name="name" size="60"></td>
                        </tr>
                        <tr>

                                <td>내용</td>
                                <td><textarea name="memo" cols="53" rows="5"></textarea></td>
                        </tr>
                        <tr>
                        </tr>
                        <tr>

                                <td>작성날짜</td>
                                <td><input type="text" name="time" size="60"></td>
                        </tr>
                </table>
                <br> <br> <input type="submit" value="게시글 등록"> <input type="reset"
                        value="다시 쓰기">
        </form>

        <a href="list.jsp"> 게시글 리스트 보기 </a>
        <br>
</body>
</html>
```

게시글이 입력되면 insert.jsp
소스를 호출한다.

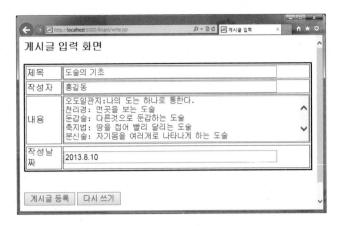

■ 데이터베이스 입력 페이지

이 페이지는 앞의 write.jsp에서 사용자가 "게시물 등록" 버튼을 누르면 호출된다. 사용자 인터페이스 부분은 없고 전체가 데이터베이스에 게시글을 추가하는 코드로 되어 있다.

```jsp
insert.jsp

<%@ page import="java.sql.*"%>
<%@ page import="java.text.*"%>
<%@ page language="java" contentType="text/html;charset=utf-8"
        pageEncoding="utf-8"%>
<% request.setCharacterEncoding("utf-8"); %>

<html>
<body>
<%
        String name, email, subject, memo, time;
        name = request.getParameter("name");
        email = request.getParameter("email");
        time = request.getParameter("time");            ←─HTTP 요청에서 인수들을 추출한다.
        subject = request.getParameter("subject");
        memo = request.getParameter("memo");

        ResultSet rs = null;
        String sql;
        Connection con=null;
```

```jsp
        Statement stmt=null;
        try {
                Class.forName("com.mysql.jdbc.Driver");
                String url = "jdbc:mysql://localhost:3306/board";
                con = DriverManager.getConnection(url, "root", "1234");
        }
        catch(Exception e) {
                out.println("데이터베이스 접속에 문제가 있습니다.<hr>");
                out.println(e.getMessage());
                e.printStackTrace();
        }
        stmt = con.createStatement();

        sql = "insert into message "+
                "(subject, name, time, memo, email) " +
                "values (" + "'" +subject + "', '"+ name + "', '"  +
                time + "','" +memo + "','" + email + "' );";
        try {
                stmt.executeUpdate(sql);
        }
        catch(Exception e) {
                out.println("데이터베이스 삽입 연산이 실패하였습니다.<hr> ");
                out.println(e.getMessage());
                e.printStackTrace();
        }
%>
<h3>게시글이 등록되었습니다.</h3>
<a href="list.jsp"> 게시글 리스트 보기 </a>
</body>
</html>
```

데이터베이스 서버에
게시물을 저장한다.

■ 게시글 보기 화면

먼저 게시글 보기 화면을 작성하기 전에 다음과 같이 게시글 리스트 화면에서 각 게시글 제목에 링크를 걸어야 한다. 즉 list.jsp에서 다음과 같이 수정하여 준다.

list.jsp

```
...
    <tr>
      <td> <%= id %></td>
      <td>     <a href=display.jsp?id=<%= id %>>
                    <%=rs.getString("subject")%></a></td>
      <td> <%= rs.getString("name") %></td>
      <td> <%= rs.getString("time") %></td>
      <td> <%= rs.getString("email") %></td>
    </tr>
...
```

글의 제목을 클릭하면 글의 내용이 화면에 표시되도록 한다.

display.jsp

```
<%@ page import="java.sql.*"%>
<%@ page language="java" contentType="text/html;charset=utf-8"
            pageEncoding="utf-8"%>
<% request.setCharacterEncoding("utf-8"); %>
<html>
<head>
<title>게시글 표시</title>
</head>
<body>
<h3>게시글 내용</h3>
<%
    String subject="", memo="", name="", time="", email="";
    int id = Integer.parseInt(request.getParameter("id"));

    Connection con=null;
    Statement stmt=null;
```

```
        try {
                Class.forName("com.mysql.jdbc.Driver");
                String url = "jdbc:mysql://localhost:3306/board";
                con = DriverManager.getConnection(url, "root", "1234");
        }
        catch(Exception e) {
                out.println("데이터베이스 접속에 문제가 있습니다.<hr>");
                out.println(e.getMessage());
                e.printStackTrace();
        }
```

```
stmt = con.createStatement();
String sql = "select * from message where id = " + id;   ←── 데이터베이스를 쿼리한다.
ResultSet rs = stmt.executeQuery(sql);
```

```
while(rs.next())  {
        subject = rs.getString("subject");
        memo = rs.getString("memo");
        name = rs.getString("name");                      ←── 쿼리 결과에서 데이터를
        time = rs.getString("time");                           추출한다.
        email = rs.getString("email");
}
```
```
    %>
<table border="2">
<tr>
        <td>제목</td>
        <td><%= subject %></td>
</tr>
<tr>
        <td>작성자</td>
        <td><%= name %></td>
</tr>
<tr>
        <td>내용</td>
        <td><%= memo %></td>
</tr>
<tr>
</tr>
<tr>
```

```
            <td>날짜</td>
            <td><%= time %></td>
    </tr>
    <tr>

            <td>이메일</td>
            <td><%= email %></td>
    </tr>
    </table>
    <br>
    <br>
    <a href="list.jsp"> 게시글 리스트 보기 </a>
    </body>
    </html>
```

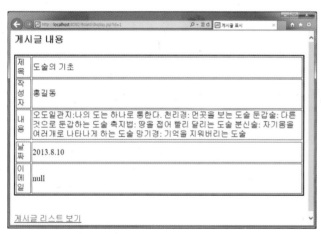

15-10 Ajax, jQuery와 JSP

Ajax와 JSP 서버가 어떤 식으로 상호작용하는지 살펴보자. 독자는 JSP에만 신경쓰느라 Ajax는
생각이 안 날 수도 있겠다. Ajax는 전체 페이지를 다시 불러오지 않고서도 데이터를 서버로부
터 받을 수 있는 기술이라고 하였다. 구글이 gmail에 이용하여 아주 호평을 받았던 기술이다.
자 이제 JSP를 학습하였기 때문에 Ajax와 JSP가 어떤 식으로 통신을 하는지 아주 간단한 예제
를 가지고 살펴보자.

사용자가 텍스트 필드에 이름을 입력하고 버튼을 누르면 서버가 "안녕하세요. 홍길동님!"이라고 응답하는 예제를 작성하여 보자.

■ Ajax와 JSP

1. 톰캣의 webapps 폴더에 Ajax라는 새로운 폴더를 생성한다.
2. Ajax 폴더에 ../ROOT/WEB-INF 폴더를 복사한다.
3. ajax.html 파일을 Ajax 폴더 안에 생성한다.

ajax.html

```html
<html>
<head>
<meta http-equiv="content-type" content="text/html; charset=utf-8">
<title>Hello Ajax</title>
<script type="text/javascript">
var xhr = null;

function getXMLHttpRequest() {
    if (window.ActiveXObject) {
        try {
            return new ActiveXObject("Msxml2.XMLHTTP");//IE 상위 버전
        } catch (e1) {
            try {
                return new ActiveXObject("Microsoft.XMLHTTP");//IE 하위 버전
            } catch (e2) {
                return null;
            }
        }
    } else if (window.XMLHttpRequest) {
        return new XMLHttpRequest();//IE 이외의 브라우저(FireFox 등)
    } else {
        return null;
    }
}// XMLHttpRequest 객체 얻기


function requestHello(URL) {
```

```
        param = f.name.value;
        URL = URL + "?name=" + encodeURIComponent(param);//한글 처리
        xhr = getXMLHttpRequest();//XMLHttpRequest 객체 얻기
        xhr.onreadystatechange = responseHello;//콜백 함수 등록
        xhr.open("GET", URL, true);//연결
        xhr.send(null);//전송
}// 서버에 요청


function responseHello() {
    if (xhr.readyState == 4) {//완료
        if (xhr.status == 200) {//오류없이 OK
            var str = xhr.responseText;//서버에서 보낸 내용 받기
            document.getElementById("message").innerHTML = str;//보여주기
        } else {
            alert("Fail : " + xhr.status);
        }
    }
}// 응답
</script>
</head>
<body>
<form name="f">
<input type="text" name="name">
<input type="button" value="입력" onclick="requestHello('ajaxs.jsp')">
</form>
<div id="message"></div>
</body>
</html>
```

4. ajaxs.jsp 파일을 Ajax 폴더 안에 생성한다.

---

ajaxs.jsp

```
<%@ page contentType="text/plain; charset=utf-8" %>
<%@ page pageEncoding="utf-8" %>
<%
 request.setCharacterEncoding("utf-8");
 String name = request.getParameter("name");
%>
안녕하세요, <%= name %>님!
```

■ jQuery를 사용하는 방법

똑같은 예제를 jQuery를 이용해 작성하여 보자. jQuery에서는 $.ajax(), $.post()와 $.get()을 사용할 수 있다.

---

jquery.html

```
<html>
<head>
<title>the title</title>
<script src="http://code.jquery.com/jquery-1.10.1.min.js"></script>
<script type="text/javascript" language="javascript">
  $(document).ready(function() {
      $("#driver").click(function(event){
          $.post(
              "ajaxs.jsp",
              $("#testform").serialize(),
              function(data) {
                  $('#message').html(data);
              }
```

```
                );
            });
        });
    </script>
</head>
<body>
<form id="testform">
<input type="text" name="name">
<input type="button" value="입력" id="driver">
</form>
<div id="message"></div>
</body>
</html>
```

① 1부터 10까지 출력하는 JSP 페이지를 작성한다. 자바의 반복 구조를 이용한다.

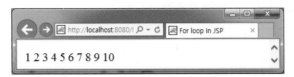

② 1의 제곱, 2의 제곱, ... , 10의 제곱을 출력하는 JSP 페이지를 작성한다. 자바의 반복 구조를 이용한다.

③ JSP 페이지 안에서 문자열 배열을 생성하고 배열에 { "사과", "포도", "오렌지", "감" }을 저장한 후 웹 페이지에 다음과 같이 출력하라.

④ 다음과 같은 화면이 나타나는 JSP 페이지를 작성해 보자. 각 줄은 숫자를 제곱해서 더한 값을 표시한다. 이중 반복 구조를 사용하고 변수를 선언하여 누적합을 저장하라.

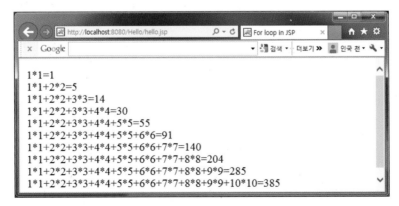

5 4번 문제에서 각 줄의 배경색을 노란색으로 변경하도록 JSP 페이지를 수정하라. JSP 페이지 안에 CSS 코드를 추가한다.

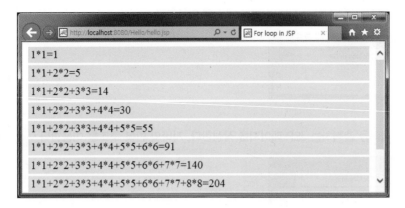

6 main.html과 result.jsp를 작성한다. main.html에서는 사용자로부터 문자열을 입력받을 수 있는 화면을 표시한다. 사용자가 전송을 클릭하면 result.jsp를 호출한다.

result.jsp에서는 main.html에서 넘어온 문자열을 화면에 출력한다.

7 main.html과 result.jsp를 작성한다. main.html에서는 다음과 같이 연산 중의 하나를 선택하고 사용자로부터 피연산자를 입력받을 수 있는 양식을 표시한다. 사용자가 쿼리 전송을 클릭하면 result.jsp를 호출한다.

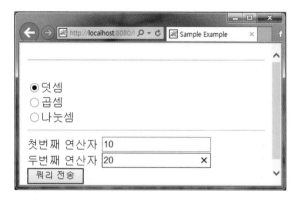

result.jsp에서는 main.html에서 넘어온 2개의 피연산자를 가지고 지정된 연산을 한 후에 결과를 화면에 출력한다.

CHAPTER

16

모바일
웹 페이지

학·습·목·표
- 모바일 웹 페이지 개발에 대한 개요를 이해한다.
- 반응형 웹 페이지 작성의 기초를 살펴본다.
- 모바일 라이브러리 중에서 많이 사용되는 jQuery Mobile의 기초를 살펴본다.
- jQuery Mobile을 가지고 간단한 모바일 웹을 작성하여 본다.

학·습·내·용

16-01 모바일 웹

요즘은 모바일이 대세라고 한다. 많은 사람들이 스마트폰을 사용하고 있으며 웹브라우징이 가능한 피처폰도 많다. 많은 사람들이 모바일 장치를 통하여 뉴스를 보고 상품을 주문하며 주식거래를 한다. 앞으로 스마트폰을 포함한 모든 모바일 장치에는 웹 브라우저가 반드시 있을 것이고 모바일로 웹을 이용하는 사람이 PC로 웹을 이용하는 사람보다 많아질 것이다. 따라서 모바일 웹 개발은 앞으로 중요한 이슈가 될 것이고 이미 그렇게 진행되고 있다.

모바일 플랫폼은 여러 가지이다. 즉 아이폰, 안드로이드, 윈도폰, 블랙베리 등 여러 가지가 있다. 각 플랫폼에 맞는 프로그램을 작성하려면 특정 언어를 사용해야 하고 플랫폼 프로그래밍 기술을 학습해야 한다. 구체적으로 안드로이드에서 실행되는 프로그램을 개발하려면 자바 언어를 학습해야 하고 안

드로이드 프로그래밍 기술을 알아야 한다. 또 아이폰에서는 Objective-C언어를 사용하여야 하고 iOS 운영체제를 학습해야 한다. 회사에서 어떤 애플리케이션을 개발하려면 각 플랫폼 별로 별도의 프로그램을 개발해야 한다.

그런데 만약 웹으로 애플리케이션을 만들면 어떨까? HTML5를 사용한다면 애플리케이션을 작성할 만한 충분한 도구가 주어진다. 작성된 웹 애플리케이션은 모든 플랫폼에서 변경 없이 실행될 수 있다. 또 업데이트를 주기적으로 할 필요도 없다.

	Native App.	Web App.
실행 속도	빠름	일반적으로 느림
플랫폼	플랫폼마다 제작해야 함	하나의 버전으로 모든 플랫폼에서 실행 가능
배포	앱 마켓을 통한 배포	배포할 필요가 없음
버전 업데이트	상당한 시간이 걸림	즉시 반영됨
오프라인 시	사용 가능	약간의 기능 사용 가능

물론 장점만 있는 것은 아니고 스마트폰 내부 하드웨어 장치를 이용하는 게임과 같은 분야에서는 네이티브 앱이 단연 유리하다. 하지만 일반적인 앱의 경우, 큰 차이가 없는 경우도 많다. 예를 들어 오른쪽 그림은 거의 동일한 기능을 네이티브 앱과 웹 앱으로 제작한 예이다.

(출처: 아마존 UK)

■ 데스크탑 웹과 모바일 웹

모바일 웹은 데스크탑 웹과 얼마나 다를까? 우리는 PC에서 잘 보이는 웹 사이트가 모바일 장치에서는 상당히 다르게 보이는 것을 많이 경험하고 있다. 과연 무엇이 다를까?

결정적으로 모바일 장치는 데스크탑에 비하여 화면 크기가 작고 처리 능력이 떨어진다. 따라서 복잡하고 용량이 큰 사이트는 모바일에서 굉장한 부담이 된다. 또 이용 요금이 네트워크 데이터 양에 따라 부과되는 것도 고려해야 한다. 따라서 모바일 웹은 간결하게 성능 위주로 개발해야 한다.

또 모바일 웹 브라우저는 상당히 다양하다. 즉 아이폰에서는 사파리가 많이 사용되고 안드로이드 장치에서는 크롬이 사용된다. 윈도폰에서는 물론 인터넷 익스플로러가 사용된다. 이들 모두 HTML5와 CSS3 기능을 지원하는 방법이 다르다.

모바일 장치와 데스크탑은 사용자 인터페이스가 서로 다르다. 모바일 장치는 터치 방식을 주로 사용하지만 데스크탑은 아직까지도 마우스와 키보드를 주로 사용한다. 따라서 사용자 입력을 받는 사이트의 경우, 이 점도 고려해야 한다.

(출처: http://www.onbile.com/info/top—country—for—mobile—web—users/)

데스크탑을 위해 디자인된 웹 페이지는 모바일에서 문제점을 나타내기도 한다. 예를 들어 데스크탑에서 잘 보이던 메뉴가 너무 작게 보이기도 하고 화면에 빈 공간이 있거나 지나치게 복잡할 수 있다.

자신이 만든 페이지가 데스크탑뿐만 아니라 스마트폰이나 스마트 패드에서도 잘 보이게 하려면 어떻게 해야 할까? 모바일 장치는 화면의 크기가 제각각이지만 디자이너가 화면의 크기별로 웹 페이지를 만들어야 하는 것은 아니다. 웹 페이지가 사용자의 환경을 읽어서 적절하게 반응하는 페이지를 작성하면 된다. 이것을 반응형 웹 페이지 디자인 (responsive web design: RWD)이라고 한다. 이 용어를 처음 사용한 사람은 웹디자이너 에단 마르코트(Ethan Marcotte)이다. 에단이 기고한 글은 http://alistapart.com/article/responsive-web-design에서 볼 수 있다.

(그림 출처: http://mashable.com/2012/12/11/responsive-web-design/)

반응형 웹 디자인에서는 첫 번째로 CSS 미디어 쿼리를 통하여 브라우저 상태값을 읽어, 브라우저 창의 크기, 화면 방향, 화면 비율 등을 파악한다. 두 번째로 절대값 대신 상대적인 값을 이용해 페이지 레이아웃을 설정한다. 또 부모 요소의 크기에 따라 이미지와 미디어의 크기가 자동으로 조절되도록 한다.

■ 미디어 타입

CSS 2.1 이후로 스타일 시트에서도 미디어 타입(media type)을 통하여 장치의 속성을 알 수 있었다. 화면을 위한 CSS와 인쇄를 위한 CSS를 별도로 두는 경우도 많다.

```
<link rel="stylesheet" type="text/css" href="screen.css"
  media="screen" />← 미디어 타입이 screen이면 screen.css를 불러들인다.
<link rel="stylesheet" type="text/css" href="print.css"
  media="print" />
```

CSS 스펙에서는 handheld, print, projection, screen, tv 등을 미디어 타입으로 사용할 수 있다고 되어 있으나 상당수의 브라우저와 장치는 이것을 구현하지 않았다. 최근 W3C에서는 CSS3 스펙의 일부로 미디어 타입을 향상시킨 미디어 쿼리(media query)를 추가하였다. 미디어 쿼리를 이용하면 미디어의 종류뿐만 아니라 장치의 물리적인 특성을 알 수 있다. 예를 들어 다음과 같은 문장을 사용해 장치의 가로픽셀 수를 알 수 있다.

```
<link rel="stylesheet" type="text/css"
  media="screen and (max-device-width: 480px)"
  href="small.css" /> 미디어 타입이 screen이고 최대 화면 너비가 480픽셀이면
                      small.css를 적용한다.
```

미디어 쿼리는 2개의 요소를 포함하고 있다. 첫 번째 미디어 타입이 "screen"이고 두 번째 미디어 특징(max-device-width)을 먼저 적고 목표 값(480px)을 적어준다.
위 문장의 의미는 우리가 원하는 장치의 수평 해상도(max-device-width)가 480px이하라는 것이다. 만약 검사가 통과되면 즉 아이폰처럼 작은 화면이라면 장치는 small.css를 로드한다. 그렇지 않으면 link는 무시된다.

개발자는 과거에도 자바스크립트를 이용해 해상도를 알 수 있었지만 미디어 쿼리는 화면의 해상도보다 훨씬 많은 미디어 특징을 제공한다. 그리고 원한다면 얼마든지 and 키워드를 이용해 여러 특징값을 검사할 수 있다.

```
<link rel="stylesheet" type="text/css"
  media="screen and (max-device-width: 480px) and (resolution: 163dpi)"
  href="shetland.css" />
```

또한 @media 규칙을 이용해 우리의 CSS로 직접 이것을 포함시킬 수도 있다.

```
@media screen and (max-device-width: 480px) {
  .column {
    float: none;
  }
}
```

아니면 @import 지시어의 일부로 사용할 수도 있다.

```
@import url("small.css") screen and (max-device-width: 480px);
```

어떤 경우든지 효과는 동일하다. 만약 장치가 검사를 통과한다면 관계되는 CSS가 우리의
HTML에 적용된다. 미디어 쿼리는 조건 주석이라 할 수 있다.

 예제 반응형 웹 예제

resposive.html

```
<!doctype html>
<html>
<head>
    <meta charset="utf-8">
    <meta name="viewport" content="width=device-width, initial-scale=1.0">

    <title>Responsive Web Design</title>
    <style>
        #page {
            padding: 5px;
            width: 960px;
            margin: 20px auto;
        }
        #header { height: 50px; }
        #main { width: 600px;    float: left; }
        #sidebar { width: 300px; float: right; }
        #footer { clear: both; }
```

```
        @media screen and (max-width: 980px) {      ←  미디어 타입이 screen이고 최대너비가 980픽셀이면
            #page { width: 94%; }
            #main { width: 65%; }
            #sidebar { width: 30%; }
        }


        @media screen and (max-width: 700px) {      ←  미디어 타입이 screen이고 최대너비가 700픽셀이면
            #main { width: auto; float: none; }
            #sidebar { width: auto; float: none; }
        }


        @media screen and (max-width: 480px) {      ←  미디어 타입이 screen이고 최대너비가 400픽셀이면
            #header { height: auto; }
            h2 { font-size: 24px; }
            #sidebar { display: none; }
        }


        #header, #main, #sidebar, #footer {
            border: solid 1px red;
        }


        #header { background-color: yellow; }
        #sidebar { background-color: aliceblue; }
        #main { background-color: aqua; }
        #footer { background-color: coral; }
    </style>
</head>


<body>
    <div id="page">
        <div id="header">
            <h2>Header</h2>
        </div>
        <div id="main">
            <h2>Main</h2>
            데스크탑을 위해 디자인된 웹 페이지는 모바일에서는 문제점을 나타내기도 한다.
            예를 들어 데스크탑에서 잘 보이던 메뉴가 너무 작게 보이기도 하고
            화면에 빈 공간이 있거나 지나치게 복잡할 수 있다.
```

자신이 만든 페이지가 데스크탑뿐만 아니라
스마트폰이나 스마트 패드에서도 잘 보이게 하려면 어떻게 하여야 할까?
모바일 장치는 화면의 크기가 제각각이지만 디자이너가 화면의 크기별로 웹 페이지를
만들어야 하는 것은 아니다.
웹 페이지가 사용자의 환경을 읽어서 적절하게 반응하는 페이지를 작성하면 된다.
이것을 반응형 웹 페이지 디자인(responsive web design: RWD)라고 한다.
이 용어를 처음으로 사용한 사람은 웹디자이너 에단 마르코트(Ethan Marcotte)라고 한다.
에단이 기고한 글은 http://alistapart.com/article/responsive-web-design에서
볼 수 있다.

```html
        </div>
        <div id="sidebar">
            <h2>Sidebar</h2>
            <ul>
                <li>Fluid Grids</li>
                <li>Media Queries</li>
            </ul>
        </div>
        <div id="footer">
            <h2>Footer</h2>
        </div>
    </div>
</body>
</html>
```

16-03 jQuery Mobile

최근까지 모바일 장치에서 앱이라고 하면 당연히 네이티브 앱만을 생각했었다. 하지만 HTML5의 등장과 함께 웹 기반 앱(web-based app)이 상당한 인기를 얻게 되었다. 이러한 웹 앱(webapp)을 제작하는 데 큰 도움을 주는 도구가 바로 모바일 프레임워크이다.

웹 앱과 전통적인 웹과는 무엇이 다를까? 웹 앱은 앱처럼 보이는 웹 페이지이다. 즉 앱처럼 사용자와 상호작용하며 모바일 화면에 적절한 레이아웃을 사용하고 매번 전체 페이지를 다시 로드하지 않고 필요한 부분만 로드한다.

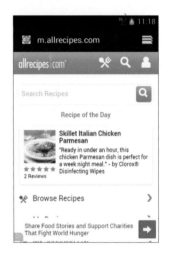

jQuery Mobile은 모바일 프레임워크 중 하나이다. jQuery Mobile은 터치-기반의 HTML5 UI 프레임워크이다. jQuery Mobile로 작성한 웹 앱은 모든 종류의 스마트폰, 태블릿, 데스크탑에서 소스 변경 없이 동일한 모습으로 실행될 수 있다.

■ 모바일 프레임워크를 이용하는 이유

그런데 왜 HTML5와 CSS3만 사용하지 않고 jQuery Mobile과 같은 모바일 프레임워크를 사용해야 하는가? 모바일 프레임워크를 사용하면 터치 기반의 사용자 인터페이스를 쉽고 빠르게 작성할 수 있기 때문이다. 또 모바일에 어울리는 인터페이스를 구현하고 있기 때문에 네이티브 앱과 같은 느낌을 준다. 또 하나 중요한 이유는 많은 모바일 플랫폼의 특성을 파악해서 처리하고 있기 때문에 개발자가 신경을 쓸 필요가 없다는 점이다.

16-04 jQuery Mobile 실습

다양한 모바일 장치에 탑재된 웹 브라우저들은 약간씩 차이가 있다. jQuery Mobile (jQM) 라이브러리는 개발자가 다양한 모바일 브라우저 위에서 거의 동일한 모습으로 실행되는 애플리케이션을 작성하는 것을 지원한다.

jQuery Mobile 라이브러리는 2010년 가을부터 제공되었으며 현재 최신 버전은 1.3.1이다.

JQUERY MOBILE 1.3.1 RELEASED!

jQuery Mobile: Touch-Optimized Web Framework for Smartphones & Tablets

A unified, HTML5-based user interface system for all popular mobile device platforms, built on the rock-solid jQuery and jQuery UI foundation. Its lightweight code is built with progressive enhancement, and has a flexible, easily themeable design.

Latest stable version - 1.3.1 ○
Legacy versions: 1.2.1 - 1.1.2 - 1.0.1

jQuery Mobile은 Microsoft, Adobe 등의 많은 회사의 지원을 받고 있다. jQuery Mobile은 2011년 현재 약 32%의 점유율을 가지고 있다.

▪ 기본 구조

jQuery Mobile을 사용하는 애플리케이션의 기본 구조는 다음과 같다. 1개의 CSS 파일과 2개의 자바스크립트 라이브러리를 포함시키면 된다. 이후에 〈body〉 부분에 우리가 원하는 태그를 사용해 애플리케이션을 작성하면 된다.

jqm.html

```html
<!DOCTYPE html>
<html>
<head>
    <title>Page Title</title>
```

```
    <meta name="viewport" content="width=device-width, initial-scale=1">

    <link rel="stylesheet" href="http://code.jquery.com/mobile/1.3.1/jquery.mobile-
1.3.1.min.css" />
    <script src="http://code.jquery.com/jquery-1.9.1.min.js"></script>
    <script src="http://code.jquery.com/mobile/1.3.1/jquery.mobile-1.3.1.min.js"></
script>
</head>
```

↑
jQuery Mobile을 사용하려면
이 부분을 추가한다.

```
<body>
    ...여기에 우리가 원하는 콘텐츠를 넣는다....
</body>
</html>
```

첫 번째 문장에서 jQuery CSS 파일을 로드한다. 이후 문장에서 jQuery 라이브러리를 로드하고 jQuery 모바일 자바스트립트 코드를 끝으로 로드한다. 왜냐하면 jQuery Mobile이 jQuery 코드를 필요로 하기 때문이다.

 예제 jQuery Mobile 기본 예제

위의 기본 구조를 사용해 간단한 예제를 작성하여 보자.

jqm_basic.html

```
<!DOCTYPE html>
<html>
<head>
    <title>My Page</title>
    <meta name="viewport" content="width=device-width, initial-scale=1">

    <link rel="stylesheet" href="http://code.jquery.com/mobile/1.3.1/jquery.mobile-
1.3.1.min.css" />
    <script src="http://code.jquery.com/jquery-1.9.1.min.js"></script>
    <script src="http://code.jquery.com/mobile/1.3.1/jquery.mobile-1.3.1.min.js"></
script>
```

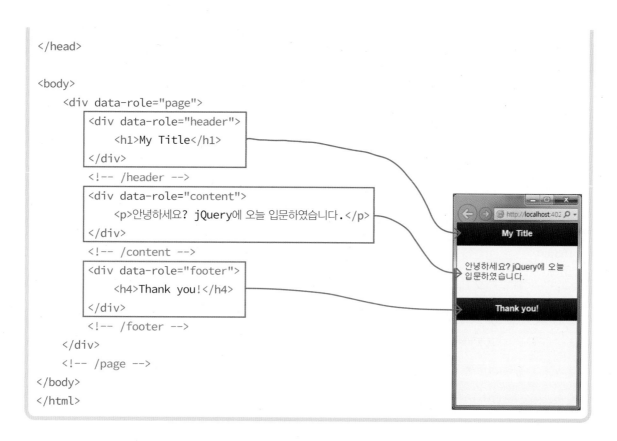

```
</head>

<body>
    <div data-role="page">
        <div data-role="header">
            <h1>My Title</h1>
        </div>
        <!-- /header -->
        <div data-role="content">
            <p>안녕하세요? jQuery에 오늘 입문하였습니다.</p>
        </div>
        <!-- /content -->
        <div data-role="footer">
            <h4>Thank you!</h4>
        </div>
        <!-- /footer -->
    </div>
    <!-- /page -->
</body>
</html>
```

특이한 것은 〈div〉 요소를 만들고 data-role 속성으로 요소의 역할을 지정한다는 점이다. 다음 단계는 바로 콘텐츠 컨테이너 〈div data-role="content"〉 안에 콘텐츠를 추가하는 것이다. 어떤 표준 HTML 요소라도 추가할 수 있다. 즉 헤딩, 리스트, 단락 등 어떤 요소라도 추가할 수 있다. 또 개발자 자신만의 커스텀 스타일을 작성하여 커스텀 레이아웃을 생성해도 된다.

■ 리스트 뷰

jQuery Mobile은 여러 가지 종류의 리스트 뷰를 제공한다. 모바일 앱에서는 특히 리스트가 중요하다. 리스트에서 data-role="listview"를 추가하면 된다. data-inset="true" 속성은 리스트뷰를 inset 모듈처럼 보이게 한다. data-filter="true"는 동적 검색 필터를 추가한다.

```
jqm_list.html
...

<body>
    <div data-role="page">
        <div data-role="header">
            <h1>My Title</h1>
        </div>
        <!-- /header -->
        <div data-role="content">
            <ul data-role="listview" data-inset="true" data-filter="true">
                <li><a href="#">Benz</a></li>
                <li><a href="#">BMW</a></li>
                <li><a href="#">AUDI</a></li>
                <li><a href="#">현대자동차</a></li>
                <li><a href="#">기아자동차</a></li>
            </ul>
        </div>
        <!-- /content -->
        <div data-role="footer">
            <h4>Thank you!</h4>
        </div>
        <!-- /footer -->
    </div>
    <!-- /page -->
</body>
...
```

■ 슬라이더

jQuery Mobile은 자동적으로 터치-친화적인 스타일 위젯으로 향상되는 폼 요소를 가지고 있다. HTML5에서 제공되는 슬라이더도 변형되어 그대로 제공된다. 여기서는 data-role이 필요 없다. 모든 폼 요소는 〈label〉 속성을 가지고 있어야 하고 폼 요소의 그룹은 〈form〉 태그로 둘러싸야 한다.

```
jqm_slider.html
...
        <div data-role="content">
            <p>안녕하세요? jQuery에 오늘 입문하였습니다.</p>
            <form>
                <label for="slider-0">Input slider:</label>
                <input type="range" name="slider" id="slider-0"
value="25" min="0" max="100" />
            </form>
        </div>
...
```

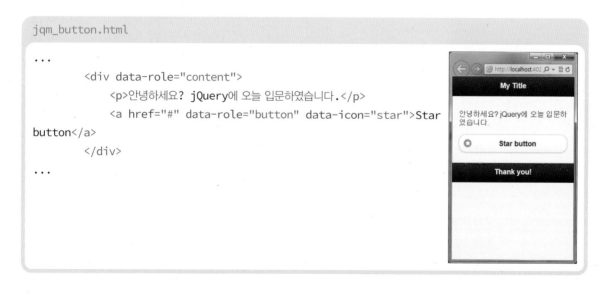

▪ 버튼

버튼을 만드는 몇 가지 방법이 있다. 가장 흔한 것은 링크를 버튼으로 변경하는 것이다. 링크보다 버튼이 훨씬 클릭하기 쉽다. 링크로 시작해 링크에 data-role="button" 속성만 추가하면 된다. data-icon 속성을 이용해 아이콘을 추가할 수 있고 아이콘 위치는 data-iconpos 속성으로 설정한다.

```
jqm_button.html
...
        <div data-role="content">
            <p>안녕하세요? jQuery에 오늘 입문하였습니다.</p>
            <a href="#" data-role="button" data-icon="star">Star
button</a>
        </div>
...
```

버튼이 눌러졌을 때, 이벤트를 처리하려면 jQuery와 마찬가지로 다음과 같은 구조를 사용하면 된다.

```
$( ".myButton" ).bind( "click", function(event, ui) {
   ...
});
```

jqm_button1.html

```
<!doctype html>
<html>
<head>
    <title>My Page</title>
    <meta name="viewport" content="width=device-width, initial-scale=1">

    <link rel="stylesheet" href="http://code.jquery.com/mobile/1.3.1/jquery.mobile-
1.3.1.min.css" />
    <script src="http://code.jquery.com/jquery-1.9.1.min.js"></script>
    <script src="http://code.jquery.com/mobile/1.3.1/jquery.mobile-1.3.1.min.js"></
script>
    <script>
        $(document).ready(function () {
            $("#vbutton").click(function () {
                alert("버튼이 클릭되었습니다.");
            });
        });
    </script>
</head>

<body>
    <div data-role="page">
        <div data-role="header">
            <h1>header</h1>
        </div>
        <div data-role="content">
            <div id="vbutton" data-role="button">눌러보세요</div>
        </div>
```

```
        <div data-role="footer">
            <h4>footer</h4>
        </div>
    </div>
</body>
</html>
```

■ 기타 UI 컴포넌트

jQuery Mobile에는 다양한 컴포넌트가 준비되어 있다. jQuery Mobile 홈페이지를 참조하도록 하자.

http://jquerymobile.com/demos에 가보면 그림과 함께 해당되는 소스를 볼 수 있다. 모바일 웹 페이지 작성 시 참고하면 편리하다.

■ 테마 스와치 선택

jQuery Mobile은 스와치(swatch)라고 불리는 테마 프레임워크를 가지고 있다. 이것은 26개의 툴바, 콘텐츠, 버튼 색상의 집합을 지원한다. 페이지 안 하나의 위젯에라도 data-theme="e" 속성을 추가하면 헤더나 리스트, 슬라이더, 버튼이 모두 노란색으로 변경된다. a에

서 e까지 문자를 이용해 다양한 스와치를 적용할 수 있다.

```
<a href="#" data-role="button" data-icon="star" data-theme="a">Button</a>
```

■ UI Builder

jQuery Mobile 홈페이지에 가보면 codiqa라는 UI 빌더를 소개하고 있다. 여기서는 필요한 만큼 요소를 마우스로 끌어서 사용자 인터페이스를 작성할 수 있다. 또 작성된 HTML 코드를 확인할 수도 있다. 이것은 jQuery Mobile이 시맨틱 마크업을 사용하고 점진적인 향상이 가능하도록 설계되었기 때문이라고 한다.

오른쪽의 그림 우측 하단에 있는 "Inspect Code"를 클릭하면 이제까지 작성된 코드를 볼 수 있다.

```
1   <!-- Home -->
2 ▾ <div id="page1" data-role="page">
3 ▾     <div data-role="header" data-theme="a">
4 ▾         <h3>
5               Header
6           </h3>
7       </div>
8 ▾     <div data-role="content">
9 ▾         <a href="#page1" data-role="button">
10              Button
11          </a>
12 ▾        <div data-role="fieldcontain">
13 ▾            <select name="toggleswitch1" id="toggleswitch1" data-role="slider" data-theme="">
14                 <option value="off">
15                     Off
16                 </option>
17                 <option value="on">
18                     On
19                 </option>
20             </select>
21          </div>
22 ▾        <div data-role="fieldcontain">
23 ▾            <label for="slider1">
24                 Value
25             </label>
26             <input name="slider" id="slider1" type="range" min="0" max="100" value="50"
```

Powered by Codiqa

이 코드를 가져다가 자신의 콘텐츠를 추가하여 사용하면 될 것이다.

■ 페이지 링크

jQuery Mobile은 아주 간단한 페이지 링크 규칙을 사용한다. 기본적으로 개발자는 이전과 동일하게 페이지를 요소에 링크할 수 있다. jQuery Mobile은 Ajax를 이용하여 자동적으로 페이지 요청을 처리한다. 만약 Ajax가 가능하지 않으면 기본적인 http 요청이 사용된다.

만약 Ajax를 사용하기 싫다면 rel="external"이나 data-ajax="false" 속성을 사용하면 된다. 이 속성을 사용하면 전체 페이지 다시읽기가 되고 애니메이션을 사용하는 페이지 전환도 이루어지지 않는다.

jQuery Mobile은 다양한 페이지 전환을 지원한다. 페이지 전환을 설정하려면 다음과 같은 코드를 사용한다.

```
<a href="index.html" data-transition="pop">
pop변환</a>
```

페이지 전환은 플랫폼에 따라서 지원되지 않는 경우도 있다고 한다. 안드로이드에서는 다음과 같은 코드를 추가해야 한다.

```
.ui-page { -webkit-backface-visibility: hidden; }
```

■ 대화 상자

jQuery Mobile을 사용하면 대화 상자도 아주 쉽게 만들 수 있다. 페이지를 링크할 때, data-rel="dialog" 속성을 추가하면 페이지가 모달(modal) 대화 상자가 된다. "dialog" 속성이 추가되면 프레임워크는 둥근 코너 스타일을 만들고 페이지 마진을 크게 하고 배경을 어두운 색으로 해서 대화 상자가 페이지 앞에 매달려 있는 듯한 효과를 낸다.

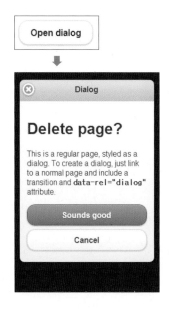

```
<a href="foo.html" data-rel="dialog">Open
dialog</a>
```

■ 레스토랑 선택

여기서는 하나의 예제로 사용자가 오늘 저녁에 방문할 식당을 선택할 수 있는 앱을 제작해 보자. 사용자는 먹고 싶은 음식의 종류, 식당의 위치, 다른 사람들의 평가 등을 기준으로 식당을 선택하게 된다. "레스토랑 추천앱"이라고 부르자.

이 예제는 http://www.noupe.com/tutorial/에 있는 내용을 참고하여 작성하였다. 보다 자세한 내용은 웹 사이트의 내용을 참고하기 바란다.

실제로 이것은 사용자 인터페이스만을 작성하는 것이다. 서버와 데이터베이스도 있어야 정식 앱으로 기능할 것이다. jQuery Mobile은 Ajax를 지원하기 때문에 파일들은 로컬 서버나 실제 서버에 있을 수 있다.

■ 화면 설계

먼저 자신의 앱을 이루고 있는 각 화면을 그림으로 그리는 절차가 필요하다. 우리는 단순히 최종 화면을 제시하도록 하자.

● 홈 화면 페이지

첫 번째 화면에서 사용자가 음식을 선택하게 한다. 각각의 선택 항목은 음식을 보여주는 이미지와 함께 제공되고 각 사용자는 두 번째 페이지에 이어지는 링크를 가진다.

● 지역 선택 페이지

두 번째 화면에서 사용자는 식당이 위치하는 지역을 선택할 수 있다. 지역은 클릭할 수 있는 항목 목록에 표시된다. 각 도시 옆에 버블이 있는데 이 버블은 선택한 음식을 제공하는 레스토랑의 개수를 제공한다.

일반적으로 지역 목록은 꽤 길 수 있으므로 우리는 사용자가 원하는 지역을 신속하게 검색할 수 있도록 필터를 제공한다. 사용자는 언제든지 "뒤로가기" 버튼을 클릭하여 이전 단계로 돌아갈 수 있다. 사용자가 지역을 선택하면 레스토랑을 선택할 수 있는 페이지로 이동된다.

● 레스토랑 선택 페이지

이 페이지에서 사용자가 원하는 식당을 선택한다. 애플리케이션은 식당의 리스트를 표시하고 여기에는 식당 이미지, 이름 및 이전 사용자의 선호도 별 개수가 함께 표시된다. 사용자는 특정 레스토랑을 클릭해서 세부 정보를 볼 수 있다.

● 레스토랑 정보 페이지

레스토랑의 세부 정보 보기는 세 부분으로 구성되어 있다. 레스토랑 정보, 연락처 세부 정보, 사용자 평가 페이지다. 레스토랑 정보 페이지는 레스토랑에 대한 간단한 설명, 일부 메뉴, 레스토랑 웹 사이트 링크를 표시한다.

연락처 세부 정보는 레스토랑 주소와 레스토랑 위치를 보여주는 Google 지도 이미지를 표시한다. 사용자 평가 페이지에서는 선택 상자를 이용해 사용자가 레스토랑을 평가할 수 있다.

■ 기초 페이지

이제 설계를 마쳤으므로 본격적으로 코드를 작성하여 보자. 첫 번째 HTML 페이지의 헤더는 다음과 같이 구성된다.

index.html (일부)

```
<!DOCTYPE html>
<html>
<head>
    <meta charset="utf-8">
    <title>레스토랑 추천 앱</title>

    <meta name="viewport" content="width=device-width, initial-scale=1">
    <link rel="stylesheet" href="http://code.jquery.com/mobile/1.3.1/jquery.mobile-1.3.1.min.css" />
    <script src="http://code.jquery.com/jquery-1.9.1.min.js"></script>
    <script src="http://code.jquery.com/mobile/1.3.1/jquery.mobile-1.3.1.min.js"></script>

</head>
```

첫 번째는 반드시 ⟨!DOCTYPE html⟩로 지정해야 한다. jQuery Mobile은 페이지에 스타일을 지정하기 위해 DOM에 요소를 추가하는 HTML5 속성인 data-를 아주 많이 사용한다. 따라서 모든 것이 올바르게 작동하려면 반드시 HTML5로 지정해야 한다.

두 번째 유의 사항은 meta name=viewport 태그의 사용이다. 이 메타 태그를 이용해 개발자는 뷰포트를 통제할 수 있다. width=device-width를 이용하여 장치의 너비 전체를 사용한다는 것을 알린다. 이렇게 설정하면 앱이 압축되지 않고 장치의 전체 크기에 맞게 될 것이다. initial-scale 속성은 페이지가 처음으로 로드될 때의 줌 레벨을 제어한다. 우리는 이것을 1로 설정한다. 이것은 페이지가 로드될 때 축소나 확대가 없다는 것을 의미한다.

이후 3줄은 우리가 이미 잘 알고 있는 문장이다. jQuery Mobile CSS 파일과 자바스크립트 파일을 포함시킨다.

■ **음식 선택 페이지**

첫 번째 페이지 코드를 살펴보자. 여기에서는 이 페이지를 index.html이란 이름으로 호출한다.

```
index.html

...
<body>
    <div data-role="page" id="home" data-theme="c">

        <div data-role="content">
            <div id="title">
                <h1>레스토랑 추천 </h1>
            </div>

            <div class="choice_list">
                <h1>음식의 종류를 선택하세요.</h1>

                <ul data-role="listview" data-inset="true">   ← 리스트 뷰를 생성한다.
                    <li><a href="choose_town.html" data-transition="slidedown">
                        <img src="korean.jpg" />
                        <h3>한정식</h3>
                    </a></li>
```

```
            <li><a href="choose_town.html" data-transition="slidedown">
                <img src="western.jpg" />
                <h3>양식 </h3>
            </a></li>
            <li><a href="choose_town.html" data-transition="slidedown">
                <img src="burger.jpg" />
                <h3>햄버거</h3>
            </a></li>
            <li><a href="choose_town.html" data-transition="slidedown">
                <img src="pizza.jpg" />
                <h3>피자</h3>
            </a></li>
            <li><a href="choose_town.html" data-transition="slidedown">
                <img src="buffet.jpg" />
                <h3>부페 </h3>
            </a></li>
            <li><a href="choose_town.html" data-transition="slidedown">
                <img src="chinese.jpg" />
                <h3>중국식 </h3>
            </a></li>
        </ul>

    </div>
  </div>

 </div>
 <!-- /page -->
</body>
</html>
```

jQuery Mobile은 HTML 문서와 페이지를 구분한다. jQuery Mobile 앱에서는 하나의 HTML 문서가 여러 페이지를 가지고 있을 수 있다. data-role="page" 속성을 이용하여 각 페이지가 링크를 통하여 연결된다. 우리는 페이지 당 하나의 HTML 문서를 만들기로 하자.

맨 먼저 body 부분에 〈div data-role="page" id="home" data-theme="c"〉을 이용해 페이지를
정의한다.

이어서 콘텐츠 부문을 생성한다. 제목 뒤에 여러 개의 음식 목록을 넣는다. jQuery Mobile에
서 목록을 만들려면 data-role="listview" 속성을 〈ul〉 요소에 추가한다. data-inset="true"는 리
스트에 스타일을 입혀서 둥근 코너와 주위에 패딩을 가진 inset 리스트로 만든다.

〈a href〉 링크를 포함하고 있는 각 목록 요소 〈li〉는 자동으로 jQuery Mobile에 의하여 변환된
다. 이미지를 추가하려면 단순히 〈a href〉 링크 안에 이미지를 추가하면 된다. 그러면 나머지
일은 jQuery 모바일이 담당한다. 즉 목록 왼쪽 부분에 이미지를 표시해준다.

data-transition="slidedown"은 두 페이지 사이의 전환 효과를 생성한다. jQuery Mobile 홈페
이지에서 보다 많은 전환 정보를 찾을 수 있다.

■ 지역 선택 페이지

두 번째 페이지에서도 헤더는 동일하다. 〈body〉 부분만 변경된다.

```
choose_town.html

...
<body>
    <div id="select_loc" data-role="page" data-add-back-btn="true">

        <div data-role="header">
            <h1>레스토랑 추천</h1>
        </div>

        <div data-role="content">

            <div class="choice_list">
                <h1>지역을 선택하세요.</h1>          리스트 뷰를 생성한다.
                                                              ↓
                <ul data-role="listview" data-inset="true" data-filter="true">
                    <li><a href="choose_restaurant.html" data-transition="slidedown">
강남구 <span class="ui-li-count">3 </span></a></li>
                    <li><a href="choose_restaurant.html" data-transition="slidedown">
```

```
종로구 <span class="ui-li-count">2 </span></a></li>
                    <li><a href="choose_restaurant.html" data-transition="slidedown">
송파구 <span class="ui-li-count">1 </span></a></li>
                    <li><a href="choose_restaurant.html" data-transition="slidedown">
마포구 <span class="ui-li-count">2</span></a></li>
            </ul>
        </div>

    </div>

  </div>
  <!-- /page -->
</body>
...
```

첫 번째 문장에서 이것이 또 다른 페이지라는 것을 jQuery Mobile이 이해할 수 있도록 id를 변경하였다.

```
<div id="select_loc" data-role="page" data-add-back-btn="true">
```

우리가 data-add-back-btn="true"를 사용한 것에 유의하자. 이것은 "뒤로가기" 버튼을 자동적으로 제목 표시줄에 추가한다.

제목 표시줄을 만들기 위해 우리는 data-role="header"인 div 요소를 작성하였다. 리스트에 필터를 추가하기 위해 리스트를 정의하는 ul 요소에 data-filter="true"를 설정한다. 이 필터는 리스트 항목을 대상으로 필터링한다. 일반적인 검색은 아니다.

리스트 요소의 오른쪽에 작은 버블을 생성하였다. 이것은 클래스와 숫자가 있는 〈span〉 요소를 생성해서 만들 수 있다.

▪ 레스토랑 페이지

역시 이 페이지에서도 헤더는 동일하다. 〈body〉 부분만 변경된다.

choose_restaurant.html

```
...
<body>
    <div id="select_rest" data-role="page" data-add-back-btn="true">

        <div data-role="header">
            <h1>레스토랑 추천</h1>
        </div>

        <div data-role="content">

            <div class="choice_list">
                <h1>레스토랑을 선택하세요.</h1>          리스트 뷰를 생성한다.

                <ul data-role="listview" data-inset="true">
                    <li><a href="restaurant.html" data-transition="slidedown">
                        <img src="rest1.jpg" />
                        <h2>퍼 세이</h2>
                        <p class="classement four">3 stars  </p>
                    </a></li>
                    <li><a href="restaurant.html" data-transition="slidedown">
                        <img src="rest2.jpg " />
                        <h2>노마 </h2>
                        <p class="classement four">4 stars  </p>
                    </a></li>
                    <li><a href="restaurant.html" data-transition="slidedown">
                        <img src="rest3.jpg " />
                        <h2>아르삭 </h2>
                        <p class="classement one">2 star  </p>
                    </a></li>
                </ul>

            </div>
```

```
        </div>

    </div>
    <!-- /page -->
</body>
```

이 페이지는 첫 번째 페이지와 비슷하다. 일단 이미지가 있고 텍스트가 오른쪽에 있다는 점이 그렇다. 고객의 레스토랑 평가를 위해 〈p〉 요소를 추가하였다. 〈p〉 요소는 별의 개수에 따라서 .one, .two, .three .four 등의 클래스로 나누어진다. 즉 고객이 얼마나 많은 별을 식당에 주었는지 표시한다. 여기서는 스타일을 지정하지 않지만 나중에 이 정보를 사용하여 스타일 파일에서 보기 좋게 페이지를 만들 수 있다.

● 식당 정보 페이지
이 페이지는 많은 요소를 가지고 있다. 코드를 레스토랑 설명, 연락처, 사용자 평가 3부분으로 분할하기로 하자. 이 페이지의 헤더도 앞과 동일하다.

restaurant.html

```
...
<body>
    <div id="show_rest" data-role="page" data-add-back-btn="true">

        <div data-role="header">
            <h1>레스토랑 추천</h1>
        </div>

        <div data-role="content">
```

```html
<div class="ui-grid-a" id="restau_infos">
    <div class="ui-block-a">
        <h1>퍼 세이</h1>
        <p><strong>강남에 있는 뉴욕 퍼세이 레스토랑</strong></p>
        <p>메뉴: </p>
        <ul>
            <li>파스타</li>
            <li>해물리조또 </li>
            <li>안심스테이크 </li>
        </ul>
    </div>
    <div class="ui-block-b">
        <p>
            <img src="rest01.jpg" alt="" /></p>
        <p><a href="http://www.google.co.kr" rel="external" data-role="button">웹사이트</a></p>
    </div>
</div>
<!-- /grid-a -->
<hr />

<div class="ui-grid-a" id="contact_infos">
    <div class="ui-block-a">
        <h2>주소</h2>
        <p>서울 강남구 역삼동</p>
        <p>120번지</p>
    </div>
    <div class="ui-block-b">
        <img src="map01.jpg" alt="" />
    </div>
</div>
<!-- /grid-a -->
<div id="contact_buttons">
    <a href="https://maps.google.co.kr/maps?q=%EC%84%9C%EC%9A%B8&ie=UTF8&hnear=Seoul&t=m&z=11" data-role="button" data-icon="maps">구글 맵에서 찾기 </a>
    <a href="tel:021234567" data-role="button" data-icon="tel">전화번호 </a>
</div>
```

```
        <hr />
        <div id="notation">
            <form>
                <label for="select-choice-0" class="select">
                    <h2>사용자 평가 </h2>
                </label>
                <select name="note_utilisateur" id="note_utilisateur" data-
native-menu="false" data-theme="c">
                    <option value="one" class="one">추천할 수 없음 </option>
                    <option value="two" class="two">보통 </option>
                    <option value="three" class="three" selected="selected">좋음
</option>
                    <option value="four" class="four">아주 좋음 </option>
                </select>
            </form>
        </div>
    </div>
</div>
<!-- /page -->
</body>
```

레스토랑 정보를 표시하는 데 jQuery 모바일의 다중 컬럼 기능을 사용하였다. 2개의 컬럼으로 이루어진 블록을 만들려면 단순히 두 개의 자식 블록을 가지는 블록을 만들면 된다. 레스토랑 웹 사이트에 대한 버튼을 만들 때, href 요소에 data-role="button"과 rel="external"을 추가하였는데 이것은 외부 링크이기 때문에 jQuery Mobile에게 이 링크를 오픈할 때는 Ajax를 사용하면 안 된다고 알리는 의미가 있다.

연락처 세부 정보를 위해 다시 한 번 다중 컬럼 기능을 사용하였다. 연락처 버튼에는 data-icon="maps"와 data-icon="tel"을 사용하여 이들 버튼에 커스텀 아이콘을 추가하였다.

사용자 평가를 위해 간단한 선택 메뉴를 사용한다. data-native-menu="false"로 설정하면 jQuery Mobile을 이용해 선택 요소를 스타일한다.

1 다음과 같은 화면을 jQuery Mobile로 작성해 본다.

2 jQuery Mobile의 버튼 기능을 이용해서 다음과 같은 화면을 작성해 본다.

3 jQuery Mobile의 리스트뷰 기능을 이용해서 다음과 같은 웹 페이지를 작성해 본다.

④ jQuery Mobile 홈페이지에서 다음과 같은 화면을 codiqa 도구를 이용하여 작성하고 생성된 코드를 분석하여 보라.

⑤ 텍스트를 클릭하면 사라지는 웹 페이지를 jQuery Mobile로 작성해 본다.

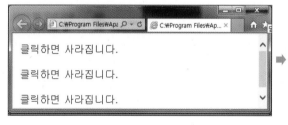 

I·N·D·E·X

HTML5+CSS3+JavaScript로 배우는
웹프로그래밍 기초

인　　쇄	2019년 8월 20일 초판 7쇄	
발　　행	2019년 8월 27일 초판 7쇄	

저　　자	천인국
발 행 인	채희만
출판기획	안성일
마 케 팅	한석범, 최 현
관　　리	이승희
발 행 처	INFINITYBOOKS
주　　소	경기도 고양시 일산동구 하늘마을로 158
	대방트리플라온 C동 209호

대표전화	02)302-8441
팩　　스	02)6085-0777

도서 문의 및 A/S 지원

홈페이지	www.infinitybooks.co.kr
이 메 일	helloworld@infinitybooks.co.kr
I S B N	978-89-92649-20-9

등록번호	제396-2006-26호
판매정가	28,000원

이 도서의 국립중앙도서관 출판시도서목록(CIP)은 서지정보유통지원시스템 홈페이지(http://seoji.nl.go.kr)와

국가자료공동목록시스템(http://www.nl.go.kr/kolisnet)에서 이용하실 수 있습니다.(CIP제어번호: CIP2013026710)